LE CORBUSIER
MESURES DE L'HOMME

SOUS LA DIRECTION
D'OLIVIER CINQUALBRE
ET FRÉDÉRIC MIGAYROU

Cet ouvrage a été publié à l'occasion de l'exposition présentée
au Centre Pompidou, Musée national d'art moderne (Galerie 2)
du 29 avril au 3 août 2015 et réalisé grâce au soutien de la Fondation Le Corbusier.

Centre
Pompidou

© F.L.C. / Adagp, Paris 2015
© Éditions du Centre Pompidou, 2015
ISBN : 978-2-84426-699-6
N° d'éditeur : 1577
Dépôt légal : avril 2015

Retrouvez toutes nos nouveautés
(livres, produits dérivés, multimédia)
sur boutique.centrepompidou.fr

REMERCIEMENTS

La réalisation de cette exposition est pour nous l'occasion d'exprimer à nouveau notre gratitude à Jacques Boissonnas, à la Clarence Westbury Foundation et au Crédit immobilier de France qui, par leur générosité, ont enrichi les collections du Centre Pompidou d'œuvres de Le Corbusier.

Nous sommes vivement reconnaissants à la Fondation Le Corbusier, à Antoine Picon, son président, à Michel Richard, son directeur, de nous avoir soutenus dans ce projet. Nous tenons à remercier chaleureusement l'équipe de la Fondation : Paula De Sa Couto, Arnaud Dercelles, Bénédicte Gandini, Isabelle Godineau, Christine Mongin, Delphine Studer, Claudia Weigert, sans qui l'exposition n'aurait pu être menée à bien.

Que les musées, institutions, collectionneurs particuliers, galeries qui ont accepté de se dessaisir de leurs œuvres soient assurés de notre profonde gratitude :

Bibliothèque interuniversitaire de la Sorbonne (Philippe Marcerou, directeur)
Bibliothèque nationale de France (Bruno Racine, président)
Carnegie Museum of Art, Pittsburgh (Lynn Zelevansky, The Henry J. Heinz Director)
Collection Taisei, Tokyo
Fondation J.-P. Mont Blanc, Neuchâtel
Institut Jaques-Dalcroze, Genève (Soazig Mercier)
Kunstmuseum Basel und Museum für Gegenwartskunst, Bâle (Dr Bernhard Mendes Bürgi, directeur)
Moderna Museet, Stockholm (Daniel Birnbaum, directeur)
Musée d'Art et d'Histoire, Genève (Jean-Yves Marin, directeur)
Musée d'Art moderne de la Ville de Paris (Fabrice Hergott, directeur)
Musée d'Art moderne et contemporain de Saint-Étienne (Lóránd Hegyi, directeur général)
Musée Cantini, Marseille (Christine Poullain, directrice)
Philadelphia Museum of Art, Philadelphie (Timothy Rub, directeur)
Sotheby's France (Guillaume Cerutti, président directeur général)
The Museum of Modern Art, New York (Glenn D. Lowry, directeur)
Vitra Design Museum, Weil-am-Rhein (Mateo Kries et Marc Zehntner, directeurs)

François Barberis
Christophe Cherix, The Robert Lehman Foundation, Chief Curator of Drawings and Prints,
The Museum of Modern Art, New York
Cora Rosevear, Associate Curator, département Peintures et Sculptures, The Museum of Modern Art, New York
Jean-Marc Decrop, Hong Kong
Pierre et Margaret Guénégan
Dr Heiner Hachmeister, Münster
Marc et Pierre Larock
Pernette Perriand-Barsac et Jacques Barsac
Michel Zlotowski
Ainsi que tous les prêteurs qui ont préféré garder l'anonymat.

Nos remerciements s'adressent également à tous ceux qui nous ont aidés dans nos recherches
pour la réalisation de cette exposition et de l'ouvrage qui l'accompagne :

Gianluca Armento   Sandrine Lesage
Marc Audibet   Serge Mauduit
Véronique Boone   Éric Mouchet
La famille de Charles Bueb   Chiara Pagliettini
Julien Donada   Brigitte Robin-Loiseau
Pierre-Antoine Gatier   Cécile Verdier
Florence Lallement   Mâki Xenakis

Nous tenons aussi à remercier les personnes et les institutions qui nous ont accordé leur prêt
et leur autorisation de diffuser leurs archives audiovisuelles :

Réseau Canopé, Dominique Armand, Maxime Bissonnet
OMNIMAGO, GmbH, Korinna Barthel, Mark Grünthal
Archives départementales des Alpes Maritimes, Alain Bottaro
Getty Images et BBC, Françoise Ceillier, Iwona Fuszara
INA, Brigitte Dieu
Philips Company Archives, Frans Vos, Marianka Louwers
Gaumont Pathé Archives, Louise Doumerc
Cinémémoire, Agnès O'Martins
Bertille Chereau-Benoist
Michel Rubin
Friedrich-Wilhelm-Murnau-Stisftung, Carmen Prokopiak, Sabine Schorn, Marcel Steinlein,
Odette Rottier
Beinecke Rare Book and Manuscrit Library Yale University, Molly Wheeler
RTS-Radio Télévision Suisse, Delphine Zimmermann

Nous saluons très chaleureusement les personnes et institutions qui nous ont aidés
dans nos recherches audiovisuelles :

Virginie Aubry, Centre national de la Danse
Solenn Cariou, Emmanuelle Lagrue, ADAGP
Sarah Chapalay, Caroline Guignard, Nicolas Schätti, Musée d'Art et d'Histoire de Genève
Martine Jaques-Dalcroze
Yoann Dhenin, Kino
Monique Faulhaber, Cinémathèque française
Simone Gfeller, Schweizerische Theatersammlung
Georgia Glover, David Higham Associates
Ulla Heinrich, Claire Kuschnig, Marion Demuth, Hellerau-European Center for the Arts
Sophie Le Tetour, Archives françaises du Film
Robin Schwalb, Metropolitan Museum of Art
Lauren J. Sawchuk, Levin & Gann, P.A.
Peter Wever

Enfin, nous remercions vivement tous ceux qui nous ont apporté leur aide à divers titres :
Véronique Borgeaud, Alexis Constantin, Isabelle Daire, Christian Derouet, Laurence Gueye-Parmentier,
Olga Makhroff, Marie-Odile Peynet, Jonathan Pouthier, Perrine Renaud, Stéphanie Rivoire, Ludivine Rousseaux,
Brigitte Vincens, ainsi que Sylvie Astruc, Gisèle Burda et Jacques Puy.

SOMMAIRE

LE MODULOR

ESSAI SUR UNE MESURE HARMONIQUE UNIVERSELLE
DESTINEE A DIMENSIONNER LES OBJETS DE
L'ARCHITECTURE. DE L'URBANISM ET DE LA MECANIQUE

LE CORBUSIER

AVANT-PROPOS

En 1987 eut lieu au Centre Pompidou la première grande rétrospective consacrée à Le Corbusier. L'année du centenaire de sa naissance fut l'occasion d'une profusion de manifestations. Et de Bordeaux à Marseille, d'Aubusson à Strasbourg, de Rennes à Roubaix mais également à l'étranger, en Suisse bien évidemment, dans la plupart des pays de l'Europe de l'Ouest, sans oublier le Brésil et les États-Unis, le public fut convié à un festival inédit d'expositions.

Dans ce déploiement, l'exposition du Centre Pompidou fit événement. Le commissariat en fut assuré par François Burkhardt, directeur du Centre de création industrielle, département fondateur avec le Musée national d'art moderne du Centre Pompidou, et par Bruno Reichlin, architecte et historien ; quant à la scénographie, elle fut signée par Vittorio Gregotti, le grand architecte italien dont je me plais à rappeler ici le don des plus généreux qu'il vient, au faîte de sa carrière, de faire à notre collection d'architecture. Le Corbusier avait été lui-même un donateur du musée en offrant, en 1956, la maquette en plâtre de la chapelle Notre-Dame-du-Haut de Ronchamp, faisant de celle-ci la première œuvre architecturale entrée dans les collections, bien qu'inscrite alors sur les inventaires comme sculpture. Ce geste faisait suite à un précédent don d'œuvres plastiques, lorsqu'en 1953 le musée consacra une exposition initiée par son directeur, Jean Cassou, à cet autre versant de son activité créatrice.

Du vivant de Le Corbusier, une autre exposition se tint à la fin de l'année 1962 au Palais de Tokyo, ce bâtiment pour lequel il avait concouru en 1934 (sa proposition, comme toutes celles de ses confrères modernes, avait été rejetée sans la moindre considération). Il y avait dès lors une certaine satisfaction à voir son architecture exposée en ce lieu à travers ses nombreuses et remarquables réalisations. C'est sur ce souvenir amer que Jean Cassou proposa à André Malraux la création d'un Musée du xxe siècle, lui faisant désigner Le Corbusier comme architecte. Maurice Besset, alors jeune conservateur du musée, était associé à l'élaboration du programme. Mais le projet fut abandonné : à la différence de Tokyo ou de Boston, de Chandigarh et d'Ahmedabad, Paris ne comptera pas de musée signé Le Corbusier ; Maurice Besset travaillera dès lors à la mise en place de la Fondation Le Corbusier.

Depuis 2000 et le déploiement du musée sur deux étages du Centre Pompidou, la Fondation Le Corbusier a toujours répondu à nos demandes avec la plus grande attention, nous permettant ainsi de présenter, dans nos accrochages, des œuvres qu'elle détient. Si le Centre Pompidou peut s'enorgueillir de posséder quelques pièces iconiques de Le Corbusier et ce, grâce à la générosité de donateurs auxquels je tiens à exprimer la reconnaissance éternelle de l'institution – en particulier la Clarence Westbury Foundation et le Crédit immobilier de France –, la Fondation Le Corbusier conserve, quant à elle, un fonds d'une richesse à nul autre pareil. Nous lui sommes donc extrêmement reconnaissants d'avoir permis, par son soutien et ses prêts, la réalisation de cette exposition. Nous tenons à exprimer nos plus vifs remerciements à son président, Antoine Picon, et à son directeur, Michel Richard. Qu'à travers eux, toute l'équipe de la Fondation reçoive l'expression de notre gratitude. Qu'il me soit permis d'y associer son ancien président, le préfet Jean-Pierre Duport, qui a lui aussi toujours accueilli avec la plus grande bienveillance nos projets et nos requêtes.

Aujourd'hui, la Fondation et l'Association des sites Le Corbusier sont mobilisées auprès des sept pays porteurs de la candidature du projet pour qu'un ensemble conséquent transcontinental de réalisations architecturales de Le Corbusier soit inscrit sur la liste du patrimoine mondial de l'Unesco. Si l'exposition que nous organisons, conçue par Frédéric Migayrou, directeur adjoint du Musée national d'art moderne en charge de la création industrielle, et Olivier Cinqualbre, conservateur au Musée national d'art moderne, pouvait contribuer à cette initiative, nous en serions particulièrement fiers.

En cette année du cinquantenaire de la disparition de l'architecte, il nous paraissait de notre devoir de faire découvrir son œuvre à de nouvelles générations de visiteurs. Le Corbusier rejoint ainsi Yves Klein, Henri Matisse, Vassily Kandinsky ou Salvador Dalí dans le cercle restreint de ceux qui auront connu, bien des années après une première exposition rétrospective dans le bâtiment de Renzo Piano et de Richard Rogers, une deuxième consécration que justifie pleinement l'importance de leur génie créateur.

Alain Seban
Président du Centre Pompidou (2007-2015)

Le Corbusier, projet de couverture (1949) pour
l'ouvrage *Le Modulor*. Graphite, crayon gras et encre
sur papier, 27,3 x 31 cm. Fondation Le Corbusier, Paris

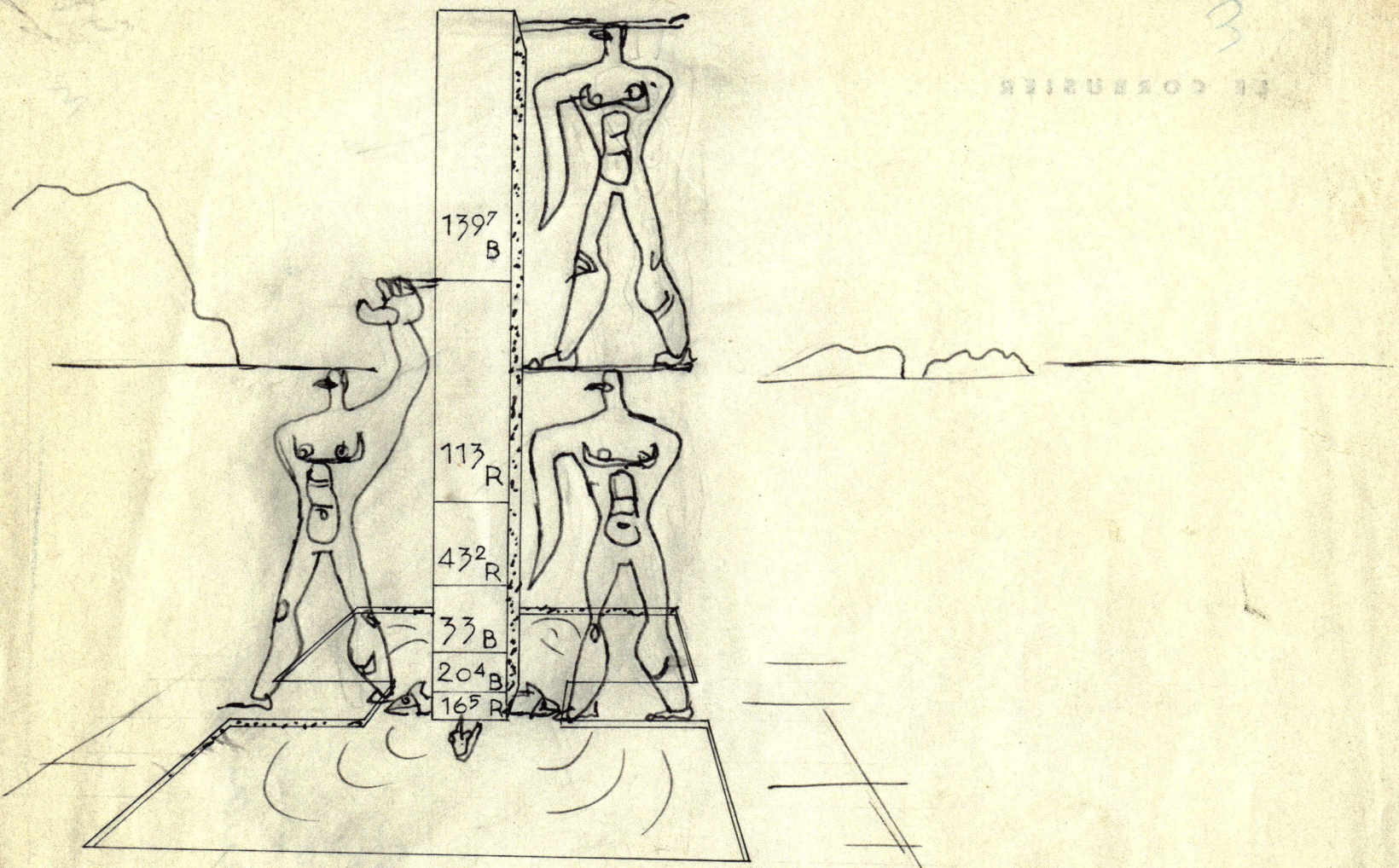

139⁷
B

113
R

43²
R

33 B
20⁴ B
16⁵ R

Fig 55

4

E
LO

PRÉFACE

Pour chacun de nous, le nom de Le Corbusier évoque l'idée même d'architecture moderne. Ce créateur majeur a en effet accompagné les grandes ruptures industrielles et esthétiques qui ont jalonné le xxᵉ siècle, partageant ses doutes et ses critiques souvent acerbes à l'encontre de la rationalisation de la planification urbaine et de l'habitat collectif, vestige de l'époque de la Reconstruction et des programmes de villes nouvelles.

Le brutalisme des matériaux employés, notamment pour la Cité radieuse de Marseille, aura si fortement marqué les esprits que le mot même de « béton » reste pour beaucoup synonyme de déshumanisation. Pourtant, la question de l'homme, d'un habitat à échelle humaine, d'une vision globale et transculturelle de la ville, est centrale dans l'œuvre de Le Corbusier.

Après la première rétrospective que le Centre Pompidou lui avait consacrée en 1987, s'est imposée la nécessité d'offrir au public une nouvelle approche de l'œuvre, centrée sur la place accordée par l'architecte à l'humain. Utilisé par de très nombreux architectes, le Modulor, ce principe de « proportionnement » de l'espace architectural et urbain, garant d'une harmonie constructive, a certes connu une fortune mondiale. Mais le statut réel du corps dans le travail de Le Corbusier – hormis la référence au corps hygiéniste et sportif vanté par l'idéologie moderniste – n'a jamais été vraiment problématisé.

L'exposition du Centre Pompidou se propose donc de reconstruire une généalogie de la conception du corps corbuséen qui, sous l'influence de Gustav Fechner et de la psychophysique allemande, devient le socle dynamique d'une véritable cognition de l'espace. Afin de mieux lier sa démarche artistique et sa pratique architecturale, Le Corbusier prend un premier appui sur la notion d'eurythmie, étudiée par Émile Jaques-Dalcroze et son propre frère Albert Jeanneret. Il se penche également sur les lois internes de la perception de l'espace, qu'il redéfinit à partir des recherches menées par Victor Basch et Charles Henry. Les tracés régulateurs de la peinture puriste vont désormais ordonner l'espace cognitif et stimuler ces « yeux qui ne voient pas », pour reprendre le titre de l'un de ses articles.

Viennent ensuite les nus enchevêtrés des années 1930 qui interrogent la spatialité du corps jusqu'à l'avènement du Modulor, que l'on doit entendre comme un principe de spatialisation et non comme un simple outil de mesure métrique. L'espace corbuséen sollicite tous les sens. Il est « acoustique », comme le dit l'artiste à propos de ses peintures. Il résonne dans l'esprit et ouvre à la spiritualité, ainsi qu'en témoignent la chapelle Notre-Dame-du-Haut, à Ronchamp, et le couvent Sainte-Marie de la Tourette.

Les visiteurs du Centre Pompidou découvriront ainsi, à travers cette exposition, l'itinéraire intellectuel ayant conduit à ce corps générique que Le Corbusier agence dans des « boîtes », une constante de son œuvre, depuis sa fascination pour les cellules de la chartreuse d'Ema, en Toscane, jusqu'à celles des « machines à habiter » et de son bureau installé dans l'atelier de la rue de Sèvres, en passant par le cabanon qu'il se construit à Roquebrune-Cap-Martin. Le corps – toujours lui – est aussi le principe d'une universalité, symbolisée par la Main ouverte, qui elle-même renvoie aux sources d'un humanisme exploré dans *La Maison des hommes* et *Les Trois Établissements humains*.

Au fil des salles de l'exposition, par le biais de dessins, de maquettes, de peintures, de sculptures, de meubles et de documents d'archives, cette vision des rapports de l'homme à l'espace prend forme. Elle est le fondement de cette exposition.

Un tel projet n'aurait pu trouver sa cohérence sans l'étroite collaboration de la Fondation Le Corbusier qui, au-delà du grand nombre de prêts d'œuvres, a laissé un libre accès aux archives de l'architecte. Qu'il me soit permis ici de remercier Antoine Picon, son président, Michel Richard, son directeur, ainsi qu'Isabelle Godineau et Arnaud Dercelles, les responsables des archives. Fruit d'un patient travail qui, au long des années, a permis l'acquisition de quelques œuvres majeures de Le Corbusier – au premier rang desquels le Modulor, célèbre collage de 1950 –, l'exposition préparée par Olivier Cinqualbre et Frédéric Migayrou, dont je salue l'investissement et la pertinence des recherches scientifiques, ouvre de nouvelles perspectives et conforte, notamment par la publication du présent catalogue accueillant les contributions d'une nouvelle génération d'auteurs, les récentes orientations des études corbuséennes.

Bernard Blistène
Directeur du Musée national d'art moderne – Centre de création industrielle

Le Corbusier, illustrations (s.d.) pour
l'ouvrage *Le Modulor*. Encre sur papier,
27 x 23 cm. Fondation Le Corbusier, Paris

CONSTANTES DE L'EURYTHMIE

LES YEUX DANS LES YEUX

ARCHITECTURE & *MATHESIS*

FRÉDÉRIC MIGAYROU

« [...] ce rapport à la mathesis comme science générale de l'ordre ne signifie pas une absorption du savoir dans les mathématiques, ni le fondement en elles de toute connaissance possible ; au contraire, en corrélation avec la recherche d'une mathesis, on voit apparaître un certain nombre de domaines empiriques qui jusqu'à présent n'avaient été ni formés ni définis. »
Michel Foucault, *Les Mots et les Choses*,
Paris, Gallimard, 1966, p. 71.

Le Corbusier a-t-il été moderne ? A-t-il vraiment incarné la figure de l'architecte qui aurait accompli le projet rationaliste hérité des Lumières accompagnant, à travers le fameux slogan de la « machine à habiter », le déploiement d'une modernité technologique et rationaliste, organisée en une vision tayloriste et arc-boutée sur une idéologie de la forme pure ? Dans cette perspective, Le Corbusier aurait ainsi concouru à une esthétisation du dernier état des sociétés industrielles, celle d'un ultime âge de la machine prenant forme dans une impossible synthèse de l'art, de la science et de la raison. De quoi Le Corbusier serait-il le symptôme ? D'aucuns le considèrent comme la figure centrale d'une architecture d'avant-garde construisant la fiction d'une urbanité libérée par la technologie, la fiction d'une possible émancipation de l'homme imaginée dans nombre d'ouvrages publiés par l'architecte, *La Ville radieuse* (1935), *La Maison des hommes* (1942), *Les Trois Établissements humains* (1959). La critique porterait bien entendu sur la dépropriation imposée par l'industrialisation à outrance, la marchandisation, la multiplication des médiations technologiques, mais plus ouvertement sur un certain

statut de l'espace, celui d'une abstraction totale, un espace rendu à une géométrisation et une mathématisation systématiques. La réduction du langage de l'architecture par la définition des « cinq points d'une architecture nouvelle » (1927) semble vouloir se substituer aux ordres de l'architecture classique. Il s'agit d'élaborer les principes d'une grammaire constructive pouvant faire émerger le « type de la maison d'aujourd'hui », une maison industrialisée, type Citrohan. Mais alors que Le Corbusier souligne la radicalité que recouvrait sa proposition selon laquelle « la maison est une machine à habiter [1] », il fustige les interprétations purement rationalistes – « ceux qui formulent un tel rationalisme suraigu sont eux-mêmes les moins rationnels » –, pour affirmer que l'architecture est « au-delà de la machine [2] ». On peut souligner cette contradiction permanente chez Le Corbusier entre le positivisme d'un univers de la machine où l'ingénieur œuvre à une mathématisation globale et un certain anthropomorphisme de l'architecture, entre l'abstraction d'une *tabula rasa* et le lyrisme d'une rematérialisation organique. Le point de vue de Manfredo Tafuri est éclairant : « Simplification et volonté de synthèse : voici des instruments bien peu "modernes". C'est pourtant avec eux que Le Corbusier affrontera l'effritement de l'idée d'"organicité" et l'explosion des rapports que provoque la métropole

Double page précédente. Le Corbusier à côté d'une colonne du Parthénon, Athènes, 1911. Tirage photographique. Fondation Le Corbusier, Paris
1. *Le Corbusier*. Photographie d'André Steiner (détail), 1937. Épreuve gélatino-argentique, 23,9 × 17,9 cm. Centre Pompidou, Mnam-CCI, Paris. Achat grâce au mécénat d'Yves Rocher, 2011

contemporaine. La Ville radieuse n'est pas une proposition tournée vers le futur ; elle restera une idée déposée dans une arche hors du temps et de l'espace, ensablée sur les hauts-fonds qui entourent l'île d'utopie [3]. » Comment concilier une géométrisation qui, après la modélisation des tracés régulateurs, connaît son acmé avec le Modulor, perçu comme instrument purement métrique, comment concilier cette géométrisation avec une organicité qui s'exprime avec force dans la période acoustique et devient manifeste avec la réalisation de la chapelle Notre-Dame-du-Haut à Ronchamp (1950-1955) ? Comment lier les appels réitérés à une culture de l'ingénierie, à une normalisation de la production industrielle, et la promotion de l'émotion, d'une perception esthétique où l'art devient le vecteur d'un absolu spatial ? Le Corbusier : « Il n'y a pas, je crois, d'œuvre d'art sans profondeur insaisissable, sans arrachement à son point d'appui, l'art est science spatiale par excellence [4]. » Peut-on croire qu'il y ait deux Le Corbusier, deux périodes comme l'on a considéré qu'il y avait deux Nietzsche, deux Wittgenstein ? Comment rapprocher l'architecte et l'artiste, dont l'œuvre a toujours été dévaluée ? D'ailleurs, la faute en revient sans doute à Le Corbusier lui-même, qui aura soigneusement effacé les sources, les traces, les filiations, pour reconstruire une histoire qui, au-delà du succès, semble avoir perdu l'ancrage historique lui donnant son unité. À la fiction patiemment construite de la figure de l'architecte, de l'œuvre multidimensionnelle, qui est une adresse à l'universalité de l'homme, il convenait d'opposer une autre reconstruction historique, une autre fiction, celle des sources, de l'origine, qui permet de se donner des clés de lecture et de réunifier les pans de la stratégie critique et esthétique de l'architecte. En dehors de la filiation suisse puis française, on trouve un autre champ, celui de la source allemande, stratégiquement occultée pour des raisons historiques bien évidemment, mais aussi pour organiser une fiction personnelle. Comme l'explique Pierre Vaisse, « Le Corbusier semble s'être réclamé d'une influence d'Auguste Choisy pour gommer sa dette vis-à-vis des théoriciens allemands. Après la Première Guerre mondiale, Le Corbusier fut forcé d'effacer toute mémoire ou référence à ce qu'il devait à l'Allemagne [5]. »

La découverte du champ culturel, social et politique défini par le mouvement de la *Lebensreform*, la formation d'une nouvelle science esthétique allemande ouverte à la création contemporaine, ainsi que les recherches de la psychophysique et de la psychologie expérimentale résonnent dans tous les textes de Le Corbusier. Ainsi est-il possible de mettre au jour une autre source de l'être moderne corbuséen, plus contextuelle, concurrente de son approche rationaliste et techniciste. À ses yeux, la mesure de l'homme n'est jamais seulement métrique ; elle fait écho aux larges débats sur l'empathie, l'*Einfühlung*, les développements de la psychophysique et de la psychologie expérimentale, débats dans lesquels Le Corbusier tient sa place. « Nous voulons appliquer à l'esthétique, écrit-il, les méthodes mêmes de la psychologie expérimentale avec toute la richesse et les moyens d'investigation qu'elle possède aujourd'hui : nous voulons en somme travailler à constituer une esthétique expérimentale. »

FORMALISATION D'UNE ESTHÉTIQUE

La rupture face à la dominance d'une pensée tectonique initiée par Carl G.W. Bötticher puis par Gottfried Semper, et face à l'autorité d'une rationalité constructive définissant les périodes et les styles de l'architecture, sera ainsi mise à mal par l'avènement d'une théorie suivant laquelle l'espace s'impose comme référent indépendant, devient une dimension constitutive de la perception. L'architecture s'établit alors comme pratique de mise en forme de l'espace ou, plus précisément, comme discipline dévolue à la conception de l'espace (*Raumgestalterin*). La publication des *Prolegomena zu einer Psychologie der Architektur* (1886) par Heinrich Wölfflin sanctionne ce changement de paradigme, qui libère une dimension nouvelle de la création, non seulement pour l'architecture, mais pour l'ensemble des arts visuels ayant un socle ontologique commun. « Voilà ce que nous retenons comme fondamental, écrit Wölfflin : l'organisation de notre propre corps propre est la forme par laquelle nous concevons tout le corporel [7]. » Il impose ici une lecture psychophysique de la forme spatiale. L'architecture retrouve une pleine dimension organique ; elle

Sauf indications contraires, les traductions des citations sont l'œuvre de l'auteur de cet essai.
1. Le Corbusier : « Nous avons formulé, "la maison est une machine à habiter". Et l'expression était si conforme qu'elle fut partout adoptée. Machine à habiter. C'était alors tout mettre en question, tout ramener à zéro, repartir à zéro. » « Où en est l'architecture », *L'Architecture vivante*, vol. V, n° 17, automne-hiver 1927 p. 9-11. / **2.** *Ibidem.* / **3.** Manfredo Tafuri, « Machine et mémoire : la ville dans l'œuvre de Le Corbusier », dans Jacques Lucan (dir.), *Le Corbusier, une encyclopédie*, Paris, Éditions du Centre Pompidou, 1987, p. 463. / **4.** Le Corbusier, « L'espace indicible », *L'Architecture d'aujourd'hui*, numéro spécial : Art, avril 1946, p. 17. / **5.** Pierre Vaisse, « Le Corbusier et le gothique », dans Stanislaus von Moos, Arthur Rüegg (éds.), *Le Corbusier before Le Corbusier. Applied Arts. Architecture. Painting. Photography. 1907-1922*, New Haven (Conn.), Londres, Yale University Press, 2002, p. 49. On mentionnera aussi les propos de Richard Padovan : « Le Corbusier crée perpétuellement de fausses pistes (parfaitement inutiles) pour apparaître plus innovant et plus original qu'il n'était en réalité. En particulier, il a minimisé sa dette vis-à-vis de Behrens et de son expérience allemande en général. » *Proportion : Science, Philosophy, Architecture*, Londres, E. & F.N. Spon, 1999, p. 318. / **6.** Amédée Ozenfant, Charles-Édouard Jeanneret [Le Corbusier], éditorial, *L'Esprit nouveau*, n° 1, octobre 1920. / **7.** Heinrich Wölfflin, *Prolégomènes à une psychologie de l'architecture*, traduit de l'allemand sous la direction de Bruno Queysanne, Paris, Éditions de la Villette, 2005, p. 33. / **8.** Margaret Olin : « Dans la Vienne de la fin du xixe siècle, la subjectivité pouvait être comprise comme un élément de cohérence de l'individu. Ainsi quand Ernst Mach attirait les foules à l'université, en démontrant que les objets physiques ne sont que des complexes de sensations. » « Forms of Respect : Alois Riegl, Concept of Attentiveness », *Art Bulletin*, juin 1989, vol. 71, n° 2, p. 293. / **9.** Aloïs Riegl : « C'est ce primat de l'ordre et des lois sur le chaos, de l'harmonie sur les dissonances, du calme sur les mouvements, que nous appelons *Stimmung*. Ses éléments sont le calme et la vue lointaine. » « Die Stimmung als Inhalt der modernen Kunst » (1899), Artur Rosenauer (éd.), *Alois Riegl. Gesammelte Aufsätze*, Vienne, WUV-Universitätsverlag, 1996, p. 28. / **10.** Robert Vischer : « c'est selon un déplacement (mouvement) inconscient de notre corps propre et, de fait, de notre âme également en une forme objective que résulte la notion que j'appelle *Einfühlung*. » *Über das optische Formgefühl. Ein Beitrag zur Ästhetik*, Leipzig, Hermann Credner, 1873, p. VII. / **11.** À la suite d'Emmanuel Kant, mais aussi de Johann Friedrich Herbart (*Über die ästhetische Darstellung der Welt als das Hauptgeschäft der Erziehung*, 1804) et de Robert Zimmermann (*Allgemeine Ästhetik als Formwissenschaft*, 1865), l'esthétique aura une fonction pivot pour les systèmes philosophiques toujours conçus comme matrices d'une théorie de la connaissance. Dans la perspective d'une critique de l'idéalisme kantien, l'avènement de la psychophysique ouvrira la voie à de nombreux écrits, déterminés aussi bien par un courant psychophysiologique (Friedrich Theodor Vischer, *Ästhetik oder Wissenschaft des Schönen*, 1857 ; Rudolf Hermann Lotze, *Allgemeine Physiologie des körperlichen Lebens*, 1851 ; idem, *Grundzüge der Ästhetik*, 1884 ; Johannes Volkelt, *Ästhetische Zeitfragen*, 1895) que par la psychophysique (Gustav Theodor Fechner, *Vorschule der Ästhetik*, 1876 ; Wilhelm Wundt, *Grundzüge der physiologischen Psychologie*, 1874 ; Theodor Lipps, *Ästhetik : Psychologie des Schönen und der Kunst*. Vol. 1 : *Grundlegung der Ästhetik*, 1903). / **12.** H. Wölfflin, *op. cit.*, p. 29. / **13.** Adolf von Hildebrand, *Le Problème de la forme dans les arts plastiques* (1893), traduit de l'allemand par Éliane Beaufils, Paris, L'Harmattan, 2002.

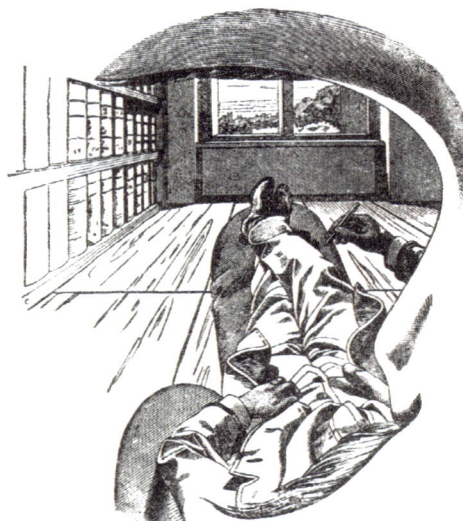

2. Edgar Rubin, *Visages ou vase*, repr. dans *Synsoplevede Figurer: Studier i psykologisk Analyse*, Copenhague, Gyldendal, Nordisk forlag, 1915
3, 4 et 5. Le Corbusier-Saugnier, «Des yeux qui ne voient pas…», *Vers une architecture*, Paris, Les Éditions G. Crès et Cie, 1923: «I. Les paquebots» p.65; «II. Les avions», p.81; «III. Les autos», p.101
6. Ernst Mach, *Autoportrait vu de l'œil gauche*, repr. dans Ernst Mach, *Beiträge zur Analyse der Empfindungen*, Iéna, G. Fischer, 1886

implique directement le corps. La forme spatiale est interprétée en termes de mouvement, dans un rapport frontal à la perception – mesure de l'œil, appréhension physique, unifiée par la *Stimmung*, suppression des clivages entre vision, sensation et sentiment, vision libérée d'une fonction strictement optique, de sa réduction à un schème géométrique. Wölfflin propose une analogie avec la musique, avec la capacité évocatrice du son, pour asseoir une théorie des formes physiques, notamment des formes élaborées par l'homme, répondant à une approche sensible (*Formgefühl*). Il synthétise, pour le domaine architectural, les recherches menées par le vaste courant des historiens d'art autrichiens et allemands sur une *Kunstwissenschaft* qui, en reconstruisant l'historicisation des périodes de l'histoire de l'art selon une archéologie active, ont dégagé les principes d'une esthétique autonome, ouverte à des principes théoriques rompant avec les modèles hérités de l'idéalisme postkantien. Après Aloïs Riegl, qui s'inscrit dans la lignée de Johann Friedrich Herbart (*Psychologie als Wissenschaft, neu gegründet auf Erfahrung, Metaphysik und Mathematik*, 1824) et de son professeur Robert Zimmerman (*Allgemeine Ästhetik als Formwissenschaft*, 1865) qui avait libéré la forme de toute fonction mimétique pour l'établir *quid juris* comme un rapport esthétique, après Riegl, l'esthétique pouvait s'ouvrir à la psychophysique, celle de Gustav Fechner ou, plus directement, celle de Ernst Mach [8]. L'autoportrait dessiné par Mach et publié dans *Beiträge zur Analyse der Empfindungen* (1886) semble l'exact contrepoint de la fameuse gravure de Dürer. La main qui dessine est prise dans la dynamique de l'espace. La grille de perspective, la fenêtre albertienne qui construit la

représentation n'est plus qu'un artefact au fond de cette pièce fermée, un espace qui se confond avec celui de l'immédiate perception. En posant la *Stimmung* comme un facteur d'ordre et d'harmonie [9], Riegl confère aussi à la vue une dimension haptique, une capacité à percevoir les corps comme des entités, à leur donner forme (*Gestalt*), et ce dans une correspondance ouverte de tous les sens, l'optique, l'acoustique et l'haptique étant structurés par la même dynamique de la « mise en forme », de la *Gestaltung*. Si une nouvelle génération d'historiens et de théoriciens de l'esthétique comme Adolf von Hildebrand et Konrad Fiedler assimilent cette psychophysique instaurant les nouveaux paradigmes de la modernité, tout autant que Robert Vischer qui, à travers son ouvrage *Über das optische Formgefühl* (1873), impose la notion d'*Einfühlung* [10], l'ensemble des philosophes et des théoriciens vont trouver dans l'art et dans l'esthétique le moyen de résoudre l'ancien conflit kantien entre les facultés [11]. Inversement, l'influence de cette esthétique active aura une incidence considérable sur une nouvelle génération d'historiens, mais aussi de critiques d'art impliqués sur les scènes de la recherche et de la création. Si l'on retrouve dans les textes de Wölfflin les noms de Wilhelm Wundt, de Rudolf Hermann Lotze, de Johannes Volkelt et de Vischer – « Lotze et Vischer ont reconnu la signification du vivre avec le corps [12] » –, son approche de l'architecture est encore liée à l'identité physique des bâtiments, à l'identité de la représentation des objets physiques; il développe une conception de l'aperception proche de celle qu'avait définie Hildebrand dans *Das Problem der Form in der bildenden Kunst* (1893) [13].

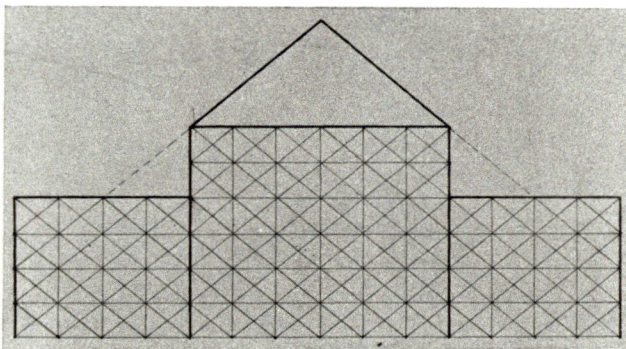

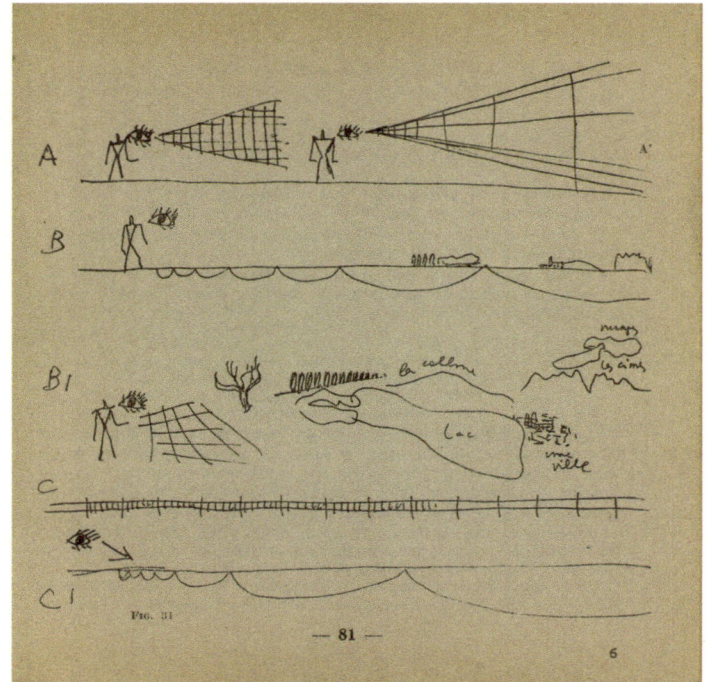

7. Le Corbusier, *Vue de l'Acropole d'Athènes*, 1911.
Encre sur papier, 27 x 21,4 cm. Fondation Le Corbusier,
Paris
8. Le Corbusier, «Les tracés régulateurs», *L'Esprit
nouveau*, vol. 5, 1921, p. 563-572
9. *Tracé régulateur*, repr. dans Fritz Hoeber, *Peter
Behrens*, Munich, Müller & Rentsch, 1913, p. 35
10. Le Corbusier, *Schémas de proportions pour une mesure
optique du territoire*, *Le Modulor*, Boulogne-sur-Seine,
Éditions de L'Architecture d'aujourd'hui, 1950, p. 81

August Schmarsow tranchera avec cette conception trop analogique entre architecture et forme organique, avec cette rigidité stéréonomique des objets spatiaux : « La conception [*Gestaltung*] créatrice s'accomplit de l'intérieur, et en cela le sentiment de l'espace [*Raumgefühl*], la pensée de la construction sont les principes directeurs, et non le goût pour l'ornement et le sens du détail des formes [14]. » Citant aussi bien Volkelt, Lotze, Vischer, il se rapprochera des analyses plus précises des processus aperceptifs de Wundt pour minorer l'importance de la forme et privilégier le domaine d'une formation spatiale. Pour Schmarsow, la question tient au rapport de la figure et du fond ; l'essence de l'architecture n'est pas dans la définition de ses masses solides, mais dans celle des vides qu'elles définissent. Le sentiment de la forme (*Formgefühl*) est moins déterminant que le sentiment d'espace (*Raumgefühl*) [15]. L'architecture et, plus largement, tous les arts de l'espace sont alors soumis à un complet changement de paradigme, tranchant singulièrement avec les préceptes de la philosophie transcendantale. L'espace n'est plus posé comme la forme pure *a priori* de la sensibilité, mais il s'établit dans des relations, s'impose au fil des expériences. Par là même, il change les lois de la composition architecturale, débarrassée de la grammaire figée des ordres et d'une géométrie statique héritée des relectures classiques de la Renaissance. L'espace n'est plus un cadre universel abstrait ; il se donne dans un rapport de l'homme

à l'espace. Comme le souligne Beatrix Zug, « Schmarsow partant de l'expérience individuelle, il s'ensuit que l'espace du quotidien et l'espace délimité de l'architecture, ainsi que la conception mathématique de l'espace, doivent, pour l'essentiel, entrer en conformité [16] ». Par conséquent, un nouvel ordre de rationalisation advient, conforme à la variabilité de l'émotion spatiale, mais encadré par une normativité d'un autre ordre cherchant à stabiliser des invariants par variation. La géométrie et, par extension, la mathématique doivent ainsi se soumettre à des normes perceptives directement issues des lois de la physiologie. En cherchant à fixer de possibles mesures objectives d'un événement mental, les innombrables expériences de Gustav Fechner, assisté de Carl Stumpf, visant à prouver la constance harmonique du nombre d'or chercheront à valider des lois définissant les relations de magnitude entre stimulus physique et sensation avec la même rigueur que les lois de variabilité observées par Carl Friedrich Gauss. Fechner s'appuie sur une réinterprétation de l'ouvrage *Neue Lehre von den Proportionen des menschlichen Körpers* (1854), dans lequel Adolf Zeising cherche à établir, sur la base du nombre d'or, un principe géométrique universel organisant la beauté et la complétude de toute forme, aussi bien naturelle que créée par l'homme. Après avoir divisé le corps humain en quatre parties, il subdivise l'ensemble des sections du corps suivant la progression géométrique de Fibonacci, afin de démontrer l'harmonie proportionnelle des subdivisions selon le nombre d'or. S'appuyant sur des constantes proportionnelles de l'histoire de l'architecture, et se référant notamment au Parthénon, Zeising envisage l'universalité du nombre d'or à partir du seul critère de la perception du beau. « Entre un ressenti [*Gefühl*] et un autre, écrit-il, on trouve une différence considérable et l'on se demande lequel est correct. Cependant, la réponse émerge dans la vérité d'un rapport de proportion qui ne peut se trouver dans une abstraction nue de la raison [17]. » Ce texte de Zeising fait partie des sources utilisées par Le Corbusier lors de la conception du Modulor. Mais on ne peut le détacher du contexte de l'esthétique allemande, qui vit Gustav Fechner déplacer la question des proportions vers une problématique psychophysiologique. Comme l'explique Hermann Kalkofen, « si Zeising a largement contribué à donner un authentique statut critique et historique à la section d'or, Fechner, qui voyait dans l'esthétique une pure exploitation spéculative de la philosophie selon quelques aperçus artistiques, privilégiait le fait expérimental contre ces démonstrations de principe [18] ».

LES MESURES DU RYTHME

La confrontation de Le Corbusier au contexte culturel allemand ne peut se résumer à une succession de rencontres, qui auraient mené à la rédaction de deux textes, *La Construction des villes* (1910) et son *Étude sur le mouvement d'Art décoratif en Allemagne* (1912), première analyse en langue française du mouvement du Werkbund. Il faudrait recomposer les apports théoriques et critiques apportés par les différents voyages : Vienne, Nuremberg et Munich en 1908 ; puis les deux mois passés à nouveau à Munich, la rencontre avec Theodor Fischer, l'amitié avec William Ritter ; puis le séjour à Berlin, où il fait la connaissance d'August Klipstein ; le retour à Berlin et le séjour de cinq mois auprès de Peter Behrens, dans une agence bouillonnante où travaillent le jeune Ludwig Mies Van der Rohe et Walter Gropius ; le séjour déterminant à Hellerau, où réside son frère Albert Jeanneret, qui suit la formation à la rythmique d'Émile Jaques-Dalcroze, et où il croise aussi

bien Heinrich Tessenow que les responsables du Werkbund et de la cité-jardin de Hellerau, Karl Ernst Osthaus, Karl Schmidt et surtout Wolf Dohrn. Son passage chez Peter Behrens, alors en pleine transition entre la fin de l'Art nouveau et l'avènement du modernisme, a sans doute constitué un grand choc, non seulement pour la formalisation d'un langage architectural, mais surtout par l'apport d'une plateforme théorique et critique entièrement ouverte aux recherches les plus contemporaines de l'esthétique philosophique. L'influence de Wölfflin puis de Schmarsow transparaît dans les recherches de Behrens sur la masse et la corporéité du bâtiment, recherches sur l'unité formelle de la composition, entièrement déterminée par un point de vue psychophysique et organisée selon des tracés régulateurs. La réflexion d'August Thiersch sur les systèmes de proportions constituera pour nombre d'architectes, dont Theodor Fischer, Hermann Muthesius, Heinrich Tessenow et bien entendu Peter Behrens, une base de travail pour simplifier la composition architecturale. Contre toute lecture strictement géométrique et rationaliste, Thiersch développe une théorie des proportions, où la répétition de la même proportion doit créer une analogie visuelle entre les parties d'une part, et entre les parties et la totalité d'autre part. Fondée sur l'équilibre des relations entre psychique et physiologique, cette harmonie mathématique inspirée de Fechner défend une approche psychologique des proportions, où l'architecture est comprise de façon organique. August Thiersch : « Le bâtiment dans son entier peut être défini comme un organisme ; l'ensemble croît à partir d'une forme type et se développe en de nombreuses variations. Plus simple est la relation entre les parties, et plus fréquemment elles sont répétées, plus aisément l'œil suivra les lignes et plus facilement l'image intellectuelle interne sera construite [19]. » Les recherches sur les proportions, les tracés régulateurs imaginés avec l'architecte Johannes L.M. Lauweriks (recruté dès 1903 à la Kunstgewerbeschule de Düsseldorf) permettent à Peter Behrens, dans le sillage de Thiersch, de concevoir des schémas applicables aux projets en cours. Associé aux Pays-Bas à Karel P.C. De Bazel, Lauweriks, avait déjà formalisé, suivant une logique théosophique, plusieurs projets à l'aide de tracés régulateurs, en s'appuyant sur les travaux du mathématicien Jan Hessel De Groot, qui organisait une encapsulation de formes naturelles selon des configurations rythmiques de lignes [20]. Alors que Behrens projetait de publier avec Lauweriks un livre sur les proportions, on retrouvera beaucoup de ses motifs sur les façades du pavillon de la Kunstausstellung d'Oldenbourg (1905) et du crématorium de Hagen-Delstern (1906-1907). À cet égard, Suzanne Frank rappelle que « l'influence de l'école proportionniste hollandaise sur Peter Behrens doit être mentionnée. L'usage des grilles par Behrens a été analysé en 1913 par Fritz Hoeber, lorsqu'il a traité des origines des dessins de Behrens pour les pavillons d'Oldenbourg, en 1905 [21] ». Toutefois, Hoeber a par ailleurs souligné que ces tracés géométriques n'ont pas une simple fonction architectonique. Citant Wölfflin, il met en relation la corporéité du bâtiment — « un système résolument exécuté de diagonales parallèles, qui détermine aussi bien les intérieurs et

14. August Schmarsow, *Zur Frage nach dem Malerischen, sein Grundbegriff und seine Entwicklung*, Leipzig, S. Hirzel, 1896, p. 16. / **15.** Voir Alina Payne, « Architecture, Ornament and Pictorialism: Notes on the History of an Idea from Wölfflin to Le Corbusier », dans Karen Koehler (éd.), *Architecture and Painting*, Londres, Ashgate Press, 2001, p. 54-72. / **16.** Beatrix Zug, *Die Anthropologie des Raumes in der Architekturtheorie des frühen 20. Jahrhunderts*, Tübingen, Berlin, Ernst Wasmuth Verlag, 2006, p. 25. On renverra aussi à l'article de Mitchell W. Schwarzer « The Emergence of Architectural Space. August Schmarsow's Theory of Raumgestaltung », *Assemblage*, n° 15, août 1991, p. 48-61. / **17.** Adolf Zeising, *Neue Lehre von den Proportionen des menschlichen Körpers*, Leipzig, Weigel, 1854, p. 391. Zeising publiera plus tard un texte sur le Parthénon : « Die Proportionen des Parthenon nach den Penrose'schen Messungen », *Deutsches Kunstblatt*, 1857. / **18.** Hermann Kalkofen, « Die Proportion der Proportion. Fechner zum Goldenen Schnitt », *Geschichte der Psychologie*, 1987, n° 11, p. 34. / **19.** August Thiersch, « Proportionen in der Architektur », *Handbuch der Architektur*, vol. IV, 1883, p. 41. / **20.** Voir Jan Hessel De Groot, Jacoba M. De Groot, *Driehoeken bij ontwerpen van ornament*, Amsterdam, J.G. Stemler, 1896 ; J.H. De Groot, *Vormharmonie*, Amsterdam, J. Ahrend & Zoon's Uitgevers-Maatschappij, 1912. / **21.** Suzanne Frank, « J.L.M. Lauweriks and the Dutch School of Proportion », *AA Files*, n° 7, septembre 1984, p. 66. / **22.** Fritz Hoeber, *Peter Behrens*, Munich, Georg Müller und Eugen Rentsch, 1913, p. 35. / **23.** Id., *Orientierende Vorstudien zur Systematik der Architekturproportionen auf historischer Grundlage. Ein kunstwissenschaftlicher Versuch nebst einer Zusammenstellung von zehn Thesen über architektonische Proportionskunst*, Francfort-sur-le-Main, Kunz & Gabel, 1906.

les extérieurs du corps de la construction, que l'ensemble des façades et des ouvertures [22] » – et l'effet produit par sa perception. Au sein de l'agence Behrens, Le Corbusier ne pouvait ignorer la préparation de la monographie de l'architecte par Hoeber, qui avait publié sa thèse en 1906 [23] sur les systèmes de proportions. Dépassant le modèle défini par Thiersch, Hoeber les analysait dans une étroite relation à la psychophysique et proposait une relecture de l'histoire de l'architecture, adossée aux schémas esthétiques de Stumpf, Wundt, Wölfflin et Schmarsow. Selon Stanford Anderson, « Behrens a ainsi été indirectement influencé par les thèmes de Schmarsow – la perception optique, picturale, le holisme, une puissante énergie culturelle – et par son acceptation d'une dépréciation des styles. [...] Pour Behrens, cela signifiait une adhésion à l'esprit du temps, qu'il envisageait comme impliquant une absolue clarification de la forme spatiale selon une précision mathématique [24]. » Une architecture créatrice d'espace (Raumgestalterin) ; soumise, contre la tectonique, à une forme réordonnant « les contrastes entre horizontales et verticales [25] », comme l'avait relevé Wölfflin ; liée à une dimension cognitive de la vision ; respectant les règles de l'organisation humaine (symétrie, proportionnalité, rythme) : l'ensemble de ces principes constitueront le noyau de la démarche conceptuelle de Le Corbusier. Dans L'Esprit nouveau, il va recomposer une histoire psychophysiologique de l'architecture. Il y décrit la Mosquée verte, Sainte-Sophie, la villa d'Hadrien, le Parthénon, en observant cette logique suivant laquelle l'architecture est perçue en tant que volume mathématisé selon les lois d'une harmonie physiologique : « Vous êtes pris, vous avez perdu le sens de l'échelle commune. Vous êtes assujetti par un rythme sensoriel (la lumière et le volume) et par des mesures habiles [26]. » Il développe son propos dans Vers une architecture : « Mes yeux regardent quelque chose qui énonce une pensée. Une pensée qui s'éclaire sans mots ni sons, mais uniquement par des prismes qui ont entre eux des rapports. [...] Ils sont une création mathématique de votre esprit, ils sont le langage de l'architecture [27]. »

Le Corbusier découvre donc le champ d'une esthétique qui ne traite plus seulement de l'histoire de l'art, mais s'impose comme l'instrument d'une dynamique de création privilégiant la notion même de conception (Gestaltung). Ses intuitions ont certainement été confortées par sa rencontre avec l'architecte Theodor Fischer, qui va lui ouvrir le très actif milieu des architectes réformistes. Cela lui permet d'assister à la troisième assemblée du Werkbund, à Berlin, en juin 1910. À cette occasion, il visite deux expositions « de grand intérêt », la « Städtebau Ausstellung » et la « Ton-Kalk-Zement-Ausstellung », qui illustrent cet attrait pour une nouvelle modernité. De fait, Le Corbusier découvre l'amplitude du courant réformiste allemand de la Lebensreform – la réforme de la vie – d'inspiration nietzschéenne, reposant sur la méfiance des élites à l'égard du progrès industriel et qui rassemblait des politiciens, des industriels, des marchands et des artistes, tous attachés à la mise en place d'une réforme sociale, promouvant un retour à la nature, au corps, ainsi qu'aux valeurs portées par les cultures vernaculaires. Après Monte Verità,

la célèbre communauté libre d'artistes installée à Ascona, le modèle des cités-jardins, tel que présenté par Ebenezer Howard dans son ouvrage To-morrow: A Peaceful Path to Real Reform (1898), trouvera un écho important en Allemagne par le truchement de Muthesius, importateur du mouvement anglais de l'Arts and Crafts à travers la publication de Das englische Haus (1904). L'industriel Karl Schmidt souhaite à cette époque transférer ses ateliers (les Dresdner Werkstätten für Handwerkskunst) hors de la ville et créer une « communauté planifiée ». Avec Richard Riemerschmid et Heinrich Tessenow, Muthesius – que Le Corbusier a rencontré – participe à la réalisation de cette nouvelle cité-jardin composée de 1 200 logements ouvriers. La cité-jardin de Hellerau devient un véritable laboratoire de la Lebensreform, sous la direction de Wolf Dohrn, tout à la fois premier secrétaire et, comme l'écrira Le Corbusier, « directeur effectif » du Werkbund, dont le siège est fixé à Hellerau. Pour Le Corbusier, Dohrn est un personnage essentiel, disciple du réformiste social Friedrich Naumann, mais aussi universitaire ayant poursuivi sa thèse [28] avec Theodor Lipps, théoricien – à la suite de Vischer – de l'empathie qui vient de publier Ästhetik. Psychologie des Schönen und der Kunst (1903-1906). C'est en effet Dohrn qui porte le projet intellectuel de Hellerau, cité organique où sont liées la notion de rythme issue des théories de l'esthétique psychologique et des considérations sociales sur les rythmes humains. Cet aspect unitaire du rythme souligné par Wilhelm Dilthey était l'un des sujets prégnants de la psychologie expérimentale de Wilhelm Wundt et de ses soutiens (Ernst Meumann, Kurt Koffka, Theodor Lipps) [29] ; il sera repris par l'ensemble du courant de la Lebensreform. Le projet global de Dohrn se voit d'ailleurs appuyé par les propos tenus par Muthesius lors d'une conférence donnée en février 1908 : « Au début était le rythme. [...] Le rythme caractérise toute activité humaine, il est la loi de toute expression de notre être [30]. » Dohrn confère une dimension plus politique à sa

---

24. Stanford Anderson, *Peter Behrens and a New Architecture for the Twentieth Century*, Cambridge (Mass.), The MIT Press, 2002, p. 132. / **25.** Le Corbusier-Saugnier, « Architecture, II. L'illusion des plans », *L'Esprit nouveau*, n° 15, février 1922, n.p. / **26.** Le Corbusier, lettre à ses parents, 21 juin 1910, dans Rémi Baudouï, Arnaud Dercelles (éds), *Le Corbusier, correspondance. Lettres à la famille*, t. I : *1900-1925*, Gollion, Infolio, 2011, p. 311. / **27.** Le Corbusier-Saugnier, *Vers une architecture*, Les Éditions G. Crès et Cie, 1923, p. 145. / **28.** Wolf Dohrn, *Die künstlerische Darstellung als Problem der Ästhetik. Untersuchungen zur Methode und Begriffsbildung der Ästhetik, mit einer Anwendung auf Goethes Werther*, Hambourg, Leipzig, Leopold Voss, 1907. / **29.** Voir Wilhelm Wundt, *Grundzüge der physiologischen Psychologie*, Leipzig, Engelmann, 1873 ; Ernst Meumann, « Untersuchungen zur Psychologie und Ästhetik des Rhythmus », *Philosophische Studien*, vol. 10, 1894 ; Kurt Koffka, « Experimental-Untersuchungen zur Lehre vom Rhythmus », *Zeitschrift für Psychologie*, n° 52, 1909, p. 104 et suiv. ; Paul Moos, « Die Ästhetik des Rhythmus bei Theodor Lipps », dans *Haydn-Zentenarfeier: III. Kongress der Internationalen Musikgesellschaft: Wien, 25. bis 29. Mai 1909*, Vienne, Artaria und Co./Leipzig, Breitkopf und Härtel, 1909. / **30.** Hermann Muthesius, *Die Einheit der Architektur. Betrachtungen über Baukunst, Ingenieurbau und Kunstgewerbe*, Berlin, Karl Curtius, 1908, p. 3. / **31.** W. Dohrn, « Die Aufgaben der Anstalt », dans *Der Rhythmus. Ein Jahrbuch. II. Band. I. Hälfte: Die Schulfeste der Bildungsanstalt Jaques-Dalcroze Dresden-Hellerau*, Iéna, Eugen Diederichs, 1912, p. 75. / **32.** Émile Jaques-Dalcroze, *L'Éducation par le rythme*, Lausanne, Foetisch, 1907. / **33.** Albert Jeanneret, « La rythmique (fin) », *L'Esprit nouveau*, n° 3, décembre 1920, p. 335-337. Dans le même article Albert Jeanneret soulignera l'importance intellectuelle de Dohrn : « Si Jaques-Dalcroze fut le foyer spirituel de Hellerau, le galvanisateur des énergies et le créateur des idéals, le Dr Wolf Dohrn en fut le promoteur et le cerveau organisateur. » / **34.** A. Ozenfant, Ch.-É. Jeanneret, « Sur la plastique », *L'Esprit nouveau*, n° 1, *op. cit.* / **35.** Theodor Fischer, dans *Die Durchgeistigung der deutschen Arbeit. Ein Bericht vom deutschen Werkbund*, Iéna, Eugen Diederichs, 1912, p. 32-33. /

11. Le Corbusier, *Pavillon de l'exposition «Ideal Home»*, Londres, perspective extérieure, 1939. Encre noire et crayon bleu sur calque, 39,8 x 47 cm. Fondation Le Corbusier, Paris
12. Le Corbusier, *La Cheminée*, étude, 1918. Graphite sur papier, 57,5 x 71 cm. Fondation Le Corbusier, Paris

vision en renvoyant à un ouvrage de Karl Bücher, *Arbeit und Rhythmus* (1897), qui refusait, à rebours des conceptions tayloristes du travail, la séparation entre corps du travail et corps du loisir. Il écrit à ce propos dans *Der Rhythmus*, la revue publiée à Hellerau : « Bücher a démontré que, pour l'humanité primitive, tout travail prend une forme rythmique et qu'il n'existe ainsi qu'un seul type d'activité humaine dans lequel travail, jeu et art forment une unité [31]. » C'est Dohrn qui sollicitera Émile Jaques-Dalcroze, musicien et inventeur d'une pédagogie de la rythmique [32], et le convaincra de quitter la Suisse pour installer son école de rythmique à Hellerau. Il lui fera signer un contrat de dix ans afin d'établir la future Bildungsanstalt Jaques-Dalcroze, un centre communautaire dédié à la danse et au théâtre, et organisé autour d'une école de gymnastique rythmique. Jaques-Dalcroze fera appel à Adolphe Appia, dont les scénographies, débarrassées de toute ornementation, imposent un pur espace répondant pleinement au concept de la *Raumgestaltung*, où seuls les emmarchements traduisent l'idée d'une rythmique graduée des corps mis en scène. En octobre 1910, Albert Jeanneret, le frère de Le Corbusier, s'établit à Hellerau pour suivre les cours de Jaques-Dalcroze. À terme, il souhaite développer sa propre école de rythmique selon cette psychophysique de l'espace : « C'est par l'étude du mouvement corporel qu'il faut commencer, écrit-il, indépendamment de toute volonté d'expression, c'est à l'étude du jeu des valeurs, des rapports, des combinaisons, en un mot de l'abstraction, émotion fondamentale de l'artiste, qu'il faut s'attacher [33]. » Lors de ses deux visites à Hellerau en 1910, Le Corbusier constate que les échelles du corps définies par Jaques-Dalcroze selon des positions élémentaires de mouvement et de repos entrent en correspondance avec ce qu'Adolphe Appia nommera, dans ses dessins, des *Espaces rythmiques* (1909-1910). Il s'agit d'une conception de l'espace répondant à des formes métriques élémentaires (horizontales, verticales), déployées en mutations sous les jeux de lumière : « L'horizontale déclenche chez tout être humain une sensation primaire. [...] Il y a des faits physico-subjectifs qui sont, parce que l'organisme humain est tel qu'il est. [...] Le rythme, c'est le rail conducteur impératif de l'œil imposant à celui-ci des déplacements, sources des sensations visuelles. L'invention du rythme dans chaque cas est l'un des moments décisifs de l'œuvre, le rythme est attaché à la source même de l'inspiration [34]. »

MORPHOLOGIES DE L'INDICIBLE

Si la rencontre avec Wolf Dohrn nourrit toute l'écriture de l'*Étude sur le mouvement d'Art décoratif en Allemagne* (1912), c'est que Le Corbusier découvre à Hellerau une application des préceptes édictés par le Werkbund en vue d'une fusion entre art et industrie. Lors de l'assemblée du Werkbund, Theodor Fischer s'interroge : « Est-ce l'imagination de l'artiste qui crée la forme pour laquelle ce dernier cherche ensuite le matériau ou la technique approprié ? Ou les inventions techniques constituent-elles les éléments à partir desquels l'artiste va laisser libre cours à son imagination dans sa façon de jouer avec les matériaux [35] ? » Il trouve une réponse dans l'emploi systématique du béton, découvert en 1908-1909 chez Auguste Perret, puis à l'exposition « Ton-Kalk-Zement-

Ausstellung » (1910). Voici la conclusion de la conférence de Fischer : « C'est seulement quand les architectes commencèrent à utiliser le béton comme une forme d'art qu'il devint intéressant [36]... » Dohrn a planifié l'avènement d'une communauté construite à partir d'une conception psychocognitive du corps et mis au point, de façon concomitante, un schéma d'organisation sociale et, par extension, un projet urbanistique et une esthétique architecturale qui mèneront au bâtiment de la Bildungsanstalt Jaques-Dalcroze commandé à Tessenow. On retrouve l'empreinte de cette matrice esthétique et théorique dans toute l'œuvre de Le Corbusier. Mais celui-ci imagine déjà un autre niveau de cohérence. Le matériau y offrirait une plus grande flexibilité quant à la définition de la forme. Il permettrait de dessiner un espace ouvert à toutes les potentialités du corps, conforme aux « invariants du rythme », pour reprendre les termes de Jaques-Dalcroze, et dépouillé de toute ornementation, de toute expression stylistique. À la suite des débats du Werkbund sur les questions du matériau et du style est publié l'ouvrage polémique de Muthesius, *Stilarchitektur und Baukunst* (1902). L'auteur y récuse que le style puisse être l'expression d'une époque pour avancer la notion de type, de standard (*Typisierung*), qui émerge à travers les archétypes constitutifs de chaque période historique [37]. Pour Le Corbusier, ces invariants dépendent d'une interaction entre la cognition, la dynamique du corps et la forme artistique, proche de la notion de *Formgefühl* proposée par Wölfflin ou du *Kunstwollen* d'Aloïs Riegl, cette volonté régulatrice des relations entre les hommes et les objets perçus par les sens. Pour Le Corbusier, le standard est un universel cognitif et répond à des universaux physiologiques, même s'il témoigne du contexte technique, des valeurs culturelles propres à chaque époque. « Le standard est une nécessité, écrit Le Corbusier. Le standard s'établit sur des bases certaines, non pas arbitrairement, mais avec la sécurité des choses motivées et d'une logique contrôlée par l'expérimentation. Tous les hommes ont même organisme, mêmes fonctions. Tous les hommes ont mêmes besoins. Le contrat social qui évolue à travers les âges détermine des classes, des fonctions, des besoins standard donnant des produits d'usage standard [38]. » La juxtaposition dans *L'Esprit nouveau* des photographies du Parthénon et de la Delage Grand Sport de 1921 montre de manière frappante la variabilité de l'invariant cognitif. C'est à partir de Hellerau, après avoir assisté à une représentation d'*Orphée et Eurydice* de Christoph Willibald Gluck mise en scène par Émile Jaques-Dalcroze, que Le Corbusier entame son voyage en Orient. Celui-ci va consister en une vérification d'une conception archétypale de l'histoire des cultures, à travers la description de multiples ornements géométriques (1911). Le Corbusier observe une constante des motifs et des rythmes, à la suite de Riegl (*Stilfragen. Grundlegungen zu einer Geschichte der Ornamentik*, 1893) et des géométrisations d'Eugène Grasset [39]. Il étudie la rythmique des colonnes du Parthénon, qu'il oppose à l'appréhension de sa masse (*Vue de l'Acropole*, 1911 ; voir ill. 7 p. 18), effleurant les notions de *malerisch* et d'haptique chères à Wölfflin. Cette symbolisation du cube – un pur objet cognitif, un jeu

d'horizontales et de verticales – crée un impossible point d'équilibre entre l'optique et l'haptique, un moment où l'on peut concevoir la forme d'une spatialisation. Si le surprenant écran carré qui tient la façade de la villa Schwob (1916) reconduit la frontalité de la villa Lante (*Esquisse*, 1911), il anticipe les multiples figurations de cubes qui, autour de *La Cheminée* (1918 ; voir ill. 1 p. 46), marquent les débuts du purisme. Les premières natures mortes proposent un jeu sur l'illusion des plans, de la profondeur, par le refus de toute construction perspective. Ainsi en va-t-il pour *Le Bol rouge* (1919 ; voir ill. 3 p. 46), où la volumétrie du cube et celle de la feuille de papier roulée sont ramenées à la stricte horizontalité de la ligne de fond. Le Corbusier brouille les contours, les lignes qui distinguent les plans. Il réprime la densité visuelle des objets, tout à la fois singularisés par des constructions axonométriques propres, dans une discontinuité totale de la composition, et rassemblés sous l'unité d'un plan pictural, organisé par un tracé régulateur. La similarité des compositions, la présence des mêmes objets types (bouteilles, guitare, assiettes, frise), des « éléments primaires » offrant des sensations identiques et déterminées accentuent la conscience de la variation (*Nature morte à la pile d'assiettes*, 1920 ; voir ill. 2 p. 52). Pour Amédée Ozenfant et Charles-Édouard Jeanneret, « le purisme s'exprime donc par des équivalents plastiques qui viennent d'un choix réfléchi d'éléments dont il connaît les propriétés physiologiques et spirituelles. Ces éléments sont constitués par des objets ayant des propriétés sensibles particulières, et ils sont agencés par des ordonnances qui ont des effets particuliers spécifiques [40]. » Le manifeste *Après le cubisme* (1918) pointera le danger d'une « tendance vers le cristal », d'une réification, d'un assemblage de vues, contre un vrai cubisme où « il y a quelque chose d'organique qui procède de l'intérieur vers l'extérieur » [41]. C'est selon le rythme des variations, selon un clavier psychologique et physiologique des tonalités (visuelles et sonores, pour reprendre les analyses de la *Tonpsychologie* (1883) de Carl Stumpf) que se construit la « plastique » puriste [42]. Comment ne

---

36. *Die Durchgeistigung der deutschen Arbeit. Ein Bericht vom Deutschen Werkbund*, cité par Werner Oechslin, « Allemagne : influences, confluences et reniements », dans J. Lucan (dir.), *op. cit.*, p. 35. / **37.** La controverse sur la normalisation et les différends avec Henry Van de Velde n'apparaîtront que lors de l'exposition du Werkbund de 1914, sous la forme d'une opposition entre *individualité* et *standard*, chacun des protagonistes ayant distribué des textes manifestes. Ces textes sont repris dans Léon Ploegaerts, Pierre Puttemans, *L'Œuvre architecturale de Henry Van de Velde*, Bruxelles, Atelier Vokaer/Québec, Les Presses de l'Université Laval, 1987, p. 127-129. / **38.** Le Corbusier-Saugnier, « Des yeux qui ne voient pas... III. Les autos », *L'Esprit nouveau*, n° 10, p. 1141. / **39.** Eugène Grasset, *Méthode de composition ornementale*, Paris, Librairie centrale des beaux-arts, 1907. Eugène Grasset développe une scrupuleuse géométrisation des motifs végétaux, afin d'établir des motifs normés, des typologies graphiques. Le Corbusier remarquera : « La France n'a pas plus pu comprendre ou supporter les efforts d'un Grasset. » Ch.-É. Jeanneret, *Étude sur le mouvement d'Art décoratif en Allemagne*, La Chaux-de-Fonds, Haefeli et Cie, 1912. / **40.** A. Ozenfant, Ch.-É. Jeanneret, « Idées personnelles », *L'Esprit nouveau*, n° 27 ; repris dans *id.*, *La Peinture moderne*, Paris, Les Éditions G. Crès et Cie, 1925, p. 168. / **41.** *Id.*, *Après le cubisme*, Paris, Édition des Commentaires, 1918, n.p. / **42.** Dans « Sur la plastique », Le Corbusier accentue à l'extrême l'objectivisme de la cognition psychophysique. Il évoque un « mécanisme de la sensation plastique », « le mécanisme du déclenchement de *mnèmes* psychosubjectifs », et en vient à la conclusion que « le truchement entre l'imagination créatrice et les autres hommes est un système de massage de l'œil : le tableau est PHYSIQUEMENT un savant appareil à masser ». A. Ozenfant, Ch.-É. Jeanneret, « Sur la plastique », art. cité, p. 38-39. / **43.** Christian von Ehrenfels, « Über Gestaltqualitäten », *Vierteljahrsschrift für wissenschaftliche Philosophie*, n° 14, 1890, p. 249-292. / **44.** A. Ozenfant, Ch.-É. Jeanneret, « Formation de l'optique moderne » (1924), *La Peinture moderne*, Paris, Les Éditions G. Crès et Cie, 1925, p. 63-64. / **45.** Le Corbusier-Saugnier, *Vers une architecture*, Paris, Les Éditions G. Crès et Cie, 1923, p. 13.

DES YEUX QUI NE VOIENT PAS... 107

Cliché Albert Morancé. Parthénon, de 447 à 434 av. J.-C.

faire mieux que l'adversaire *dans toutes les parties*, dans la ligne d'ensemble et dans tous les détails. C'est alors l'étude poussée des parties. Progrès.

Le standart est une nécessité d'ordre apporté dans le travail humain.

Le standart s'établit sur des bases certaines, non pas arbi-

Delage, Grand-Sport 1921.

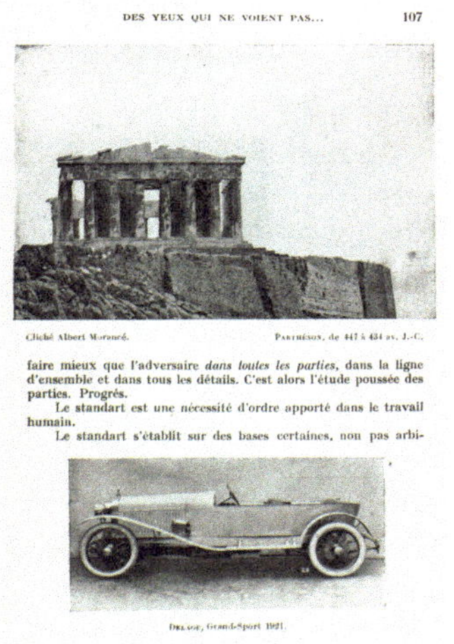

13

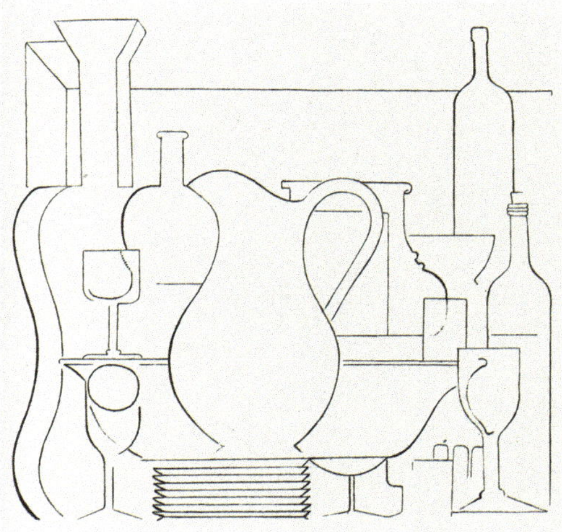

14

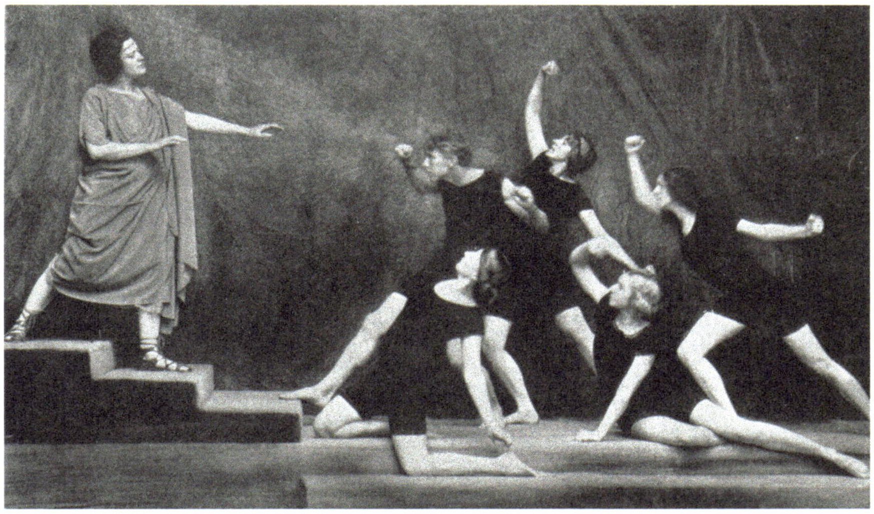

15

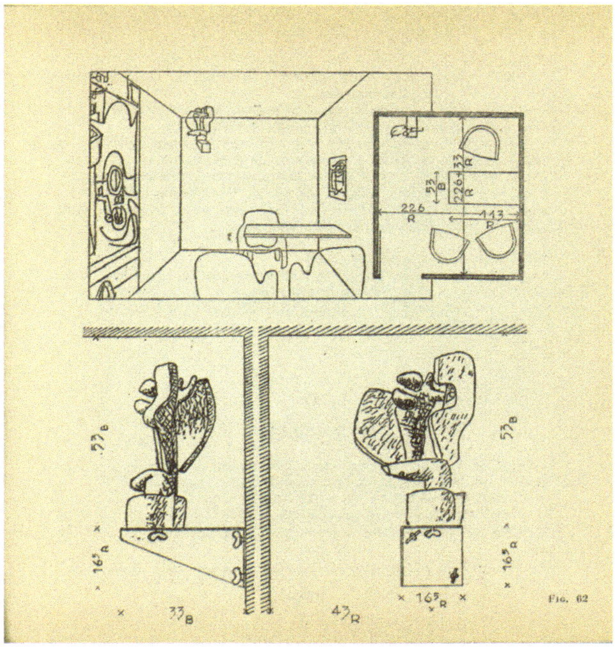

16

13. Parthénon (447-434 av. J.-C.) et Delage Grand Sport (1921), dans Le Corbusier-Saugnier, *Vers une architecture*, Paris, Les Éditions G. Crès et Cie, 1923, p.107
14. Amédée Ozenfant, «Composition puriste, esquisse», publié dans A. Ozenfant et Ch.-É. Jeanneret, *La Peinture moderne*, Paris, Les Éditions G. Crès et Cie, 1925
15. *Orphée et Eurydice* de Christoph W. Gluck, Hellerau, 1912, repr. dans M.E. Sadler (dir.), *Die Eurhythmics of Jaques-Dalcroze*, Londres, Constable and Cie Ltd., 1917, p.22
16. Le Corbusier, *Croquis de l'installation du bureau, 35 rue de Sèvres, avec la sculpture acoustique Ozon I*, *Le Modulor*, Boulogne-sur-Seine, Éditions de L'Architecture d'aujourd'hui, 1950, p.157

pas penser, face aux contours des formes puristes, au vase d'Edgar Rubin (1915 ; voir ill. 2 p. 17) qui illustrait la notion de « qualités de forme », anticipation des développements de Christian von Ehrenfels sur la théorie de la *Gestalt* : « Les *Gestalt spatiales*, non seulement celles de la *vue*, mais aussi celles du *toucher* jointes à ce que l'on appelle des *sensations musculaires* [*Bewegungsempfindungen*], s'avèrent être des qualités de forme [43]. » Dans « Formation de l'optique moderne », Le Corbusier s'interroge sur cette dichotomie entre les constantes de ces lois de la cognition et la mutation accélérée des contextes de perception, due aux moyens technologiques qui imposent une cinétique généralisée de la vision, dont découle un nouvel ordre spatial pour l'architecture et l'urbanisme : « La sensation, en tant que phénomène brut, est universelle. Cependant il faut admettre que les modifications du cadre extérieur de notre existence ont réagi profondément, non sur les propriétés fondamentales de notre optique, mais sur l'intensité et la vitesse fonctionnelle de notre vue, sa pénétration, l'extension de sa capacité d'enregistrement, sa tolérance à des spectacles autrefois inconnus [44]. » Publié dans *L'Esprit nouveau*, « Des yeux qui ne voient pas... » est le titre commun à trois articles de Le Corbusier, sous-titrés « Les paquebots », « Les avions » et « Les autos » (voir ill. 3, 4 et 5 p. 17). L'auteur y décrit l'universalisation du machinique et de la culture de l'ingénierie, ainsi que la perte des notions d'inscription et de fondation, au profit d'une société éprise de mobilité et de vitesse, bouleversant par là même les paramètres d'espace et de temps des cultures vernaculaires. Republiés dans *Vers une architecture* (1923), l'ouvrage manifeste de Le Corbusier mondialement diffusé, ces trois articles constituent le socle théorique d'une formalisation mathématique de la psychophysiologie de l'espace corbuséen : « Nos yeux sont faits pour voir les formes sous la lumière. Les formes primaires sont les belles formes parce qu'elles se lisent clairement. Les architectes d'aujourd'hui ne réalisent plus les formes simples. Opérant par le calcul, les ingénieurs pratiquent les formes géométriques, satisfaisant nos yeux par la géométrie et notre esprit par la mathématique : leurs œuvres approchent du grand art [45]. » Le moment était venu pour Le Corbusier de donner des sources, d'exposer les fondements

17

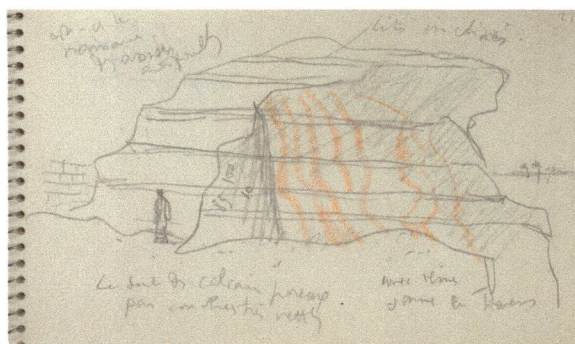

18

17. Salvatore Bertocchi, *«Montagne» réalisée pour l'Unité d'habitation de Marseille*, 1945-1952. Photographie de Lucien Hervé, s.d. Fondation Le Corbusier, Paris
18. Le Corbusier, *Rochers*, Le Caire, extrait du carnet F25, avril 1952. Fondation Le Corbusier, Paris

critiques de sa théorie esthétique, en s'adjoignant un ensemble d'auteurs liés au courant psychophysique allemand. On y trouve notamment Victor Basch qui, dans sa thèse sur l'esthétique de Kant, tentait d'introduire une forme de rationalité du sensible, de la sensation, du sentiment, de l'émotion. S'adossant aux textes de Gustav Fechner, Wilhelm Wundt, Karl Groos et Friedrich Theodor Vischer, Basch s'opposait au sublime mathématique kantien : « Kant a tort d'exiger pour le sublime mathématique la grandeur absolue, la grandeur relative suffit [46]. » Dans son texte intitulé « L'esthétique nouvelle et la science de l'art », le philosophe donne le ton. Il cite Fechner, Wundt, Vischer, et d'autres : « Nous ne voyons pas les lignes et les formes, nous les créons en combinant des sensations visuelles avec des sensations tactiles, des sensations motrices et des sensations musculaires. [...] L'esthétique moderne, après l'étude des sensations immédiates, entreprend donc celle de la forme et des sensations [47]. » *L'Esprit nouveau* s'ouvre alors à d'autres acteurs de l'esthétique scientifique, comme Charles Lalo, qui a fait sa thèse complémentaire sur Fechner [48], et Charles Henry qui publie « La lumière, la couleur, la forme [49] », texte dans lequel, après avoir présenté le « rapporteur esthétique » et le « cercle chromatique », il tente de fonder l'esthétique sur les données objectives d'une physiologie des sensations. Bien qu'aucun auteur allemand ne collabore à la revue, la participation de Basch et de Lalo au « Kongress für Ästhetik und allgemeine Kunstwissenschaft » à Berlin en 1913 [50] – congrès au cours duquel

Behrens présente son projet pour l'Allgemeine Elektrizitäts-Gesellschaft (AEG) – affermit l'idée d'un lien permanent – quoique tu – de Le Corbusier avec l'Allemagne. Excédant les positions de Basch, qui s'éloigne rapidement de la revue, et de Lalo, dont les collaborations prennent un tour plus littéraire, le point de vue d'Henry est le plus radical. Ce dernier défend en effet une esthétique psychomathématique sans concession, où la distance optique finit par disparaître pour laisser place à une impulsion mentale : « Visionner et synthétiser cet invisible comme l'artifice du visuel entraînant avec lui l'image la plus artificielle de la peinture qui ne peut plus être que *cosa mentale* [51]. » L'approche psychocognitive de l'espace trouble la lecture de l'œuvre de Le Corbusier, car il faut se départir des modèles géométriques hérités du néokantisme, des géométries perspectivistes qui confortent le statut identitaire de la vue, du corps, de l'espace, de l'objet, d'un tissu de correspondances, où l'on retrouverait des similarités formelles et spatiales entre Palladio et Le Corbusier – ce qui donnerait au géométrique une confortable continuité historique. Si de récents travaux reconstruisent le positionnement de Le Corbusier sur les problématiques de l'esthétique scientifique [52], la corrélation avec l'esthétique allemande est prégnante ; elle ouvre une possible relecture de l'ensemble de l'œuvre de l'architecte. Les yeux souvent dessinés par Le Corbusier ne définissent pas un point de vue, mais l'échelle d'une géométrisation de la perception, celle d'un espace cognitif : « L'exploitation du

système de mesures produira la sensation d'unité organique [...]
et crée un état d'agrégation unitaire que l'on peut qualifier de
texturique [53]. » La fascination de Le Corbusier pour l'espace générique de la boîte, depuis la cellule de la chartreuse d'Ema jusqu'à
la cellule d'habitation (celle de l'immeuble-villas, du pavillon de
l'Esprit nouveau, du « casier à bouteilles ») renvoie au domaine
cognitif – on pense à Ernst Mach –, au même titre que son bureau
de la rue de Sèvres, boîte fermée où trône l'oreille de la sculpture
Ozon, opus I (1947 ; voir ill. 2 p. 189). Entamée après-guerre, la
série des peintures acoustiques confirme les échelles d'équiva-
lence entre optique, haptique et acoustique, selon des modulari-
tés qui outrepassent les traditionnelles géométries rationalistes
et qui nient toute extranéité du corps par rapport à l'espace. La
forme de l'espace impose une incorporation, une incarnation au
sens physique et cognitif, une « corporalité », selon le mot de
Le Corbusier [54], un corps pour un « espace indicible », auquel
l'architecte prête des témoins sous les espèces de ces discrètes
masses informes que l'on retrouve au couvent de la Tourette, à
Rezé ou à Saint-Dié. S'éclairent alors cette obsession des corps,
cette morphogénèse des corps et des objets dans la peinture de
Le Corbusier [55], mais également cette multiplication des figures
humaines, ces Modulors au tampon humide qui apparaissent dans
nombre de dessins comme autant d'observateurs de la détermination spatiale. L'œil est générique ; il crée la concordance des
dimensions – « une mathématique sensible [56] » –, il fait résonner
et singularise la spatialité effective. « La clé de l'émotion esthétique, affirme Le Corbusier, est une fonction spatiale. [...] Action
de l'œuvre (architecture, statue ou peinture) sur l'alentour [...].
Un phénomène de concordance se présente, exact comme une
mathématique, véritable manifestation d'acoustique plastique [57]. »

46. Victor Basch, *Essai critique sur l'esthétique de Kant* (1896), Paris, Vrin, 1927, p. 565. / **47.** *Id.*, « L'esthétique nouvelle et la science de l'art. Lettre au directeur de *L'Esprit nouveau* », *L'Esprit nouveau*, n° 1, *op. cit.* / **48.** Charles Lalo, *L'Esthétique expérimentale de Fechner*, Paris, Félix Alcan, 1908. / **49.** Charles Henry, « La lumière, la couleur, la forme », *L'Esprit nouveau*, n° 6, mars 1921. / **50.** Les actes du « Kongress für Àsthetik und allgemeine Kunstwis-senschaft » de 1913 ont été publiés par Max Dessoir, *Zeitschrift für ästhetik und Allgemeine Kunstwissenschaft*, vol. 9, Stuttgart, Ferdinand Enke, 1914. Le congrès rassemblait, entre autres, Henri Bergson, Benedetto Croce, Konrad Fiedler, Karl Groos, Theodor Lipps, Ernst Meumann, August Schmarsow, ainsi que Victor Basch et Charles Lalo. Voir Céline Trautmann-Waller, « Berlin 1913 : l'esthétique scientifique française au miroir de l'Allemagne », dans Jacqueline Lichtenstein, Carole Maigné, Arnauld Pierre, *Vers la science de l'art. L'esthétique scientifique en France, 1857-1937*, Paris, Presses de l'université Paris-Sorbonne, 2013, p. 95-115. / **51.** Ch. Henry, art. cité. Le grand intérêt de Le Corbusier pour l'œuvre de Georges Seurat, *via* l'influence de Charles Henry sur son œuvre picturale, met au jour des similarités entre les stratégies esthétiques. Voir Éric Alliez, « Temps gris à la Grande-Jatte (l'extraterrestre/Seurat/l'œil-machine) », dans É. Alliez, Jean Clet-Martin, *L'Œil-Cerveau. Nouvelles histoires de la peinture moderne*, Paris, Vrin, 2007, p. 260. / **52.** À propos de l'analyse psychophysiologique de l'espace chez Le Corbusier, on renverra à plusieurs textes : Estelle Thibault, « L'Esprit nouveau, une économie sensorielle », *La Géométrie des émotions. Les esthétiques scientifiques de l'architecture en France, 1860-1950*, Wavre, Mardaga, 2010, p. 161-182 ; Roxana Vicovanu, « La fabrique du réel par la vision : "l'optique moderne" de *L'Esprit nouveau* », *Massilia 2006. Annuaire d'études corbuséennes*, Marseille, Éditions Imbernon, 2006, p. 22-35 ; Nina L. Rosenblatt, « Empathy and Anaesthesia: On the Origins of a French Machine Aesthetic », *Grey Room*, n° 2, hiver 2001, p. 79-97. / **53.** Le Corbusier, *Le Modulor. Essai sur une mesure harmonique à l'échelle humaine applicable universellement à l'architecture et à la mécanique*, Boulogne-sur-Seine, Éditions de L'Architecture d'aujourd'hui, 1950, p. 80. / **54.** Le Corbusier : « [...] la rue droite affirme le sentiment de corporalité. » *La Construction des villes. Genèse et devenir d'un ouvrage écrit de 1910 à 1915 et laissé inachevé*, Lausanne, L'Âge d'homme, 1992. Dans sa préface, Christoph Schnoor retrouve l'écho allemand du mot, *Körperlichkeit* [corporéité], qui pourrait marquer cette dimension générique de l'aperception spatiale. / **55.** *Id.* : « À partir de 1928, j'ouvre une fenêtre sur la figure humaine, la voici entrant en combi-naison avec les objets à réaction poétique, des pierres et des silex, des coquilles et des éclats de bois, des os de boucherie et des racines d'arbres. » *New World of Space*, New York, Reynal & Hitchcock, 1948, p. 11. / **56.** *Id.*, « Les tracés régulateurs », *L'Esprit nouveau*, n° 5, février 1921, p. 566. / **57.** *Id.*, « L'espace indicible », *L'Architecture d'aujourd'hui*, numéro spécial : *Art*, 1946, p. 9. On citera un texte reprenant cette idée : « Il existe des lieux propor-tionnés d'harmonie parfaite que l'on peut décrire comme des lieux d'acoustique visuelle, des lieux de proportions si précises que le spectateur fait un avec son environnement. Déplacez-vous de quelques pas et vous n'en faites plus l'expérience, l'harmonie est brisée et vous êtes hors du jeu. » *Id.*, « The Core as a Meeting Place of the Arts », dans Jaqueline Tyrwhitt, Josep Lluís Sert, Ernesto Nathan Rogers (dir.), *CIAM 8, The Heart of the City: Towards the Humanisation of Urban Life*, Londres, Lund Humphries, 1952, p. 46.

PURISME & PROPORTIONS

ROXANA VICOVANU

Au terme d'une réflexion sur la « pauvreté conceptuelle » des solutions urbanistes de Le Corbusier, inadaptées à la complexité de la ville moderne et perpétuant le rêve hygiéniste du XIXe siècle, l'historien et théoricien Manfredo Tafuri invitait, dans un article de 1987, à ne pas assimiler l'architecture de Le Corbusier à son urbanisme. La recherche de l'architecte était à interpréter plutôt, selon lui, comme « une investigation dans les limites de l'utopie du langage » et non dans « le langage de l'utopie »[1]. Celui qui fut à la fin des années 1970 l'un des critiques les plus acerbes des apologistes du mouvement moderne attribue à l'objet architectural la capacité d'ouvrir des brèches dans la raison monolithique des utopies urbaines et d'opérer des déplacements à l'intérieur même des codes que celle-ci voudrait établir. L'architecture corbuséenne opposerait ainsi au cadre conceptuel décrit par l'urbanisme et par la peinture le « théâtre » de leurs tensions et conflits. Portant la « trace » de ce que les autres activités de Le Corbusier occultent, elle se place à la limite de leurs propositions pour interroger leurs prétentions à la totalité, à la clôture et aux synthèses réductrices.

De nombreuses études ont accrédité entre-temps l'image d'un Le Corbusier protéiforme, jouant de façon plus ou moins délibérée avec les différents langages artistiques qu'il avait à disposition[2] et entretenant la mythologie d'un personnage scindé : théoricien acerbe dans la revue L'Esprit nouveau (1920-1925), dogmatique à volonté dans ses écrits ultérieurs, peintre le matin, architecte l'après-midi, aspirant industriel avant de devenir l'architecte que l'on connaît, mais au fond redoutant le taylorisme, et à tous les moments « acrobate[3] ». L'avertissement de Tafuri n'a cependant rien perdu de son actualité : depuis son voyage de formation en Orient, une utopie ou un rêve du langage, que ses pratiques et théories entretiennent et combattent à la fois, hante Le Corbusier. Nourri par les lectures théosophiques de jeunesse de l'architecte et triomphant dans le Modulor, ce rêve s'appelle nombre, géométrie, proportion. Si le purisme dresse sur ces fondements la vision d'un univers aux harmonies statiques, où tout s'ordonne et se classe, c'est vers une autre harmonie et un autre idéal de proportion, validés dans l'articulation de l'esprit avec l'immanence de l'expérience sensible, que la pensée architecturale corbuséenne déploiera le langage de la géométrie à partir des années 1920.

« TOUT EST SPHÈRES ET CYLINDRES »

L'avènement du purisme a lieu en 1918, avec le manifeste Après le cubisme cosigné par le peintre Amédée Ozenfant et l'architecte Charles-Édouard Jeanneret. Mais c'est à partir de 1920 que les deux artistes exposent toute l'armature théorique de leur courant pictural, accompagnée d'un véritable programme de réforme de la vie moderne, dans L'Esprit nouveau, revue à vocation esthétique et sociale fondée avec le poète Paul Dermée. Les vingt-huit numéros de la revue ont l'ambition de « faire comprendre l'esprit qui anime l'époque contemporaine » et celle de « travailler à la synthèse des diverses activités de l'heure présente »[4]. Comme dans

---

1. Le Corbusier, Parthénon. Système plastique, repr. dans L'Esprit nouveau, n° 16, mai 1922, n.p.

le constructivisme russe, que le purisme critique pourtant, ou dans le Werkbund allemand, dont Le Corbusier avait suivi les débats dans les années 1910, le programme de *L'Esprit nouveau* se veut totalisant. Il s'agit, plus précisément, de rassembler sous un dénominateur commun d'essence rationnelle – appelé *style*, *standard*, *esprit nouveau* ou *moderne* – l'art et la production industrielle, le travail artistique et la fabrication en série. En mettant l'accent sur l'unité profonde qui relie les différentes productions humaines[5] et qui obéit à des impératifs d'ordre, d'économie, de mesure et d'organisation harmonieuse et efficace, un tel programme ne vise pas seulement à rendre la société intelligible à elle-même. Aux yeux des puristes, ces valeurs sont censées consolider les fondations mêmes de la modernité industrielle, laquelle peut revendiquer alors une dimension et une grandeur classiques, comparables à celles de l'Antiquité grecque.

Conjuguer art et machinisme, individu et collectivité, modernité et classicisme n'est possible pour Ozenfant et Le Corbusier qu'à condition de généraliser le langage des lois scientifiques et géométriques, maîtrisé à la perfection par la machine : « De plus en plus, les constructions, les machines s'établissent avec des proportions, des jeux de volume et de matières tels que beaucoup d'entre elles sont de véritables œuvres d'art, car elles comportent le nombre, c'est-à-dire l'ordre[6]. » Le scientifique et l'artiste ont en commun de « mettre l'univers en équation », annonçait *Après le cubisme*. À cet égard, c'est la géométrie qui répond le mieux à une recherche d'invariants formels et compositionnels garants d'un art correspondant à l'esprit constructif du présent et capable de traverser les époques en exprimant « le plus élevé des besoins humains[7] », le besoin d'ordre. Les puristes adoptent d'autant plus volontiers le credo cézannien suivant lequel « tout est sphères et cylindres[8] » que les grammaires du dessin et l'esthétique scientifique, qui se développent en Europe à partir de la moitié du XIXe siècle, contribuent à diffuser l'idée d'un langage universel des formes et des lignes, où chaque élément a son équivalent émotionnel et psychique précis que l'on croit pouvoir mesurer, calculer et contrôler[9]. La psychophysique de Gustav Fechner et l'étude des mécanismes de perception menée par Charles Henry dans son laboratoire de physiologie des sensations à la Sorbonne[10] contribuent dans le purisme à une codification des éléments plastiques en fonction de leur efficacité perceptive et émotionnelle :

« *Exemples schématiques* :
Ligne droite : L'œil est forcé de se déplacer d'un mouvement continu, le sang circule régulièrement : continuité d'effort, calme, etc., etc.
Ligne brisée : Les muscles se tendent et se détendent brusquement à chaque changement de direction, le sang est cogné contre les vaisseaux, son cours est modifié : brisure, irrégularité ou cadence.
Cercle : L'œil tourne, continuité, recommencement clos.
Courbe : Massage onctueux[11]. »

Si un tel projet équivaut, comme l'a montré Estelle Thibault, à une rationalisation de la perception humaine[12], ce qu'il faut retenir ici est la croyance dans « les mots fixes du langage plastique[13] », le fantasme d'un langage de formes et de proportions géométriques motivé dans la structure psychophysique de l'homme. Doté d'une « grammaire » (les « éléments primaires » comme le cercle ou le carré) et d'une « syntaxe » (l'angle droit, la proportion d'or et autres règles de composition génératrices d'harmonies formelles) qu'ils pensent directement reliées au « diapason » des sensations humaines, ce langage fonde le rêve d'une communication sans faille des états et des émotions.

Cette recherche d'un langage adossé aux besoins humains et consolidé par la science se poursuit à d'autres niveaux du programme puriste, par exemple dans le discours sur les objets du quotidien comme les verres, les bouteilles ou les chaises, vers lesquels va la préférence d'Ozenfant et Le Corbusier. Parfaitement conformes à leurs usages, aux formes épurées par un long processus de sélection culturelle, « d'une lisibilité parfaite et reconnus sans effort[14] », ces objets sont des « objets types », au sens fixe, arrêté : « Chaises pour s'asseoir, tables pour travailler, appareils pour éclairer, machines pour écrire (eh oui !), casiers pour classer[15]. » En eux se vérifie l'idée, formulée par Paul Souriau dans *La Beauté rationnelle* (1904), que la forme la plus belle est aussi la plus efficace car la plus adaptée à sa fonction.

1. Manfredo Tafuri, « "Machine et mémoire" : The City in the Work of Le Corbusier », dans H. Allen Brooks (éd.), *Le Corbusier*, Princeton (NJ), Princeton University Press, 1987, p. 209 ; traduction de l'auteure. / **2.** On trouvera un aperçu des multiples activités de Le Corbusier dans Stanislaus von Moos, Arthur Rüegg (éds.), *Le Corbusier before Le Corbusier : Applied Arts, Architecture, Painting and Photography. 1907-1922*, New Haven (Conn.), Londres, Yale University Press, 2002 ; Alexander von Vegesack *et al.* (éds.), *Le Corbusier. The Art of Architecture*, Weil-am-Rhein, Vitra Design Museum, 2007. / **3.** Le Corbusier : « Un acrobate n'est pas un pantin // Il consacre son existence à une activité / par laquelle, *en danger de mort* permanent, il réalise des gestes hors série, aux limites / de la difficulté [...]. » *Textes et planches*, Paris, Éditions Vincent, Fréal et Cie, 1960, p. 197. / **4.** « Domaine de l'esprit nouveau » [note de la rédaction] et « L'esprit nouveau », *L'Esprit nouveau* [désormais *EN*], n° 1, octobre 1920, s.p. / **5.** Et les « élites » artistiques, scientifiques et industrielles, l'objectif principal de Le Corbusier étant la redéfinition du statut de l'architecte et son intégration dans les forces productives de la société. Voir S. von Moos, Roland Recht (éd.), *L'Esprit nouveau. Le Corbusier et l'industrie, 1920-1925*, cat. expo., Strasbourg, Les Musées de la Ville de Strasbourg, 1987. / **6.** « L'esprit nouveau » [note de la rédaction], *EN*, n° 1, *op. cit.*, s.p. / **7.** Amédée Ozenfant, Charles-Édouard Jeanneret, « Sur la plastique. I. Examen des conditions primordiales », *EN*, n° 1, *op. cit.*, p. 40. / **8.** *Ibidem*, p. 42-43. Les propos exacts de Cézanne sont les suivants : « Tout dans la nature se modèle selon la sphère, le cône et le cylindre. Il faut s'apprendre à peindre sur ces figures simples, on pourra ensuite faire tout ce qu'on voudra. » Paul Cézanne, cité dans Émile Bernard, « Paul Cézanne », *L'Occident*, n° 32, juillet 1904. / **9.** Voir Pascal Rousseau, « Un langage universel. L'esthétique scientifique aux origines de l'abstraction », dans Serge Lemoine, P. Rousseau (dir.), *Aux origines de l'abstraction, 1800-1914*, cat. expo., Paris, Réunion des musées nationaux, 2003, p. 19-33 ; Estelle Thibault, *La Géométrie des émotions. Les esthétiques scientifiques de l'architecture en France, 1860-1950*, Bruxelles, Mardaga, 2010. / **10.** L'*EN* publie « La lumière, la couleur et la forme » (n°s 6-9, 1921), texte d'une conférence donnée par Charles Henry à la Sorbonne en novembre 1920, initialement intitulée « Ce que la science peut apprendre aux artistes ». / **11.** A. Ozenfant, Ch.-É. Jeanneret, « Sur la plastique. I. Examen des conditions primordiales », *art. cité*, p. 38-39. / **12.** E. Thibault, *op. cit.*, p. 161-182. Sur cet aspect, voir aussi Nina L. Rosenblatt, « Empathy and Anaesthesia : On the Origins of a French Machine Aesthetic », *Grey Room*, n° 2, hiver 2001, p. 79-97. / **13.** A. Ozenfant, Ch.-É. Jeanneret, « Le purisme », *EN*, n° 4, janvier 1921, p. 372. [Ce sont les auteurs qui soulignent.] / **14.** *Idem*, « L'angle droit », *EN*, n° 18, novembre 1923, s.p. / **15.** Le Corbusier, « Besoins types. Meubles types », *EN*, n° 23, mai 1924, s.p. / **16.** Charles Lalo devait fournir à l'*EN* une contribution sur le fondateur de la psychophysique, Gustav Fechner, mais produisit finalement un article condamnant « l'intellectualisme outré » de l'époque : « L'esthétique sans amour », *EN*, n° 5, février 1921, p. 491-499 ; n° 6, mars 1921, p. 625-636. Sur le dialogue indirect entre Epstein, Lalo et les puristes, voir Roxana Vicovanu, « Le purisme ou les malaises de la modernité : Amédée Ozenfant et Le Corbusier vs Jean Esptein », dans Tania Collani, Noëlle Cuny (dir.), *Poétiques scientifiques dans les revues européennes de la modernité (1900-1940)*, Paris, Classiques Garnier, 2013, p. 407-424. Le présent article reprend certaines idées de ce texte. / **17.** Ch. Lalo, *L'Esthétique expérimentale contemporaine*, Paris, Félix Alcan, 1908, p. 202. / **18.** *Ibid.*, p. 200, note 1. Rappelons qu'Ozenfant publie dans sa revue *L'Élan* (n° 9, 1916, p. 17) un extrait du dialogue « Philèbe ou le plaisir », de Platon, sur « la beauté des figures » géométriques et « des ouvrages faits à la règle et à l'équerre ».

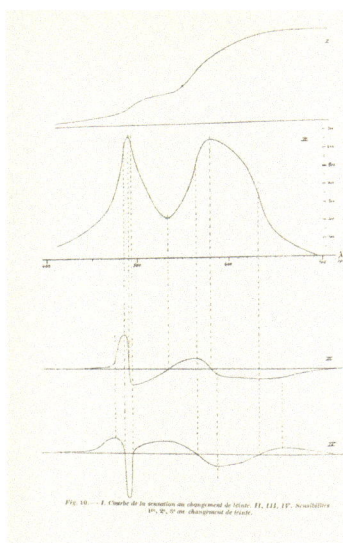

2

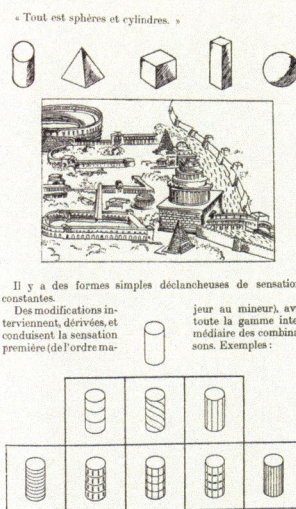

3

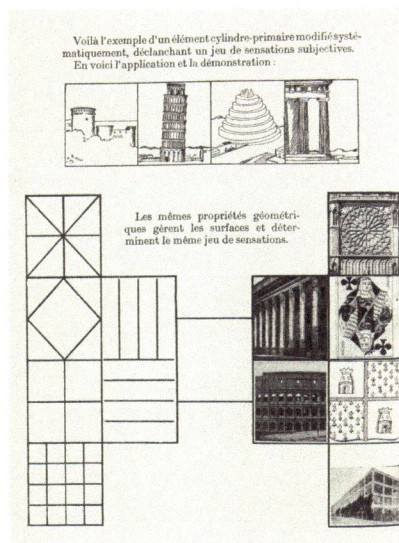

4

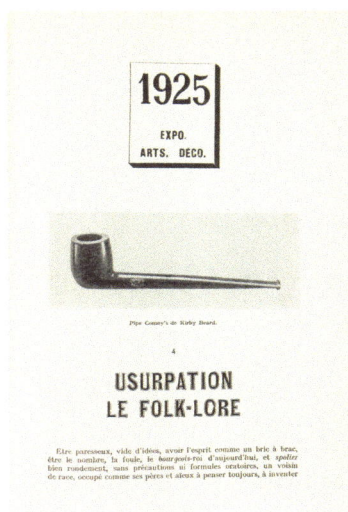

5

6

2. Charles Henry, «La lumière, la couleur et la forme», *L'Esprit nouveau*, n° 7, avril 1921, p.728
3. Amédée Ozenfant et Charles-Édouard Jeanneret, «Sur la plastique», *L'Esprit nouveau*, n° 1, octobre 1920, p.43
4. Amédée Ozenfant et Charles-Édouard Jeanneret, «Sur la plastique», *L'Esprit nouveau*, n° 1, octobre 1920, p.44
5. Le Corbusier, «1925, Expo. Arts. Déco», *L'Esprit nouveau*, n° 21, mars 1924, n.p.
6. Le Corbusier, «1925, Expo. Arts. Déco», *L'Esprit nouveau*, n° 20, janvier-février 1924, n.p.

La juste proportion ou le « diapason humain » recherchés par Ozenfant et Le Corbusier résident autant dans la fascination pour le nombre d'or et les « tracés régulateurs » que dans l'adéquation d'une forme à son effet, d'un objet à sa fonction et d'un environnement à l'homme de pensée et d'action. Loin de se résumer à l'expression mathématique d'une harmonie plastique ou technique, la proportion rêvée puriste exhibe, plus fondamentalement, une loi qui gouverne de manière sous-jacente toutes les manifestations de l'univers. La contemplation des entités organisées que sont les machines et les œuvres d'art ou les objets humbles du quotidien qui communiquent sans ambiguïté leur sens ou leur fonction donne alors accès à une perception totalisante de la réalité, où le corps, la nature et le monde des artefacts humains résonnent ensemble, alignés sur un même « axe d'harmonie » chacun conservant son « esprit de vérité ». Une photographie du mécanisme horloger de la cathédrale de Strasbourg publiée dans le numéro 9 de *L'Esprit nouveau*, assortie de la simple mention : « Ce cliché [...] n'est là que pour faire plaisir aux yeux et faire penser », illustre bien cette transformation de l'esthétique en une science générale des lois et des rapports présidant à l'organisation harmonieuse de l'univers.

« FAIRE FAIRE LA SPHÈRE »

Plusieurs voix devaient s'élever pour mettre en question cette foi dans le langage universel des formes et la conception d'un monde lisible et transparent qu'elle sous-tendait. Les surréalistes ont jeté sans doute le plus de dérèglement dans l'intelligibilité supposée de l'univers puriste. Des critiques du purisme et de ses fondements scientifiques se faisaient également entendre à l'intérieur même de la revue, formulées par le cinéaste Jean Epstein ou par le philosophe Charles Lalo [16]. Ce dernier avait exprimé en 1908 déjà une réserve majeure à l'encontre de la méthode de Fechner, esthétique de laboratoire qui interroge le comment des phénomènes affectifs mais néglige leur pourquoi : « L'esthétique expérimentale proprement dite est l'étude des conditions abstraites des faits esthétiques, non celle de faits esthétiques eux-mêmes [17]. » Il adressait en outre aux disciples de Fechner trop attachés à des principes *a priori* comme le nombre d'or, et dont les prétentions à la méthode empirique reposant sur l'observation se trouvaient ainsi invalidées, une critique qui pouvait s'appliquer aux puristes : ces pythagoriciens des temps modernes ont omis d'étudier « les intermédiaires naturels entre les rapports numériques ou géométriques et nos passions [18] ». Jackie Pigeaud résume cette tension interne à toute forme d'art

7

7. Le Corbusier-Saugnier, «Les tracés régulateurs», *L'Esprit nouveau*, n° 5, février 1921, p.570-571

qui, dès l'Antiquité, tente d'asseoir le sentiment esthétique et l'effet de vie sur le pouvoir du calcul : « On ne saurait obtenir la beauté par le calcul. Le calcul est nécessaire, mais ce qui se révèle est d'un autre ordre. La beauté n'est pas la conséquence de simples rapports. Elle est du quantitatif *et* du qualitatif ; elle est l'obtention de la qualité par l'intermédiaire de la quantité [19]. » Que « la science ne pourra jamais créer la beauté [20] », telle était au demeurant la conclusion de Charles Henry lui-même, qui distinguait la connaissance esthétique – proche chez lui du mysticisme – des formules de l'esthétique scientifique qu'il avait contribué à dégager. À trop vouloir en extraire des « théorèmes [21] », les puristes oublieraient-ils que l'effet des œuvres d'art échappe aux instruments du géomètre et du physicien ?

En 1919, Ozenfant revendique un platonisme sans ambiguïté dans une lettre au peintre et critique Maurice Denis : « [L]a plastique est essentiellement d'ordre physique. Ce qui, sous une forme condensée nous paraît définir le mieux une partie de nos convictions, c'est le mot de PLATON : quand on ôte de l'art ce qui est mesure, nombre et poids, ce qui reste n'est plus de l'art mais un travail manuel [22]. » Quelques années plus tard, le constat est légèrement différent, car c'est devant le mystère de la triade « mesure, nombre et poids » que butent les puristes : « D'un côté les acquis techniques restent à la technique (machinisme), de l'autre côté la question plastique demeure entière, proportion, invention spirituelle susceptibles de nous émouvoir [23]. » La proportion est une affaire de calcul et de science, mais aussi de création, de plasticité et d'effet sensible. Son efficacité tient autant à la précision de la composition et des rapports plastiques ou architecturaux qu'à la justesse de leurs effets. Ainsi comprise, la recherche de proportion révèle la grande inconnue qui échappe aux formules puristes : la création individuelle, l'esprit inventeur qui permet à l'artiste de surpasser l'artisan et à l'architecte d'aller au-delà de

l'ingénieur, tout en créant comme eux à partir du même langage de formes et avec une même économie de moyens. C'est, sans étonnement, dans « la qualité du créateur » qu'Ozenfant et Le Corbusier identifient en 1924 « la grande difficulté actuelle » [24].

Il est très probable qu'aux yeux de Lalo le purisme n'ait pas dépassé les limites de l'esthétique expérimentale, dont le projet se limite à ses yeux à mesurer et à classer les réactions ressortant au bien-être psychophysiologique. Mais ce qui dans le purisme s'est révélé être une impasse deviendra pour Le Corbusier la préoccupation d'une vie : comment faire de l'objet architectural, produit de la science, de la technique et de l'industrie, une œuvre capable d'émouvoir ? Comment donner une dimension vivante, c'est-à-dire garantir le pouvoir d'affecter un sujet, à une construction composée de matériaux inertes ? Et si « le déclanchement de sensations élevées est dévolu à la proportion qui est une mathématique sensible [25] », comment atteindre la proportion ? Ces questions traversent, on le sait, le célèbre *Vers une architecture* (1923), dans lequel Le Corbusier cherche à saisir le passage du travail de l'ingénieur à l'œuvre de l'architecte, de la « machine à habiter » à la « machine à émouvoir ». L'énigmatique « faire faire la sphère » de *L'Art décoratif d'aujourd'hui* (1925) condense son interrogation sur le sujet : « Si l'on arrive *à faire tenir*, on est souvent devant des impasses épouvantables lorsqu'il s'agit de *faire faire la sphère* à ce nouveau système constructif. Faire faire la sphère, c'est tout organiser simultanément avec perfection dans le système structure et le système plastique. Raison et émotion requièrent durement le "produit complet". [...] Le ciment armé laissait des incertitudes, des lacunes. On décora. On n'était pas encore au clair sur le système plastique qui spontanément doit jaillir d'un système constructif. Cette recherche d'un *système* plastique du ciment armé nous conduit à l'heure présente. Nous en sommes là [26]. »

S'il est tentant d'y reconnaître un écho du modernisme cézannien de la sphère et du cylindre que le purisme reprenait à son compte et que Le Corbusier retenait comme leçon fondamentale pour l'architecture [27], l'expression « faire faire la sphère » n'est pas sans rappeler l'approche de la sphère que les poteries populaires avaient instillée dans l'esprit de l'architecte durant son voyage de formation en Orient : « [...] tu sais la beauté d'une sphère. Je viens pour te parler de vases, de vases paysans, de poterie populaire [...]. Tu connais ces joies : palper la bedaine généreuse d'un vase et caresser son col gracile, et puis explorer les subtilités de son galbe [28]. » Francesco Passanti a montré à quel point la culture vernaculaire découverte dans les Balkans fut un « modèle conceptuel » pour l'architecte, en ce qu'elle lui a permis de comprendre ce que peut être l'invention individuelle lorsqu'elle est adossée à une série de normes partagées collectivement et garantes d'une identité culturelle [29]. Rappelons que « le pot du potier du Balkan serbe » fait partie, avec les sculptures de Phidias et le Parthénon d'Athènes, des révélations artistiques que Le Corbusier retient de son voyage d'Orient. Trois révélations qui ont en commun d'être autant de manières de sculpter les formes et d'en faire surgir une émotion. La sensualité presque érotique de la description des vases paysans est, de ce point de vue, en rapport direct avec le « faire faire la sphère » visé dans le domaine de l'architecture. Elle révèle l'importance du toucher dans la vision, dimension dont Johann Gottfried von Herder faisait dépendre la possibilité même de la sensibilité et des affects esthétiques, et que Robert Vischer et autres théoriciens de l'Einfühlung considérèrent plus tard comme fondamentale dans les phénomènes de perception des corps et de l'espace. C'est précisément à travers un regard capable de se faire toucher mais aussi ouïe que Le Corbusier identifie tout au long de sa vie l'intelligence des formes et le signe de l'émotion architecturale, cette justesse d'effet qui seule valide la précision des rapports gouvernant l'agencement des matériaux : « J'avais vingt-trois ans lorsque j'arrivais, après cinq mois de route, devant le Parthénon à Athènes [...]. Pendant des semaines, j'ai touché de mes mains respectueuses, inquiètes, étonnées ces pierres qui, mises debout et à hauteur voulue, jouèrent l'une des plus formidables musiques qui soient : clairons sans appel, vérité des dieux ! *La palpation est une forme seconde de la vue, sculpture ou architecture peuvent se caresser quand la réussite inscrite dans leurs formes provoque l'avancement de la main* [30]. » La « sphère » décrit l'organisation proportionnée des éléments dans un tout qui tient, viable, mais aussi et surtout ce qui s'en dégage comme jeu de formes, rythme sensoriel, joie de l'esprit : l'événement « plastique ». L'architecte n'a pas abandonné la recherche d'un « axe d'harmonie » pour les œuvres de la nature, de la technique et de l'art. Mais c'est dans l'alliance entre les vertus d'une géométrie immuable et une pensée du corps dépassant le mécanique et transformant les nombres en harmonies vivantes qu'il va rechercher la juste proportion.

19. Jackie Pigeaud, *L'Art et le Vivant*, Paris, Gallimard, 1995, p. 35. / **20.** Ch. Henry, « Introduction à une esthétique scientifique », *Revue contemporaine*, t. II, 25 août 1885 ; rééd. Genève, Éditions Slatkine, 1971, p. 467. / **21.** Selon l'expression de Maurice Raynal dans son article « Ozenfant et Jeanneret », *EN*, n° 7, avril 1921, p. 828. / **22.** A. Ozenfant, lettre à Maurice Denis, 13 mai 1919, FLC B2-13-235. / **23.** A. Ozenfant, Ch.-É. Jeanneret, *La Peinture moderne*, Paris, Les Éditions G. Crès et Cie, 1925, p. 6. / **24.** *Idem*, « Destinées de la peinture », *EN*, n° 20, janvier-février 1924, s.p. On pouvait lire dans le premier numéro : « Il ne sera parlé ici ni de génie, ni d'esthétique, mais de métier. – Le génie est une fatalité. – Une esthétique se conçoit. – Le métier s'apprend. – Le métier comprend d'une part la science de la composition. D'autre part, la technique d'exécution. » « Sur la plastique », art. cité, p. 39. / **25.** Le Corbusier, *L'Art décoratif d'aujourd'hui*, Paris, Les Éditions G. Crès et Cie, 1925, p. 86. / **26.** *Id.*, « L'heure de l'architecture », *EN*, n° 28, janvier 1925 ; *L'Art décoratif d'aujourd'hui*, op. cit., p. 137. / **27.** Le Corbusier-Saugnier : « [L]'essentiel de l'architecture est sphères, cônes et cylindres. » *Vers une architecture*, Paris, Les Éditions G. Crès et Cie, 1923, p. 27. / **28.** Le Corbusier, *Le Voyage d'Orient* (1966), Marseille, Éditions Parenthèses, 1987, p. 13. / **29.** Voir Francesco Passanti, « The Vernacular, Modernism, and Le Corbusier », *The Journal of the Society of Architectural Historians*, vol. 56, n° 4, décembre 1997, p. 438-451. / **30.** Le Corbusier, *Entretien avec les étudiants des écoles d'architecture* [1943], Paris, Les Éditions de Minuit, 1957, s.p. (C'est moi qui souligne.)

LE PAVILLON DE L'ESPRIT NOUVEAU

MANIFESTE D'UN SYSTÈME CORBUSÉEN

MAILIS FAVRE

« Il y a une hiérarchie dans les arts : l'art décoratif est au bas, la figure humaine au sommet [1]. »

En 1925, s'ouvre à Paris l'Exposition internationale des arts décoratifs et industriels modernes. Le Corbusier, directeur de la revue *L'Esprit nouveau*, est invité à y construire la maison d'un architecte, ce à quoi il répond par un pavillon synthétisant ses travaux sur un habitat destiné à tout le monde : « C'est la maison d'un homme poli, vivant en ce temps-ci [2]. », et par un pamphlet annonçant la fin de l'art décoratif. Ce double affront lui vaut une mise à l'index de son édifice.

Si ce bâtiment éphémère est un jalon dans l'histoire de l'œuvre corbuséenne, il n'a bénéficié ni d'une bonne presse, ni d'une grande fréquentation pendant les quelques mois de son existence. Situé dans l'angle d'un terrain arboré devant le Grand Palais, l'emplacement est complexe à agencer et peu en vue. Le chantier chaotique non terminé pour l'ouverture de l'événement ainsi que l'allure du bâtiment, décriée par les organisateurs, incitent ces derniers à le cacher par une palissade finalement démontée après l'intervention du ministre de l'Instruction publique et des Beaux-Arts, Anatole de Monzie, le 10 juillet. L'exposition avait débuté le 28 avril.

Poursuivant la tradition des salons européens mettant à l'honneur les arts appliqués, cette exposition, prévue depuis les années 1910 et le sacre du Deutscher Werkbund, est retardée par la guerre. Elle s'ouvre dans une période faste. De grands chantiers de reconstruction sont engagés, encourageant les recherches au sein d'une science de l'habitat naissante, pensant le logis et son organisation dans les villes nouvelles. Figure majeure de cette réflexion sur la « cellule d'habitation » et son imbrication dans l'urbain, Le Corbusier développe ses idées dans des expositions, des écrits, une revue : *L'Esprit nouveau*, fondée avec Amédée Ozenfant et Paul Dermée en 1920. La pensée corbuséenne ainsi affichée met en évidence la futilité du décoré à une époque où les besoins humains exigeraient plutôt que l'on bâtisse utile, simple, rationnel, économique, en s'appuyant sur les techniques modernes.

Conçu en collaboration avec Pierre Jeanneret, le pavillon de l'Esprit nouveau explore cette manière de vivre l'habitat individuel et collectif à l'ère de la machine. Il est une synthèse des travaux de Le Corbusier, tant du point de vue architectural et urbanistique que pictural. Vision de l'environnement humain à différentes

1. Le Corbusier et Pierre Jeanneret, *Photomontage de l'Immeuble-Villas inséré dans une rue de Paris en prolongement d'échafaudages devant le Bon Marché*, Paris, s.d., dans *Œuvre complète*, vol. 1 : 1910-1929, Zurich, Les Éditions d'architecture (Artemis), 1929, p.98

échelles, du mobilier à l'appartement et jusqu'à la ville, il se compose de deux parties : l'une est une cellule d'habitation contenant l'appartement témoin de son Immeuble-Villas agencé, meublé et décoré selon les principes du purisme, l'autre est une rotonde présentant sous forme de dioramas les plans de ses projets pour la ville de Paris.

TYPOLOGIE

« Montrer qu'un appartement peut être standardisé pour satisfaire aux besoins d'un homme "de série" [3]. »
Promoteur d'une organisation raisonnée de l'espace, Le Corbusier est marqué par la psychophysique allemande et les théories menant à l'esthétique scientifique. Dans ses réflexions sur le bâti figure une mesure essentielle, « l'homme de série », pensant et percevant, autour de laquelle s'organisent plusieurs types, termes d'une grande équation qui se veut tout autant logique qu'instinctive, mathématique que perceptive, les sciences exactes n'étant, dans son esprit, jamais très éloignées de la poésie.

« Affirmer que l'architecture s'étend du moindre objet d'usage mobilier à la maison, à la rue, à la ville, et encore au-delà [4]. »
Le pavillon de l'Esprit nouveau est un laboratoire dans lequel Le Corbusier expérimente et donne à voir cette typologie qui s'étend du mobilier à la ville en passant par l'édifice de l'Immeuble-Villas, dans un jeu de poupées russes où chaque élément est standardisé et modulable à souhait en fonction des besoins. En bâtissant, agençant et meublant sa cellule type, Le Corbusier crée un univers constructif dans lequel s'échelonnent différents degrés de lecture.

« Le mot nouveau, c'est l'équipement de la maison [5]. »
Au premier niveau de cette échelle, se situe l'homme et autour de lui, son environnement immédiat : le mobilier et la cellule d'habitation. En nommant « équipement » l'ensemble du mobilier de la maison, Le Corbusier lui associe l'évidence de sa fonctionnalité. Les deux types d'éléments que sont les meubles de rangement, statiques mais modulables, et les meubles « machines » modelés pour le corps, ont pour vocation de répondre à un besoin précis. « Les objets-membres humains sont des objets types répondant à des besoins types [6]. »
Exposés pour la première fois à l'occasion de cet événement, les meubles de rangement ou « Casiers standard », sont des parallélépipèdes de bois superposables, équipés, selon les cas, de tiroirs, tirettes, rabats, servant au rangement du linge, des vêtements ou de tout autre objet. Les ensembles formés par la juxtaposition de ces éléments divisent l'espace, créant des séparations dans les pièces d'habitation. Ils ont de ce fait une fonction architectonique et définissent les pièces à vivre. L'habitant est libre de moduler son habitat : il joue un rôle actif dans l'aménagement de son lieu de vie, il est incité à participer à la composition de son intérieur type.
Parmi les meubles s'accordant à la corporalité de l'individu, deux modèles de tables font leur apparition dans cette exposition

de 1925. Les « tables juxtaposables » sont dotées d'un piétement métallique et de plateaux en bois. Pouvant être positionnées les unes contre les autres, elles contribuent à cette mobilité voulue de l'espace intérieur. Une première table métallique est également présentée au public à cette occasion ; elle illustre les recherches sur les nouveaux matériaux du mobilier menées par Le Corbusier et ses confrères, inspirés par la construction industrielle.

Des sièges ou « machines à s'asseoir » sont commandés à des fabricants ; eux aussi relèvent davantage de l'industrie que de l'artisanat. Il s'agit d'objets communs et bon marché, du moins si on les compare aux pièces montrées dans les autres pavillons de l'exposition : des « divans populaires n° 50 », conçus pour s'asseoir autant que pour dormir, sont commandés au fabricant Abel Motté. Des chaises et des fauteuils aussi simples qu'impersonnels sont choisis chez Maple et Thonet.

S'ajoutent à cela des objets éclectiques issus de l'industrie pour certains, du folklore pour d'autres : verrerie, tapis berbères, une mappemonde, un avion Voisin miniature accroché au mur. Autant de détails qui n'entrent en rien dans les critères de l'art décoratif et isolent le pavillon de l'Esprit nouveau au sein de l'exposition.

Enfin, des peintures signées Le Corbusier, Amédée Ozenfant, Fernand Léger, Juan Gris ainsi qu'une sculpture de Jacques Lipchitz viennent compléter l'univers puriste dans lequel évolue le visiteur. Celui-ci se retrouve dans un tableau, une nature morte à sa dimension. En fonction des déplacements de son corps dans cet espace, en fonction de la perception à tout moment renouvelée que chacun peut avoir de cet habitacle et de ses composants, l'œuvre apparaît, étroitement liée au système cognitif de l'être en mouvement.

« C'est un système nouveau d'organisation domestique [7]. »
L'appartement-témoin est une villa. Duplex en forme d'équerre avec, au rez-de-chaussée, un salon-salle à manger-bibliothèque organisé autour d'une terrasse, une cuisine, une chambre pour domestique, et, à l'étage, deux chambres à coucher, un boudoir en mezzanine surplombant le niveau inférieur en double hauteur, une salle de « culture physique » ainsi qu'une salle de bain. Utilisant les possibilités offertes par le plan libre, Le Corbusier décloisonne les volumes de sa cellule d'habitation et en fait un lieu ouvert. Ouverture intérieure : les casiers standard font office

1. Charles-Édouard Jeanneret, Amédée Ozenfant, *Après le cubisme*, Paris, Édition des Commentaires, 1918, p. 59. / **2.** Le Corbusier, « Les arts décoratifs modernes ». *Vient de paraître*, numéro spécial, 1925, p. 108. / **3.** *Idem*, « Pavillon de l'Esprit nouveau, Paris, 1925 », *Œuvre complète*, vol. 1 : *1910-1929*, Zurich, Les Éditions d'architecture (Artemis), 1964, p. 98. / **4.** *Ibidem*. / **5.** *Ibid.*, p. 100. / **6.** *Id.*, « Besoins types, meubles types », *L'Art décoratif d'aujourd'hui*, Paris, Les Éditions G. Crès et Cie, 1925, p. 76. / **7.** *Id.*, « Pavillon de l'Esprit nouveau, Paris, 1925 », art. cité, p. 100. / **8.** *Ibid.*, p. 98. / **9.** Fondateur du Deutscher Werkbund (avec, entre autres, Peter Behrens, Paul Renner, Richard Riemerschmid, Henry Van de Velde) et promoteur du mouvement Arts and Crafts, Hermann Muthesius fut attaché culturel à l'ambassade allemande de Londres. Son ouvrage *Das Englische Haus* (1904) décrit cet art d'habiter des petites maisons anglaises simples et confortables, telles qu'elles se développent alors à la périphérie des grands centres d'affaires. / **10.** Le Corbusier, « Plan Voisin de Paris, 1925 », *Œuvre complète*, vol. 1 : *1910-1929*, *op. cit.*, p. 111. / **11.** Projet exposé en 1922 au Salon d'automne de Paris. / **12.** Le terme apparaît dès 1906 pour décrire des quartiers du centre de Paris, les actuels 2e, 3e et 4e arrondissements. / **13.** Concept ayant pour objet le bien-être minimum de l'homme.

2. Le Corbusier et Pierre Jeanneret, *Pavillon de l'Esprit nouveau*, vue de la bibliothèque et des casiers standard «Groupe II». Photographie parue dans *Les Arts de la maison*, automne-hiver 1925
3. Le Corbusier et Pierre Jeanneret, *Pavillon de l'Esprit nouveau*, jardin suspendu. Photographie de Charles Gérard, 1925. Fondation Le Corbusier, Paris

de séparations sommaires et mobiles dans le logis. Échappée vers l'extérieur : des baies vitrées et une terrasse exposent à l'air et à la lumière. Loin d'enfermer l'homme dans une boîte, l'appartement type tel qu'il est conceptualisé lors de cet événement, procure au contraire de l'espace : libre déambulation et large respiration vers l'extérieur et l'horizon.

Ainsi, la cellule type de l'Immeuble-Villas est un édifice bâti sur deux niveaux, doté d'un jardin. Claire, moderne, confortable, elle offre à ses occupants la dimension nécessaire au bien-être physique et spirituel.

« La cellule habitable pratique, confortable et belle, véritable machine à habiter, s'agglomère en grande colonie, en hauteur et en étendue [8]. »
Au second niveau de l'échelle définie par l'architecte vient l'assemblage de cellule en Immeuble-Villas. Constitué d'appartements dont l'exposition de 1925 présente un prototype, il est une solution intermédiaire entre la petite maison des zones pavillonnaires à l'anglaise, étudiée par Hermann Muthesius [9], et la *Mietskaserne* ou caserne locative allemande. L'Immeuble-Villas empile les villas ou, tout au moins, les logements pourvus de terrasses.

« Le centre de Paris doit se reconstruire sur lui-même, phénomène biologique et géographique [10]. »
Au troisième niveau se situe la Ville contemporaine de trois millions d'habitants [11], devenue Plan Voisin de Paris à l'occasion de

l'exposition de 1925, en hommage à l'industriel qui supporte financièrement le projet. L'automobile est aussitôt associée au programme d'une ville mécanisée avec tramways et autobus, une ville qui s'étend, se complexifie et dont le rythme s'accélère. Dans le débat européen sur l'aménagement des villes, Le Corbusier se situe alors davantage du côté classique que du côté romantique : ses réflexions rejoignent celles des partisans de la verticalité et de la symétrie. Il conçoit ainsi une ville compartimentée en espaces de vie (jardins et gratte-ciel) et espaces de circulation (réseau de routes, chemins), où règne un ordre disparu des zones urbaines saturées par la densification.

Les projets sont présentés dans une rotonde attenante à la Cellule d'habitation. Deux dioramas exposent la Ville contemporaine de trois millions d'habitants et le Plan Voisin, qui proposent la création d'une cité d'affaires au cœur de Paris à la place des taudis de « l'îlot insalubre [12] ». De grands dessins et études complètent la démonstration, en détaillant les possibles formes et dispositions des gratte-ciel. Afin de fluidifier la circulation et de créer des espaces verts, Le Corbusier suggère de bâtir des tours. Jouant sur la « corporalité » de la ville, il reprend les idées déjà défendues par ses maîtres français ou allemands (Auguste Perret ou Peter Behrens) et explique que c'est dans la hauteur que réside la solution à la surconcentration urbaine. Libérer de l'espace au sol, favoriser les transports et offrir à chacun une surface minimum décente, telles sont les ambitions d'un Le Corbusier intéressé par l'idée d'*Existenzminimum* [13] développée par la constitution de Weimar en 1919.

POÉTIQUE

« La géométrie est le moyen que nous nous sommes donné pour percevoir autour de nous et pour nous exprimer [14]. »

Le système corbuséen ne saurait aller sans une certaine poésie, qui se décline elle aussi en grands thèmes, entre purisme et machinisme. Successivement œuvre d'art puriste et produit d'une industrie moderne, le pavillon de l'Esprit nouveau illustre cet ambigu lyrisme algébrique.

« Épuration de l'architecture par le vide [15]. »

La cellule d'habitation du pavillon de l'Esprit nouveau peut être considérée comme une œuvre d'art puriste [16]. Les objets types meublant l'appartement répondent à la neutralité des natures mortes exposées aux murs. À « la recherche des invariants [17] », de symboles reconnaissables par tous, Le Corbusier dispose sur ses toiles, comme dans son architecture, des éléments simples, aux contours s'entremêlant. De ce fait, ils sont interchangeables, leur forme étant évidente, pauvre, sans valeur ni originalité : tout l'intérêt réside dans l'acte cognitif que réalise inconsciemment le « regardeur » devant la composition.

Tout comme la maison Schröder de Gerrit Rietveld (1924), qui peut se lire comme un tableau de Piet Mondrian, le pavillon de l'Esprit nouveau illustre cette question abondamment creusée par le mouvement De Stijl sur les liens fusionnels entre peinture, architecture et design. Lignes et contours, vides et pleins, symboles et couleurs, tout concourt à rassembler et multiplier ces combinaisons bi- et tridimensionnelles construites autour des mêmes principes.

Apparemment simple, l'aménagement du pavillon est une composition dans laquelle chaque détail est pensé par rapport à l'ensemble. Ainsi la couleur y revêt-elle une importance notable [18], la polychromie distinguant les espaces de vie. L'équipement est intégré plastiquement dans les murs. Les casiers standard, « cloisons mobiles », se manifestent comme architecture en reprenant les tons des « cloisons solides » du bâtiment. Laquées de gris, les chaises Thonet se fondent dans le lieu.

Les tableaux relèvent également d'une sélection minutieuse. Le Balustre [19] de Fernand Léger remplace ainsi une première composition qui, trop abstraite, n'entrait pas dans les critères du lieu. Le Balustre, détail d'architecture avec cannelures aux accents classiques, est une image type trouvant tout naturellement sa place dans cet espace où les natures mortes exposées se focalisent sur des objets simples, standard, élémentaires.

Cette épuration du style se veut reposante, propice à la concentration. Le concept d'objet type est indifféremment présent dans les peintures et dans l'architecture. Pour Le Corbusier, simplifier l'intérieur de la maison, c'est prendre en considération son effet sur l'être vivant le lieu ; l'objet est conçu en fonction de sa réception et non pour lui-même. En rabaissant le statut de la chose, celui de l'homme est revalorisé. Ici, l'opposition à la surenchère décorative d'une exposition comme celle de 1925, où l'œil du visiteur est excessivement sollicité, est radicale.

« La leçon de la machine [20]. »

Dans la société machiniste des années 1920, le corps est un objet dont les actions et réactions sont mesurables scientifiquement. Les mouvements de l'homme pouvant être contraints par la machine, celle-ci est perçue comme une prolongation du corps. L'homme n'a pas tant besoin d'art que de modèles pratiques lui apportant un confort de vie. Les artistes ont pour mission de produire ces modèles. Walter Gropius mettra en œuvre, via le Bauhaus, cette nouvelle conception d'un artisanat d'art étroitement lié à l'industrie. Les objets ayant atteint une perfection que la main humaine ne saurait reproduire, les normes issues de la machine doivent être une « base pour le style [21] », d'après Jacobus Johannes Pieter Oud.

Le tableau lui-même est un objet [22]. Sa corporéité le soustrait à son statut d'objet unique ou sacré. L'œuvre d'art n'est plus narrative. Les compositions puristes, simples et répétitives, ne sont pas des sujets de contemplation, mais elles incitent l'observateur à se sentir acteur du lieu, au gré des subtiles variations qu'il perçoit d'une œuvre à l'autre.

« Les architectes dormaient [23]. »

Dans cette même logique classique, vantant les mérites de l'ordre et du calcul, Le Corbusier met en avant le rôle de l'ingénieur et souligne que l'architecte, trop attaché à la théorie, pourrait parfois manquer de sens pratique.

Fils d'un ouvrier de l'industrie horlogère suisse, destiné aux métiers de l'artisanat d'art et formé à la gravure-ciselure sur montres, Le Corbusier n'a pas suivi un cursus classique d'architecte mais de multiples formations dans divers domaines créatifs. Dans sa vie professionnelle, il oscille ainsi entre plusieurs titres. Architecte, peintre, mais également industriel, il possède une entreprise de travaux publics en région parisienne [24]. Entrepreneur, il l'est aussi via sa revue L'Esprit nouveau. Homme de lettres, c'est cette version-là de sa multiplicité qu'il choisira pour sa carte d'identité française.

14. Le Corbusier, « Avertissement », Urbanisme (1924), Paris, Éditions Vincent, Fréal et Cie, 1966, p. V. / 15. A. Ozenfant, Mémoires, Paris, Seghers, 1968, p. 103. / 16. Une Gesamt-kunstwerk ou « grande synthèse de l'esthétique puriste », comme l'indique Carol S. Eliel (« Le purisme à Paris, 1918-1925 », dans L'Esprit nouveau. Le purisme à Paris 1918-1925, cat. expo., Grenoble, Musée de Grenoble/Paris, RMN, 2001). / 17. A. Ozenfant, Ch.-É. Jeanneret, op. cit., p. 40. / 18. Arthur Rüegg parle de l'effet « physiologique » des couleurs dans Le Corbusier. Meubles et intérieurs, 1905-1965, Paris, Fondation Le Corbusier/Zurich, Scheidegger & Spiess, 2012, p. 95. / 19. Fernand Léger, Le Balustre, 1925, huile sur toile, 129,5 x 97,2 cm, New York, The Museum of Modern Art ; voir ill. 2 p. 62. / 20. Le Corbusier, « La leçon de la machine », L'Art décoratif d'aujourd'hui, op. cit., p. III. / 21. Jacobus Johannes Pieter Oud, « Kunst en machine », De Stijl, vol. 1, n° 3, janvier 1917, p. 26. / 22. Roland Recht rapproche cette démarche de celle des « formalistes russes » qui considèrent le texte « comme un objet et non comme une histoire ». Voir R. Recht, « Un besoin d'ordre », dans Stanislaus von Moos, R. Recht (dir.), L'Esprit nouveau. Le Corbusier et l'industrie, 1920-1925, cat. expo., Strasbourg, Les Musées de la Ville de Strasbourg, 1987, p. 7. / 23. Le Corbusier, « Des yeux qui ne voient pas... II. Les avions », Vers une architecture (1923), Paris, Flammarion, 1995, p. 88. / 24. Stanislaus von Moos souligne que, dans les premiers statuts de la revue L'Esprit nouveau, Charles-Édouard Jeanneret se considérait comme un industriel. « Dans l'antichambre du "Machine-Âge" », dans L'Esprit nouveau. Le Corbusier et l'industrie, 1920-1925, op. cit., p. 15. / 25. Le Corbusier, « Les arts décoratifs modernes », art. cité, p. 108. / 26. Id., « Pavillon de l'Esprit nouveau, Paris, 1925 », art. cité, p. 98. /

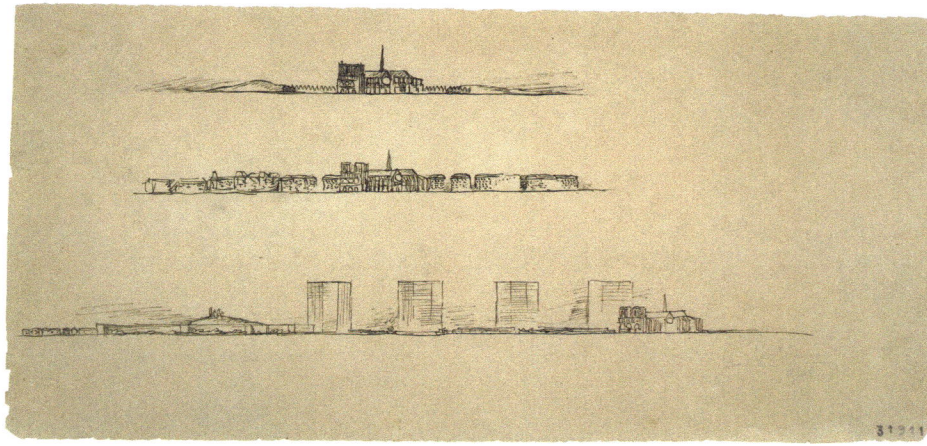

4. Le Corbusier et Pierre Jeanneret, *Trois Élévations de Paris, au Moyen Âge, en 1925, et après application du Plan Voisin*, 1925. Encre noire et crayon noir sur calque, 49,7 x 24,1 cm. Fondation Le Corbusier, Paris
5. Ludwig Hilberseimer, *Ville verticale*, perspective, axe nord-sud, 1924. Encre en aquarelle sur papier, 97 x 140 cm. The Art Institute of Chicago
6. Le Corbusier et Pierre Jeanneret, *Plan Voisin*, perspective, 1925. Encre noire et crayon noir sur calque, 65,5 x 44,8 cm. Fondation Le Corbusier, Paris

Tout comme ses œuvres, Le Corbusier se situe entre l'art et l'industrie, le rêve et l'économie, l'esprit et le corps.

« Ma maison est celle de tout le monde, de n'importe qui [25]. » En homme de lettres maîtrisant le verbe, Le Corbusier camoufle ses contradictions derrière d'habiles formules. Ainsi, alors qu'il prétend bâtir la maison de tout le monde, incarnée par la cellule type de l'Immeuble-Villas, il s'adresse assurément à une classe plus aisée : son appartement est conçu pour loger une domesticité, il s'intègre dans un programme capitaliste de construction à grande échelle, source d'enrichissement pour les propriétaires. Il est pensé comme un programme social et communautaire, mais avec l'assurance sous-jacente que la classe la plus éduquée sera seule capable d'adhérer, dans un premier temps du moins, à ces formules. Le Corbusier estime que le peuple suivra le goût de l'élite et que s'adresser à l'élite est une façon de convaincre le peuple. L'automobile, qu'il aime à placer sur les clichés figurant ses œuvres architecturales, agit comme l'indice des privilèges dont jouissent ceux qui habiteront ce type d'édifice supposément universel. Tandis que l'usage de la voiture est loin d'être démocratisé dans les années 1920, la Voisin est présente sur les photographies – juste retour de communication pour un investisseur soutenant l'architecte. Il conçoit les maisons Citrohan en 1922, en référence à la marque Citroën ; l'automobile et la maison se confondent. L'allusion rapproche sa « machine à habiter » de la « machine à se déplacer » et implique une continuité de ces deux éléments, l'homme passant de l'une à l'autre.

Le pavillon de l'Esprit nouveau fait émerger d'autres contradictions : d'une part, la volonté de standardisation est remise en question par les complications du chantier et l'impossibilité d'y faire pénétrer certains meubles ; d'autre part, alors que le bâtiment est prétendument banal et reproductible, Le Corbusier envisage ensuite de le vendre aux enchères comme une œuvre d'art.

Cette dichotomie entre le général et le particulier est révélatrice ici de l'utopie d'un architecte tourné vers le spécimen humain et le peuple, mais rattrapé par la réalité économique et le soutien qu'il peut obtenir de la part d'une élite riche et sensible aux concepts modernistes.

SYMBOLE

« Ce programme : nier l'Art décoratif [26]. » Le pavillon de l'Esprit nouveau est un symbole en ce qu'il marque cette exposition en s'y opposant violemment de l'intérieur.

7. Le Corbusier et Pierre Jeanneret, *Pavillon de l'Esprit nouveau*, salon. Tirage photographique, 1925. Bauhaus Archiv, Berlin
8. Le Corbusier, *Verrerie et faïence du commerce*, dans *L'Art décoratif d'aujourd'hui*, Paris, Les Éditions G. Crès et Cie, 1925, p.91
9. Le Corbusier et Pierre Jeanneret, *Pavillon de l'Esprit nouveau*, Exposition internationale des arts décoratifs et industriels modernes, Paris, 1925, façade avec panneaux de signalisation, 1924. Crayon de couleur et pastel bleu sur calque, 53,3 x 35,9 cm. Fondation Le Corbusier, Paris

Participant à cette foire des arts décoratifs, il en critique le principe même, dénigrant le « décor ». En publiant dans *L'Esprit nouveau* le texte « Ornement et crime [27] », Le Corbusier rend hommage à Adolf Loos, « l'un des premiers à avoir prévu la grandeur de l'industrie et sa signification pour l'esthétique [28] ». Il assume ainsi l'héritage du théoricien viennois et transmet leur conception commune de l'architecture et des arts appliqués à travers ses écrits subversifs et les manifestations qu'il organise.

« Il n'y a pas de mystère dans la crise de l'art décoratif ; il peut surgir le miracle de l'architecture qui sera, le jour où l'art décoratif cessera [29]. »
Au sein même de cette Exposition internationale des arts décoratifs et industriels modernes, Le Corbusier s'insurge contre le style Art déco. L'agencement de son pavillon est à l'opposé de ceux imaginés par les ensembliers-décorateurs exposant. Et, non content de s'écarter des codes établis, il crie haut et fort sa démarche, annonçant puis propageant son discours dans les ouvrages *Urbanisme* [30] (1924), *L'Art décoratif d'aujourd'hui* (1925) et *Almanach d'architecture moderne* [31], édité en 1925, aussitôt après l'exposition. Ce faisant, il renie l'héritage romantique de John Ruskin et le « style sapin [32] » de l'École d'arts appliqués de La Chaux-de-Fonds. Rappelons que ses maîtres, Charles L'Eplattenier, Peter

Behrens, Auguste Perret ou encore Josef Hoffmann, appartenaient à ce milieu de l'artisanat d'art : ils étaient architectes et artisans.
« Le bien-faire vient de la masse profonde qui pousse à la surface ses éléments de qualité [33]. »
Adolf Loos affirme que « les révolutions viennent toujours d'en bas. Et "en bas", c'est l'atelier [34]. » Ce qu'entreprend Le Corbusier, par son geste provocateur, est une révolution. Celle-ci repose sur l'objet-machine, multipliable à l'infini et populaire, dans la continuité des idées de Loos, selon lesquelles la production massive destinée à la grande consommation rend obsolètes les arts décoratifs. Puisque la technique moderne permet de fabriquer des objets parfaits, pratiques et adaptés aux besoins essentiels de l'homme, l'artisanat devient inutile. À l'inverse de cette vision moderniste, le bâtiment qui fait le plus de bruit lors de cette exposition est l'Hôtel du collectionneur de Pierre Patout, abondamment décoré, avec en façade une frise en bas-relief de Joseph Bernard, un groupe sculpté « à la gloire de Jean Goujon » par Alfred Auguste Janniot, ainsi que des fresques d'Henri Marret.

Si le pavillon de l'Esprit nouveau se démarque des édifices Art déco de cette exposition, il n'est pourtant pas le seul à représenter l'esprit moderne. Le pavillon de l'URSS par Konstantin Melnikov, la Cité dans l'espace de Frederick Kiesler pour l'Autriche, ainsi que le pavillon du Tourisme de Robert Mallet-Stevens sont également des constructions emblématiques de la réaction moderne, mais ils ne sont pas censurés comme l'est le pavillon de l'Esprit nouveau. Même si Le Corbusier s'en est plaint à maintes reprises au cours de sa carrière, cette censure a largement contribué à sa célébrité dans la mesure où, ayant très vite compris le parti qu'il pouvait en tirer, il en a toujours joué avec beaucoup d'habileté. En effet, aussi incongrue que puisse sembler la présence du pavillon au sein d'une telle manifestation, la symbolique qui lui est associée a, finalement, été fabriquée de toutes pièces par son auteur lui-même, via le récit de ses exploits et de l'incompréhension des autorités, auquel s'ajoute sa propension à l'emphase poétique à partir de constats simples et compréhensibles par tout un chacun. À travers ses livres, sa revue, ses conférences, ses entretiens et ses discours, il sacralise son travail et en particulier ce pavillon qui, mal appréhendé par la foule qui s'en détourne, n'en reste pas moins une occasion idéale pour l'homme de mêler dans une même exposition les différentes disciplines qu'il pratique. Au bout du compte, on peut se demander si l'absence de retentissement médiatique pendant l'événement n'a pas été une aubaine pour un Le Corbusier artisan de sa propre histoire.

Richard Paul Lohse estime que « l'exposition est un instrument de premier rang pour influencer les hommes [35] ». La révolution corbuséenne naît de mots, de concepts et d'expositions avant d'être concrètement figurée. Si Le Corbusier est l'un des architectes les plus connus, c'est peut-être aussi parce que les scandales marquent plus la mémoire collective que le territoire bâti, dont les vestiges sont bien souvent voués à la disparition ou à l'oubli.

Vitrine exposant l'œuvre protéiforme de Le Corbusier, le pavillon de l'Esprit nouveau peut tour à tour être perçu comme une œuvre d'art totale puriste ou une « machine à habiter ». Les limites du discours de l'architecte autant que son art de la provocation font de cet édifice une illustration des prémices de sa pensée et de son action, mais aussi un symbole de l'architecture moderne.

Marque de l'importance de l'objet, une réplique *post-mortem* du pavillon est reconstituée à Bologne en 1977 [36].

Perçu comme étant en décalage avec ses contemporains exposant cette année-là à Paris, le système mis en place par Le Corbusier et Pierre Jeanneret n'est-il pas, *a contrario*, en adéquation avec les attentes d'une société en mutation ? L'architecte imagine l'objet quotidien dans ses différents niveaux, du meuble à la ville, en fonction d'un homme type, inscrit dans une époque et confronté aux problématiques qui lui sont propres. Voilà pourquoi le bibelot, à l'honneur en 1925, est à ses yeux dépassé, inutile, inutilisable, tout comme la décoration lourde, coûteuse et à la merci des modes. Créer le générique, c'est aussi créer le durable. L'espace-temps occupe un rôle important au sein de la nature morte puriste en trois dimensions que constitue le pavillon, en permettant l'appréciation de l'œuvre par le visiteur qui passe et se déplace. Mais le temps corbuséen est aussi envisagé à l'échelle de l'humanité. À l'image des canons de la Grèce antique chers à l'architecte, son œuvre se veut standard, logique et pratique, universelle finalement – particularité qui doit lui permettre de traverser l'histoire des hommes.

27. Ce texte publié en allemand par Adolf Loos en 1908 est repris dans le deuxième numéro de *L'Esprit nouveau* en 1920. / **28.** Le Corbusier, préface pour Adolf Loos, « Ornement et crime », *L'Esprit nouveau*, n° 2, novembre 1920. / **29.** *Id.*, *L'Art décoratif d'aujourd'hui*, *op. cit.*, p. 184. / **30.** *Id.*, *Urbanisme*, Paris, Les Éditions G. Crès et Cie, « Collection de l'Esprit nouveau », 1924. / **31.** *Id.*, *Almanach d'architecture moderne*, Paris, Les Éditions G. Crès et Cie, « Collection de l'Esprit nouveau », 1925. / **32.** Le « style sapin » désigne le style développé par Charles L'Eplattenier, le maître de Le Corbusier à l'École d'arts appliqués de La Chaux-de-Fonds. Il consiste en une variation graphique sur le motif, à partir d'un décor régional – en l'occurrence, le sapin jurassien. / **33.** Le Corbusier, « Pédagogie », *L'Esprit nouveau*, n° 19, décembre 1923, n.p. ; cité par S. von Moos, « Le Corbusier et Loos », dans *L'Esprit nouveau. Le Corbusier et l'industrie, 1920-1925*, *op. cit.*, p. 125. / **34.** Adolf Loos, « Schulausstellung der Kunstgewerbeschule », *Die Zeit*, 30 octobre 1897 ; traduction de l'auteur. / **35.** Richard P. Lohse, « Situation », *Nouvelles Conceptions de l'exposition*, Zurich, Les Éditions d'architecture, 1953, p. 10. / **36.** Giuliano Gresleri relève que la réalisation d'une réplique du pavillon à Bologne – par José Oubrerie (atelier Le Corbusier) et lui-même – a été motivée par la volonté de Le Corbusier de reconstruire son œuvre. Le projet est abondamment documenté dans G. Gresleri, *L'Esprit nouveau, Parigi-Bologna. Costruzione e ricostruzione di un prototipo dell'architettura moderna*, Milan, Electa, 1979.

1 / Peter Behrens, *Nordwest-deutsche Kunstausstellung in Oldenburg, 1905, Kunsthalle, Aus der Darmstädter Kunstzeitschrift « Deutsche Kunst und Dekoration »*, repr. dans Fritz Hoeber, *Peter Behrens*, Munich, Georg Müller und Eugen Rentsch Verlag, 1913, p. 36

2 / Johannes Ludovikus Mathieu Lauweriks, dans Nic Tummers, *Der Hagener Impuls. Das Werk von J.L.M. Lauweriks und sein Einfluss auf Architecktur und Formgebung um 1910*, Hagen, v.d. Linnepe Verlagsgesellschaft KG, 1972, p. 25

3 / « Die Tanzenden », dans *Der Rhythmus. Ein Jahrbuch herausgeg. Von der bildunganstalt Jaques-Dalcroze Dresden-Hellerau I. Band*, s.d.

4 / Heinrich Tessenow, *Théâtre de l'Institution éducative pour la gymnastique rythmique dans la cité-jardin de Hellerau*, 1911, repr. dans Marco De Michelis, *Heinrich Tessenow, 1876-1950*, Milan, Electa, 1991, p. 27

5 / « Motiv aus den plastichen Gruppen übungen », dans *Der Rhythmus. Ein Jahrbuch herausgeg. Von der bildunganstalt Jaques-Dalcroze Dresden-Hellerau I. Band*, s.d., p. 57

1

2

3

4

5

6 / Le Corbusier, *Athènes.*
Vue du Parthénon, les Propylées,
1911-1914. Aquarelle sur papier,
49,5 x 45,5 cm. Fondation
Le Corbusier, Paris

7 / Le Corbusier, *Pompéi*, 1911.
Aquarelle sur papier, 31 x 24 cm.
Fondation Le Corbusier, Paris

8 / Adolphe Appia, *Espace
rythmique. « Neuf piliers »*,
1909-1910. Fusain et estompe
sur papier Canson chamois,
50,2 x 72,4 cm. Cabinet d'arts
graphiques des Musées d'art
et d'histoire, Genève

9 / Adolphe Appia, décor d'*Orphée
et Eurydice* de Christoph W. Gluck,
Hellerau, 1912. Institut
Jaques-Dalcroze, Genève

6

7

8

9

1 / Le Corbusier, *Motifs décoratifs*, 1906. Graphite, gouache sur calque, 23,7 x 20 cm. Fondation Le Corbusier, Paris

2 / Le Corbusier, *Motifs décoratifs*, 1911. Graphite, gouache et encre noire sur papier vergé, 24,3 x 31,7 cm. Fondation Le Corbusier, Paris

3 / Le Corbusier, *Motifs décoratifs*, 1911-1912. Graphite, gouache sur papier calque, 21,5 x 17,4 cm. Fondation Le Corbusier, Paris

4 / Le Corbusier, *Motifs décoratifs*, 1912. Graphite, gouache, encre sur papier, 21,2 x 17,2 cm. Fondation Le Corbusier, Paris

1

2

3

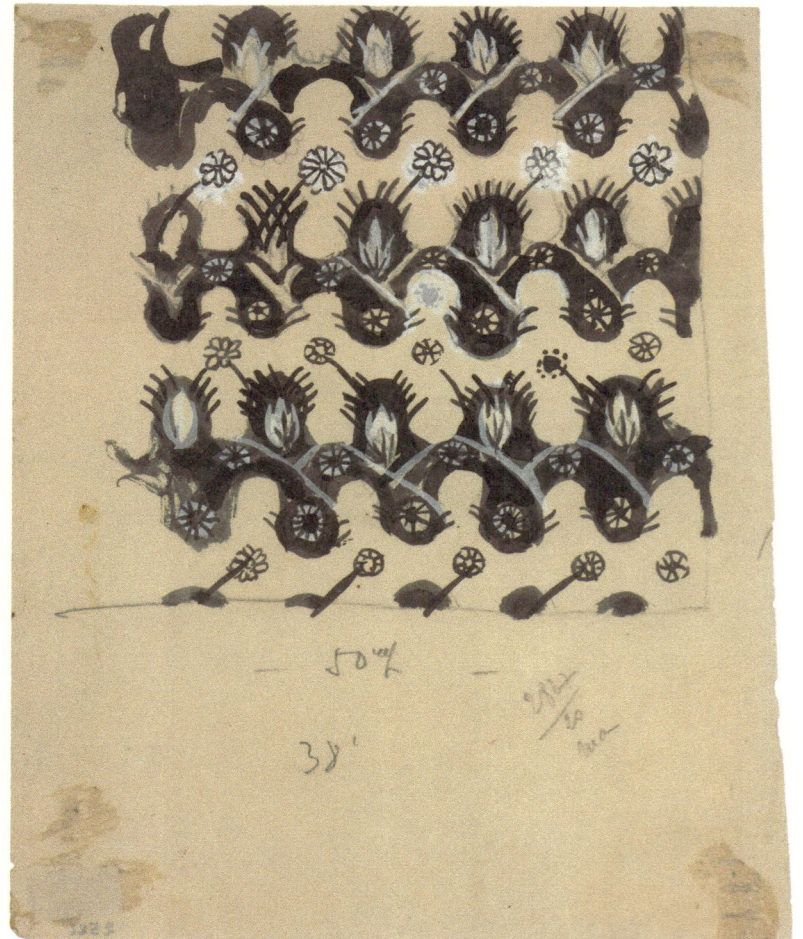

4

5 / Le Corbusier, *Motifs décoratifs*,
1912. Graphite, aquarelle, encre
noire sur papier, 21,2 x 11,8 cm.
Fondation Le Corbusier, Paris

6 / Le Corbusier, *Motifs décoratifs*,
1912. Graphite, gouache sur
calque, 24,5 x 13,5 cm. Fondation
Le Corbusier, Paris

5

6

1 / Le Corbusier, *Projet pour les ateliers d'art de La Chaux-de-Fonds*, 1910. Crayon de couleur, encre de Chine et graphite sur papier, 31 x 40 cm. Centre Pompidou, Mnam-CCI, Paris. Don de la Clarence Westbury Foundation

2 / Le Corbusier devant l'église d'Andernos. Tirage photographique, s.d. Fondation Le Corbusier, Paris

3 / Amédée Ozenfant, *Église d'Andernos*, 1918. Graphite sur papier, 35 x 50 cm. Collection Larock-Granoff, Paris

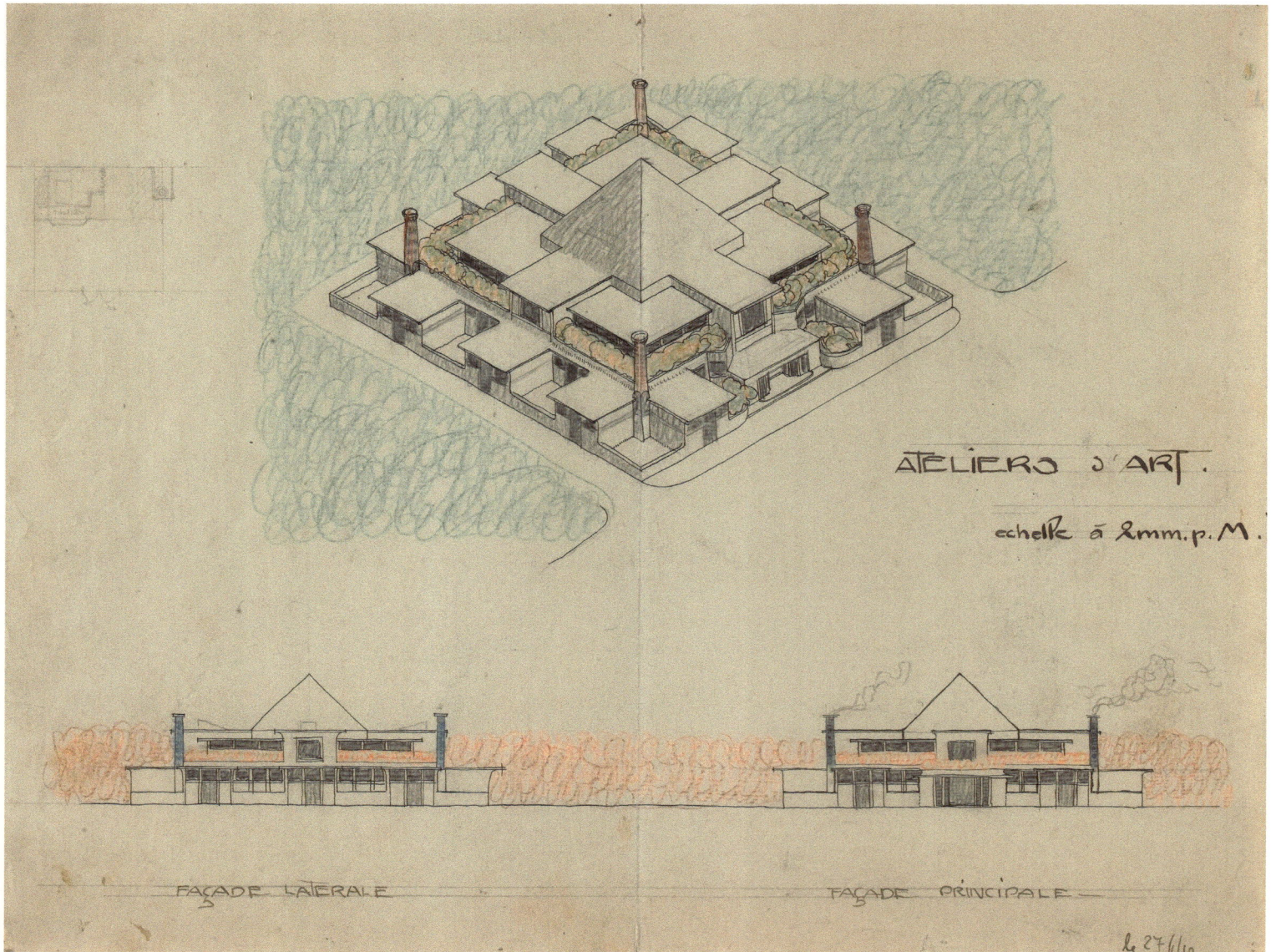

ATELIERS D'ART.

echelle à 2mm.p.M.

FAÇADE LATÉRALE

FAÇADE PRINCIPALE

le 27/1/10

1

2

3

4 / Le Corbusier, *Villa Schwob*,
La Chaux-de-Fonds, 1917.
Photographie de la façade
donnant sur la rue, repr. dans
L'Esprit nouveau, n° 6, mars 1921,
p. 695

5 / Le Corbusier, *Villa Schwob*,
La Chaux-de-Fonds, 1916-1917.
Crayon de couleur, encre de Chine
et graphite sur calque, 44,2 x
88,2 cm. Centre Pompidou,
Mnam-CCI, Paris. Don de la
Clarence Westbury Foundation

4

5

CUBES

1 / Le Corbusier, *La Cheminée*,
1918. Huile sur toile, 60 x 73 cm.
Fondation Le Corbusier, Paris

2 / Le Corbusier, *Nature morte
avec livre ouvert, pipe, verre et
boîte*, 1918. Graphite et gouache
sur papier, 37,5 x 53,5 cm.
Fondation Le Corbusier, Paris

3 / Le Corbusier, *Le Bol rouge*,
1919. Huile sur toile, 81 x 65 cm.
Fondation Le Corbusier, Paris

4 / Amédée Ozenfant, *Verre,
bouteille, miroir et leurs ombres*,
1918. Huile sur toile, 82,1 x
65,3 cm. Kunstmuseum Basel,
Schenkung Dr. h.c. Raoul La Roche
1963

1

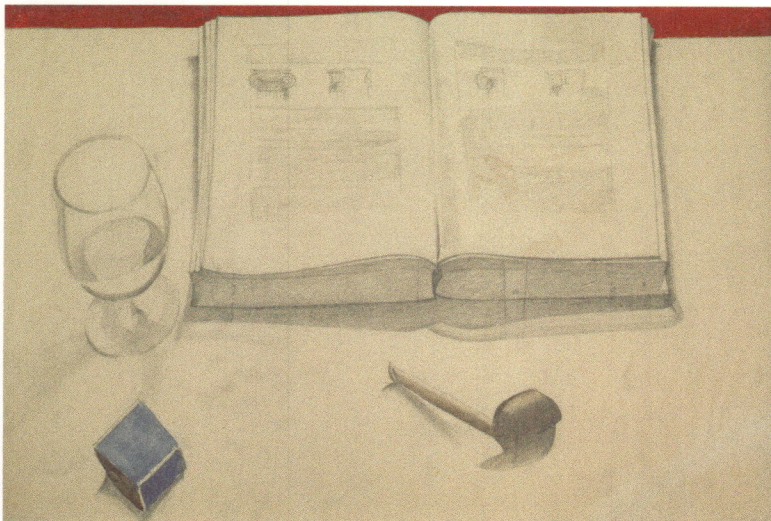

2

3

ozenfant 1918

PURISME

48

1 / Le Corbusier, *Guitare verticale* (1re version), 1920. Huile sur toile, 100 x 81 cm. Fondation Le Corbusier, Paris

2 / Amédée Ozenfant, *Carafe*, 1918. Huile sur toile, 35 x 27 cm. Collection particulière

3 / Amédée Ozenfant, *Verre et bouteille en bleu. Étude n° 11*, 1922. Pastel, craie et mine de plomb sur papier, 27,5 x 20,5 cm. Collection particulière

4 / Amédée Ozenfant, *Guitare, carafe et bouteille*, 1919. Pastel, craie et graphite sur papier, 21 x 16,5 cm. Collection particulière

1

2

3

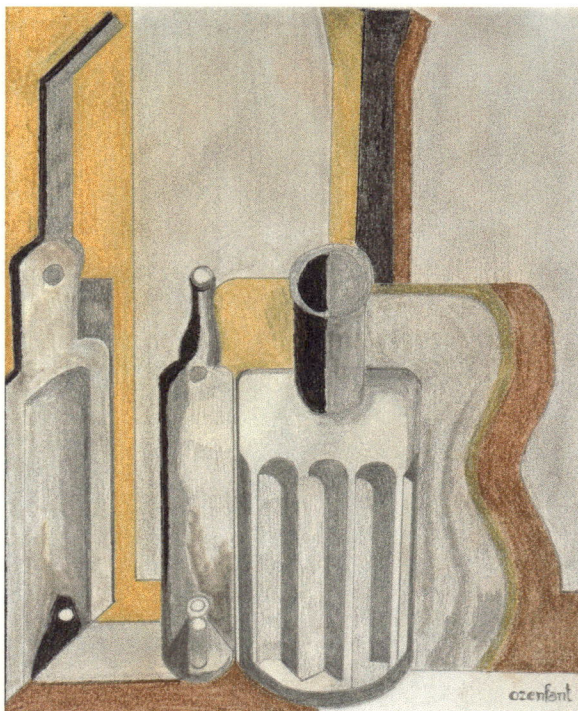

4

5 / Le Corbusier, *Composition à
la lanterne et à la guitare*, 1920.
Huile sur toile, 80,2 x 100 cm.
Kunstmuseum Basel, Schenkung
Dr. h.c. Raoul La Roche 1952

1 / Le Corbusier, *Nature morte*,
1920. Huile sur toile, 80,9 x
99,7 cm. The Museum of Modern
Art, New York. Van Gogh Purchase
Fund, 1937

2 / Le Corbusier, *Nature morte
à la pile d'assiettes*, 1920.
Huile sur toile, 81,2 x 100 cm.
Kunstmuseum Basel, Schenkung
Dr. h.c. Raoul La Roche 1963

1

2

3 / Le Corbusier, *Nature morte*,
1922. Huile sur toile, 65 x 81 cm.
Centre Pompidou, Mnam-CCI,
Paris. Don de l'artiste, 1955

3

1 / Amédée Ozenfant, *Nature morte puriste*, 1921. Huile sur toile, 60 x 73 cm. Musée d'art moderne de Saint-Étienne Métropole

1

2 / Le Corbusier, *La Bouteille de
vir orange*, 1922. Huile sur toile,
60 x 73 cm. Fondation
Le Corbusier, Paris

2

1 / Le Corbusier, *La Bouteille de vin orange*. Tirage photographique avec tracés régulateurs, repr. dans *L'Esprit nouveau*, n° 17, juin 1922. Fondation Le Corbusier, Paris

2 / Le Corbusier, *Façade de la villa Schwob*, avec tracés régulateurs, repr. dans *L'Esprit nouveau*, n° 5, février 1921

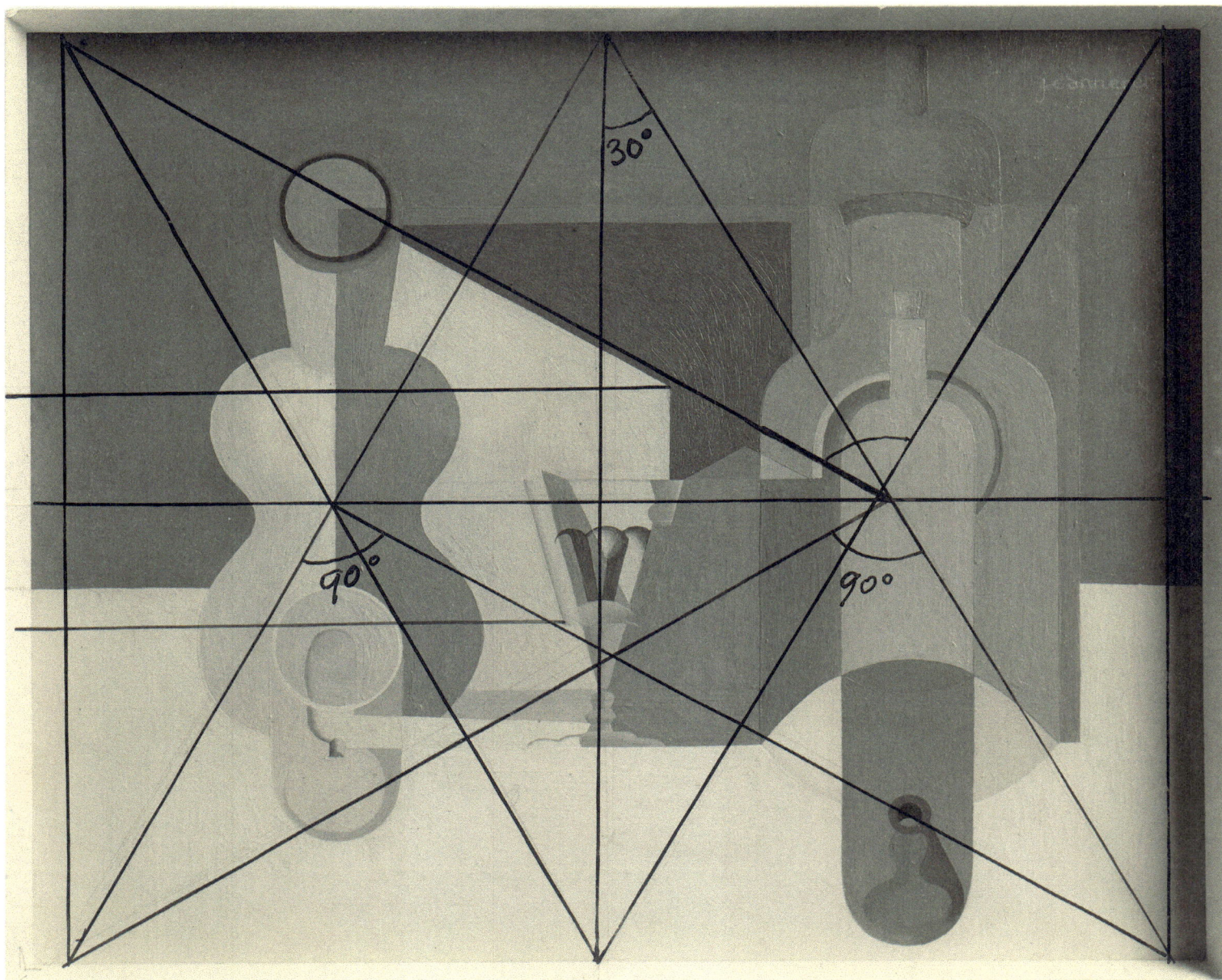

1

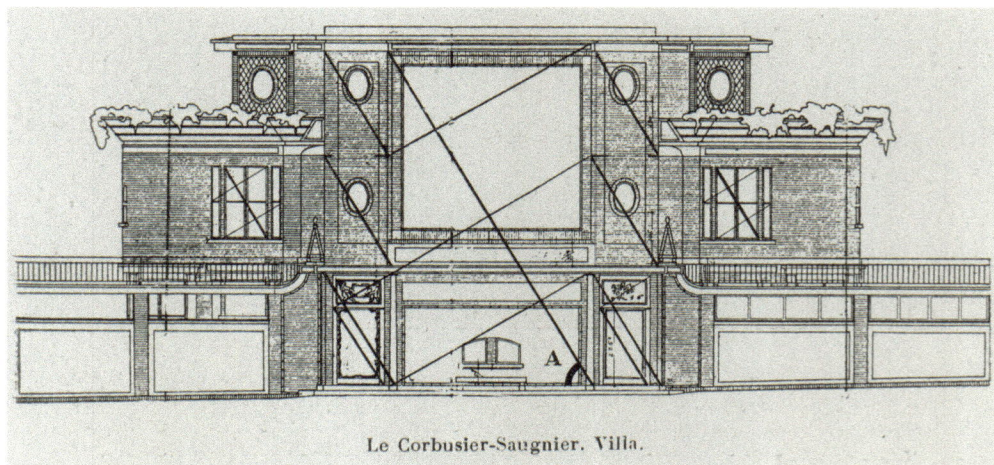

Le Corbusier-Saugnier. Villa.

2

3 / Le Corbusier, *Guitare, pile d'assiettes et lanterne*, 1920. Encre sur papier bleu, 26,5 x 33,5 cm. Hachmeister Collection, Münster

4 / Le Corbusier, *Nature morte puriste à la guitare*, 1920. Encre de Chine sur papier, 19,5 x 25 cm. Collection particulière

5 / Le Corbusier, *Nature morte avec lanterne, pile d'assiettes*, étude, 1920. Graphite sur papier vergé, 27 x 21 cm. Fondation Le Corbusier, Paris

3

4

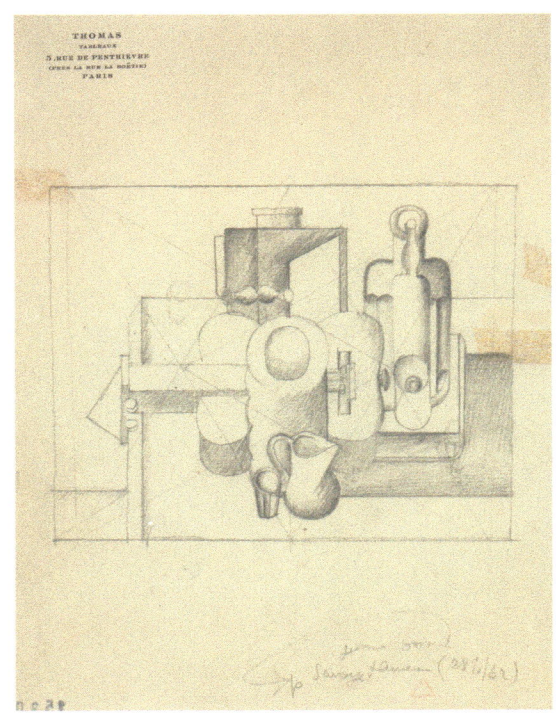

5

1 / Le Corbusier, *Grande Nature morte « Indépendants »*, 1922. Huile sur toile, 114 x 146 cm. Moderna Museet, Stockholm

2 / Salon de la villa Jeanneret-Raaf avec *Grande Nature morte « Indépendants »*. Tirage photographique, s.d. Fondation Le Corbusier, Paris

1

2

3 / Le Corbusier, *Nature morte
avec objets*, 1923. Crayon Conté
sur papier, 66,5 x 95,5 cm.
The Museum of Modern Art,
New York. Don de Lily
Auchincloss, 1989

4 / Le Corbusier, *Nature morte
aux nombreux objets*, 1923.
Huile sur toile, 114 x 146 cm.
Fondation Le Corbusier, Paris

3

4

1 / Le Corbusier, *Maison-Atelier Ozenfant*, Paris, étude de façade sur jardin, 1922. Crayon noir et de couleur sur calque, 72,1 x 53,2 cm. Fondation Le Corbusier, Paris

2 / Le Corbusier, *Maison-Atelier Ozenfant*, Paris, étude de façade, 1922. Crayon noir et de couleur sur calque, 75,9 x 43,1 cm. Fondation Le Corbusier, Paris

3 / Le Corbusier, *Maison-Atelier Ozenfant*, Paris, croquis d'étude de façade, 1922. Encre noire et crayon noir sur calque, 20,8 x 27,6 cm. Fondation Le Corbusier, Paris

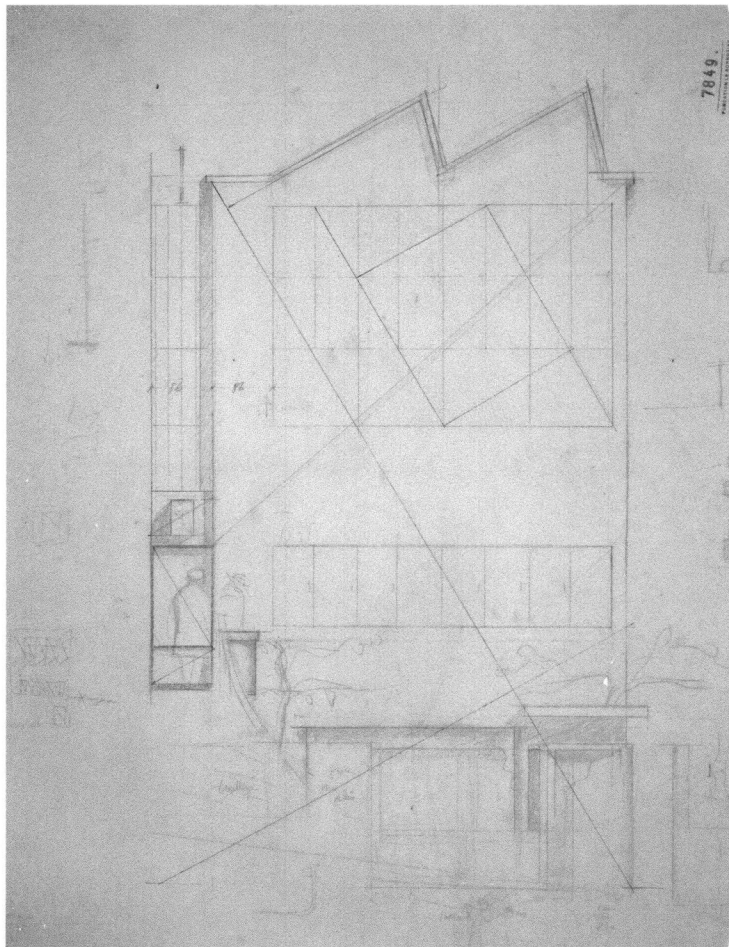

1

2

3

4 / Le Corbusier, *Maison-Atelier Ozenfant*, avenue Reille, Paris. Tirage photographique, 1924. Fondation Le Corbusier, Paris

5 et 6 / Le Corbusier, *Maison-Atelier Ozenfant*, Paris, vues de l'atelier. Tirages photographiques, 1924. Fondation Le Corbusier, Paris

4

5

6

1 / Le Corbusier et Pierre Jeanneret, *Pavillon de l'Esprit nouveau*, Paris, tirage photographique retouché, 1925. Fondation Le Corbusier, Paris

2 / Le Corbusier et Pierre Jeanneret, *Pavillon de l'Esprit nouveau*, Paris, étude de façade, 1924. Crayon noir et pastel couleur, 60,5 x 111,6 cm. Fondation Le Corbusier, Paris

3 / Le Corbusier et Pierre Jeanneret, *Pavillon de l'Esprit nouveau*, Paris, étude des façades, 1924. Encre noire, crayon noir sur calque, 46,7 x 111,3 cm. Fondation Le Corbusier, Paris

4 / Le Corbusier et Pierre Jeanneret, *Pavillon de l'Esprit nouveau*, Paris. Tirage photographique, 1925. Fondation Le Corbusier, Paris

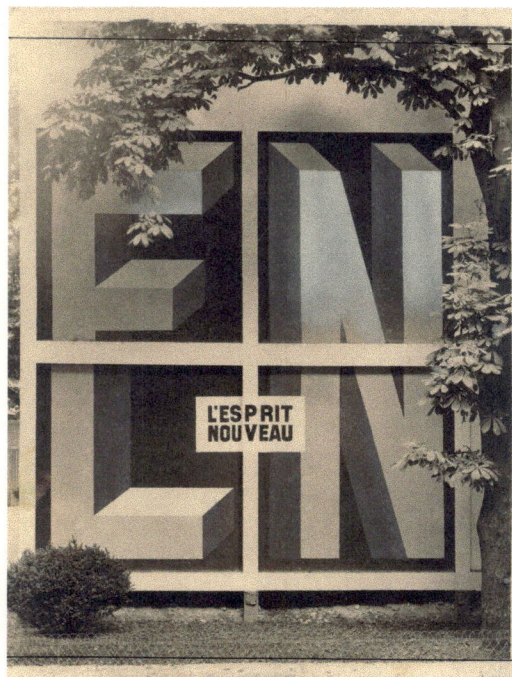

1

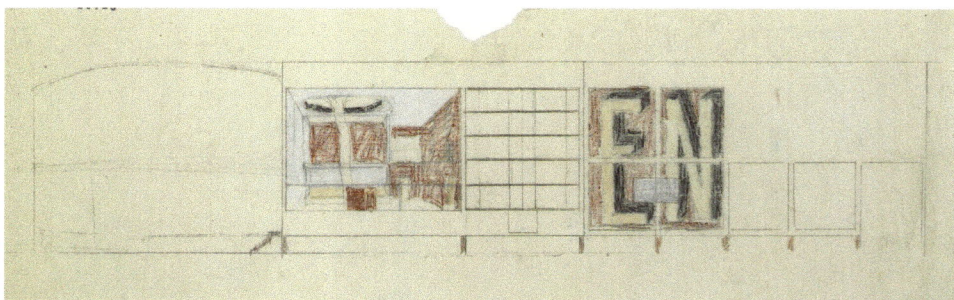

2

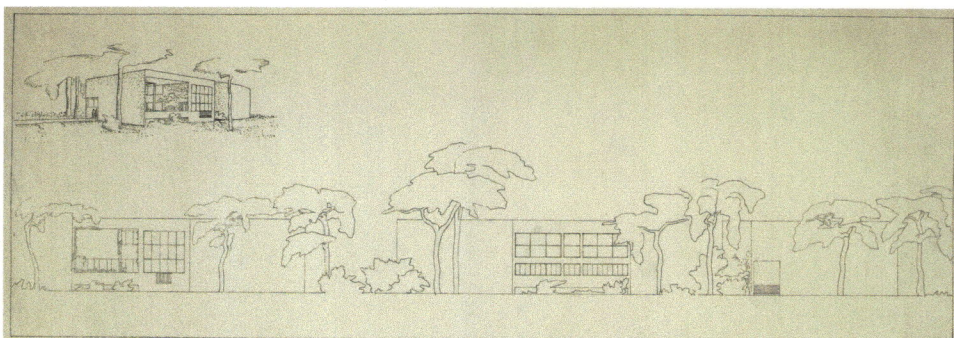

3

4

5 à 8 / Le Corbusier et Pierre Jeanneret, *Pavillon de l'Esprit nouveau*, Paris. Tirages photographiques, 1925. Fondation Le Corbusier, Paris

5

6

7

8

1 / Le Corbusier, *Nature morte
du pavillon de l'Esprit nouveau*,
1924. Huile sur toile, 81 x 100 cm.
Fondation Le Corbusier, Paris

2 / Fernand Léger, *Le Balustre*,
1925. Huile sur toile, 129,5 x
97,2 cm. The Museum of Modern
Art, New York. Mrs. Simon
Guggenheim Fund, 1952

3 / Amédée Ozenfant, *Vases*,
1925. Huile sur toile, 130 x 97 cm.
Collection Larock-Granoff, Paris

1

2

64

1 / Le Corbusier, *Ville contemporaine pour 3 millions d'habitants*, perspective à hauteur du toit, 1922. Encre noire et crayon noir sur calque, 57,3 x 73,5 cm. Fondation Le Corbusier, Paris

2 / Le Corbusier, *Ville contemporaine pour 3 millions d'habitants*, perspective aérienne, 1922. Encre noire, crayon noir sur calque, 36,6 x 64,5 cm. Fondation Le Corbusier, Paris

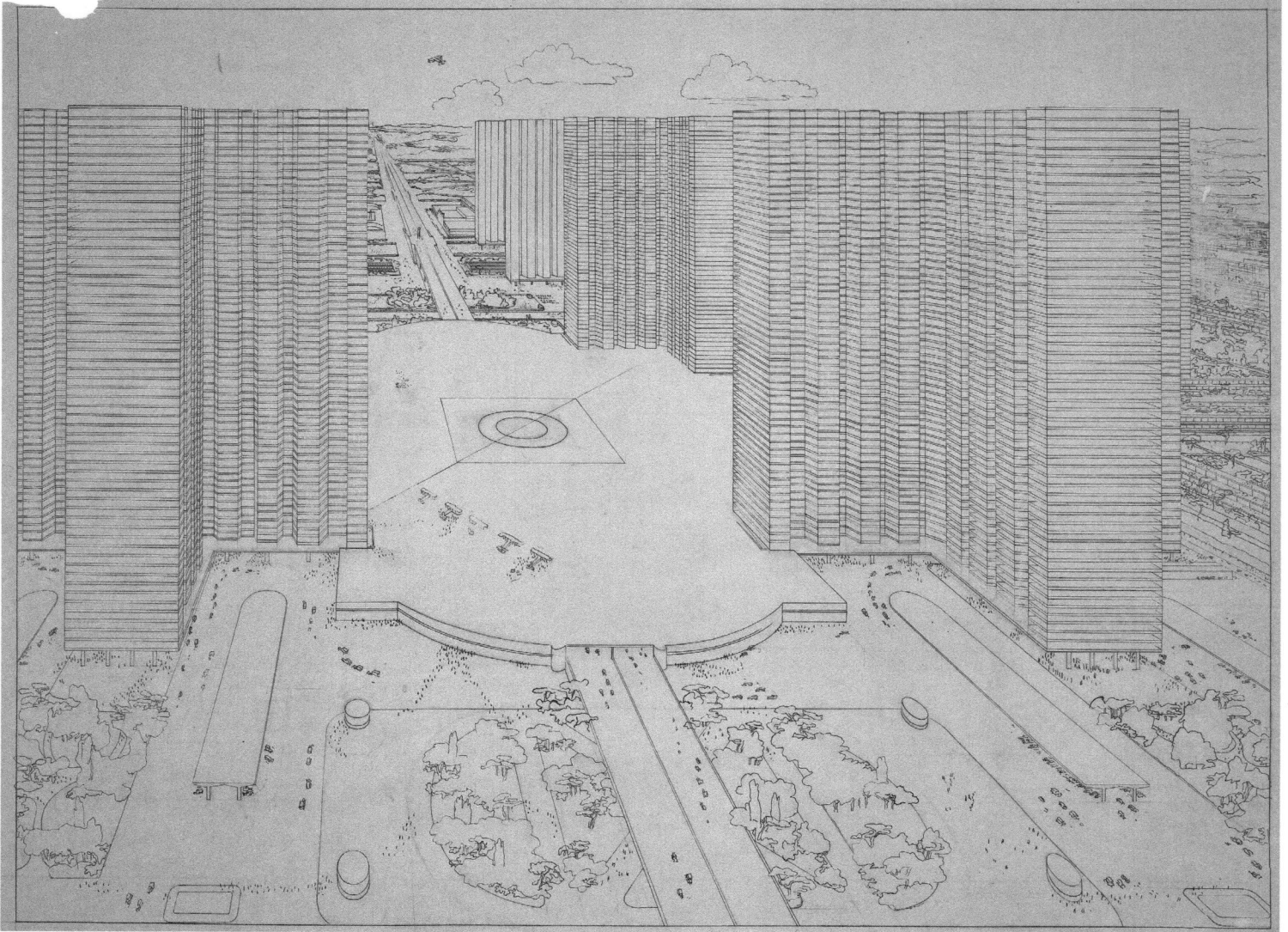

1

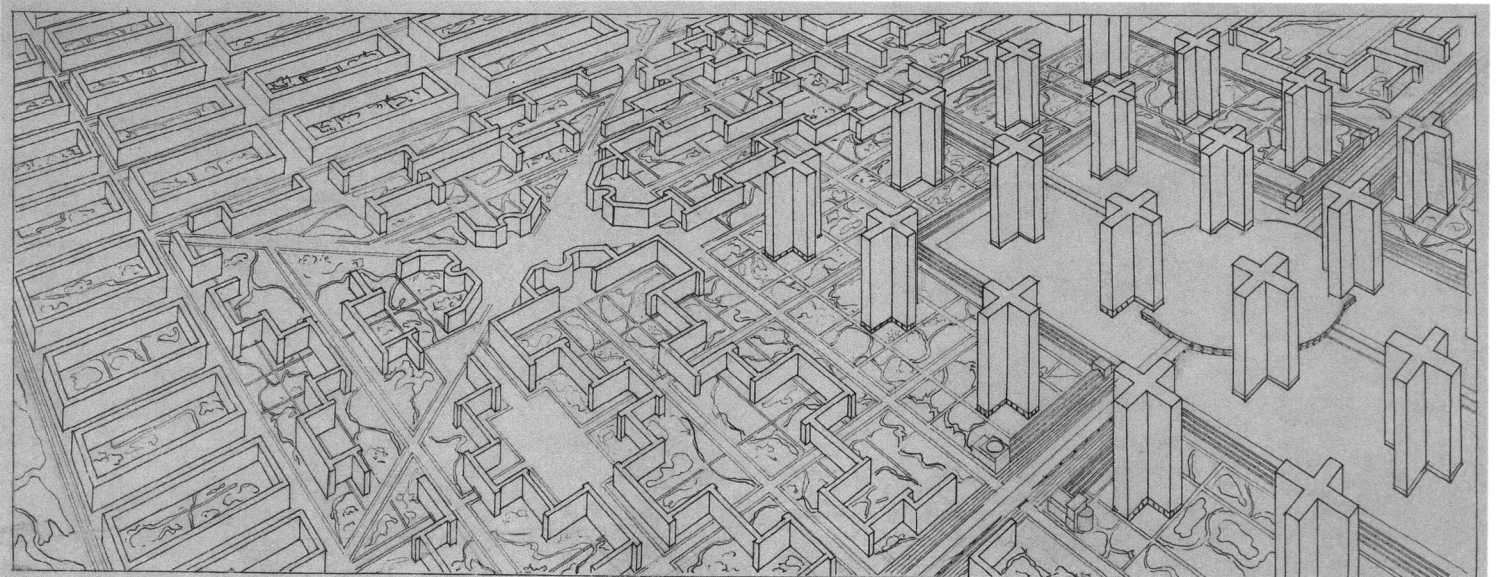

2

3 / Le Corbusier, *Ville contemporaine pour 3 millions d'habitants*, perspective aérienne, 1922. Encre noire, crayon noir sur calque, 59,9 x 138,2 cm. Fondation Le Corbusier, Paris

4 / Le Corbusier, *Ville contemporaine pour 3 millions d'habitants*, perspective, 1922. Aquarelle sur papier, 45,8 x 66 cm. Fondation Le Corbusier, Paris

5 / Le Corbusier et Pierre Jeanneret, *Immeubles-Villas*, axonométrie, 1922. Encre noire et crayon noir sur calque, 41,7 x 53,6 cm. Fondation Le Corbusier, Paris

6 / Le Corbusier et Pierre Jeanneret, *Immeubles-Villas*, perspective d'un immeuble, 1922. Encre noir sur calque, 70,5 x 119,7 cm. Fondation Le Corbusier, Paris

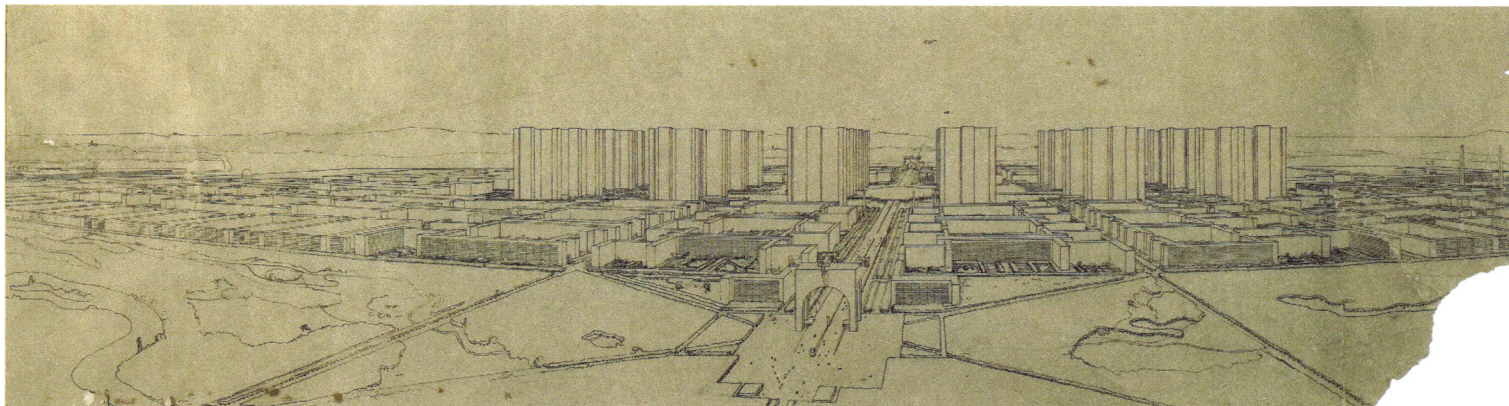

3

4

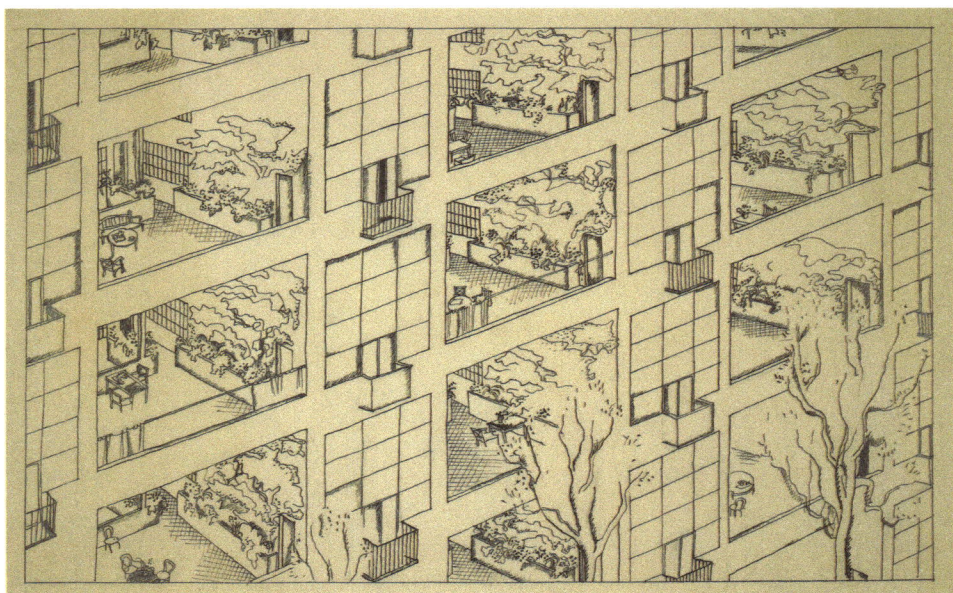

5

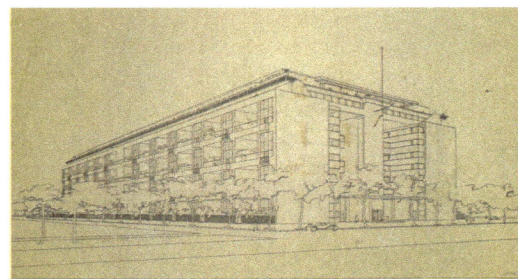

6

1 / Le Corbusier et Pierre Jeanneret, *Quartiers modernes Frugès*, Pessac, étude de polychromie, 1924. Gouache sur calque, 78,2 x 110 cm. Fondation Le Corbusier, Paris

2 / Le Corbusier et Pierre Jeanneret, *Quartiers modernes Frugès*, Pessac, élévation, 1924. Encre, crayon sur papier 69,4 x 98,6 cm. Fondation Le Corbusier, Paris

3 / Le Corbusier et Pierre Jeanneret, *Quartiers modernes Frugès*, Pessac, perspective d'un ensemble de maisons, 1924. Encre noire sur calque, 39,1 x 52,2 cm. Fondation Le Corbusier, Paris

4 / Le Corbusier et Pierre Jeanneret, *Quartiers modernes Frugès*, Pessac, 1924. Tirage photographique. Fondation Le Corbusier, Paris

5 / Le Corbusier et Pierre Jeanneret, *Quartiers modernes Frugès*, trois séries de maisons, étude de polychromie, Pessac, 1924. Crayon noir, pastel sur calque, 41,8 x 114,2 cm. Fondation Le Corbusier, Paris

1

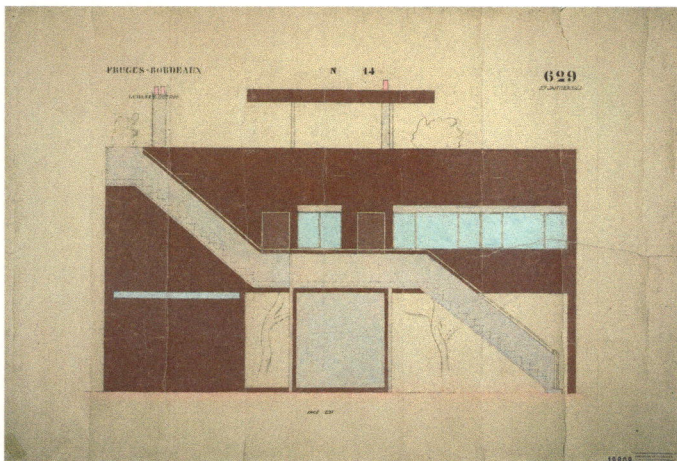

2

3

4

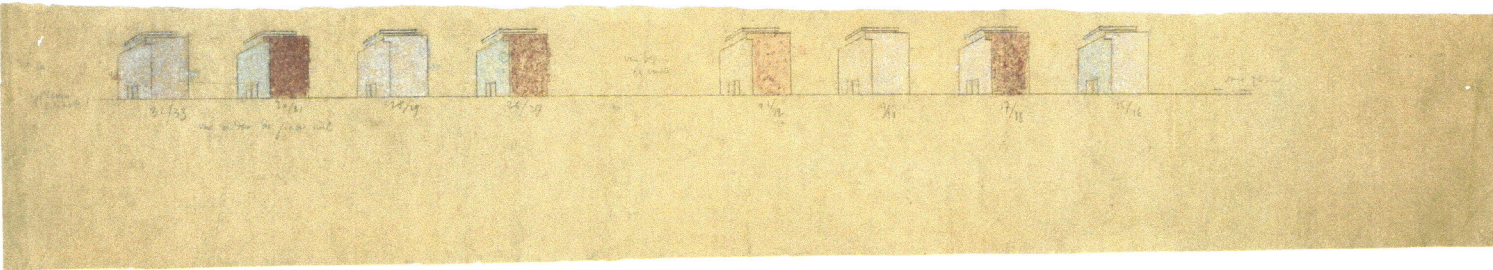

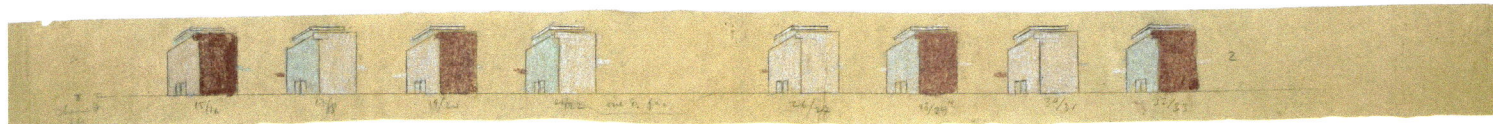

5

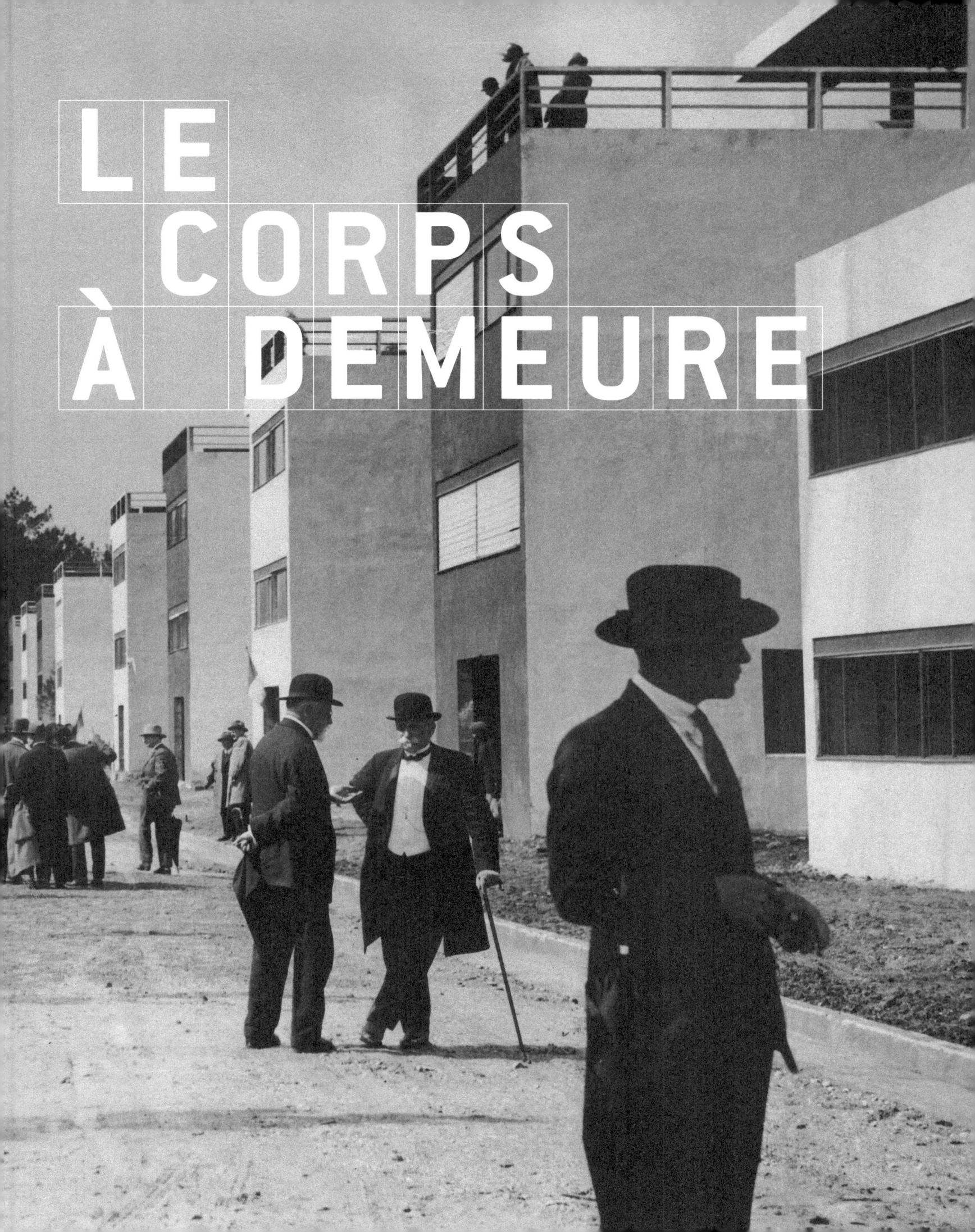

LE CORPS
À DEMEURE

MAISONS & VILLAS (1921-1931) L'ÉLOQUENCE DES ESQUISSES

OLIVIER CINQUALBRE

En 1923 paraît aux Éditions G. Crès et Cie *Vers une architecture*, recueil d'articles signés « Le Corbusier-Saugnier » et publiés auparavant dans la revue *L'Esprit nouveau* [1]. Les dessins et peintures puristes étaient signés « Jeanneret ». Quant à « Charles-Édouard Jeanneret », il avait à son actif un certain nombre d'édifices bâtis, dont la plupart dans sa patrie de La Chaux-de-Fonds [2]. Toutefois, avec cet ouvrage, un nouvel architecte s'affiche ; c'en est fini de l'« architecte-conseil pour toutes questions de décoration intérieure, de transformations, d'aménagements mobiliers, d'arrangements de jardins, etc. », comme le mentionne son papier à en-tête ; *exit* également l'« architecte des Ateliers d'art réunis. Construction de villas, de maisons de campagne, d'immeubles locatifs – Constructions industrielles – Spécialité de béton armé – Transformation et réparations – Installations de magasins – Architecture d'intérieur – Architecture de jardins ». Désormais, le pseudonyme d'auteur devient le nom d'artiste de l'architecte.

TRACÉS RÉGULATEURS

Vers une architecture réunit des textes de réflexion qui mêlent le positionnement du critique et le programme que se fixe l'architecte. Pour illustrer ses propos, l'auteur donne à voir quelques dessins de ses projets, quelques-unes de ses réalisations. Ces dernières étant alors peu nombreuses, l'« architecte

nouveau » ne peut que puiser chez l'ancien. Voilà pourquoi, dans le chapitre consacré aux tracés régulateurs, figure, aux côtés de la porte Saint-Denis de Jacques-François Blondel, des façades de Notre-Dame de Paris, du Capitole à Rome et du Petit Trianon à Versailles, une villa [3] (voir ill. 7 p. 30). Ni le lieu de la construction, ni le nom du commanditaire ne sont précisés. Il s'agit de la villa Schwob, sise à La Chaux-de-Fonds (voir ill. p. 45). De celle-ci sont présentés des dessins en élévation des deux façades principales et une vue photographique de chacune d'elles. La construction est datée de 1916 et signée Le Corbusier-Saugnier (ou L.C.-S.), et non pas Ch.-É. Jeanneret [4]. Écartée l'incongruité de cette cosignature, l'important reste la présence des tracés régulateurs qu'affichent les façades. Ils sont ici portés sur les élévations dessinées et non sur les photographies du bâtiment, laissant supposer que le tracé régulateur était bien opérant dès l'origine de la composition. Cependant, sans esquisses faisant apparaître des tracés, sans dessins originaux attestant l'ordonnancement de la composition par un tel dispositif, on demeure dans

Double page précédente. Le Corbusier et Pierre Jeanneret, inauguration des Quartiers modernes Frugès, Pessac, 30 mai 1926. Tirage photographique. Fondation Le Corbusier, Paris
1. Le Corbusier et Pierre Jeanneret. *Villa Stein*. Tirage photographique (détail), s.d. Fondation Le Corbusier, Paris

l'expectative, on suspecte une lecture rétrospective explicative. Il est vrai que l'œuvre majeure du jeune Jeanneret ne nous est connue que par un nombre relativement réduit de dessins où se distinguent des vues perspectives ébauchées à main levée pour faire saisir – peut-être au client ? – l'implantation dans le site, l'organisation générale, les ambiances extérieures comme intérieures. Le trait est rapide, vif, sûr, généreux : le résultat est vivant, mais nullement révélateur du processus de conception. Le commentaire qui l'accompagne n'est guère plus probant : « Le bloc général des façades, tant antérieure que postérieure, est réglé sur le même angle (A) [entre la verticale et la diagonale de l'avant-corps de la façade sur jardin] qui détermine une diagonale dont de multiples parallèles et leurs perpendiculaires fourniront les mesures correctives des éléments secondaires, portes-fenêtres, panneaux, etc., jusque dans les moindres détails. Cette villa de petites dimensions apparaît au milieu des autres constructions édifiées sans règle, comme plus monumentale, d'un autre ordre [5]. » Un renvoi en note conclut le propos : « Je m'excuse de citer ici des exemples de moi : mais malgré mes investigations, je n'ai pas encore eu le plaisir de rencontrer d'architectes contemporains qui se soient occupés de cette question ; je n'ai, à ce sujet, que provoqué l'étonnement, ou rencontré l'opposition et le scepticisme [6]. » Dans les éditions ultérieures de *Vers une architecture*, les autres exemples que livre Le Corbusier sont les façades de la Maison de M. Ozenfant (Paris, 1922) cosignée avec son cousin Pierre Jeanneret, qui le rejoint et qui va l'accompagner quasiment tout au long de sa carrière d'architecte [7], et celles de deux hôtels particuliers à Auteuil, mitoyens (celui de Raoul La Roche et celui du couple Albert Jeanneret-Lotti Raaf, Paris, 1923) [8]. Dans les deux cas, des photographies, témoignages d'œuvres réalisées, accompagnent les élévations de façades arborant leurs tracés régulateurs. Si tel n'est pas le cas pour la villa Schwob, les archives de la Fondation Le Corbusier conservent des dessins de conception de l'atelier d'Ozenfant qui présentent cet appareil de traits, sinon fondateurs du moins contribuant à l'harmonie [9] (voir ill. 1 et 2 p. 58). Le projet de la maison-atelier pour Ozenfant est plus complexe que la villa suisse : il doit combiner un programme double (l'habitation et l'atelier du peintre), comporter un garage automobile et une chambre pour la domesticité, et ce, sur une parcelle réduite et irrégulière. Les deux façades à composer sont en angle, l'une sur l'avenue Reille, l'autre sur le square Montsouris. De proportions équivalentes, elles recouvrent les mêmes espaces intérieurs et affichent des percements de même nature (fenêtres en bandeau au premier étage, grandes verrières au niveau supérieur). Mais deux éléments viennent les distinguer : un escalier extérieur hélicoïdal d'une volée et une toiture en shed, empruntée à l'univers de l'usine, pour coiffer l'atelier de l'artiste. Ces éléments ne perturbent nullement le tracé régulateur de la façade correspondante, celle donnant sur le jardin. L'escalier apparaît pour ce qu'il est – une pièce rapportée. Quant aux « dents de scie » de la toiture asymétrique, leurs inclinaisons, génératrices potentielles de tracés, sont dédaignées. Une fois écartées ces différences entre les façades, on pourrait s'attendre à un tracé régulateur commun : il n'en est rien. D'une façade à l'autre, on retrouve bien une diagonale en majeure, mais dans un cas, ce sont des perpendiculaires qui instaurent une grille, dans l'autre c'est un jeu de parallèles à partir d'un angle qui dessine un ordre. Deux façades extrêmement proches, deux tracés dissemblables, comme si l'architecte multipliait les approches. Le résultat est d'ailleurs quelque peu approximatif, ce qui laisse à penser que Le Corbusier ne possédait pas encore la maîtrise dont il faisait preuve dans ses toiles. Cette impression se voit confirmée par l'exemple des deux hôtels particuliers à Auteuil : ici, c'est principalement l'élévation de la partie Jeanneret qui présente des pointillés structurants. La façade offre une composition régulière et sobre, géométrique et efficace, les surfaces pleines et vitrées alternant dans un rapport harmonieux, sans que l'on puisse affirmer avec certitude que le tracé régulateur proposé en est bien à l'origine.

Quoi qu'il en soit, le théoricien assène, dans les « Arguments » précédant son texte, des sentences aussi tranchantes que des mots d'ordre : le compendium du programme que le praticien aura à mettre en œuvre. « Le tracé régulateur est un moyen ; il n'est pas une recette, écrit-il. Son choix et ses modalités d'expression font partie intégrante de la création architecturale. [...] L'obligation de l'ordre. Le tracé régulateur est une assurance contre l'arbitraire. Il procure la satisfaction de l'esprit [10]. »

L'outil que sont les tracés régulateurs est appliqué désormais à tous les projets de villas qui vont dominer la production de Le Corbusier-Jeanneret dans les années 1920. Les tracés régulateurs apparaissent en filigrane sur les élévations des façades des maisons-ateliers Lipchitz-Miestchaninoff (Boulogne-sur-Seine, 1923), Ternisien (Boulogne-sur-Seine, 1926) et Planeix (Paris, 1924), mais également des villas Cook (Boulogne-sur-Seine, 1926) et Stein et de Monzie (Garches, 1926) [11]. Dans une architecture

1. Le Corbusier-Saugnier est le pseudonyme du binôme Charles-Édouard Jeanneret/Amédée Ozenfant, utilisé pour signer les contributions à *L'Esprit nouveau* portant sur l'architecture, afin de les distinguer de celles sur la peinture. Les éditions suivantes de *Vers une architecture* ne mentionnent sur la couverture qu'un seul auteur, Le Corbusier. Voir Françoise Ducros, « Ozenfant (Amédée) », *Le Corbusier, une encyclopédie*, Paris, Éditions du Centre Pompidou, 1987, p. 279-281, et Jean-Paul Robert, « Pseudonymes », *idem*, p. 316-317. / **2.** Pour les débuts de la carrière architecturale, voir Stanislaus von Moos, Arthur Rüegg (éds), *Le Corbusier before Le Corbusier: Applied Arts, Architecture, Painting and Photography, 1907-1922*, cat. expo., New Haven (Conn.), Londres, Yale University Press, 2002. / **3.** Voir Le Corbusier-Saugnier, « Les tracés régulateurs », *L'Esprit nouveau*, n° 5, février 1921, p. 563-572 ; repris dans *id.*, *Vers une architecture*, Paris, Les Éditions G. Crès et Cie, 1923, p. 49-63. Ce sont les références de l'ouvrage, et non celles de la revue, qui sont mentionnées ici. / **4.** La villa Schwob est bien attribuée au seul Le Corbusier dans la longue présentation que lui accorde Amédée Ozenfant – sous le pseudonyme de Julien Caron – dans l'article « Une villa de Le Corbusier 1916 », *L'Esprit nouveau*, n° 6, mars 1921, p. 679-704. / **5.** Le Corbusier-Saugnier, *Vers une architecture*, *op. cit.*, p. 61. / **6.** *Ibidem*, p. 62. / **7.** Sur le rôle de Pierre Jeanneret, voir Hélène Cauquil, « Pierre, l'autre Jeanneret », dans *Le Corbusier, l'atelier 35 rue de Sèvres*, supplément au n° 114 du *Bulletin d'informations architecturales*, été 1987, p. 4-8. / **8.** Voir Le Corbusier, *Vers une architecture*, édition revue et augmentée, Paris, Les Éditions G. Crès et Cie, 1928, p. 62 et 64. / **9.** Qu'il me soit permis ici de remercier pour leur soutien les personnes qui m'ont aidé dans mes recherches à la Fondation Le Corbusier, en particulier Arnaud Dercelles, Bénédicte Gandini, Isabelle Godineau et Delphine Studer. / **10.** Le Corbusier-Saugnier, *Vers une architecture* (1923), *op. cit.*, p. VIII et p. 51. / **11.** Pour les intitulés des réalisations et leur datation, voir l'ouvrage de Gilles Ragot et Mathilde Dion, *Le Corbusier en France. Projets et réalisations*, Paris, Le Moniteur, 1992. / **12.** Le Corbusier-Saugnier, *Vers une architecture* (1923), *op. cit.*, p. VII et p. 3. / **13.** On considère ici les dessins d'un projet comme un ensemble issu de l'Atelier et ayant pour auteur Le Corbusier et Pierre Jeanneret, sans chercher à reconnaître le coup de patte de l'un ou de l'autre, ou à attribuer le document à tel collaborateur ou collaboratrice.

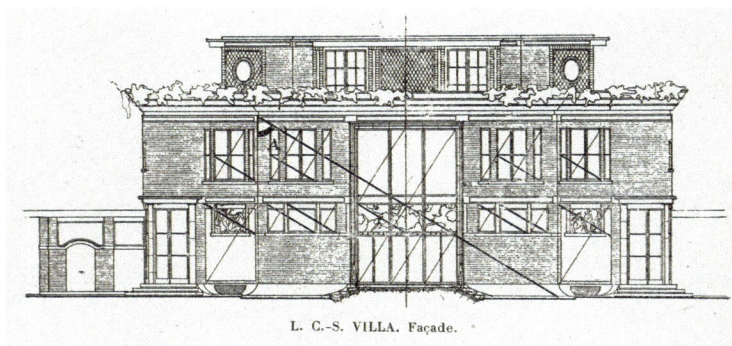

L. C.-S. VILLA. Façade.

2

2. Le Corbusier, *Façade de la villa Schwob avec tracés régulateurs*, repr. dans *L'Esprit nouveau*, n° 5, février 1921
3. Le Corbusier, *Cité ouvrière*, Saint-Nicolas-d'Aliermont, élévation intérieure, 1917. Crayon noir sur calque, 20,5 × 63,4 cm. Fondation Le Corbusier, Paris
4. Le Corbusier et Pierre Jeanneret, *Élévation de la maison Jeanneret* (détail), Paris, 1923. Graphite et crayon de couleur sur calque. Fondation Le Corbusier, Paris
5. Le Corbusier et Pierre Jeanneret, *Maison Ternisien*, Boulogne-sur-Seine, coupe, 1923. Graphite et crayon de couleur sur calque, 43,8 × 104,5 cm. Fondation Le Corbusier, Paris

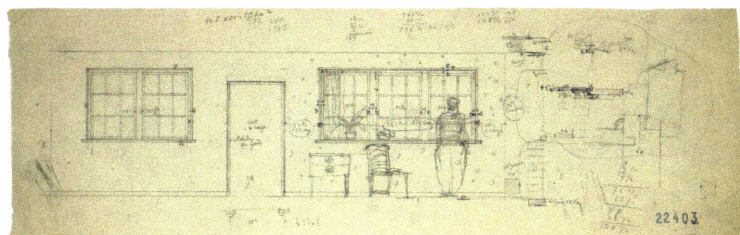

3

4

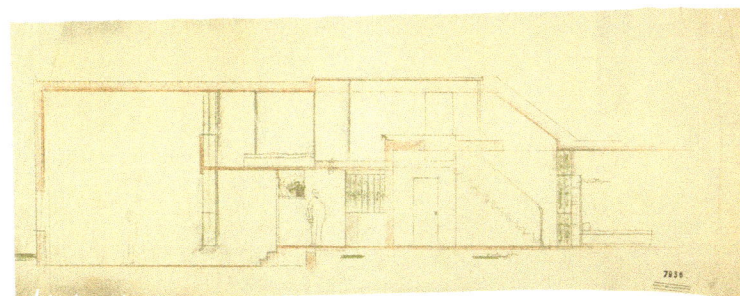

5

attentive à la plasticité des volumes, où la surface lisse des parois est une exigence, où seul s'exerce le contraste entre parties maçonnées et vitrées, l'efficacité géométrique des tracés insuffle un rythme, permet de jouer sur les proportions, de trouver le juste équilibre et la meilleure harmonie. Ce nouvel « ordre » dont l'architecte entend doter ses constructions est l'une des règles qui prévalent parmi d'autres pour l'élaboration des projets, au même titre que l'agencement programmatique des espaces ou la logique constructive. Et l'outil, érigé en organisateur, est requis quand cela est nécessaire, à l'étape de conception correspondante.

UNE PRÉSENCE HUMAINE

Aux yeux de Le Corbusier, « l'architecte, par l'ordonnance des formes, réalise un ordre qui est une pure création de son esprit ; par les formes, il affecte intensivement nos sens, provoquant des émotions plastiques ; par les rapports qu'il crée, il éveille en nous des résonances profondes, il nous donne la mesure d'un ordre qu'on sent en accord avec celui du monde, il détermine des mouvements divers de notre esprit et de notre cœur ; c'est alors que nous ressentons la beauté [12]. » Ce « nous », c'est l'homme qui perçoit l'architecture et à qui elle est destinée. C'est lui qui, de façon subreptice, va y être introduit physiquement dès la phase de conception.

Les élévations des façades des villas et des hôtels particuliers, à l'étape de leur étude, portent donc fréquemment les traits des tracés régulateurs. Et, quand c'est le cas, invariablement, figure au-devant du bâtiment un grouillot, ce personnage qui, par sa taille, donne une idée de l'échelle de l'ensemble. C'est juste une

silhouette, aussi légèrement esquissée que les tracés, placée indifféremment de face ou de profil mais toujours debout, située au rez-de-chaussée ou en hauteur. Nullement étonnante, son utilisation est une pratique courante chez les architectes, même si les canons esthétiques en vigueur aux Beaux-Arts tendent à éliminer toute présence humaine. Dès ses premiers projets, Charles-Édouard Jeanneret recourt à ces grouillots. En 1917, pour la cité ouvrière de Saint-Nicolas-d'Aliermont, un homme, en pantalon bouffant et maillot à rayures, apparaît de face devant une baie. Rideau, plante verte, commode et chaise meublent l'intérieur qu'il est supposé habiter. Mais ce personnage appartient davantage au registre des cotes qui précisent toutes les dimensions des parties de la paroi. En 1921, dans l'intérieur bourgeois de la villa Berque (Paris), l'individu adossé au mur, entre une porte de communication et une enfilade de placards, fournit des indications métriques. Dans la maison-atelier Ternisien, l'homme est présent dans une coupe longitudinale, unique référent précisant l'échelle des espaces dans la découpe des volumes, le jeu des emmarchements, le décaissement des plafonds. Un autre homme est également repérable à l'extérieur de la villa, devant la grille d'entrée.

Si la silhouette accompagne le tracé régulateur porté en façade, si elle apparaît dans les intérieurs pour fournir une échelle à l'étude de détails comme à l'agencement de l'ensemble, elle disparaît dès la mise au propre des élévations, que le document soit établi à des fins réglementaires (autorisation de construire) ou prescriptives (plans d'exécution destinés aux entreprises) [13]. Elle s'efface ainsi dès que le dessin est coté, les chiffres détrônant la figurine, standard, dont la taille — pour approximative qu'elle soit — demeure un référent absolu. Parmi les arguments présentés en introduction au chapitre « L'illusion des plans » ressort cependant cette déclaration : « L'homme voit les choses de l'architecture avec ses yeux qui sont à 1,7 m du sol. On ne peut compter qu'avec des buts accessibles à l'œil, qu'avec des intentions qui font état des éléments de l'architecture [14]. » Pour Le Corbusier, la question de la vision est récurrente, devenant un *leitmotiv* de ses contributions à *L'Esprit nouveau*, au même titre que sa formule « Des yeux qui ne voient pas » ou, plus prosaïquement ici, qu'une donnée purement physique. Le grouillot est placé par l'architecte pour que celui-ci puisse apprécier dimensions et proportions. Mais l'on pourrait même considérer, après son propos, que l'architecte se projette, à travers cette silhouette, comme le premier homme à vivre son architecture.

Les tracés régulateurs et les silhouettes humaines vont être employés pour toute la production de Le Corbusier-Jeanneret au fil des ans, de villa en villa. Leur présence vaporeuse dans les esquisses accompagne l'élaboration des projets et témoigne de leur utilité. De la villa Besnus « Ker-Ka-Ré » (Vaucresson, 1922 ; voir ill. p. 94) aux deux maisons de la cité du Weissenhof édifiées à Stuttgart en 1927 dans le cadre de la manifestation d'architecture moderne « Die Wohnung » [L'appartement], ces procédés reviennent de façon systématique. Au fur et à mesure, les tracés sont de plus en plus estompés, sans que l'on sache si cela ne reflète pas simplement une maîtrise progressive dans leur usage et une sûreté dans l'expression architecturale. Les personnages qui évoluent dans cette architecture dessinée apparaissent parfois en nombre, leur fonction ne se limitant pas à celle d'étalon. Ils en viennent même à animer les lieux, comme dans la maison loi Ribot (1923, projet non construit ; voir ill. p. 93), où une personne gravissant l'escalier d'accès semble converser avec une autre située sur un balcon en débord. De même voit-on évoluer trois individus dans l'une des maisons de Stuttgart : l'un au rez-de-chaussée abrité par un porte-à-faux, un autre derrière une rambarde au premier étage, un troisième sur la terrasse aménagée sur le toit. Après tout, c'est bien le moins pour des constructions de démonstration, destinées à être visitées et non pas habitées.

Pour expliciter ses propositions à ses clients, Le Corbusier réunit dans une même planche des vues perspectives dans une progression quasi cinématographique, enchaînant les plans-séquences qui permettent à l'observateur de voir le bâtiment de loin, de s'en rapprocher, d'y pénétrer, d'en découvrir les différentes pièces [15]. Dans ce parcours en images, proposé pour l'une des premières fois, les vues de la villa La Roche contiennent un unique personnage. Par la suite, pour la villa Meyer (Neuilly-sur-Seine, 1925-1926) ou la maison-atelier Guiette (Anvers, 1926), cet outil de dialogue et d'explications – qui peut comporter autant de commentaires que de dessins – est délesté de toute présence humaine. En effet, dès lors que l'architecte s'adresse à un client identifié, il se garde de le représenter dans ces petites vignettes.

Cependant, les intérieurs vont se peupler de plus en plus. Outre sa présence devant les façades, la silhouette du grouillot apparaît au premier plan des élévations de murs de chambres ou d'autres pièces. Or, dans la vaste gamme des dessins que l'Atelier produit pour chacun des projets, sont livrées quelques coupes, parfois des vues axonométriques écorchées qui dévoilent les aménagements, et plus généralement des perspectives intérieures. C'est dans ces dernières que se manifeste une présence humaine d'une autre nature que la précédente. L'architecte ne confère plus à ces personnages le rôle de simples repères métriques, d'unités de mesure principales, mais bien celui d'habitants vivant dans ces murs. Les perspectives étant des dessins de rendus, le tracé des personnages est soigné. À la différence des études où la mine de crayon était tout en légèreté, suspendue à d'éventuelles reprises et modifications, ici le trait est affirmé et l'encrage noir le rend définitif. Les premières silhouettes étaient délicates ; celles-ci ont la netteté caractérisant ce type de représentation. D'une certaine façon, le dessinateur des années 1910 se retrouve dans l'architecte établi des années 1920. Le jeune Charles-Édouard Jeanneret dessinait des hommes appuyés à des rambardes quand il illustrait les projets du Moulinet (1915, non construit) et du château d'eau de Podensac (1917). Paysage, végétation, mobilier étaient convoqués dans des perspectives mises en couleurs, qu'elles représentent une terrasse abondamment meublée ou une salle de repos érigée en gloriette au sommet du château d'eau. Le dessin d'architecture est alors un dessin au même titre qu'un autre ; il reproduit aussi bien un sujet de la vie qu'un espace en phase de conception. Mais dans le second cas, c'est l'impression de réalité qui est recherchée, comme dans les innombrables dessins et croquis de voyage. Dans les années 1920, le dessin est le plus souvent dépouillé de ses attributs classiques ; il est notamment débarrassé d'aquarelle ou de lavis. Certes, des intérieurs sont encore proposés en couleurs : la galerie de la villa La Roche ou les pièces d'apparat de la villa Church (Ville-d'Avray, 1927-1930). Mais, c'est précisément parce que Le Corbusier est en train d'étudier la polychromie des parois de ces pièces pour en soumettre l'idée à ses commanditaires. Ces vues sont vides de toute présence. En revanche, les perspectives qui accompagnent ses projets – souvent destinées à être publiées – sont exécutées au trait. Le dessin est épuré à l'extrême : seuls les contours des murs, des baies, de tous les éléments bâtis, des plantes, des meubles, des objets et, parfois, des personnages sont tracés. Si ces dessins appartenaient au genre de la bande dessinée, on les rapprocherait de l'école belge de la « ligne claire ». Ce style graphique prévaut pour les vues intérieures isolées des villas Besnus ou Ternisien, et pour

---

14. Le Corbusier-Saugnier, *Vers une architecture* (1923), *op. cit.*, p. x et p. 143. / **15.** Gérard Monnier, « Images de l'espace habité », dans *Le Corbusier. Une encyclopédie*, Paris, Éditions du Centre Pompidou, 1987, p. 176. L'auteur analyse la présence des habitants comme étant plus qu'« une commodité pour figurer l'échelle ou d'aimables fantaisies » : un véritable « mode d'emploi de la maison moderne ». / **16.** Architecte roumain, Jean Badovici (1893-1956) est le directeur de *L'Architecture vivante*, publiée par les Éditions Morancé, à Paris, de 1923 à 1933. Les projets et réalisations de Le Corbusier et Pierre Jeanneret qui y seront publiés au fil des livraisons donneront lieu à six volumes, de 1927 (1re série) à 1933 (6e série). Sur les relations entre Badovici et Le Corbusier, voir Pierre Saddy, « Badovici (Jean) », dans *Le Corbusier, une encyclopédie, op. cit.*, p. 57-59. *Le Répertoire du goût moderne* est composé de cinq volumes publiés par les Éditions Albert Lévy, à Paris, de 1927 à 1929, sous la direction de Djo-Bourgeois (1898-1937), architecte diplômé de l'École spéciale d'architecture de Paris.

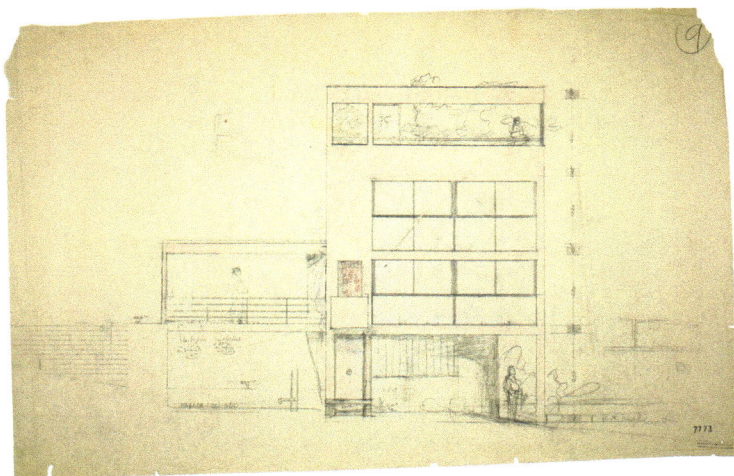

6

7

8

les vues en séquences des villas La Roche-Jeanneret, Meyer, Guiette, Church, Stein et de Monzie. Mais que celles-ci soient habitées ou non, elles sont pourvues de meubles qui ne semblent pas avoir un usage simplement décoratif, d'objets disposés ìci et là, et même d'un bouquet de fleurs... Comme dans les photographies pour lesquelles il avait l'habitude de soigner les mises en scène, que ce soit en fournissant certaines pièces de mobilier, en les déplaçant au gré des clichés ou en recourant à divers accessoires (livre, lunettes, chapeau, etc.), Le Corbusier meuble ses intérieurs dessinés. N'avait-il pas débuté dans la carrière, comme beaucoup de ses confrères, par des commandes d'aménagement et de décoration ? À cet égard, le dessin apparaît comme une anticipation de la vue photographique. On peut dès lors constater l'évolution des propositions que l'architecte élabore pour ses clients, depuis ses débuts comme ensemblier ou, au milieu des années 1920 — seul ou avec ses associés —, comme créateur de meubles dont la renommée grandit. Un fauteuil en bois courbé Thonet disposé au premier plan sera quelques années plus tard remplacé par un Fauteuil grand confort (voir ill. p. 114-115). Le Corbusier y fera asseoir son grouillot. En faisant ainsi figurer des personnages dans des intérieurs aménagés, il se démarque du monde des décorateurs, y compris des plus

6. Le Corbusier et Pierre Jeanneret, *Deux Maisons du Weissenhof*, Stuttgart, élévation, 1927. Crayon noir et pastel sur calque, 73,8 x 114,3 cm. Fondation Le Corbusier, Paris
7. Le Corbusier, *Château d'eau*, Podensac, vue intérieure, 1917. Encre noire et crayon rouge sur calque, 38,7 x 42,8 cm. Fondation Le Corbusier, Paris
8. Le Corbusier et Pierre Jeanneret, *Villa Church*, Ville d'Avray, perspective intérieure, 1927. Encre noire et pastel sur calque, 53,7 x 97 cm. Fondation Le Corbusier, Paris

modernes. Il y a là plus qu'une touche permettant de se distinguer : l'affirmation d'un statut professionnel – architecte – et la solide revendication, visuellement affirmée, d'une dimension humaine dans sa production. Si l'on se réfère aux publications de l'époque, c'est *L'Architecture vivante* et non le *Répertoire du goût moderne* que privilégie Le Corbusier, autrement dit la revue d'architecture moderne que dirige l'un de ses proches, Jean Badovici, plutôt que les volumes de planches réunies par le jeune moderne Djo-Bourgeois, qui, à côté de décorateurs patentés, fait appel aux créateurs d'avant-garde Pierre Chareau, Robert Mallet-Stevens, Francis Jourdain ou Charlotte Perriand [16].

10

9. Le Corbusier et Pierre Jeanneret, *Maisons loi Loucheur*, perspective intérieure, 1929. Encre sur papier, 42,3 x 76,1 cm. Fondation Le Corbusier, Paris
10. Le Corbusier et Pierre Jeanneret, *Maison Guiette*, Anvers, perspective, 1926. Crayon noir et pastel sur calque, 30,5 x 31 cm. Fondation Le Corbusier, Paris

Dorénavant, les projets de Le Corbusier seront habités, qu'il s'agisse de maison-prototype, de musée, d'immeuble de bureau ou de logements sociaux, susceptibles d'accueillir des personnages plus anonymes que les clients de la faste décade 1921-1931.

COULEURS

Tracés régulateurs et silhouettes humaines ne sont pas les seules informations contenues dans les esquisses des façades des villas. Occupés à déchiffrer et vérifier les choix d'implantation, l'agencement des espaces, le jeu des volumes, l'harmonie des proportions dans un projet, on risquerait de passer à côté d'un élément majeur : les façades de Le Corbusier sont pour la plupart en couleurs, contredisant l'antienne selon laquelle son architecture serait, à cette période, blanche, comme s'il ne saurait en être autrement. Cette appréciation erronée trouve sans doute son origine dans l'approche de l'œuvre qui, pour plusieurs

générations, s'est faite à travers la seule lecture des publications, d'une part, et les transformations, les mutations, voire la disparition des bâtiments, d'autre part. L'effacement d'une composante aussi importante des intentions de l'architecte est probablement dû à la conjugaison de multiples facteurs : le graphisme au trait des dessins, la blancheur des maquettes en plâtre, les reportages photographiques contemporains nécessairement en noir et blanc. Et pourtant, sur les clichés, la couleur se devine, lorsque les contrastes entre les surfaces sont appuyés, lorsqu'une paroi, dans l'ombre d'un porte-à-faux, voit sa tonalité amplifiée ou qu'une façade affiche une teinte particulièrement puissante.

À l'étape des esquisses, les façades sont mises en couleurs. Il en va ainsi pour le projet de la maison Citrohan (1920-1922), resté théorique : dans sa première version, le dessin qui la présente implantée en bord de mer fait apparaître des façades colorées entre rose et rouge, alors que la maquette de la deuxième version en plâtre est d'une blancheur qui tient à sa matière et non à un programme. La maison Ternisien (voir ill. p. 95) donne un exemple significatif de la démarche de Le Corbusier. Dans un premier temps, les teintes sont légères, visibles mais oblitérées, à l'image des traits estompés des tracés régulateurs ou des silhouettes évanescente. Puis les crayons de couleur ou les pastels distinguent, dans une axonométrie, les faces des volumes entre elles, en particulier par le rouge employé ; plus encore, dans les élévations, ils donnent aux façades toute leur puissance expressive par l'association de l'ocre brun et du vert turquoise. Les photographies, même en noir et blanc, rendent parfaitement compte de la polychromie de cette œuvre dont la vie a été courte et dont la démolition a emporté toute trace. Mais d'autres projets, d'autres réalisations contemporaines sont menés avec la même détermination en matière d'emploi architectural de la couleur. Il en est une où l'omniprésence de la couleur ne pouvait être igno-rée : les Quartiers modernes Frugès à Pessac (1924-1927 ; voir ill. p. 66-67), même si son usage a été justifié par le programme : des logements ouvriers. La couleur pour égayer les maisons à bon marché, le blanc pour la distinction qui sied aux habitations bourgeoises... Dans son étude pionnière, Brian Brace Taylor s'at-tache à la question de la couleur dans son chapitre sur les « Espaces extérieurs »[17]. Après avoir cité la référence incontour-nable dès qu'il est question d'architecture polychrome, à savoir Bruno Taut, qui « avait déjà expérimenté son usage dans les communautés résidentielles », Taylor oscille entre deux points de vue : reconnaître à Le Corbusier « une sensibilité rationaliste et puriste latente » et minimiser son apport, évoquant une opé-ration de camouflage des maisons pour faire face aux critiques des autorités locales, opération d'ailleurs empreinte d'une certaine improvisation quant au choix des teintes. Cependant, les esquisses montrent un travail conséquent, pour la mise en couleurs comme pour la composition générale du lotissement. Élévations en cou-leurs à l'instar de la maison-atelier Ternisien, alignements des volumes à bâtir dans un camaïeu de rouge rosé, axonométrie générale pour observer la juxtaposition des faces de chaque édifice, d'une part, et vérifier les rapports des bâtiments entre eux, d'autre part : l'Atelier déploie tout un arsenal d'études qui, à en croire leur datation, sont partie intégrante du processus de conception. Et même si la sélection des teintes a été, selon l'his-torien, « aussi empirique que "théorique" », au point que des blocs de maison n'ont pas reçu d'emblée leur coloration définitive, les Quartiers modernes Frugès vont s'afficher en couleurs et seront longtemps seuls à faire l'objet d'études en la matière[18]. Si Taylor ne reprend pas cette thèse, il associe en revanche l'usage de la couleur à la dimension d'ensemble urbain, faisant des Quartiers modernes une « promenade d'urbanisme, un pendant des maisons La Roche et Jeanneret, dont la polychromie intérieure fut choisie à peu près à la même époque[19] ». Longtemps la cou-leur chez Le Corbusier architecte fut abordée par les historiens de manière réductrice, Pessac concentrant leurs regards pour les extérieurs, la villa La Roche pour les intérieurs. C'est faire fi des autres projets, antérieurs, contemporains et postérieurs, de Le Corbusier-Jeanneret. Pour ne citer qu'un exemple, la maison Guiette (voir ill. 3 et 4 p. 98) est pensée en couleurs, depuis les esquisses jusqu'aux ultimes dessins. Sur les perspectives sur calque, ses façades sont parées de pastel beige ; sur les tirages sur papier figurent des géométraux, de gouache ocre brun.

Du projet à la réalisation, il n'est pas rare de voir quelque inflexion, l'architecte cherchant à obtenir l'adhésion de son client. De la livraison à l'époque actuelle, le bâtiment évolue, mûrit, vieillit, s'adapte aux goûts de ses habitants. Parfois même l'architecture est en butte aux *a priori* promouvant le blanc, cou-leur associée à la pureté. Voilà pourquoi, chez Le Corbusier, on assiste à la redécouverte de la couleur lors de certains chantiers de restauration ou d'études préparatoires ; c'est le cas pour les ateliers Lipchitz (tonalité rouge) et Miestchaninoff (grise), mais aussi pour les villas La Roche-Jeanneret et la couleur « pierre de Paris » de leur enduit, choix que Le Corbusier justifie par la volonté de bien intégrer son bâtiment dans le paysage des immeubles environnants[20].

En 1921, dans un article consacré au purisme, Le Corbusier et Ozenfant traitent de la couleur dans la peinture, dans leur peinture. Ils en examinent les propriétés, proposent « une certaine classification par famille » et déterminent hiérarchiquement trois « gammes »[21]. Dix ans après, Le Corbusier rédige un long texte, « Polychromie architecturale », sous-titré « Étude faite par un architecte (mêlé d'ailleurs à l'aventure de la peinture contempo-raine) pour des architectes »[22]. L'analyse est détaillée, les argu-ments sont développés, les exemples abondent : la question de la couleur, absente de *Vers une architecture*, est ici entièrement soulevée.

Une nouvelle étape semble avoir été franchie pour l'architecte quand il livre, avec son cousin, la villa Savoye à Poissy (1928-1931 ; voir ill. p. 104-105). Il n'y est plus question de façades fortement colorées, de juxtaposition intense de teintes. Ici, la couleur (un vert sombre) est employée au rez-de-chaussée pour assombrir le socle et donner à voir, par contraste, le volume blanc de la villa comme s'il était en suspension. Le cycle des villas, qui s'achève par les façades blanches de cette icône, en aura été rétrospectivement marqué de façon irréfragable.

17. Brian Brace Taylor, *Le Corbusier et Pessac, 1914-1928*, Paris, Fondation Le Corbusier/Cambridge (Mass.), Havard University, 1972, vol. 1, p. 34-35. / **18.** Voir notamment Jinkouk Jeong, « Regard de Le Corbusier », dans *Le Corbusier et la couleur. IVᵉ Rencontres de la Fondation Le Corbusier*, Paris, Fondation Le Corbusier, 1992, p. 51-55. À propos de la pratique de Bruno Taut : Arthur Rüegg, *Polychromie architecturale. Les claviers de couleurs de Le Corbusier de 1931 et de 1959*, Bâle, Boston, Berlin, Birkhäuser, 1997, p. 31-38. / **19.** B.B. Taylor, *op. cit.*, p. 35. / **20.** Indications transmises par Bénédicte Gandini lors des travaux de restauration des villas menés par Pierre-Antoine Gatier, architecte en chef des Monuments historiques. / **21.** Voir A. Ozenfant, Ch.-É. Jeanneret, « Le purisme », *L'Esprit nouveau*, n° 4, janvier 1921, p. 382-383. / **22.** Manuscrit dactylographié, Fondation Le Corbusier B1 (18). Il est reproduit *in extenso* dans l'ouvrage d'A. Rüegg, *Polychromie architecturale, op. cit.*, p. 94-128. Le Corbusier se réfère abondamment à son expérience de Pessac, en en faisant son unique exemple extérieur.

LE CORPS SPORTIF CORBUSÉEN

RÉMI BAUDOUÏ
ARNAUD DERCELLES

Le corps sportif corbuséen existe-t-il ? Notre questionnement conceptuel et théorique prend pour point de repère ce qui fut moins un débat intellectuel qu'une mise en cause de Le Corbusier, après la mort de celui-ci, dans la constitution des grands ensembles des trente glorieuses. En 1978, les Éditions François Maspero publient un ouvrage réquisitoire, *Quel corps ?*, qui s'insurge contre l'idéologisation autoritaire du corps, de Coubertin à Hitler. Marc Perelman y dénonce l'usage et la fonction du sport dans les projets de l'architecte. Il décide « d'abattre [...] ce qui constitue, à notre sens, l'école, le courant idéologique de ce début de siècle dont les buts avoués étaient de domestiquer, de réduire par l'architecture et l'urbanisme toutes les potentialités d'un prolétariat révolutionnaire ; bref l'école corbuséenne [1] ». En empruntant à Henri Lefebvre et à Michel Foucault la rhétorique de l'enfermement et de la contrainte bourgeoise, il situe le corps corbuséen du côté de la seule vision totalitaire d'un monde dans lequel la culture du corps fait office de technologie de pouvoir [2]. Nous ne saurions suivre Marc Perelman dans toutes ses analyses. Le corps sportif corbuséen ne saurait exister *ipso facto* comme pensée politique. Par bien des aspects, il n'est qu'assimilable au corps productif que la société de consommation de masse exige jusque dans les loisirs pour, comme l'énonce Jean Baudrillard, engendrer une société dont la finalité ne serait plus

la production des biens et services mais la seule reproduction de son existence [3].

LA CHAUX-DE-FONDS OU L'INVENTION DU CORPS SPORTIF

Chez les Jeanneret, le sport est comme une seconde nature. Émailleur de montres à La Chaux-de-Fonds, Georges Édouard Jeanneret, père d'Albert et de Charles-Édouard, est depuis longtemps membre du Club alpin suisse. Sa passion réside dans la prodigalité des paysages et des montagnes suisses enneigées, où il aime effectuer des courses sous le soleil : « Notre culte est celui de la nature, nos temples sont partout où il y a des montagnes et un ciel bleu. Chez nous, notre désir est de former des hommes vigoureux, calmes et froids dans le danger, enthousiastes du Beau – par conséquence du Bien, accessibles au dévouement mutuel, solidaires, lorsque attachés à une même corde, nous suivons le bord d'une corniche de neige, ou que nous parcourons une même crevasse [4]. » Air, soleil, lumière sont au fondement de son art de vivre. Deux ans après son mariage, ses camarades du Club alpin lui demandent d'assurer la présidence de section. En attendant que ses fils l'accompagnent en montagne, il emmène sa famille sur les bords du Doubs. À la veillée de Noël 1889, alors qu'il n'a que deux ans, Charles-Édouard reçoit en cadeau un piolet et des guêtres. Le message paternel prônant l'effort sportif en pleine nature fait partie intégrante de l'éducation du jeune adolescent, qui participe avec son frère aux randonnées familiales dans le Jura. Les années passent et se ressemblent. L'hiver, promenades à ski sur les sommets enneigés ; l'été, longues

---

1. Le Corbusier et Pierre Jeanneret mimant un combat de boxe sur la plage du Piquey, bassin d'Arcachon. Tirage photographique (détail), vers 1933. Fondation Le Corbusier, Paris

randonnées, sac au dos. Le futur Le Corbusier a acquis dès son enfance le culte de l'effort physique.

LE SPORT COMME ÉLÉMENT D'HYGIÈNE CORPORELLE ET SPIRITUELLE

Formant un ensemble indissociable, nature et bien-être corporel président à l'instauration d'un culte du sport dans une triple logique morale, psychique et physique. Charles-Édouard Jeanneret ne porte aucune considération particulière pour le corps athlétique du sportif de haut niveau ou du compétiteur olympique. Si la précision est l'une des vertus cardinales de la modernité, elle ne saurait s'exprimer dans la production du « corps surnaturé » que la compétition exige de chaque athlète. Seul le corps quotidien, en prise avec la vie moderne, est pour lui un réel enjeu. Dès les années 1910, le jeune Charles-Édouard est adepte de la méthode de Jørgen-Peter Müller, inventeur danois d'une forme de culture physique et auteur de livres à succès [5]. Cet auteur vante les effets bénéfiques de gestes simples d'étirement et de flexion, ainsi que d'ablutions à l'eau froide pratiquées dans un *tub*, large cuvette de caoutchouc.

L'installation définitive de Charles-Édouard à Paris fait rupture dans son mode de vie. À la recherche d'une efficience professionnelle, il prend conscience que la vie dans une métropole happe et broie l'individu livré à une suractivité permanente. Pour celui qui affirme souvent être « privé de sommeil », le maintien d'une activité sportive relève d'une technique permettant de soutenir un rythme de travail intense, tout en conservant moral, conscience et maîtrise de son corps. Il reprend au 20 rue Jacob « la gymnastique Müller en plein soleil du matin et avec les arbres dans [ses] fenêtres [6] ». Il convainc son épouse, Yvonne, puis sa mère, à la fin des années 1930, de s'approprier cette méthode pour conserver forme et santé : « [...] quelques mouvements du système Müller que ta maman pratique avec profit [7]. »

Charles-Édouard retient les enseignements de rythmique que son frère Albert, étudiant à l'Institut Jaques-Dalcroze de Hellerau, lui a fait découvrir. Ses convictions sont renforcées par sa rencontre en 1921 avec le docteur Pierre Winter, son voisin de la rue Jacob. Ce spécialiste de la chirurgie du larynx partage avec Le Corbusier la vision nietzschéenne énoncée dans *Ainsi parlait Zarathoustra* : l'homme civilisé, en perdant son état de nature originel, s'est disqualifié. L'un et l'autre communient dans le « restez fidèle à la terre » du prêcheur aux citadins et dans une même aversion pour la ville née de la révolution industrielle. La régénération physique et morale des habitants exige, selon eux, un logement sain, aéré et ouvert sur la nature, grâce à la démocratisation de l'activité sportive. Le programme national de santé publique que Pierre Winter réclame dans les pages de *L'Esprit nouveau* est le pendant du programme national de construction de logements que Le Corbusier revendique.

L'attachement de l'architecte à l'activité physique explique l'introduction rapide du programme sportif dans ses plans d'urbanisme. Dès 1922, il étudie différents stades européens pour en déterminer les principes d'aménagement, les formes et dimensions générales [8]. Cette réflexion qui nourrit le Plan Voisin pour Paris le conduit à imaginer pour la Ville contemporaine de trois millions d'habitants la création d'équipements qui rassemblent à la fois l'« autodrome », l'hippodrome, le vélodrome, le stade, la piscine et le cirque. Ce projet n'est que le prélude à la mise en œuvre d'une réflexion sans cesse réactualisée sur la place du sport dans la société moderne. Dès le milieu des années 1920, Le Corbusier défend le déploiement d'un ordre qui puisse dépasser « la nature chaotique », en lui substituant « l'œuvre humaine [comme] mise en ordre ». Pour pleinement illustrer ce dessein, il fait, dans *Urbanisme* (1925), le choix iconographique de deux courses automobiles en montagne et d'une partie de tennis, sports incarnant également la modernité. Déjà les différents plans d'urbanisme contiennent des références explicites au sport comme pratique collective. Le projet de cité d'Audincourt comprend une piscine qui rappelle la passion de Le Corbusier pour la natation. En 1925, le projet d'Immeubles-Villas réalisé avec Pierre Jeanneret pour les nouveaux quartiers Frugès à Pessac prévoit la construction au pied des maisons de « vastes terrains de jeux (football, tennis, etc.) à raison de 150 m² par maison [9] ». Le Corbusier précise que « le sport doit pouvoir se faire à toute heure, et tous les jours, et il doit se faire au pied même de la maison et non sur des terrains à stades où on ne voit que les professionnels et les oisifs [10] ». L'importance du rapport entre citadinité et nature se traduit par l'introduction de jardins privatifs.

L'élaboration de la théorie des « 5 points de l'architecture » fournit à Le Corbusier les moyens d'exposer un aspect primordial de sa réflexion globale sur le corps sain : la disjonction entre la dimension privée de l'habiter et celle de l'activité sportive, jusque-là non intégrée au logement. La création d'espaces nouveaux, par le biais des pilotis et du toit-terrasse, offre l'opportunité de réintroduire dans le domaine privé des activités auparavant négligées. En octobre 1925, pour le toit-terrasse de la villa Meyer, il conçoit un solarium et une piscine « avec de l'herbe qui pousse contre les joints des dalles ». Pour le projet de l'Immeuble-Stade-Garage Cardinet, à Paris en 1926, il équipe le toit-terrasse d'un terrain de basket-ball, dont il a récupéré préalablement les plans et mesures des paniers. L'année suivante, le toit-terrasse des maisons jumelles de la colonie du Weissenhof à Stuttgart devient

1. Marc Perelman, dans *Quel corps ?*, Paris, Éditions François Maspéro, 1978, p. 91-116. / **2.** Voir *idem, Urbs ex machina. Le Corbusier*, Paris, Les Éditions de la Passion, 1986. / **3.** Voir Jean Baudrillard, *L'Échange symbolique et la Mort*, Paris, Gallimard, 1976, p. 49. / **4.** Georges Édouard Jeanneret, journal, 1ᵉʳ mars 1889, Bibliothèque de La Chaux-de-Fonds. / **5.** Voir Jørgen-Peter Müller, *Mon système. 15 minutes d'exercices par jour pour la santé*, traduction de la cinquième édition par Emmanuel Philippot, Copenhague, Holger Tillge, 1905. / **6.** Charles-Édouard Jeanneret, lettre à ses parents, 9 mai 1919, dans Rémi Baudouï, Arnaud Dercelles (dir.), *Le Corbusier. Correspondance. Lettres à la famille*, t. 1 : *1900-1925*, Gollion, Infolio Éditions, 2011, p. 536. / **7.** Marie-Charlotte-Amélie Jeanneret [mère de Le Corbusier], lettre à son fils, 11 septembre 1938, dans R. Baudouï, A. Dercelles (dir.), *Le Corbusier. Correspondance. Lettres à la famille*, t. 2 : *1926-1946*, Gollion, Infolio Éditions, 2013, p. 594. / **8.** Voir Le Corbusier, étude pour un stade, plan FLC 24830. / **9.** Le Corbusier-Saugnier, *Vers une architecture*, Paris, Les Éditions G. Crès et Cie, 1923, p. 21. / **10.** *Ibid.* / **11.** Charles-Édouard Jeanneret, lettre à sa mère, 15 septembre 1929, dans R. Baudouï, A. Dercelles (dir.), *Le Corbusier...*, t. 2, *op. cit.*, p. 235. / **12.** Benjamin Crémieux, « Le désarroi de la jeunesse intellectuelle française en 1925 », dans René Daumal, *Tu t'es toujours trompé*, Paris, Mercure de France, 1970, p. 240 et suiv. / **13.** Voir Lucien Romier, *L'Homme nouveau. Esquisse des conséquences du progrès*, Paris, Hachette, 1928. / **14.** Voir Robert Aron, Arnaud Dandieu, *La Révolution nécessaire*, Paris, Grasset, 1933.

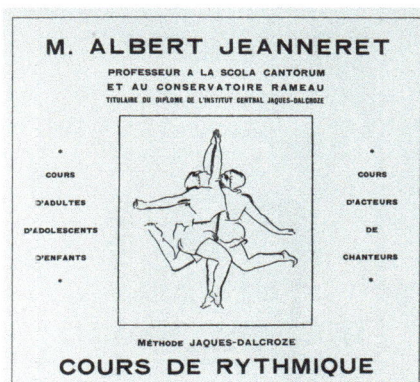

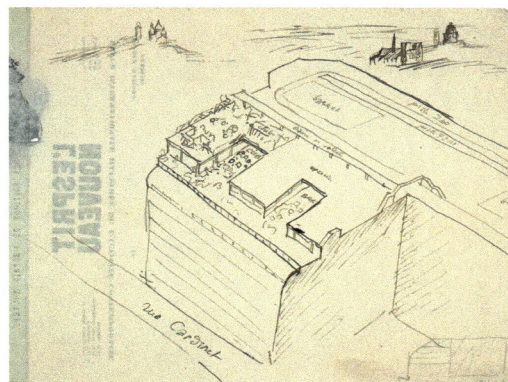

un solarium, tout comme en 1929 dans le projet de la villa Savoye à Poissy. Il faut attendre les années 1930 et la construction du 24 rue Nungesser-et-Coli, pour que le programme du toit-terrasse se stabilise en jardin suspendu agreste et lyrique, vision du « rêve virgilien » de la nature sauvage en ville. La pratique de la gymnastique y est recommandée et Le Corbusier lui-même s'y adonne, et ce en tout lieu. Certes ses congés sont toujours propices à l'épanouissement du corps (ballades revigorantes, bains de mer...), mais la rigueur du rythme parisien est un frein non négligeable. Conscient de ne pas disposer du temps suffisant, Le Corbusier engage à domicile un professeur d'éducation physique, un « chic type [11] » auquel il confie l'entretien de son corps.

L'INVENTION DU CORPS SPORTIF MASSIFIÉ, 1930-1952

Bien qu'il rejoigne Nietzsche dans son scepticisme sur la capacité de l'homme à transcender son destin pour accéder au stade de l'homme supérieur, Le Corbusier théorise un homme en retrait de la dialectique homme/surhomme. L'habitant du Plan Voisin pour Paris résulte d'une alchimie savante entre des théories en provenance d'horizons divers. Celui que nous dénommons *Homo corbusierus* s'est frotté à de nombreux autres projets portant sur le devenir de l'homme du xxe siècle, au cœur de toutes les esquisses de refondation sociale et de réflexion philosophique. « Le désarroi de la jeunesse intellectuelle française en 1925 » évoqué par Benjamin Crémieux [12] aiguillonne la recherche spirituelle. En 1928, Lucien Romier oppose à l'homme d'autrefois la

2. Le Corbusier, *Mon système J.-P. Müller*, repr. dans *Album La Roche* (1925), Paris, Gallimard/Electa, 1996
3. Publicité reproduite dans les premiers numéros de *L'Esprit nouveau*
4. Le Corbusier et Pierre Jeanneret, *Immeuble, stade, garage Cardinet*, Paris, axonométrie, 1926, plan 24196, Encre noire sur papier imprimé, 22 x 28 cm. Fondation Le Corbusier, Paris
5. Le Corbusier, *Autoportrait*, extrait d'une lettre à son épouse Yvonne, juillet 1924. Fondation Le Corbusier, Paris

réalité criante de l'« homme nouveau » qui serait parvenu à concilier les dimensions spirituelle, culturelle et philosophique de la civilisation occidentale avec les exigences de la vie moderne [13]. Dans *Une jeunesse européenne*, André Malraux estime que l'avènement d'un homme nouveau va de pair avec l'acte révolutionnaire, seul à même de faire échec aux abus et aux conformismes. Pour combattre « le rationalisme desséchant de la civilisation mécanique », Daniel-Rops propose de restaurer la dignité de l'homme en référence à une culture chrétienne. Il suit en cela l'approche de ses compagnons de l'Ordre nouveau, Arnaud Dandieu et Robert Aron, qui réclament une révolution de l'ordre qui restaurera le prestige de l'homme-conscience, capable de se libérer du joug de l'oppression de l'État et de l'économie capitaliste [14]. Retenons simplement de ces quelques exemples que Le Corbusier en perçoit l'actualité au moment de livrer sa contribution sur le thème de la Ville radieuse à la revue *Plans*. Dans les pages de celle-ci, le syndicaliste Hubert Lagardelle réclame le passage « de l'homme abstrait à l'homme réel », défini moins comme le produit de « l'utopie démocratique » que comme la résultante d'un engagement dans un métier, un milieu, un espace social qui opposerait conscience à matérialisme [15]. Pour sa part, le médecin et hygiéniste Pierre Winter écrit que seul le sport permet de reprendre « contact avec les éléments, les vérités terrestres et humaines éternelles de nos êtres [16] ». Et Pierre Vasseur – sans doute un pseudonyme – de rappeler dans l'article suivant que « le sport désintéressé est l'indispensable jeu d'une humanité nouvelle, précoce adulte qui veut rapidement se connaître pour se réaliser ».

C'est dans le refus raisonné de la condition humaine, dans une forme de révolte de l'esprit contre la notion de destinée, que Le Corbusier se positionne. Dans son article initial, « Invite à l'action », il définit l'homme moderne comme « une entité immuable (le corps) munie d'une conscience nouvelle ». Ses contributions à la revue *Plans* énoncent la primauté du « Vivre et respirer » et du « Vivre et habiter ». À « la récupération des forces physiques et nerveuses » s'ajoutent « les besoins sentimentaux ». Il les exprime par deux mots : « Spectacle et architecture. » La notion de standard se trouve être partiellement récusée tant « un standard est une fonction d'uniformité » et que « cette même uniformité nous accable ». Dans *La Ville radieuse* (1935), la diversité est posée comme vertu et participe de l'harmonie. Dans la journée solaire de vingt-quatre heures, les cinq heures quotidiennes de travail pour l'homme et de travail ménager pour la femme multiplient le champ des activités possibles. L'analyse vectorielle de la diversité des fonctions de l'homme et de la femme aboutit à la reconnaissance d'usages différents et de pratiques spécifiques, mais à une pratique commune du sport. Le Corbusier rappelle qu'à un corps sain, à un esprit mis quotidiennement par le sport en état d'optimisme et d'action, la ville peut apporter, par les dispositions saines, les activités de l'esprit. Et de décrire les deux formes spirituelles résultant selon lui de l'activité sportive : « La méditation dans le logis nouveau, vase de silence et de haute solitude. Le civisme, par le rassemblement en groupes harmonieux d'élans créatifs, dirigés vers le bien public [17]. » À des siècles de distance, la maxime de Juvénal – *Mens sana in corpore sano* – inspire donc encore. Le Corbusier et son cousin Pierre Jeanneret se l'approprient aisément lors de leurs nombreux séjours dans le bassin d'Arcachon ; architectes appliqués côté ville et nageurs ou pugilistes de pantomime côté plage.

Le sport est au cœur de l'économie politique du projet fonctionnaliste. Il prend place dans l'« urbanisme total » – et non totalitaire – que Le Corbusier, en antiparlementaire affiché, appelle de ses vœux à partir du « Plan : dictateur » qui a pour objet d'engager les « propositions indispensables et urgentes de salut public » que « le contrat social actuel fait piétiner [18] ». Le sport doit prendre place dans l'ensemble des dispositifs d'aménagement à développer. Dès 1933, il est central dans le projet de réaménagement du village sarthois de Piacé – le « Village radieux » – mené avec le céramiste Norbert Bézard.
Même si « les embûches ne manqueront pas [19] », Le Corbusier voit dans le Front populaire « un renouveau frais et généreux ».

À ses yeux, la « révolution sociale » est en marche. La promulgation de la semaine de quarante heures, la mise en place des congés payés par Léo Lagrange, sous-secrétaire d'État aux sports et aux loisirs, font émerger une politique du temps libre. L'agence du 35 rue de Sèvres est soucieuse de répondre à ce nouveau programme. Bien qu'il lui ait été commandé avant juin 1936, le pavillon des Temps nouveaux de l'Exposition internationale des arts et des techniques de 1937, conçu « comme un diamant, un comprimé intense des grandes tâches de l'équipement de la nouvelle civilisation machiniste [20] », est un hymne à la gloire du sport, au nom de l'hygiène et de la salubrité. L'architecte prépare le Centre de réjouissances populaires pour cent mille personnes que le gouvernement appelle de ses vœux. La cinquième édition des Congrès internationaux d'architecture moderne (Ciam) intitulée « Logis et loisirs », qui se tient à Paris du 29 juin au 5 juillet 1937, pendant l'Exposition internationale, se penche sur les enjeux de santé publique au sein du nouvel urbanisme fonctionnaliste. Josep Lluís Sert, Gino Pollini et Luigi Figini reviennent sur les moyens qui permettront « aux masses d'accéder aux loisirs » afin de « récupérer, dans le plus court espace de temps, les forces diminuées ou perdues », en raison de la « dispersion des énergies physiques et psychiques » dans la « ville actuelle » [21].

CORPS MASSIFIÉ CORBUSÉEN ET DÉMOCRATIE

Dès la fin des années 1930, la programmation d'installations sportives relève du *leitmotiv* dans les projets d'agence. Tels des théâtres éphémères, piscines, stades, gymnases surgissent au fil des esquisses et études préalables des plans d'urbanisme. Ces équipements acquièrent le même statut que les « boîtes à miracles » – musées et espaces monumentaux – que Le Corbusier essaime d'un projet à l'autre. Fruits de ses aspirations et de son imaginaire, les infrastructures sportives se déploient sans qu'aucun contrat ne les mentionne. À cet égard, le projet pour la ville algérienne de Nemours [aujourd'hui Ghazaouet] est exemplaire. Le programme initial, présenté dans le cadre du Ciam V, n'inclut aucun élément sportif ; les versions ultérieures comprennent plusieurs stades.

La réalisation de l'Unité d'habitation de Marseille témoigne des efforts accomplis par Le Corbusier dans l'après-guerre pour concilier reconstruction du logement et reconstruction du corps. Au-delà des pilotis qui facilitent le déploiement des circulations piétonnes, l'architecte conçoit une piste de course à pied de 300 m

15. Voir Hubert Lagardelle, « Au-delà de la démocratie : de l'homme abstrait à l'homme réel », *Plans*, n° 1, janvier 1931, p. 24. / **16.** Pierre Winter, « La médecine, science de la santé », *Plans*, n° 1, *op. cit.*, p. 11. / **17.** Le Corbusier, *La Ville radieuse*, Boulogne-sur-Seine, Éditions de L'Architecture d'aujourd'hui, « Collection de l'équipement de la civilisation machiniste », 1935, p. 67. / **18.** *Ibid.* / **19.** Ch.-É. Jeanneret, lettre à sa mère, 10 juin 1936, dans R. Baudouï, A. Dercelles (dir.), *Le Corbusier...*, *op. cit.*, t. 2, p. 535. / **20.** *Id.*, 19 décembre 1936, dans R. Baudouï, A. Dercelles (dir.), *Le Corbusier...*, *op. cit.*, t. 2, p. 551. / **21.** *Logis et loisirs. Ve Ciam*, *Congrès internationaux d'architecture moderne, Paris, 1937*, Boulogne-sur-Seine, Éditions de L'Architecture d'aujourd'hui, 1938, p. 81. / **22.** Voir Hannah Arendt, *La Crise de la culture* (1961), Paris, Gallimard, « Folio », 1972, p. 276.

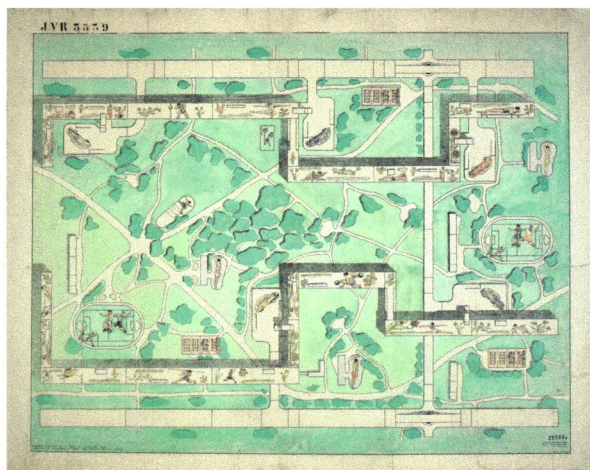

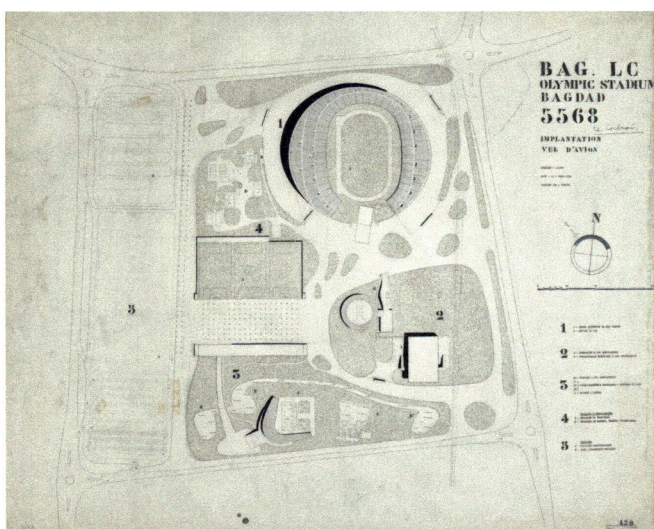

de longueur sur le toit-terrasse. Cet équipement est complété d'un gymnase et d'une pataugeoire. En souvenir de ses courses de jeunesse dans les montagnes, il dispose des rochers d'escalade. Depuis le plan de reconstruction pour Saint-Dié jusqu'au site de Firminy, les équipements sportifs sont présents dans tous ses projets. En 1956, il imagine, pour la ville de Bagdad, la construction d'une cité olympique dotée d'un stade de 50 000 places, d'une piscine, d'un amphithéâtre, ainsi que de terrains d'entraînement. Seuls sont sortis de terre le gymnase et le stade.

Le corps sportif corbuséen n'existe ni comme absolu masculin ni comme canon esthétique pour la gent féminine. Il ne s'apparente en rien au corps du sportif d'élite, caractérisé par une musculature altière. En l'inscrivant dans la seule logique de la salubrité physique et psychique individuelle, et d'une hygiène sociale, Le Corbusier ne le rapporte jamais au corps de l'homme nouveau tel que le nazisme et le fascisme italien l'ont défini.

Le corps corbuséen renvoie néanmoins au concept de masse que l'architecte revendique comme objet de ses projets d'urbanisme. Le corps sportif de masse ainsi développé ne peut manquer d'être rapporté aux analyses que Hannah Arendt déploie au même moment dans le domaine de la théorie politique. Pour

6. Le Corbusier et Pierre Jeanneret, *La Ville radieuse. Parcours du jeu*, 1938, plan 29986B. Crayon de couleurs et gouache sur papier, 101 × 123 cm. Fondation Le Corbusier, Paris
7. Le Corbusier et Pierre Jeanneret, *La Ville radieuse. Parcours du jeu* (détail), 1938, plan 29986B. Crayon de couleurs et gouache sur papier. Fondation Le Corbusier, Paris
8. Le Corbusier, *Stade olympique*, Bagdad, plan d'implantation, 1958, plan 420. Encre noire, collage zipaton sur calque épais, 96 × 113 cm. Fondation Le Corbusier, Paris
9. Le Corbusier et Pierre Jeanneret, *Immeuble Wanner*, Genève, jardin suspendu d'un appartement, 1928, dans *Œuvre complète*, vol. 1: *1910-1929*, Zurich, Girsberger, 1937 p. 182

la philosophe, le péril de la société de masse réside moins dans l'existence de la masse elle-même que dans l'altération de la culture à laquelle conduit une société massifiée, tant dans ses modalités de fonctionnement que dans ses processus institutionnels et politiques [22]. À l'évidence, la figure du corps sportif de masse conçu par Le Corbusier ne peut cesser de nous interpeller dans son impensé politique et démocratique.

LE CORBUSIER
LE MOBILIER
CORPS ET ÂME

CLOÉ PITIOT

Le mobilier dans l'œuvre de Le Corbusier ne renvoie pas simplement à une histoire de la forme ni même de la fonction. Il semble être le fruit d'une réponse bien plus vaste aux besoins de l'homme du XXᵉ siècle. Le mobilier, symbiose du corps, de l'âme et de l'espace. Nous suivrons Le Corbusier dans ses pérégrinations et ses échanges épistolaires, de Paris à Roquebrune-Cap-Martin en passant par Hellerau, pour saisir les événements, les influences, les rencontres qui ont pu d'une manière ou d'une autre toucher l'âme du peintre, de l'architecte, du penseur visionnaire, et qui se révèleront dans ses créations mobilières.

DE LA « TÔLE D'ÉTUDIANT »
AUX « OBJETS TYPES »

De sa modeste « tôle d'étudiant » au septième étage d'un immeuble parisien à son célèbre cabanon ancré sur la roche de Roquebrune-Cap-Martin, Le Corbusier a sa vie durant cherché à donner amplitude, élasticité et esprit à l'espace minimum. Les lettres écrites à sa famille en 1908 montrent que la problématique de l'aménagement intérieur l'interpelle très tôt au plus haut point. Il y dresse de manière tout aussi précise que cocasse l'inventaire du mobilier des espaces exigus qu'il a habités, comme celui de la rue des Écoles à Paris : « Hôtel propre, chambre de trois mètres sur trois mètres avec une grande fenêtre et un balconnet – le tout sur le toit, à cent vingt marches au-dessus de la rue. [...] Meubles : une table de cinquante centimètres par soixante, boiteuse, une commode, un lit, une table de nuit, un fauteuil, deux chaises, une cheminée [1]. » Ou encore, quelques mois plus tard, s'adressant à sa mère : « Les chambres d'étudiant à Paris, ça

n'est pas des salons : trois mètres sur quatre. Une table de cinquante par soixante-dix centimètres et quelques chaises, qui chez moi seront de paille, la malle qui sert de sofa, et le tub suspendu, de panneau décoratif en pendant avec des habits accrochés à des clous. Voilà une tôle d'étudiant, et quand tous mes meubles sont rentrés, c'est-à-dire que le fauteuil prêté par Perrochet n'est plus sur la fenêtre, je suis obligé pour sortir ou pour aller dans mon lit, de sauter à saute-mouton à pieds joints, ou d'escalader le bois du lit, le fauteuil, la table ou les chaises – ou alors me déployant tout en hauteur afin de diminuer la protubérance de mon ventre, de louvoyer entre lesdits meubles, comme le Nansen à travers les icebergs de la banquise [2]. »

Un mois plus tard, las de devoir enjamber chaises, lit et autres meubles dans son espace minimum parisien, il s'attelle à la résolution du problème. Inventer un meuble capable de répondre à sa problématique, celle du rangement, de l'optimisation de l'espace et du confort. Il crée alors ce qu'il nomme, dès 1908, son « casier », « meuble fous-y-tout [3] » : « Je me suis fait pour trente-cinq francs un casier, en sapin, combiné d'une façon extrêmement pratique, et en vue de tous les objets qui me font ménage. Dans ce meuble merveilleux, il y a tous mes livres, et pratiquement classés, il y a les bibelots d'ornement, des casiers pour photos, le casier de la cuisine, avec tablette à coulisse servant de petite

---

1. *Charlotte Perriand sur la chaise longue basculante, 1928-1929. Archives Charlotte Perriand, Paris*

table-potager ; il y a le réduit pour ficelle torchon patte à poussière, la case pour la lampe, le pétrole, l'esprit-de-vin, etc., – très pratique [4]. » Ce premier casier sonne, à l'ère des bahuts de toutes natures, consoles, crédences, buffets de service et bibliothèques, comme LA solution aux besoins d'une société en pleine expansion industrielle. Ne deviendra-t-il pas des années plus tard, en 1925, le célèbre et révolutionnaire Casier standard de Le Corbusier, manifeste de la modernité ? Ne reprendra-t-il pas cette idée dans l'aménagement intérieur des futures Unités d'habitation, telles que celle de la Cité radieuse, livrée à Marseille en 1952, ce casier « fous-y-tout » où Boris Vian aurait pu ranger son armoire à cuillères, son repasse-limace, son tabouret à glace, l'éventre-tomate, le canon à patates ?...

Ces trois courriers de 1908 attestent de l'omniprésence dans l'œuvre de Le Corbusier du souci de rationaliser l'espace. Ne pouvant agir directement sur l'architecture de sa chambre d'hôtel ou de sa « tôle d'étudiant », le jeune Charles-Édouard Jeanneret [5], formé depuis 1905 à la peinture, à la sculpture, à l'architecture et aux arts décoratifs dans le cours supérieur d'art et de décoration dispensé par Charles L'Eplattenier à l'École d'arts appliqués de La Chaux-de-Fonds, tente de restituer à l'espace intérieur toute l'ampleur de son volume, non seulement par un réaménagement des meubles mais aussi par la création de nouvelles pièces de mobilier, comme ce « meuble merveilleux ». Par la production d'un seul et même meuble qui, pour une somme modique, classe, range et coulisse, il libère l'espace et redonne ainsi au corps sa capacité de mouvement.

Car les déplacements de l'homme dans une architecture, la « danse » du corps dans l'espace intérieur, sont au cœur de ses préoccupations. Il ne cessera de travailler sur l'échelle humaine : « [...] et dans le domaine du paraître et du consommer, de l'esprit et de l'acte, du bonheur qui est dans le cœur et du geste qui est dans nos mains, retrouver l'échelle humaine, c'est tendre à la sagesse [6] », écrit-il. La conclusion de ses études sur le principe de la fonction humaine l'amène à définir des besoins humains types : « C'est-à-dire que tous nous avons les mêmes ; nous avons besoin de compléter nos capacités naturelles par des éléments de renfort, car la nature est indifférente, inhumaine (extra-humaine) et inclémente ; nous naissons nus et insuffisamment armés [7]. » Les « objets-membres humains » seront la solution apportée par Le Corbusier : « Des objets types répondant à des besoins types [8]. » Ainsi établit-il un lien entre des besoins types, des fonctions types et des objets types, des meubles types.

Chaises pour s'asseoir, tables pour travailler, appareils pour éclairer, machines pour écrire, casiers pour classer, le mobilier du créateur apporte en premier lieu une réponse à ces fonctions primaires : « Si nos esprits sont divers, nos squelettes sont semblables, nos muscles occupent mêmes places et réalisent mêmes fonctions : dimensions et mécanismes sont donc déterminés. [...] Sensibles à l'harmonie qui donne la quiétude, nous reconnaîtrons l'objet qui est harmonisé à nos membres [9]. » Et il énonce : « Lorsque a et b sont égaux à c, a et b sont égaux entre eux. Ici a = nos objets-membres humains ; b = notre sentiment de

l'harmonie ; c = notre corps. Donc les objets-membres humains sont conformes à notre sentiment de l'harmonie, étant conformes à notre corps [10]. »

Pour Le Corbusier, l'échelle humaine devient nouveau support de réflexion, le corps, nouvelle mesure métrique. Le Modulor, système de mesure fondé sur l'échelle humaine que Le Corbusier met au point en 1944, sera l'aboutissement formel de sa réflexion autour du corps dans l'espace, réflexion qui s'est nourrie des apports fondamentaux d'une expérience unique, celle de la cité-jardin expérimentale de Hellerau.

HELLERAU, SYMBIOSE DU CORPS, DE L'ESPRIT ET DE L'ESPACE

Le Corbusier a acquis de sa formation première auprès de Charles L'Eplattenier une certaine aisance à dessiner des intérieurs et des pièces de mobilier, puis de ses périodes d'apprentissage auprès des frères Auguste et Gustave Perret en 1908 et chez Peter Behrens au début des années 1910, une plus grande assurance. Mais c'est aussi dans ses voyages qu'il va puiser une large partie de ses influences, comme lorsqu'il se rend auprès des fondateurs de la cité-jardin de Hellerau, en Allemagne. Émile Jaques-Dalcroze, Adolphe Appia, Heinrich Tessenow ou bien encore certains membres du Deutscher Werkbund [11] offriront au jeune architecte un bagage sans équivalent.

C'est par l'intermédiaire de son frère Albert Jeanneret, musicien et futur professeur de rythmique corporelle que Le Corbusier fait la connaissance de Jaques-Dalcroze. Depuis 1910, ce compositeur et musicien, créateur de la rythmique corporelle, dirige en Allemagne, à Hellerau, dans la première cité-jardin expérimentale du pays, dessinée par l'architecte Tessenow, le tout nouvel Institut Jaques-Dalcroze, où étudie Albert Jeanneret.

1. Charles-Édouard Jeanneret, lettre à ses parents, 20 avril 1908, dans Rémi Baudouï et Arnaud Dercelles, *Le Corbusier. Correspondance. Lettres à la famille*, t. 1 : *1900-1925*, Gollion, Infolio Éditions, 2011 (comme toutes les lettres de Le Corbusier citées dans le texte). / 2. *Ibidem*, 29 septembre 1908. / 3. Dans une lettre du 2 décembre 1908, Jeanneret écrit à ses parents : « Voulez-vous le tableau de ma chambre, de ma tôle. [...] c'est quelque chose de téméraire de vouloir s'y hasarder. Je vais vite voir dans le fameux meuble "fous-y-tout"... / 4. Ch.-É. Jeanneret, lettre à sa mère, 26 octobre 1908. / 5. Il adopte le pseudonyme Le Corbusier à partir de 1920, pour écrire dans la revue *L'Esprit nouveau*. C'est ainsi qu'il sera désormais mentionné. / 6. Le Corbusier, *L'Art décoratif d'aujourd'hui*, Paris, Les Éditions G. Crès et Cie, 1925, p. 42. / 7. *Ibidem*, p. 72. / 8. *Ibid.*, p. 76. / 9. *Ibid.* / 10. *Ibid.* / 11. Fondé en 1907 à Munich et présidé par Theodor Fischer, le Deutscher Werkbund réunit une douzaine de créateurs, artistes et architectes dont Behrens, Josef Hoffmann, Joseph Olbrich, Henry Van de Velde, et douze firmes industrielles en vue d'associer industrie, modernité et esthétique dans des projets architecturaux ou relevant des arts appliqués. / 12. Ch.-É. Jeanneret : « Chez Jacques Copeau, partant avec sa troupe vendredi pour New York, on fait du Dalcroze imposé tous les jours. » Lettre à son frère Albert, 22 octobre 1917. « On est dans le dalcrozisme jusqu'au cou ces temps. Des séances démonstratives soulignées de succès et de beaucoup d'intérêt. » *Id.*, lettre à ses parents, 19 décembre 1919. / 13. Ernest Ansermet, cité dans *Le Rythme. Nouvelles de l'Institut Jaques-Dalcroze. Bulletin de la méthode en Suisse et à l'étranger*, n° 12, numéro spécial, février 1924. / 14. Alexandre Taïrov, cité dans Marie-Louise Bablet-Hahn (dir.), *Adolphe Appia. Œuvres complètes*, Lausanne, L'Âge d'Homme, 1983-1988, vol. 3, p. 104. / 15. Émile Jaques-Dalcroze, dans *La Grande Revue*, 10 juin 1910, repris dans M.-L. Bablet-Hahn (dir.), *Adolphe Appia, op. cit.*, p. 10. / 16. Ch.-É. Jeanneret, dans *Feuilles d'avis de La Chaux-de-Fonds*, 4 juillet 1913, repris dans M.-L. Bablet-Hahn (dir.), *op. cit.*, p. 206. / 17. En 1920, Le Corbusier et Amédée Ozenfant fondent une nouvelle revue d'architecture, *L'Esprit nouveau*, qui paraîtra jusqu'en 1925. Le pavillon de l'Esprit nouveau est aussi la réponse de Le Corbusier à l'Exposition internationale des arts décoratifs et industriels modernes de Paris, en 1925.

2. Le Corbusier et Pierre Jeanneret, *Villa Cook*, Boulogne-sur-Seine. Tirage photographique, 1927. Fondation Le Corbusier, Paris
3. Le Corbusier et Pierre Jeanneret, *Maison Jeanneret*, Paris, vue intérieure. Photographie coloriée au pochoir, publiée dans *L'Architecture vivante*, n°s 15-18, automne 1927, pl. 13

Le Corbusier sera en relation étroite avec lui pendant de longues années, le rencontrant, échangeant avec lui courriers et ouvrages, mettant en pratique ses idées [12]. Sa théorie de la rythmique a sans aucun doute inspiré le jeune Le Corbusier dans la construction de sa pensée architecturale et mobilière, lui qui, à l'époque de leur rencontre, réfléchissait déjà au concept d'aménagement intérieur par le biais de ses projets dans les riches villas de La Chaux-de-Fonds. Il a su prélever dans la rythmique les éléments nécessaires à sa réflexion puis les a transposés, de manière évidente, de l'espace scénique à l'espace intérieur.

Comme l'écrit Ernest Ansermet, « l'expérience avait ainsi conduit Dalcroze à user alors d'un sens jusqu'alors inconnu, ou du moins inanalysé et inexploré, qu'il appela le *sens rythmique musculaire*, lequel étend à tout l'organisme humain une vertu qu'on limitait communément aux centres cérébraux, et fait de notre corps l'instrument où se joue le rythme, le transformateur où les phénomènes du Temps se muent en phénomènes de l'Espace [13]. »

« Le corps de l'acteur a trois dimensions, c'est pourquoi il peut seulement entrer et se manifester dans une construction en volume. D'où la nécessité de donner à l'acteur une aire de jeu qui l'aide à résoudre ses problèmes et un espace scénique qui lui convienne. Un tel espace n'a d'existence que dans un volume déterminé. [...] Par conséquent, la scène doit être construite de façon à aider ce corps à prendre les formes dont il a besoin, à répondre facilement à toutes les missions de rythme et de mouvement qui lui sont dévolues [14]. » C'est ainsi qu'Alexandre Taïrov, proche de Jaques-Dalcroze et d'Appia énonce les principes qui guideront les recherches de Le Corbusier en matière de mobilier. Ce que ce dernier avait pressenti dans sa chambre d'étudiant en 1908 est donc mis en lumière quelques années plus tard par les protagonistes de la rythmique, emmenés par Jaques-Dalcroze : « Que tous les mouvements corporels, marche, gestes et attitudes, aient été étudiés non seulement sur une surface plane, telle que

le plancher de la scène, mais sur des plans différents, sur des inclinaisons de terrain de divers degrés, tels que praticables et escaliers, de façon à ce que le corps prenne connaissance de l'espace, que ces manifestations plastiques s'adaptent facilement à toutes les conditions matérielles dictées par l'action et puissent imposer ensuite au peintre la conception et la réalisation du décor [15]. » Le Corbusier, sous le choc de la découverte de Hellerau, écrira : « Une religion renaît, idéaliste, entraînante, submergeante, qui est : *Que le bonheur est d'être utile…* Puisque j'écris d'Hellerau, c'est qu'à voir les pays du monde adopter l'un après l'autre la méthode du rythme dans la vie du corps et celle de l'esprit, dans la vie de l'être en contact avec ses semblables – c'est que preuve est faite que cela devrait être [...]. Les maisons ont été construites par les plus grands artistes d'Allemagne. Et Tessenow surgi d'eux a scellé en le grand complexe de l'Institut au haut de la colline le contrat du beau par l'utile. [...] À Hellerau quoique maussade de fatigue, j'ai dû voir qu'on rit et qu'en soignant son corps et son esprit, le cœur se dilate et l'enthousiasme jaillit [16]. »

Avec Jaques-Dalcroze, Le Corbusier passe progressivement de la mise en scène d'objets, de pièces de mobilier dans une architecture intérieure, au concept d'aménagement de l'espace au service de l'humain. La forme du mobilier n'obéit plus seulement à la fonction, mais aussi aux mouvements du rythme dans la vie du corps et de l'esprit ; elle est fruit de la fonction et des émotions. Le mobilier de la machine à habiter fait office de passerelle entre corps et esprit, un moyen pour l'architecte de libérer l'âme de l'homme, en désencombrant l'espace.

L'espace scénique dépouillé et simplifié à l'extrême, devenant le théâtre de toutes les danses possibles chez Jaques-Dalcroze et Appia, se lit dorénavant dans les espaces intérieurs de Le Corbusier, épurés, apaisés, prêts à accueillir les ballets des corps et des pièces de mobilier. Ses meubles à système glissent, coulissent, s'articulent, se tournent et se retournent, se déplient et se replient. Un nouvel esprit est né, l'Esprit nouveau [17].

L'ESPRIT NOUVEAU,
VARIATIONS DU STANDARD

À Hellerau, Le Corbusier découvre simultanément la rythmique et les toutes nouvelles productions de mobilier moderne de l'avant-garde allemande issues des Deutsche Werkstätte, les ateliers allemands pour l'art dans l'industrie. Il assiste en juin 1910 au congrès du Deutscher Werkbund : « Pendant les trois jours j'ai suivi le congrès, le "Werkbund" dans ses très intéressantes pérégrinations. J'ai vu ce que l'art moderne offre de plus parfait jusqu'à aujourd'hui, c'est-à-dire une villa, avec les intérieurs de Bruno Paul *de toute beauté* [18]. » Jusqu'alors, à travers ses études, puis ses premières commandes, Le Corbusier, à la manière du compositeur Charles-Louis Hanon (auteur du *Pianiste virtuose en 60 exercices*), exécutait des variations sur le thème du siège. Ses déclinaisons de chaises et de fauteuils de style Directoire ou Biedermeier lui permettaient d'acquérir, par méthode répétitive, autonomie, agilité et souplesse non pas du poignet comme le musicien, mais du trait. Dépouillés de leurs ornements, les sièges de Le Corbusier sont progressivement réduits quasiment à leur structure. Il applique cette méthode plus mécanique qu'esthétique dans ses premiers projets à La Chaux-de-Fonds pour les appartements d'Anatole Schwob en 1914-1915, de Hermann Ditisheim en 1915-1916, ou d'Ernest-Albert Ditisheim en 1915-1917.

Dans l'expérience des Deutsche Werkstätte, Le Corbusier voit se dessiner un devenir pour le mobilier qui passe par une nouvelle forme de fabrication, celle de l'industrie.

Le jeu de variations à partir de modèles uniques qu'il a développé dans les années 1910 avec des artisans locaux deviendra dans les années 1920 un jeu de variations sur des modèles standardisés. C'est principalement avec son cousin Pierre Jeanneret, qui le rejoint à Paris au début des années 1920, et, à partir de 1927, avec Charlotte Perriand que Le Corbusier va renouveler la conception du mobilier, produit désormais avec de nouveaux matériaux et de manière industrielle. « Affirmons sans détour qu'il n'y a aucune raison pour que le bois demeure la matière première essentielle du mobilier. Sollicitée, l'industrie proposera de suite des compagnons nouveaux : l'acier, l'aluminium, le ciment (avec des préparations), la fibre, et... l'inconnu !... L'usine d'avions et de carrosserie emploie le bois suivant des méthodes si nouvelles que le meuble de bois n'a plus le droit d'être conçu comme auparavant et que vous et moi, qui "pensons meuble" avec notre bagage traditionnel, eh bien, nous ne sommes plus bons à rien : il nous faut nous rééduquer [19]. » La rééducation passera par une proposition radicale : dépouiller les intérieurs de tous les meubles encombrants, n'y conserver que l'essentiel, des casiers standard, des tables et des chaises. Sa vision nouvelle de l'équipement des espaces intérieurs viendra renverser les habitudes traditionnelles et bouleverser le cœur de l'homme. Voici comment il entend répondre à la question du mobilier dans un texte publié par la revue *L'Architecture vivante* : « Dans une maison, explique-t-il, on dort, on s'éveille, on agit, on travaille, on se repose, on cause, on mange, on s'endort. Qu'y-a-t-il de commun entre ces fonctions précises et les meubles de la Tradition, où est la conformité ? Le lit demeure, les tables demeurent, les sièges demeurent. Les bahuts de toutes natures [...] satisfont mal aux

fonctions qu'on leur demande aujourd'hui, ils coûtent de fortes sommes, occupent un grand espace et obligent l'architecte à créer des chambres coûtant cher et ces chambres grandes sont rendues petites par ces meubles qu'on y emménage. Aux fonctions précises qui sont autres que celles de s'asseoir, de travailler ou de manger à table, je réponds : un casier précis répond à une fonction précise, la fonction se produit régulièrement en un endroit précis. Des endroits précis attendent des casiers précis [20]. »

Ces casiers, imaginés et expérimentés de manière modeste dès 1908 dans sa chambre d'étudiant, il les veut standard, ceux-ci devant recevoir tout objet destiné aux besoins d'un homme aux dimensions et aux membres standard interagissant avec des éléments standard. Linge de corps, vêtements, chaussures mais également verres, bouteilles, tasses, assiettes, ne sont-ils pas depuis longtemps des objets standardisés par l'industrie ? Afin de faciliter leur préhension, il placera ses casiers à hauteur de main. Aucune gratuité chez Le Corbusier ; chaque pièce dessinée vient soulager l'usager dans son quotidien : libérer l'espace en introduisant une porte coulissante plutôt qu'une porte s'ouvrant vers l'avant, accrocher les casiers aux murs à 70 cm de hauteur, pour supprimer les pieds gênant l'entretien du sol. Confort, épanouissement des mouvements, économie de gestes, simplicité d'évolution dans l'espace : le mobilier chez Le Corbusier est avant tout au service de l'homme.

Par la création des casiers en 1924, il répond aux interrogations qu'il formulait dès 1913 sur le bien-fondé des meubles fixés au mur : « J'ai reçu *Meubles modernes* de Léon Werth. Les croquis de Jourdain me laissent dans une grande perplexité. Il y a dix ans qu'on faisait ça en Allemagne, mais je sais que ce doit être ici tout autre chose. Cependant le meuble fixé au mur a quelque chose d'*immeuble*, inquiétant si l'on songe que l'on doit vivre avec ça des ans. Quelle est donc votre idée là-dessus ? [21] » Puis, quelques jours plus tard, en réponse au courrier d'Auguste Perret : « Il faut prendre garde de ne pas considérer le meuble *mobile* comme un tout en soi ; on l'élève alors à un rang trop haut ; il n'est plus le serviteur de l'homme. [...] Il joue le rôle d'un objet d'art et c'est alors que le confort s'en va. Les théories de Francis Jourdain sont un garde-à-vous pour ceux qui adulent trop un fauteuil Louis XVI ou Empire vu à Trianon ou à Compiègne [22]. »

Il appliquera les conseils de son maître des années 1910 et ses casiers seront soit adossés au mur, soit en épine, ou formeront des cloisons entre deux pièces. Leur fermeture se fera par des dispositifs coulissants, des portes ou des volets, venant avec leur bâti se visser sur l'ossature des casiers.

18. Ch.-É. Jeanneret, lettre à ses parents, 21 juin 1910, dans R. Baudouï et A. Dercelles, *op. cit.* / **19.** Le Corbusier, *L'Art décoratif d'aujourd'hui, op. cit.*, p. 47. / **20.** *Id.*, *L'Architecture vivante*, printemps-été 1928, p. 33-34. / **21.** *Id.*, lettre à Auguste Perret, 27 novembre 1913, repris dans Jean Jenger (éd.), *Le Corbusier. Choix de lettres*, Bâle, Boston, Berlin, Birkhäuser/Zurich, Les Éditions d'architecture, 2002, p. 102. / **22.** *Id.*, 7 décembre 1913, repris dans Jean Jenger (éd.), *op. cit.*, p. 103. Francis Jourdain (1876-1958) est un artiste peintre et un écrivain. / **23.** *Id.*, dans *L'Architecture vivante*, printemps-été 1928, p. 35. / **24.** *Id.*, *L'Art décoratif d'aujourd'hui, op. cit.*, p. 77. / **25.** *Id.*, « L'esprit nouveau », extrait de la conférence donnée à la Sorbonne le 12 juin 1924, publiée dans *L'Architecture vivante*, printemps-été 1927, p. 7.

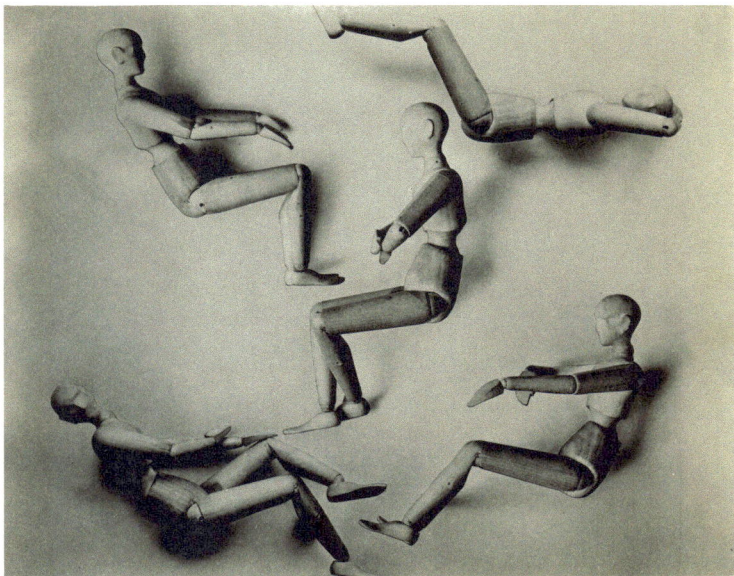

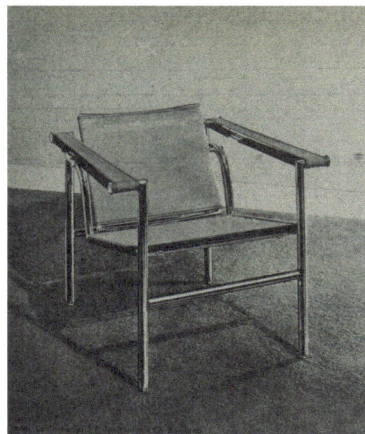

5

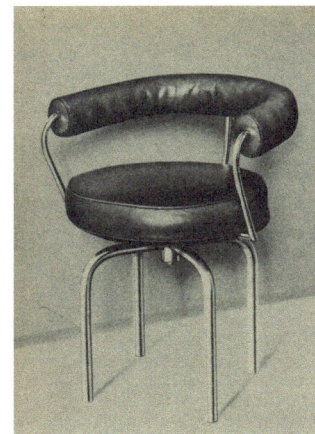

6

4. Charlotte Perriand. *Sièges. Études de positions avec mannequins de bois*, 1928. Photographie de Charlotte Perriand. Archives Charlotte Perriand
5. Le Corbusier, Pierre Jeanneret et Charlotte Perriand, *Fauteuil B 301, Thonet*. Planche tirée du *Catalogue Thonet*, Paris, Librairie des Arts, s.d.
6. Le Corbusier, Pierre Jeanneret et Charlotte Perriand, *Fauteuil B 302, Thonet*. Planche tirée du *Catalogue Thonet*, Paris, Librairie des Arts, s.d.

4

En parallèle de l'introduction des casiers dans l'espace intérieur, il propose de renoncer aux multiples formes de tables au profit d'un type unique et minimum. Ainsi sera-t-il aisé de les juxtaposer quand la situation le nécessitera. Les tables juxtaposables deviendront avec Charlotte Perriand des tables extensibles.

Quant aux chaises héritées de nos ancêtres, il considère qu'elles ne servaient à s'asseoir que dans certaines circonstances et dans des poses « polies », réglées par l'étiquette, alors qu'elles devraient répondre aux nouvelles manières de s'asseoir : « Car il y a bien des manières de s'asseoir suivant que l'on travaille, que l'on mange, que l'on cause, que l'on discute, que l'on parle ou qu'on écoute, qu'on se repose [23]. » Il va développer une fructueuse collaboration à six mains, avec Charlotte Perriand et Pierre Jeanneret, à l'origine des plus remarquables pièces de mobilier de la modernité : fauteuil B 301 à dossier basculant, fauteuil tournant B 302, chaise tournante B 303, tabouret tournant B 304, tabouret de salle de bain recouvert de tissu éponge interchangeable B 305, célèbre chaise longue à position variable B 306 et table B 307. Ils seront produits par la firme Thonet. Le Corbusier reconnaît que « dans la mise au point longue et minutieuse à l'usine, la chaise Thonet prend son poids, son calibre, affecte des dispositions qui permettent une bonne préhension ; ses perfectionnements insensibles sont ceux que subit un moteur, dont la poésie est de bien tourner et pas cher [24]. »

Il usera d'ailleurs de nombreuses fois du mobilier standard Thonet, qu'il placera dans différents projets : par exemple, la chaise 209 dans la villa La Roche et dans le pavillon de l'Esprit nouveau en 1925, reprise dans les maisons n°s 13 et 14/15 de la cité du Weissenhof en 1927. Le Corbusier ne se limitera cependant pas au seul mobilier type Thonet ; il ira puiser dans les collections d'autres fabricants, comme Robert Mey, Maple & Co...

Ses recherches sur le mobilier seront invariablement liées au corps, à la problématique de l'ergonomie. Ses « machines à s'asseoir, machines à vivre et à se reposer » bénéficieront d'influences multiples, depuis les manières d'habiter dans différents pays jusqu'à la rythmique, en passant par les échanges constants avec ses collaborateurs et des industriels, les recherches des scientifiques, tels que le docteur Pascaud, physicien, créateur en 1922 du siège réglable pour dentistes et barbiers, le Surrepos, qui inspira par exemple la chaise longue B 306.

En 1952, Le Corbusier achève son cabanon à Roquebrune-Cap-Martin : la boucle est bouclée. De dimensions proches de celles de sa « tôle d'étudiant » parisienne, il offre cependant une tout autre mobilité intérieure : plus question d'escalader, de louvoyer entre les meubles ; ici, le mobilier entièrement intégré est le fruit d'une vie de réflexions, celles d'un inventeur inlassable qui, avec « un cœur d'homme, cherche l'émotion au-delà de l'œuvre utilitaire, aspire aux satisfactions désintéressées. De son esprit se dégage une poésie violente et radieuse. [...] Le cœur cherche à raccorder les faits brutaux aux standards profonds et intimes de l'émotion [25]. » Le mobilier, comme l'architecture, est l'ultime passerelle chez Le Corbusier du corps à l'âme.

MAISON DOM-INO

1 / Le Corbusier, *Maison Dom-Ino*, perspective d'une ossature type, 1914. Encre noire sur calque, 44,8 x 58,1 cm. Fondation Le Corbusier, Paris

2 / Le Corbusier et Pierre Jeanneret, *Lotissement Peugeot*, Audincourt, perspective, 1923. Encre, crayon sur calque, 31 x 80 cm. Fondation Le Corbusier, Paris

3 / Le Corbusier et Pierre Jeanneret, *Maisons en série*, perspective, 1922. Encre sur calque, 38,7 x 87,5 cm. Fondation Le Corbusier, Paris

4 / Le Corbusier, *Maison Dom-Ino*, perspective, 1914. Encre noire, crayon noir et de couleur sur calque, 30,1 x 79,6 cm. Fondation Le Corbusier, Paris

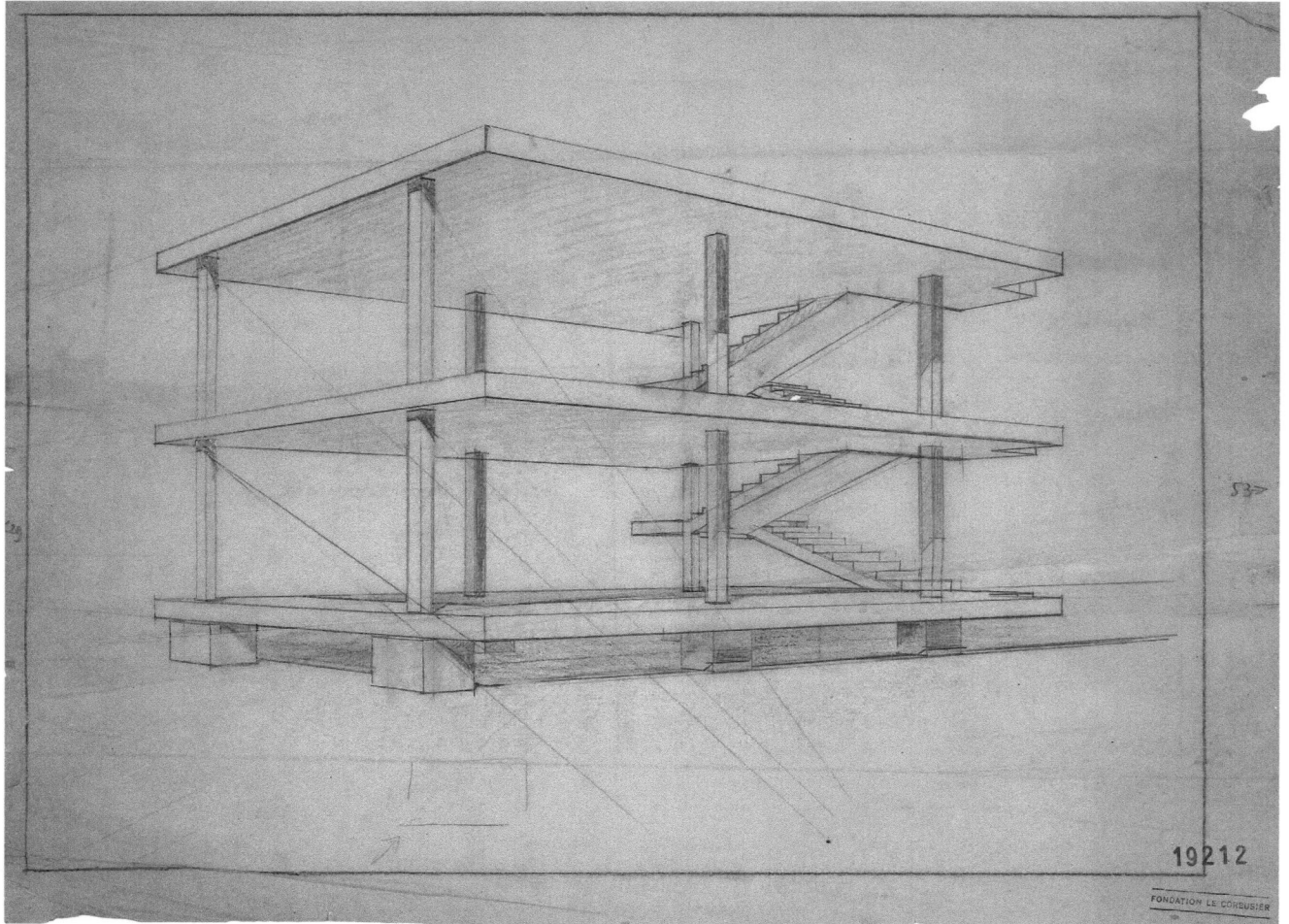

1

2

3

4

1 / Le Corbusier et Pierre Jeanneret, *Maison Citrohan*, perspective, 1920. Encre noire, crayon sur calque, 35 x 39,9 cm. Fondation Le Corbusier, Paris

2 / Le Corbusier et Pierre Jeanneret, *Maison Citrohan*, axonométrie, 1920. Crayon sur calque, 21 x 27,1 cm. Fondation Le Corbusier, Paris

3 / Le Corbusier et Pierre Jeanneret, *Maison Citrohan*, 1922. Maquette en plâtre, 111 x 66 x 64 cm. Fondation Le Corbusier, Paris

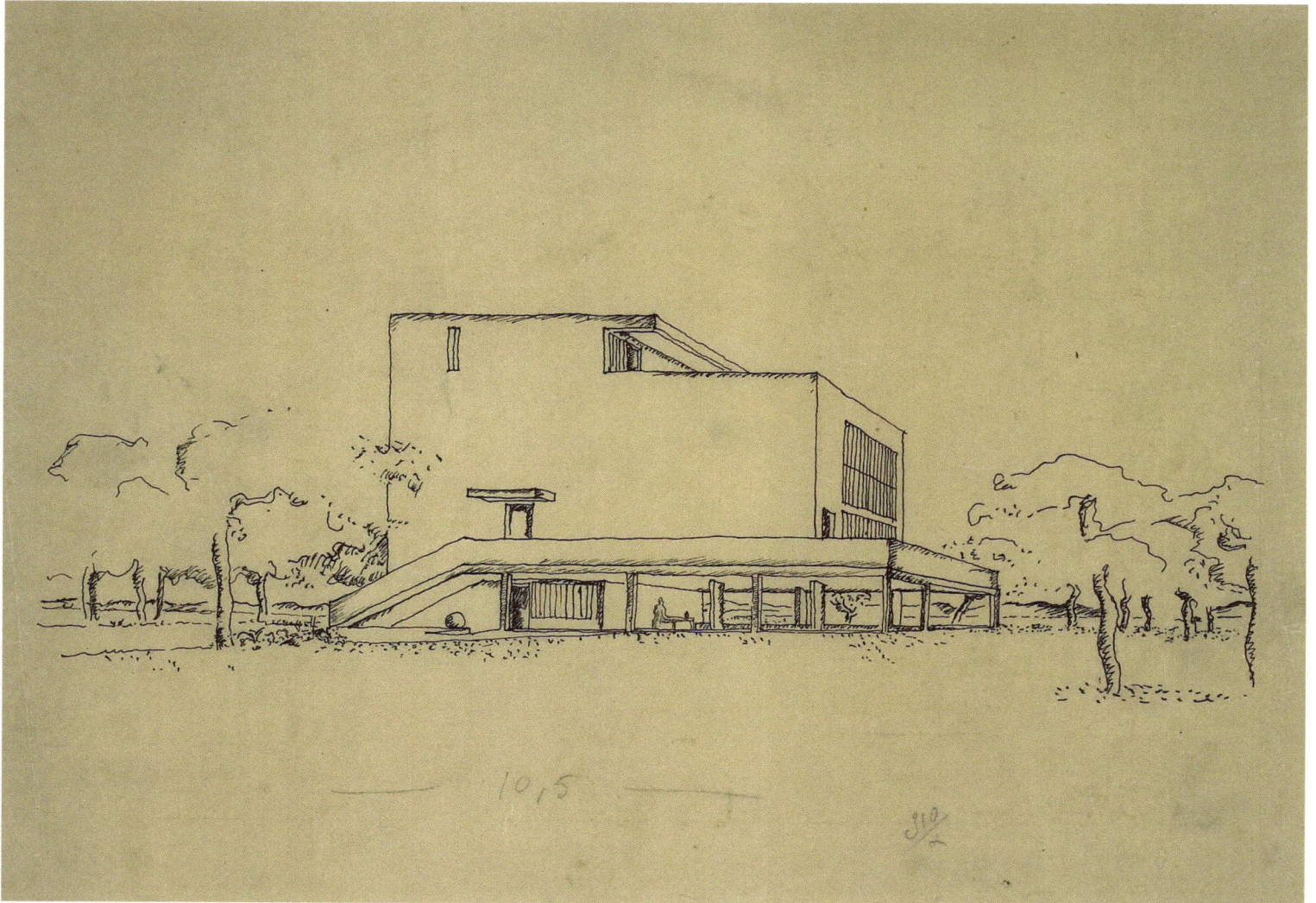

1

2

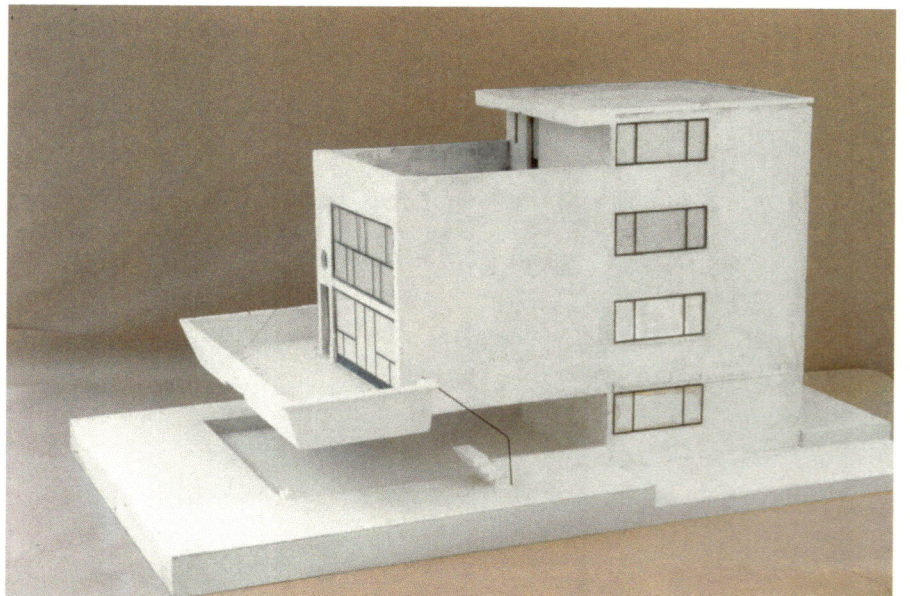

3

MAISON LOI RIBOT

4 / Le Corbusier et Pierre Jeanneret,
Maison loi Ribot, 1923. Maquette en
plâtre, 104,5 x 54,5 x 64,5 cm.
Fondation Le Corbusier, Paris

5 / Le Corbusier et Pierre Jeanneret,
Maison loi Ribot, étude de deux
façades, 1923. Crayon sur calque,
68 x 108,9 cm. Fondation
Le Corbusier, Paris

4

5

MAISON BESNUS

1 / Le Corbusier et Pierre Jeanneret, *Maison Besnus. « Ker-Ka-Ré »*, Vaucresson, 1922. Maquette en plâtre, 54 x 97 x 64,3 cm. Fondation Le Corbusier, Paris

2 / Le Corbusier et Pierre Jeanneret, *Maison Besnus. « Ker-Ka-Ré »*, Vaucresson, façade avec tracé régulateur, 1922. Encre, crayon noir sur calque, 68,9 x 97,5 cm. Fondation Le Corbusier, Paris

3 / Le Corbusier et Pierre Jeanneret, *Maison Besnus. « Ker-Ka-Ré »*, Vaucresson, perspective, 1922. Encre sur calque, 35,2 x 60,2 cm. Fondation Le Corbusier, Paris

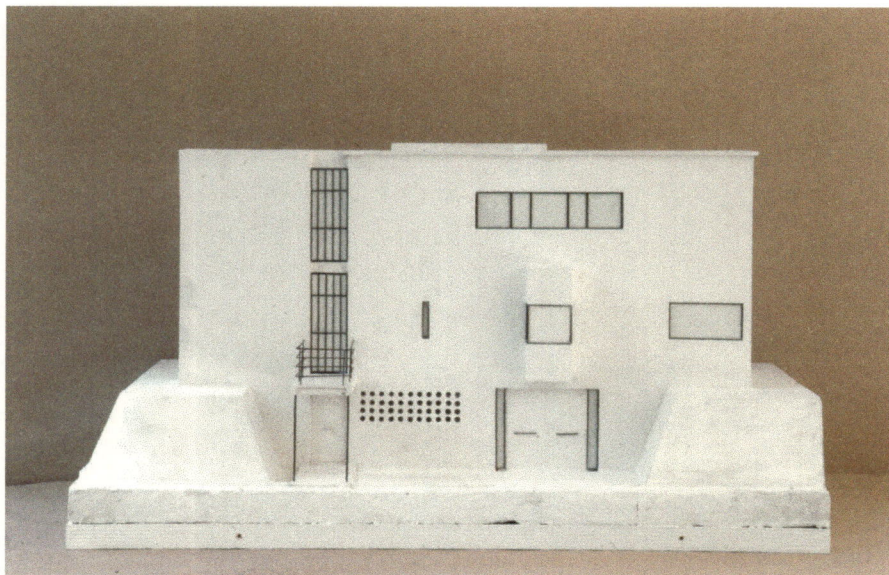

1

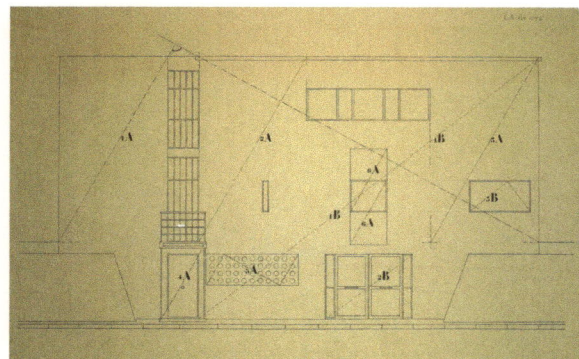

2

3

MAISON TERNISIEN

4 / Le Corbusier et Pierre Jeanneret, *Maison Ternisien*, Boulogne-sur-Seine, façade, 1923. Pastel, crayon noir sur calque, 51,7 x 124,1 cm. Fondation Le Corbusier, Paris

5 / Le Corbusier et Pierre Jeanneret, *Maison Ternisien*, Boulogne-sur-Seine, axonométrie, 1923. Crayon noir, pastel, 40x 89,8 cm. Fondation Le Corbusier, Paris

4

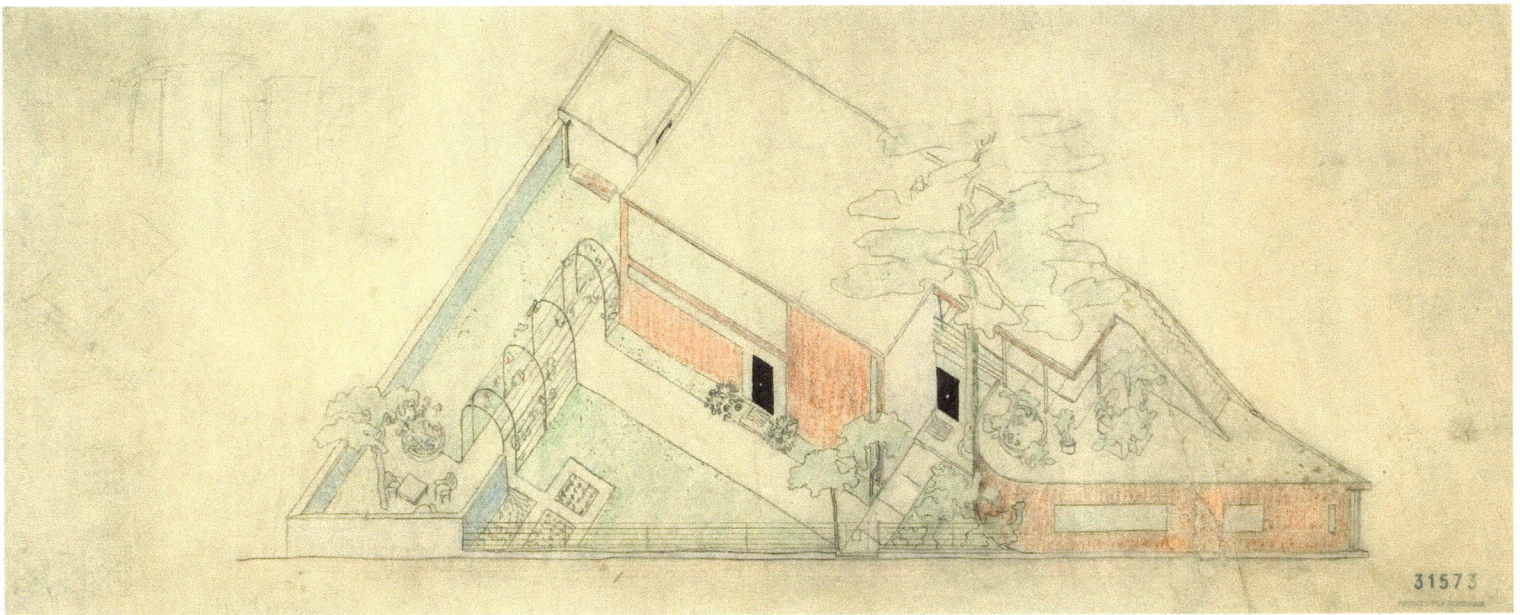

5

1 / Le Corbusier et Pierre Jeanneret, *Maisons La Roche-Jeanneret*, Paris, perspective, 1923. Encre, crayon sur calque, 41,8 x 57,3 cm. Fondation Le Corbusier, Paris

2 / Le Corbusier et Pierre Jeanneret, *Maison La Roche*, Paris, perspective, 1923. Crayon noir, pastel sur calque, 56,9 x 58,8 cm. Fondation Le Corbusier, Paris

3 / Le Corbusier et Pierre Jeanneret, *Maison La Roche*, Paris. Tirage photographique, s.d. Fondation Le Corbusier, Paris

4 / Le Corbusier et Pierre Jeanneret, *Maisons La Roche-Jeanneret*, Paris, axonométrie et perspectives, 1923. Encre noire sur calque, 74,3 x 42,5 cm. Fondation Le Corbusier, Paris

5 / Le Corbusier et Pierre Jeanneret, *Maisons La Roche-Jeanneret*, Paris. Tirage photographique, s.d. Fondation Le Corbusier, Paris

1

2

3

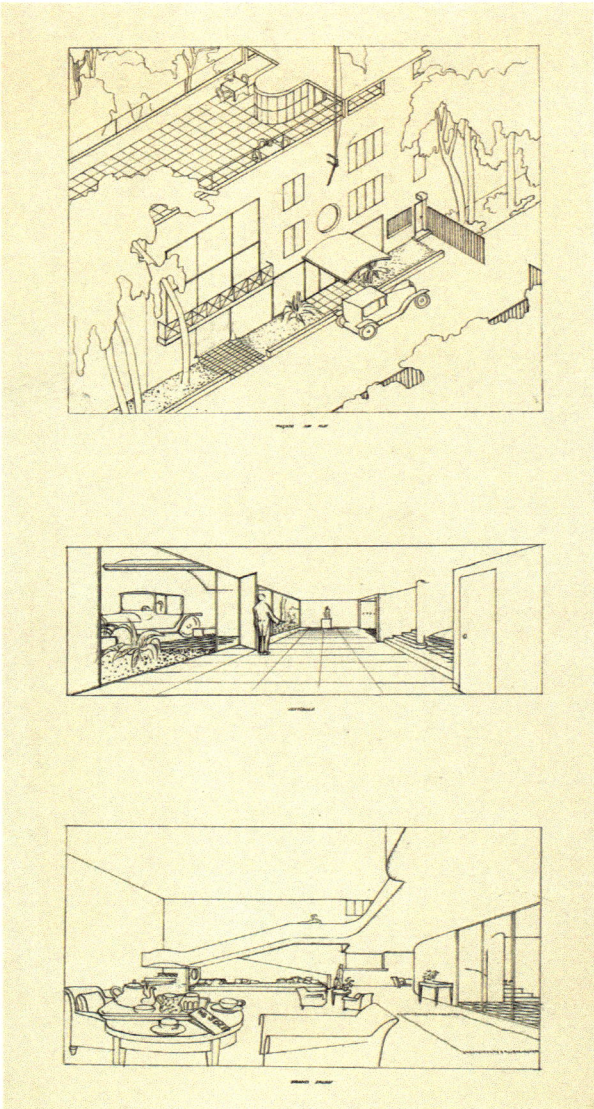

4

5

1 / Le Corbusier et Pierre Jeanneret, *Maison Planeix*, Paris. Tirage photographique, s.d. Fondation Le Corbusier, Paris

2 / Le Corbusier et Pierre Jeanneret, *Maison Planeix*, Paris, étude de la façade, 1924. Crayon, fusain, pastel sur calque, 79,5 x 86,3 cm. Fondation Le Corbusier, Paris

3 / Le Corbusier et Pierre Jeanneret, *Maison Guiette*, Anvers, façades, 1926. Gouache sur papier, 48,2 x 106,4 cm. Fondation Le Corbusier, Paris

4 / Le Corbusier et Pierre Jeanneret, *Maison Guiette*, Anvers. Tirage photographique, s.d. Fondation Le Corbusier, Paris

1

2

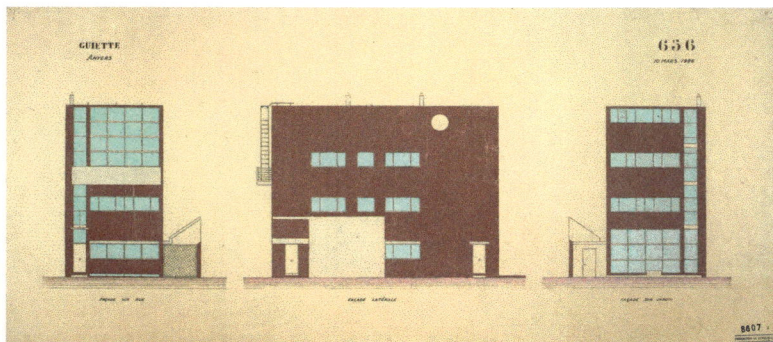

3

4

VILLA STEIN ET DE MONZIE

5 / Le Corbusier et Pierre Jeanneret, *Villa Stein et de Monzie, « Les terrasses »*, Garches, axonométrie, 1926. Crayon sur papier, 109 x 84,3 cm. Fondation Le Corbusier, Paris

6 et 7 / Le Corbusier et Pierre Jeanneret, *Villa Stein et de Monzie, « Les terrasses »*, Garches. Tirages photographiques, s.d. Centre Pompidou, Bibliothèque Kandinsky, Paris

PROPRIETE DE Mme DE MONZIE

879

6

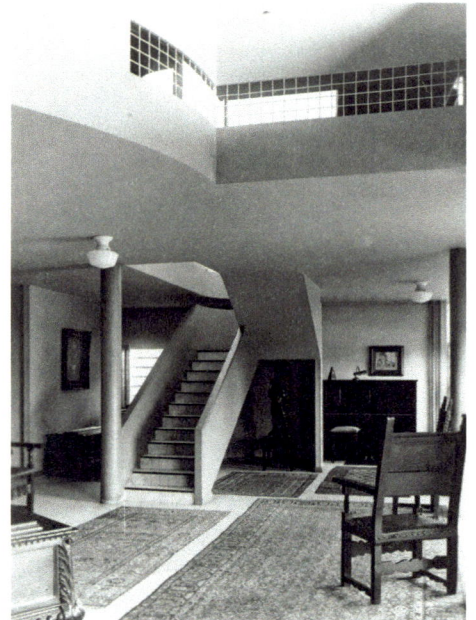

5

7

VILLA COOK

1 / Le Corbusier et Pierre Jeanneret,
Villa Cook, Boulogne-sur-Seine,
axonométrie, 1926. Gouache sur
papier, 91,6 x 86,6 cm. Fondation
Le Corbusier, Paris

2 / Le Corbusier et Pierre Jeanneret,
Villa Cook, Boulogne-sur-Seine.
Tirage photographique, s.d.
Fondation Le Corbusier, Paris

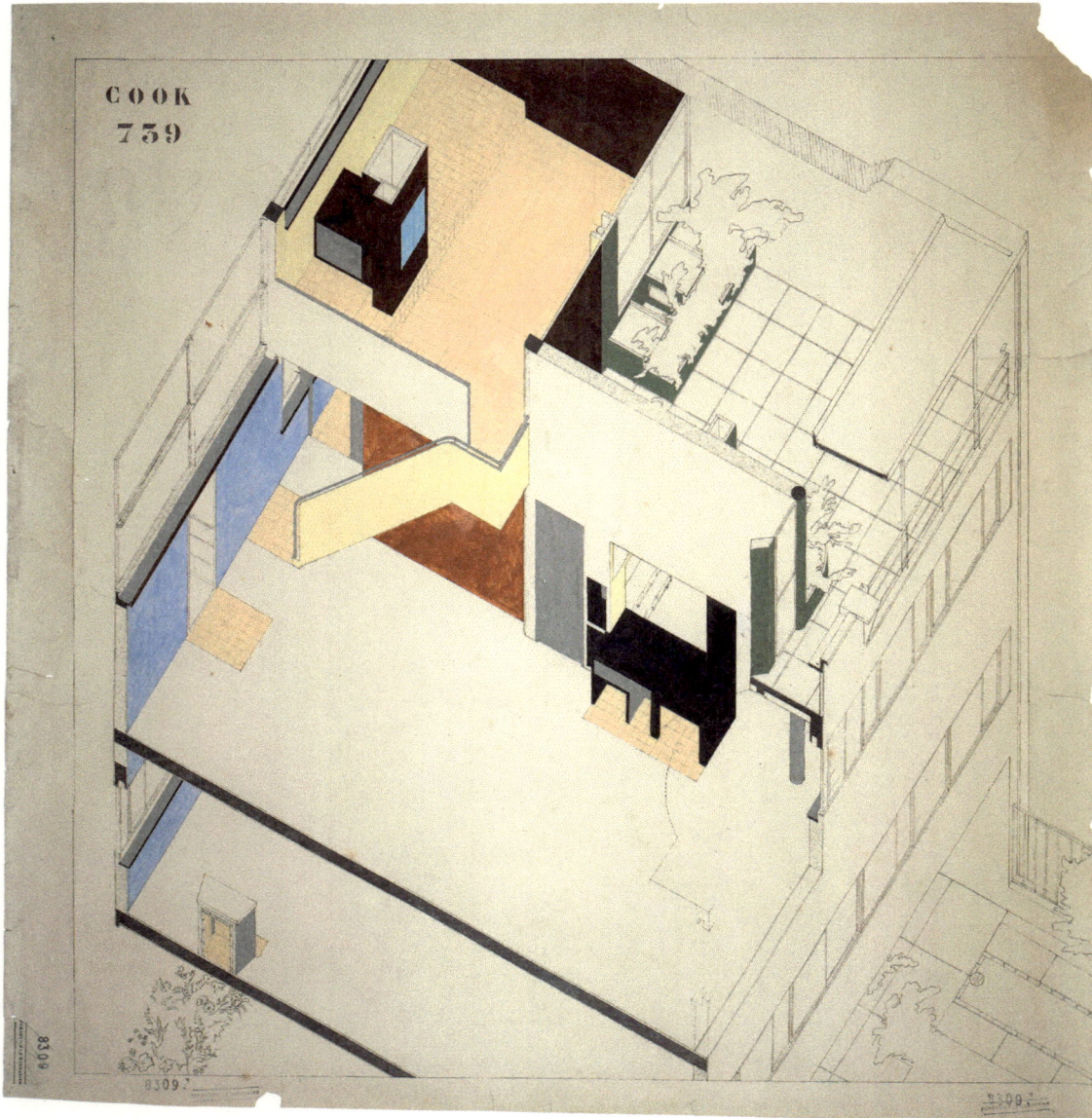

1

2

3 / Le Corbusier et Pierre Jeanneret, *Deux Maisons de la cité du Weissenhof*, Stuttgart, axonométrie, 1927. Encre, crayon sur calque, 71,2 x 83,2 cm. Fondation Le Corbusier, Paris

4 / Le Corbusier et Pierre Jeanneret, *Deux Maisons de la cité du Weissenhof*, Stuttgart, étude en façade, 1927. Crayon, pastel sur calque, 81,7 x 106,5 cm. Fondation Le Corbusier, Paris

5 / Le Corbusier et Pierre Jeanneret, *Deux Maisons de la cité du Weissenhof*, Stuttgart. Tirage photographique, s.d. Fondation Le Corbusier, Paris

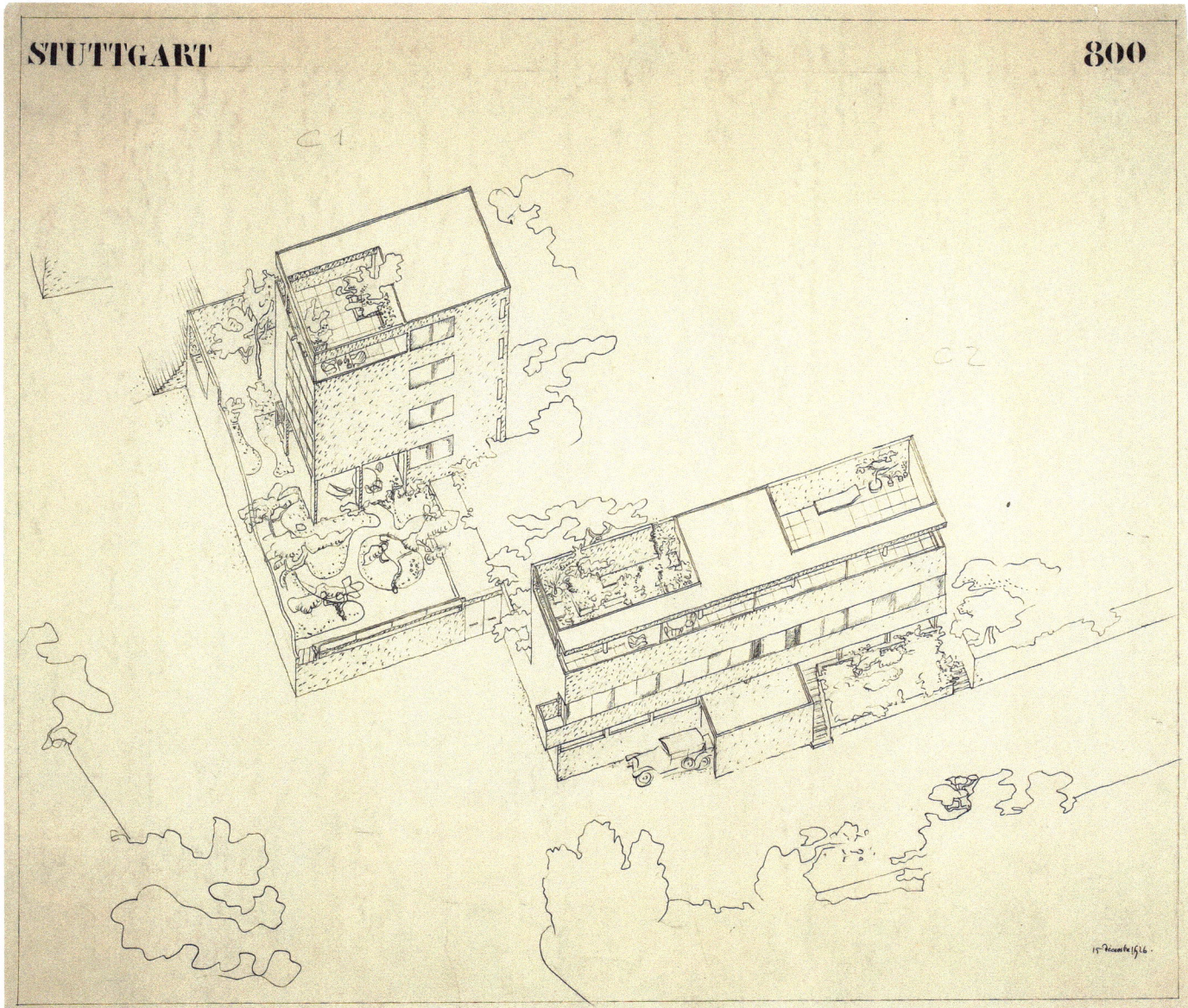

3

4

5

102

1 / Le Corbusier et Pierre Jeanneret, *Villa Church*, Ville-d'Avray, façade avec tracés régulateurs, 1927. Encre, crayon sur calque, 49,3 x 133,6 cm. Fondation Le Corbusier, Paris

2 / Le Corbusier et Pierre Jeanneret, *Villa Church*, Ville-d'Avray, axonométrie, 1927. Encre, crayon sur calque, 39,4 x 81,1 cm. Fondation Le Corbusier, Paris

3 / Le Corbusier et Pierre Jeanneret, *Villa Church*, Ville-d'Avray, perspective intérieure, 1927. Pastel, crayon sur calque, 68,3 x 102,3 cm. Fondation Le Corbusier, Paris

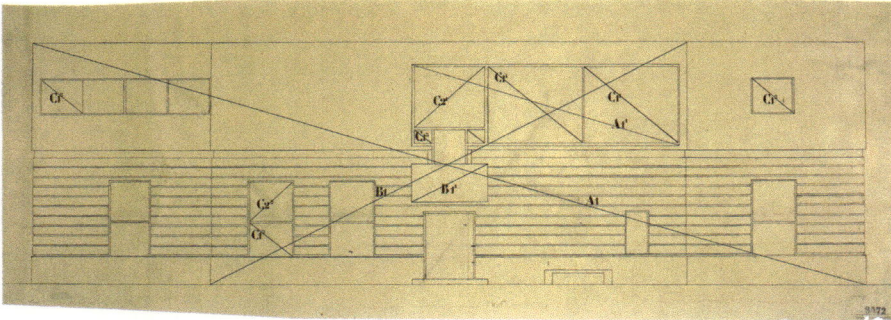

1

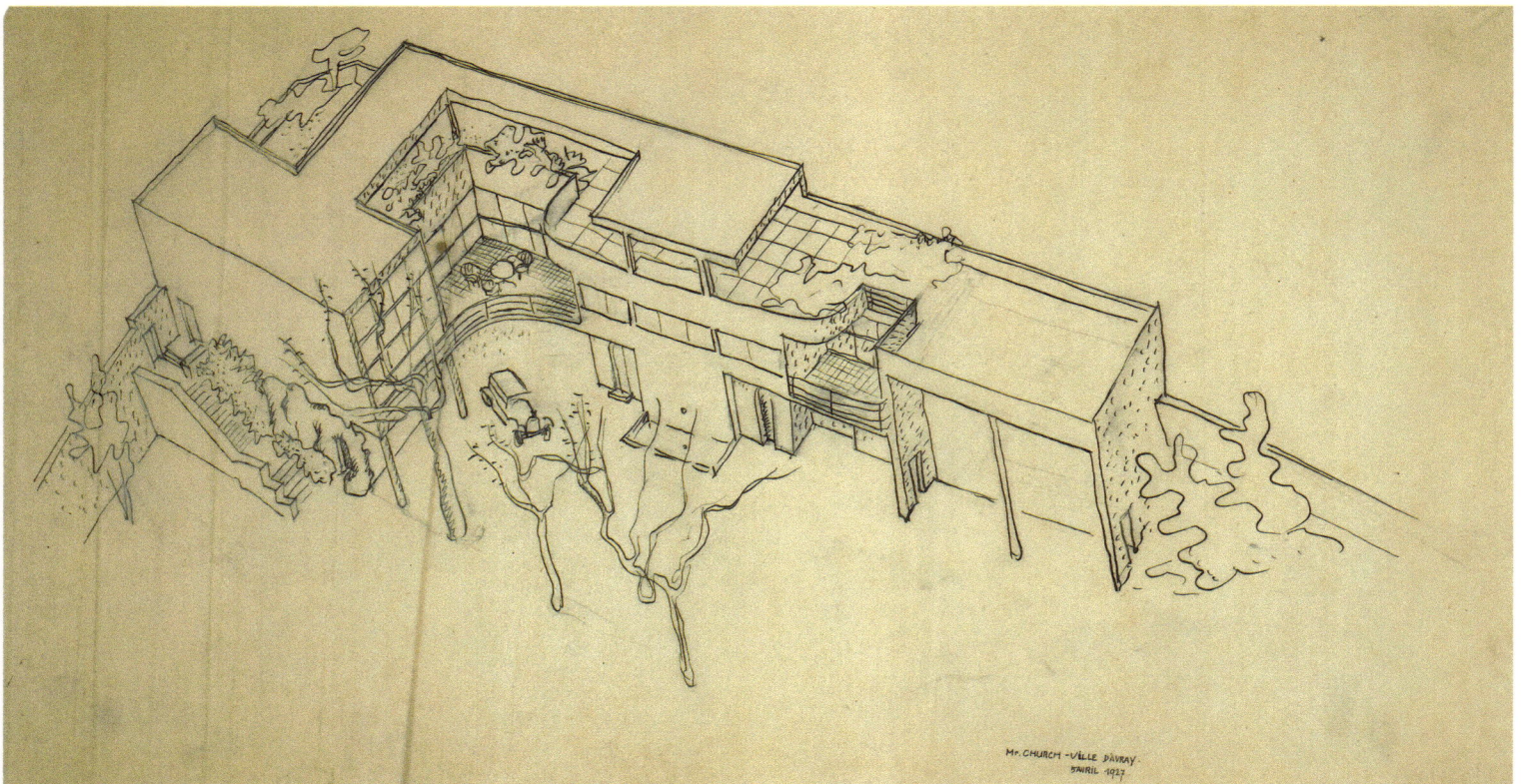

2

3

4

5

6

4 à 6 / Le Corbusier et Pierre Jeanneret,
Villa Church, Ville-d'Avray. Tirages
photographiques, s.d. Fondation
Le Corbusier, Paris

VILLA SAVOYE

1 / Le Corbusier et Pierre Jeanneret, *Villa Savoye*, Poissy, perspective, 1928. Encre, crayon sur calque, 57,1 x 98,5 cm. Fondation Le Corbusier, Paris

2 / Le Corbusier et Pierre Jeanneret, *Villa Savoye*, Poissy, perspective de la terrasse, 1928. Encre, crayon sur calque, 46,1 x 84,4 cm. Fondation Le Corbusier, Paris

3 / Le Corbusier et Pierre Jeanneret, *Villa Savoye*, Poissy, étude de façade avec couleurs, 1928. Crayon, pastel sur calque, 72,5 x 110 cm. Fondation Le Corbusier, Paris

1

2

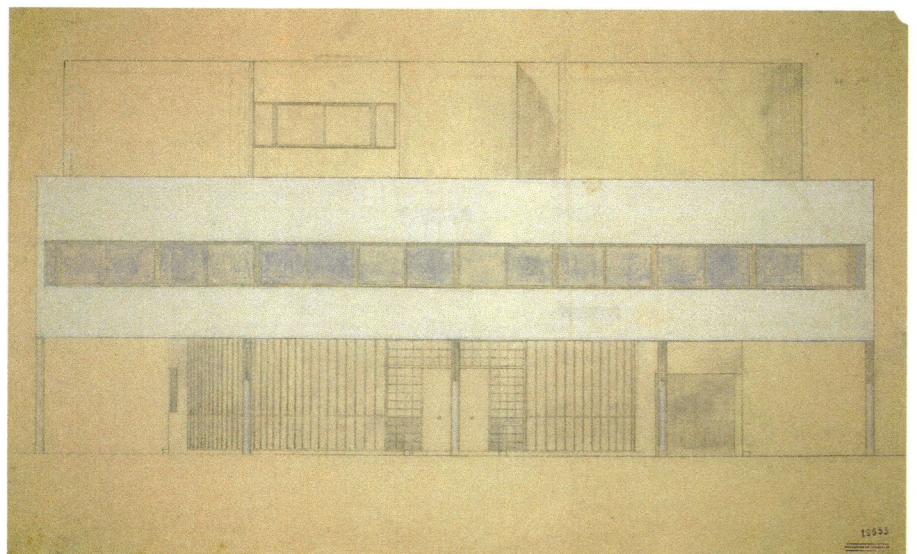

3

4 à 7 / Le Corbusier et Pierre Jeanneret,
Villa Savoye, Poissy. Tirages
photographiques, s.d. Fondation
Le Corbusier, Paris

1 / Le Corbusier, *Étude sur les différentes manières de s'asseoir*, avril 1927. Repr. dans Willy Boesiger et Oscar Stonorov (dir.), *Le Corbusier et Pierre Jeanneret. Œuvre complète, 1910-1929*, 7ᵉ éd., Zurich, Girsberger, 1960, p. 157

2 / Le Corbusier, dessin réalisé lors d'une conférence, 1929. Fusain sur papier, 101,1 x 71,1 cm. Fondation Le Corbusier, Paris

3 / Le Corbusier et Pierre Jeanneret, *Maison Canneel*, Bruxelles, perspective intérieure, 1929. Encre, crayon de couleur sur calque, 71,7 x 86,7 cm. Fondation Le Corbusier, Paris

4 / Charlotte Perriand, *Sièges. Études de positions avec mannequins de bois*, 1928. Encre sur photomontage. Photographie de Charlotte Perriand. Archives Charlotte Perriand, Paris

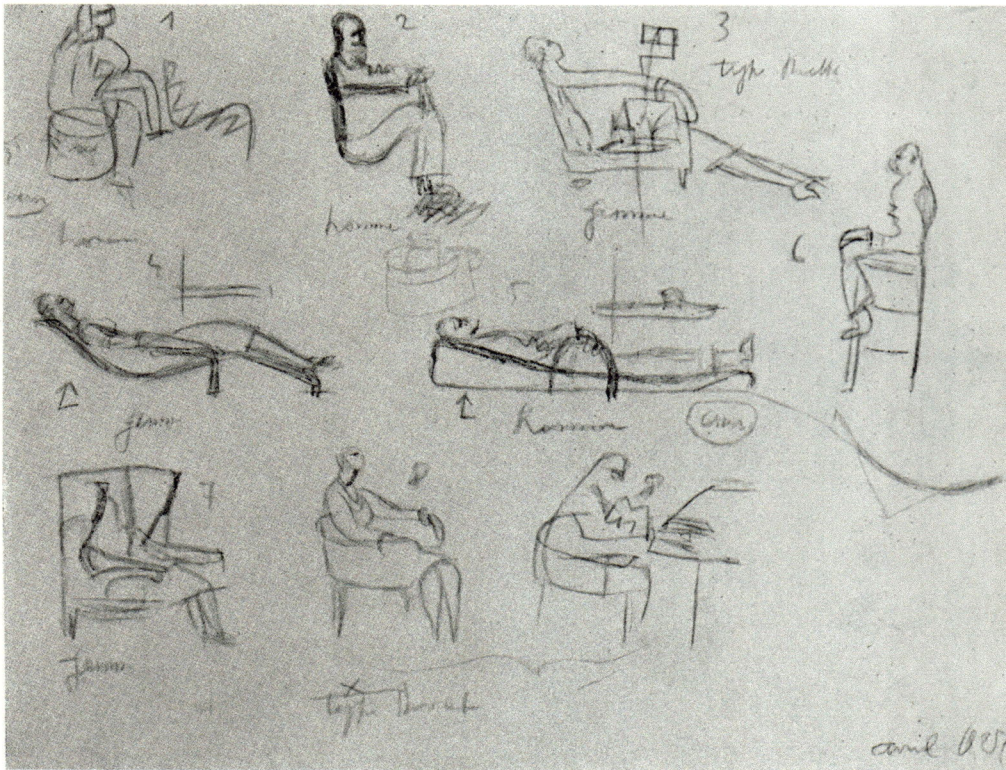

1

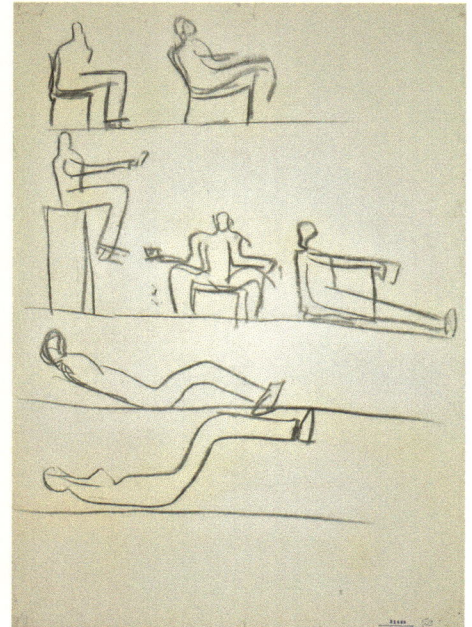

2

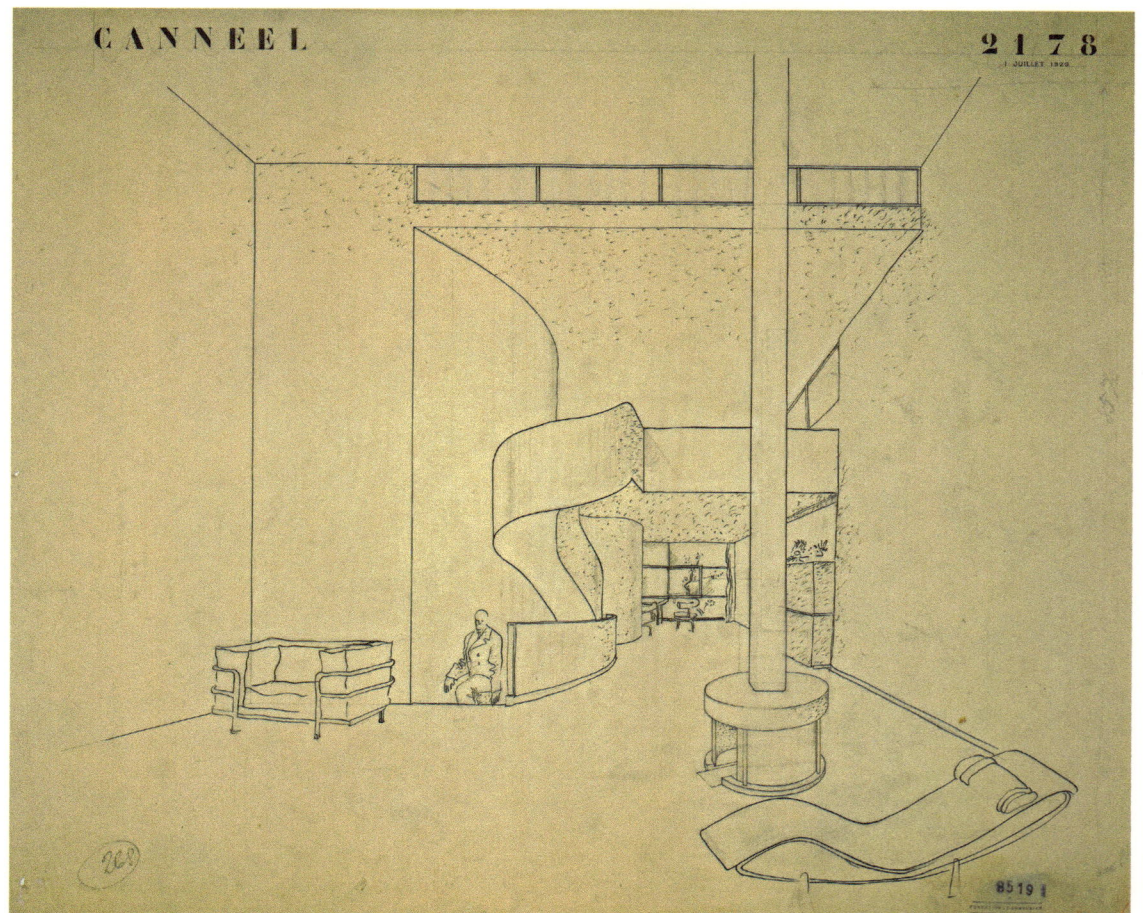

3

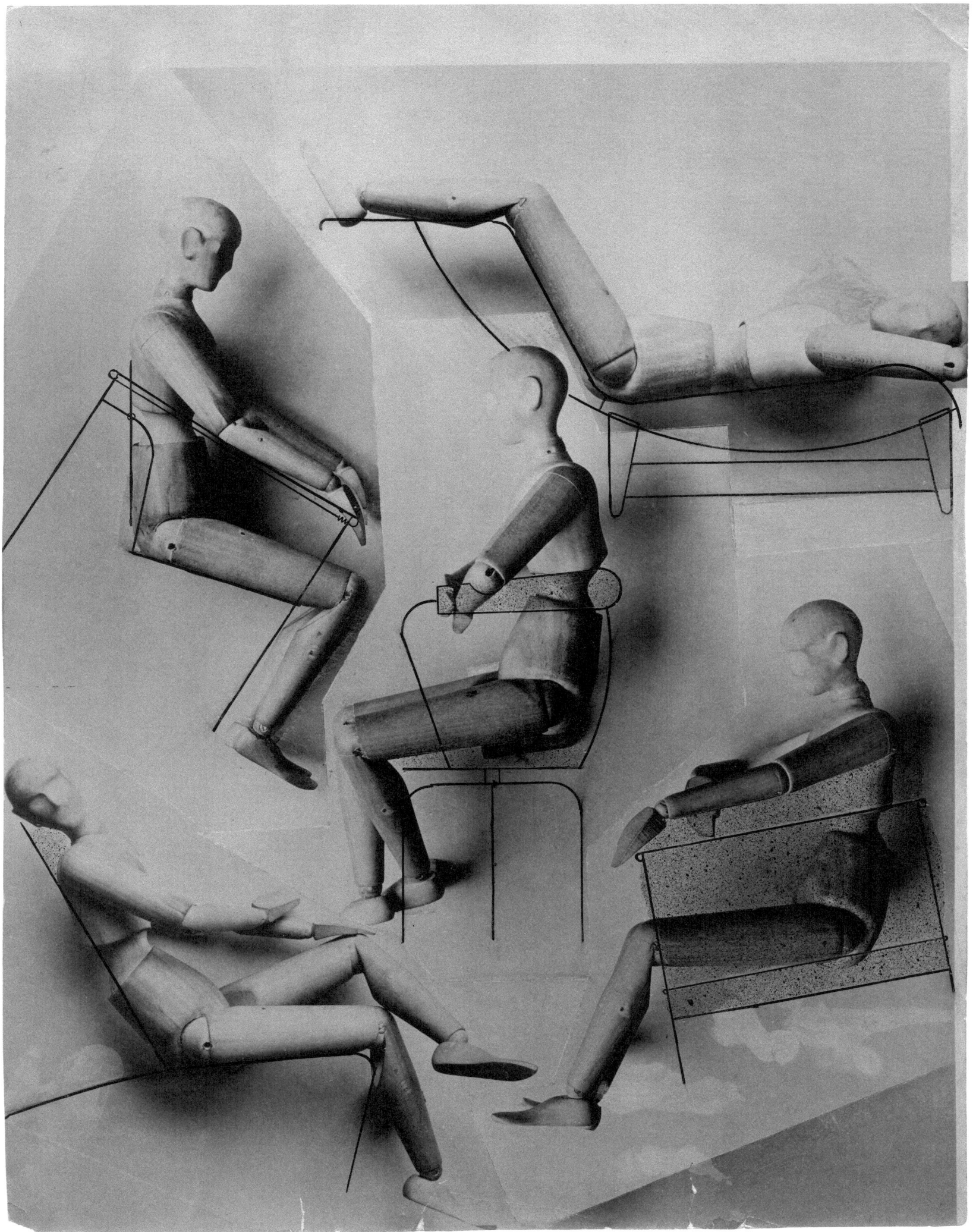

MOBILIER : LA CHAISE LONGUE

1 / Le Corbusier, Charlotte Perriand, Pierre Jeanneret, *Chaise longue B 306*, 1938-1932. Piètement en acier laqué, structure en acier chromé, assise à réglage continu, 70 x 55 x 160 cm. Centre Pompidou, Mnam-CCI, Paris

2 / Le Corbusier, Pierre Jeanneret, Charlotte Perriand, *Chaise longue basculante*, 1927-1929. Encre noire sur calque épais, 76 x 180 cm. Fondation Le Corbusier, Paris

3 / Le Corbusier, Pierre Jeanneret, Charlotte Perriand, *Dessin du brevet d'invention du système de coulissement de la chaise longue basculante*, 8 avril 1929. Archives Charlotte Perriand, Paris

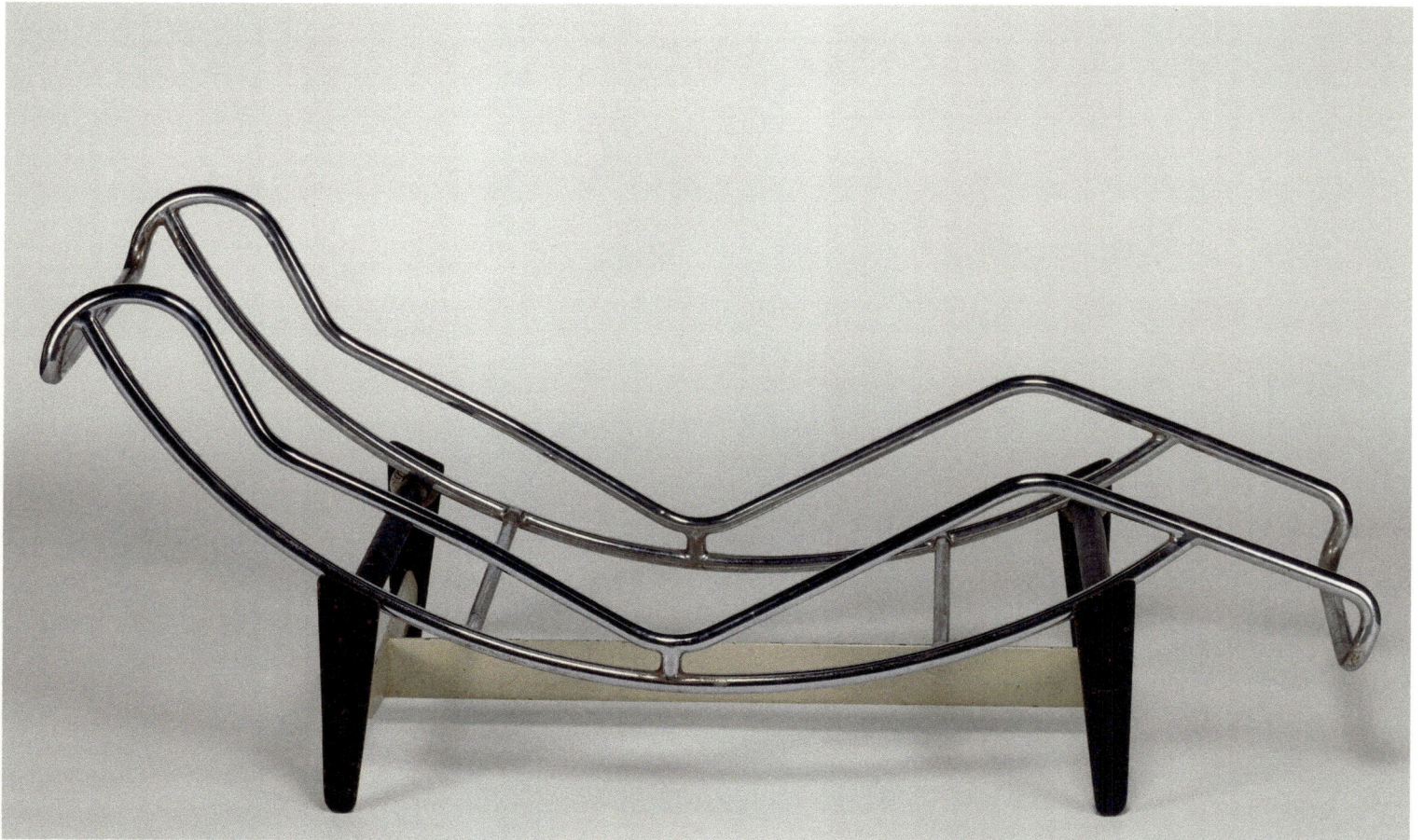

1

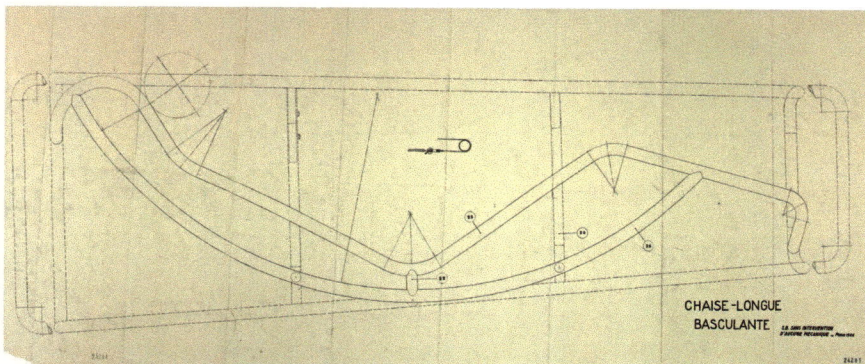

CHAISE-LONGUE
BASCULANTE

2

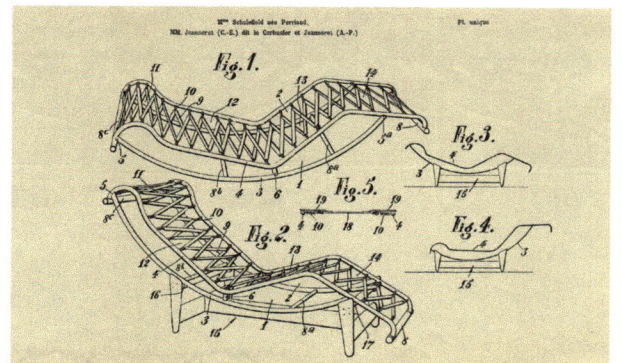

3

4 / Le Corbusier, Pierre Jeanneret, Charlotte Perriand, *Chaise longue*, 1927-1929. Crayon noir et craie blanche sur calque, 42 x 53 cm. Fondation Le Corbusier, Paris

5 / Le Corbusier, Pierre Jeanneret, Charlotte Perriand, *Chaise longue*, 1927-1929. Crayon noir et craie blanche sur calque, 43 x 58 cm. Fondation Le Corbusier, Paris

6 / Le Corbusier, Pierre Jeanneret, Charlotte Perriand, *Chaise longue*, 1927-1929. Encre noire et pastel sur calque, 21 x 52 cm. Fondation Le Corbusier, Paris

7 / Le Corbusier, Pierre Jeanneret, Charlotte Perriand, *Chaise longue à réglage continu*, 1928-1929. Acier tubulaire, plaquage chrome, acier laqué, tissu, ressorts, 67 x 57,5 x 161,5 cm. Vitra Design Museum, Weil-am-Rhein

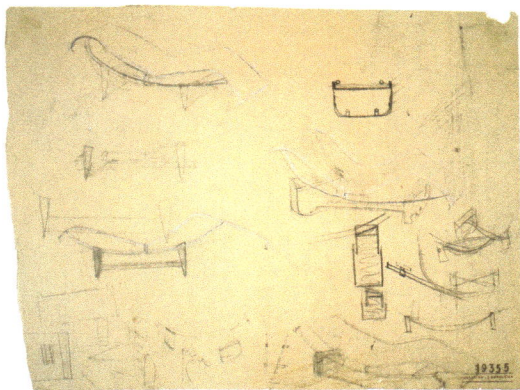
4

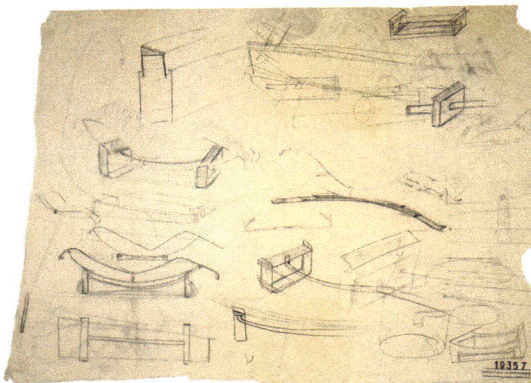
5

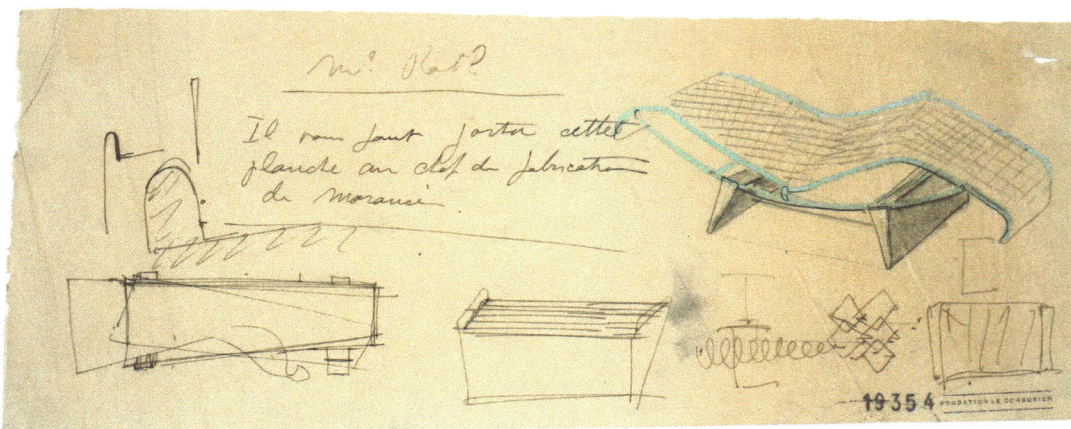
6

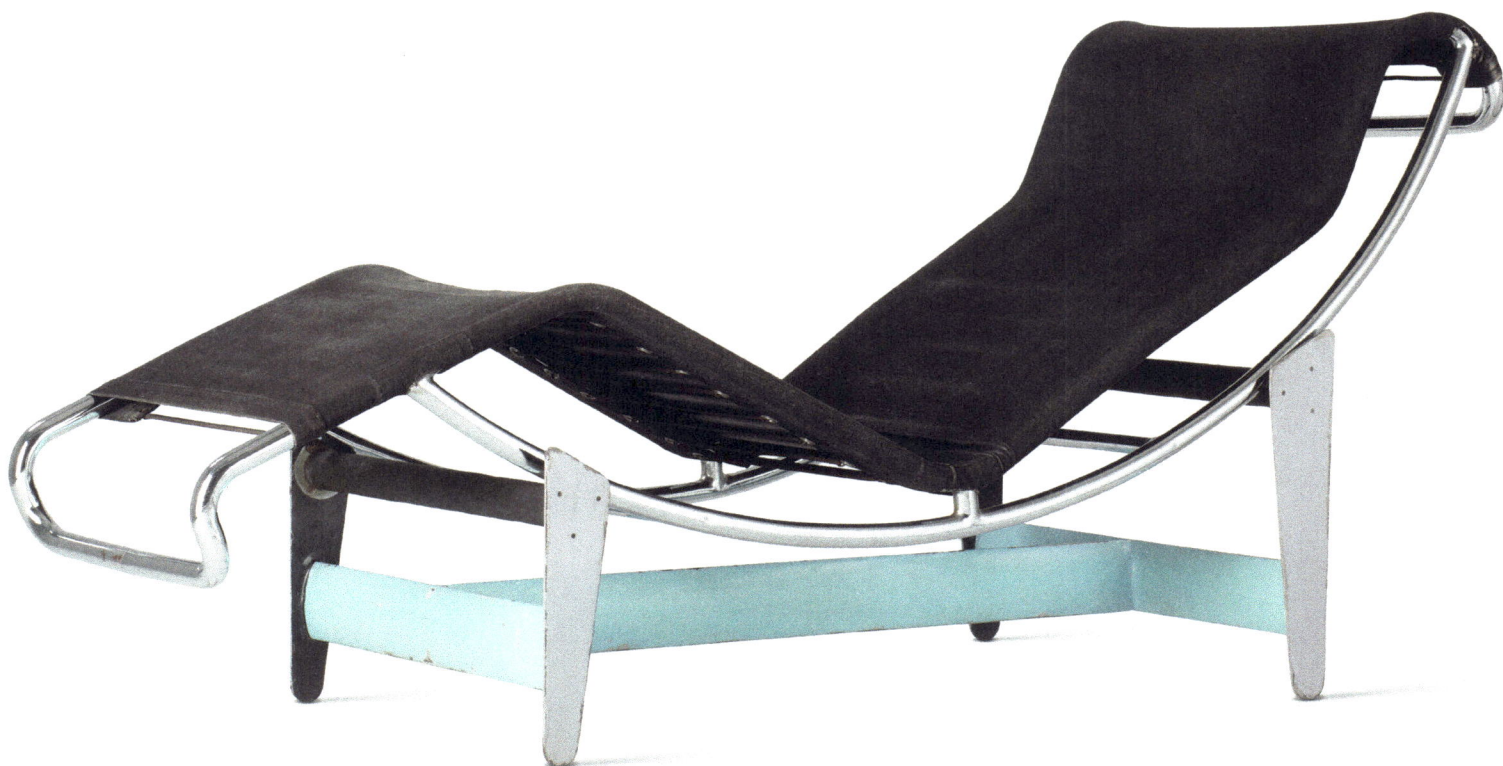
7

110   1, 3 et 4 / Le Corbusier, Pierre
Jeanneret, Charlotte Perriand,
Salon d'automne, Paris, 1929.
Photographies de Jean Collas.
Fondation Le Corbusier, Paris

2 / Le Corbusier, Pierre Jeanneret,
Charlotte Perriand, *Salon d'automne*,
Paris, 1929. Photomontage
reproduit dans *L'Architecture
vivante*, printemps 1930, pl. 9.
Archives Charlotte Perriand, Paris

1

2

3

4

1 / Le Corbusier, Pierre Jeanneret, Charlotte Perriand, *Fauteuil B 301*, 1928. Acier tubulaire chromé et tissu. 65 x 66 x 65. Collection particulière

2 / Charlotte Perriand, *Fauteuil tournant*, planche reproduite dans le *Répertoire du goût moderne*, vol. 2, pl. 11, 1928-1929

3 / Charlotte Perriand, *Fauteuil tournant*, prototype, 1928. Métal et cuir, 61 x 53 x 53 cm. Collection particulière

4 / Le Corbusier, Pierre Jeanneret, Charlotte Perriand, *Fauteuil pivotant*, 1928-1929. Métal et cuir, 72,7 x 62,5 x 55,5 cm. Vitra Design Museum, Weil-am-Rhein

1

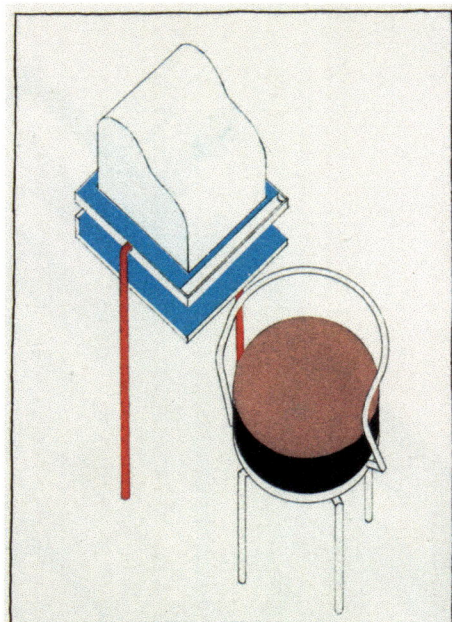

2

3

1 / Le Corbusier, Pierre Jeanneret, Charlotte Perriand, *Fauteuil grand confort LC3*, petit modèle, 1928. Cuir et chrome peint, 68 x 74,5 x 70 cm. Archives Charlotte Perriand, Paris

2 / Le Corbusier, Pierre Jeanneret, Charlotte Perriand, *Fauteuil grand confort LC3*, grand modèle, 1928. Encre sur calque, 84,5 x 110 cm. Archives Charlotte Perriand, Paris

3 / Charlotte Perriand, *Croquis de recherche « Sièges »*, 1928, carnet de bord, p. 57. 21,3 x 27,3 cm. Archives Charlotte Perriand, Paris

MODÈLE { LE CORBUSIER / P. JEANNERET / CH. PERRIAND

1

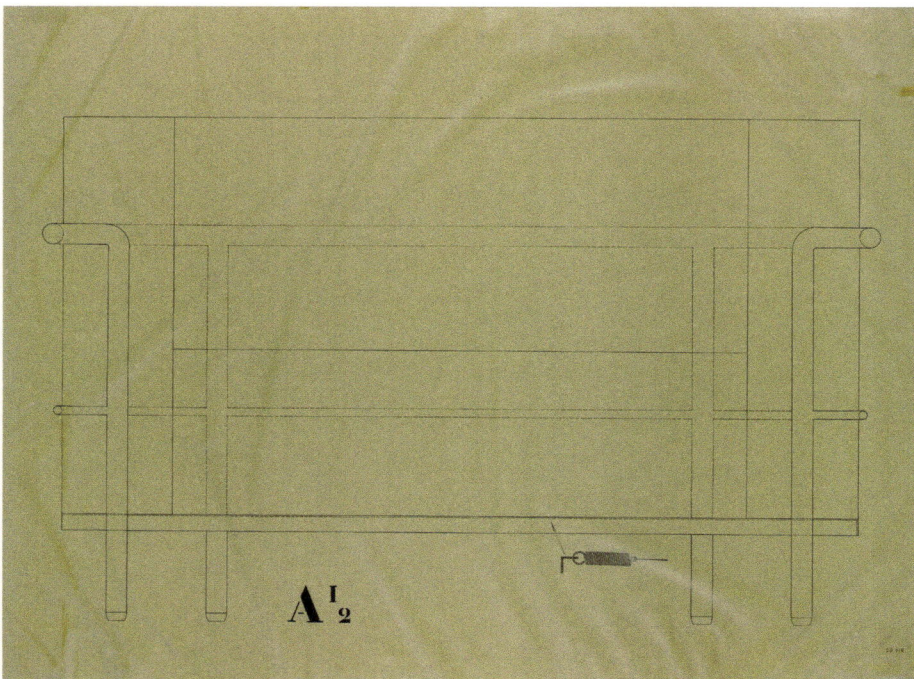

A^1_2

2

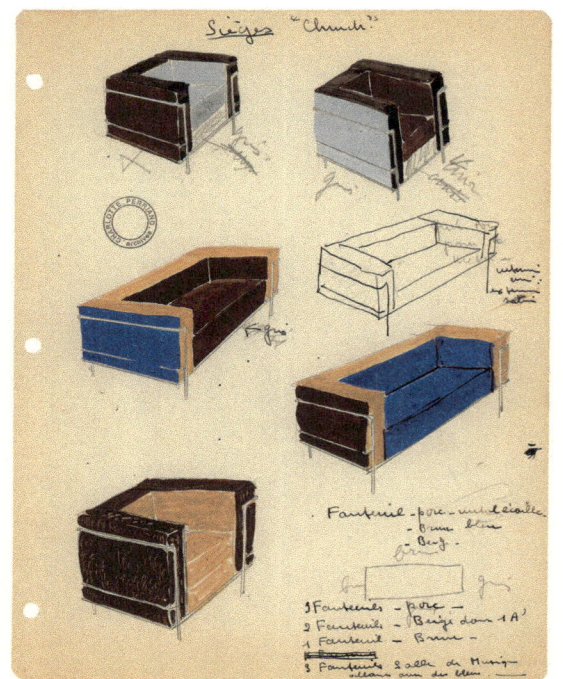

3

4 / Le Corbusier, Pierre Jeanneret, Charlotte Perriand, *Fauteuil grand confort LC3*, 1928. Cuir et chrome peint, 67 x 97 x 70 cm. Fondation Le Corbusier, Paris

4

116

1 / Le Corbusier, Pierre Jeanneret, Charlotte Perriand, *Table LC7 prototype Thonet*, 1928. Palissandre de Rio et piètement en tube d'avion chromé, 70 x 200 x 85 cm. Collection particulière

2 / Le Corbusier, Pierre Jeanneret, Charlotte Perriand, *Table LC7*, 1928. Dessin de Charlotte Perriand, encre sur papier, 27 x 20 cm. Archives Charlotte Perriand, Paris

3 / Le Corbusier, Pierre Jeanneret, Charlotte Perriand, *Table tube d'avion*, 1928, présentée au Salon d'automne de 1929. Photographie de Jean Collas. Archives Charlotte Perriand, Paris

1

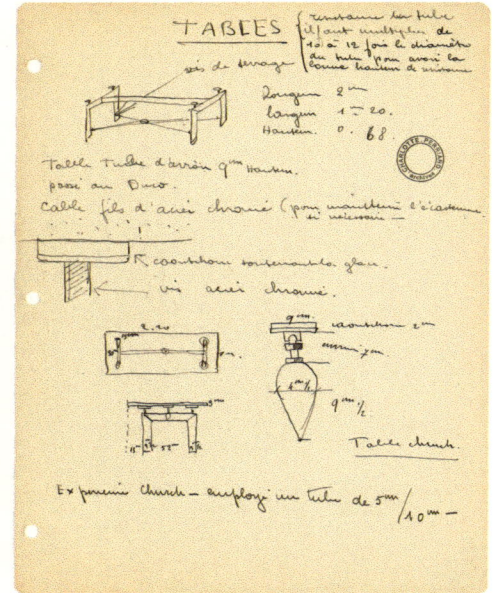

2

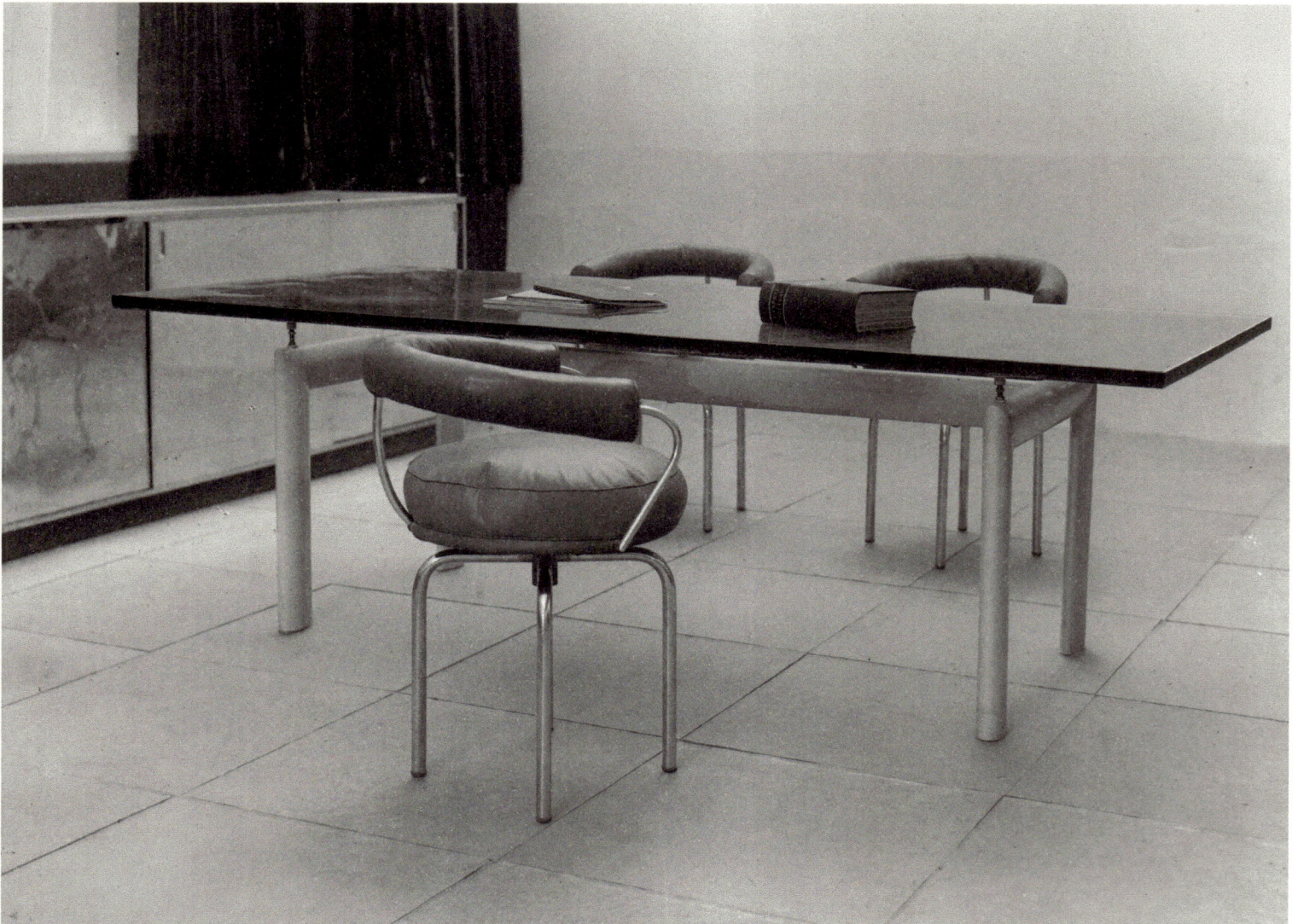

3

MOBILIER : CASIERS

4 / Le Corbusier, *Étude de meubles.*
Meuble de rangement, s.d. Crayon
noir et encre de Chine sur calque,
19,4 x 30. Fondation Le Corbusier,
Paris

5 / Le Corbusier et Pierre Jeanneret,
Casiers standard présentés au
pavillon de l'Esprit nouveau, 1924.
Crayon noir, encre sur calque,
142,5 x 101,2 cm. Fondation
Le Corbusier, Paris

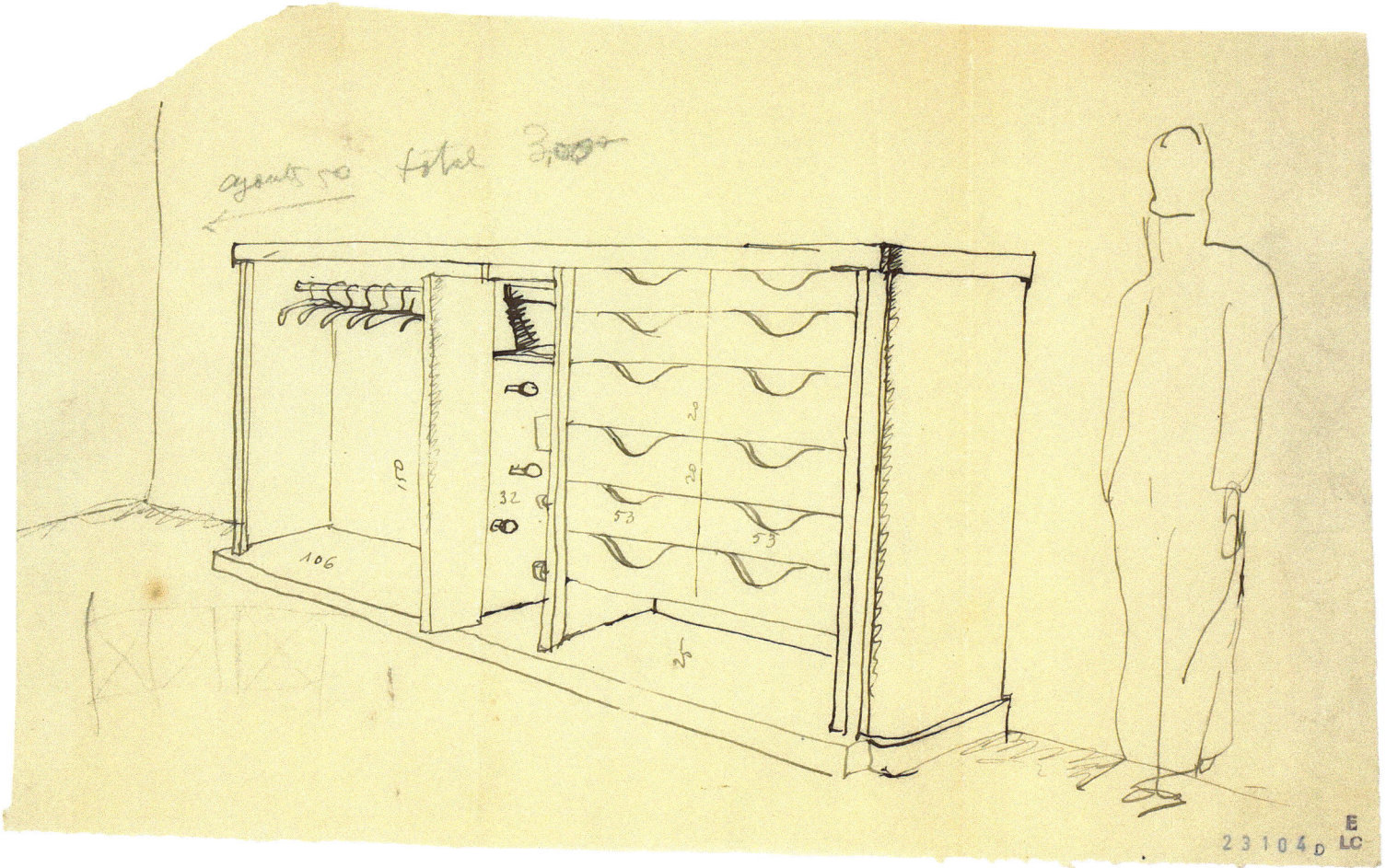

4

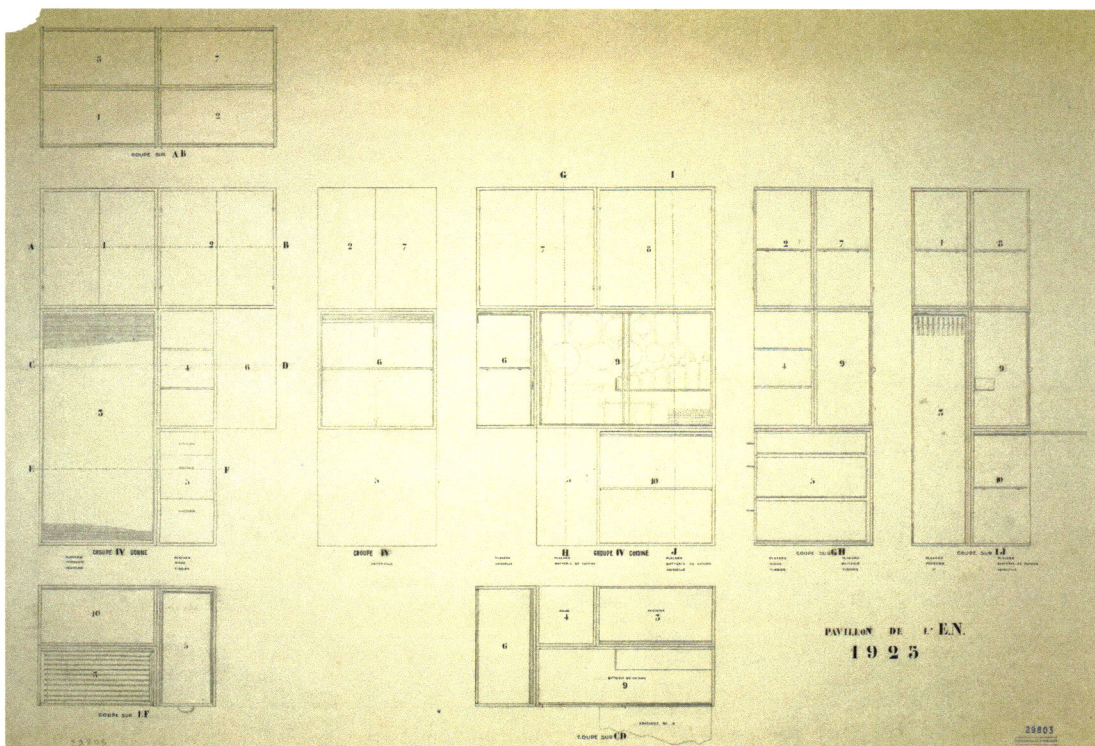

5

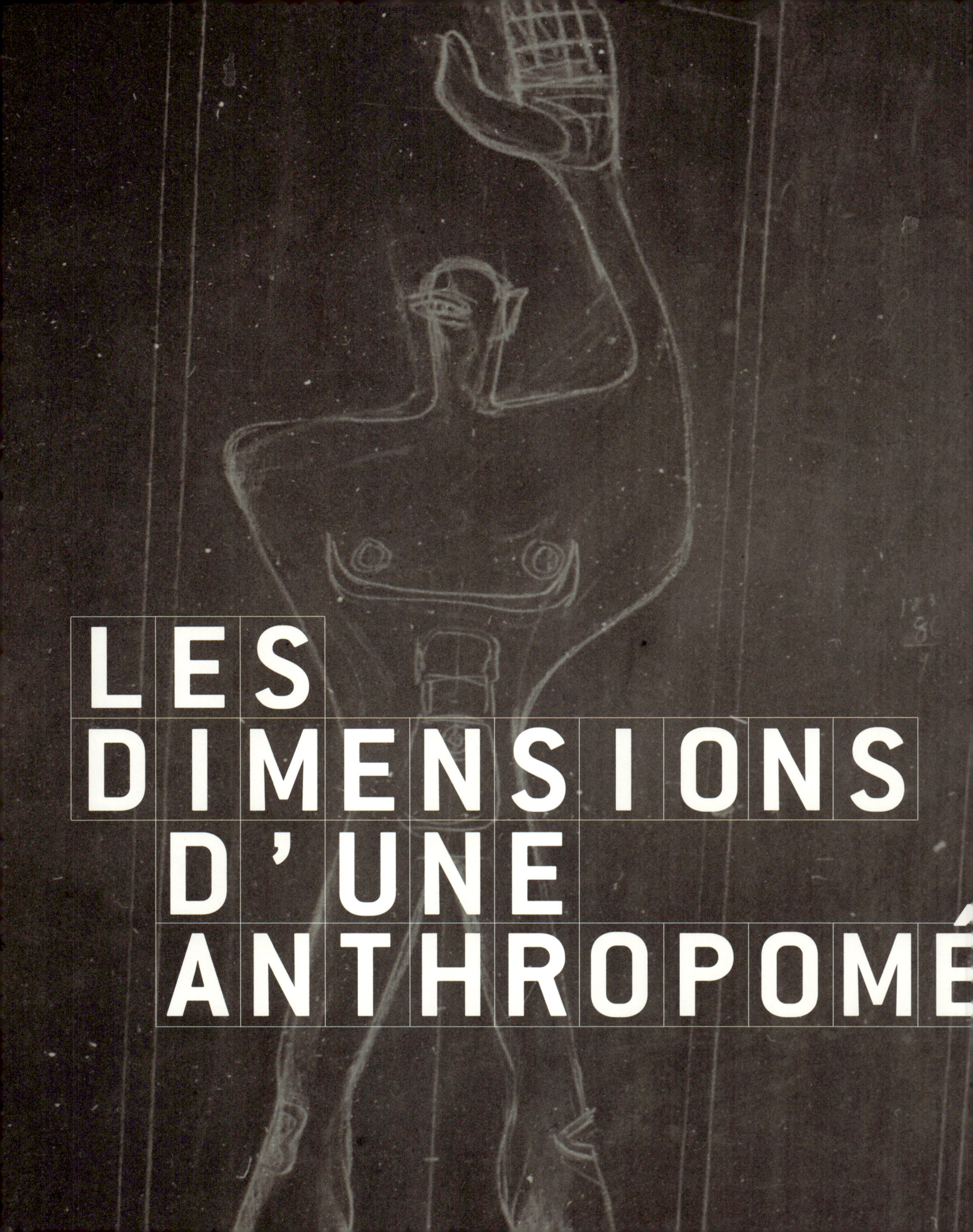

LES
DIMENSIONS
D'UNE
ANTHROPOMÉ

TRIE

TOUCHER LE CORPS
LES ŒUVRES FIGURATIVES DE LE CORBUSIER

GENEVIEVE HENDRICKS

En 1926, Le Corbusier achève un ensemble de dessins qu'il intitule *50 Aquarelles de music-hall ou le "Quand-Même" des illusions* et qui marque une rupture avec les natures mortes auxquelles il s'était surtout consacré dans son œuvre peint et dessiné depuis 1918. Cette série permet d'étudier avec profit l'un des grands thèmes qu'il allait aborder dans ses dessins et sa peinture au cours des quatre décennies suivantes : la figure humaine, principalement féminine. Des corps en mouvement et au repos, habillés et dénudés, dansant, chantant, au bain ou assis, apparaissent comme par magie. On y trouve des nus dans le style classique, des femmes en costume à la manière du *Ballet triadique* d'Oskar Schlemmer, et même plusieurs aquarelles représentant Josephine Baker sur scène, qui annoncent leur rencontre légendaire et mystérieuse en pleine mer [1].

Particulièrement révélatrice, l'une des illustrations de cette série d'aquarelles présente un point de vue situé au-dessus de l'épaule de Le Corbusier, dont le visage est invisible, mais que l'on voit se gratter la tête, comme décontenancé, tandis qu'une ribambelle de femmes à demi nues dansent sur son bureau et que deux autres se balancent et tournoient allègrement, accrochées à des crayons émergeant d'un encrier. Cette figuration ludique de fantasmagories gambadant à la surface du champ visuel de Le Corbusier s'ajoute au très grand nombre d'œuvres que l'artiste a réalisées au cours de sa vie, sous la forme de dizaines de toiles et de milliers de dessins, d'aquarelles et de gouaches, dans lesquelles il n'a cessé d'explorer la forme féminine. Ses dessins de femmes sont un terrain de jeu intime qui lui permet d'étudier le sensuel et le fantastique, dimensions qui constituent à la fois des contrepoints et des compléments de sa production publique. L'examen du traitement du corps dans son œuvre graphique – depuis les peintures aux couleurs vives des années 1930, consécutives à son abandon de l'interdit puriste à l'égard de la figure humaine, jusqu'aux thèmes inspirés par la mythologie de l'après-guerre – fait mieux comprendre son univers conceptuel. Plus précisément, l'analyse de sa fascination pour le corps dans ses œuvres visuelles amène à mieux saisir les tensions psycho-sexuelles sur lesquelles s'appuie sa production et qui rendent compte du conflit des désirs, des intentions et des pratiques, peinture et dessin lui donnant la possibilité d'extérioriser l'exploration de ses envies et de ses fantasmes. La figure humaine a

Double page précédente. Le Corbusier dessinant au tableau noir des *Modulors*, atelier de la rue de Sèvres, Paris, 1957. Tirage photographique. Fondation Le Corbusier, Paris
1. Le Corbusier, *Extrait du carnet de dessins Music-Hall* (détail), s.d. Fondation Le Corbusier, Paris

offert à Le Corbusier un terrain fécond pour projeter ses multiples conceptions de la forme et de l'espace, de la nature et de la culture, de l'intérieur et de l'extérieur ; par ses peintures de femmes s'instaure également un dialogue direct avec les traditions de l'histoire de l'art, autant qu'avec les mouvements artistiques contemporains. Il plonge tête baissée dans la sensualité du corps aussi passionnément qu'il s'était immergé dans l'austérité du purisme, grâce à l'exploration de la ferveur et du jeu, de la révérence et de la répulsion, dans un retour aux thèmes figuratifs.

Si certains spécialistes ont tenté de montrer que Le Corbusier avait à l'égard des femmes une attitude relevant de l'« hystérie », du « mauvais traitement » et du « fétichisme » [2], la réalité est bien plus complexe. Certes, ses rapports avec les deux sexes ont pu être problématiques, mais on a exagérément mis l'accent sur les victimes passives qu'auraient été les femmes et sous-estimé la tension dialectique qui oppose les dimensions progressistes et régressives de l'œuvre de Le Corbusier. Ceci vaut aussi bien pour sa vie professionnelle, si l'on retient que son atelier est l'un des tout premiers cabinets français d'architecture à avoir employé des femmes (notamment Charlotte Perriand) à partir de la fin des années 1920, que pour sa création artistique [3]. Si certaines de ses œuvres dénotent un certain voyeurisme vis-à-vis des femmes, il a aussi salué en elles des créatrices actives, à l'avant-garde de la vie moderne. Les milliers d'esquisses et dessins de femmes, majoritairement nues, dont ses carnets se remplissent à partir de cette période, au point de supplanter toute autre thématique, ainsi que les dizaines de tableaux représentant des figures féminines, témoignent de sa passion pour la forme du corps féminin. Dans les peintures comme dans les dessins, ces figures s'alanguissent et séduisent, font signe et font peur, révélant une insatiable curiosité pour ce corps.

De plus, si l'on considère les idéaux de la beauté féminine qui prévalent dans la France des années 1920 et 1930, les silhouettes vigoureuses et robustes de Le Corbusier attestent une transformation des images conventionnelles. Même ses amis remarquent que les femmes créées par l'artiste ont tendance à être corpulentes, comme en témoigne une lettre dans laquelle Josep Lluís Sert invite Sigfried Giedion à La Havane, où l'on trouve « des très belles femmes (type tableaux Corbusier, à grandes courbes) [4]. » Pourtant, les figures de ses peintures ne relèvent ni de la réification d'images sexualisées, ni de l'expression du désir masculin, mais plutôt de la manifestation artistique de pulsions intérieures et d'une nouvelle mise en images des identités de genre. Cette représentation paradoxale et continuelle des femmes, l'étirement et la torsion de leurs silhouettes qui, parfois, révèlent tout d'un seul coup, lui permettent de conserver la maîtrise de l'aspect figuratif de son art. Toute tentative réductrice consistant à ranger ses explorations thématiques du corps féminin dans la catégorie de l'exploitation empêche d'envisager les évolutions conceptuelles et idéologiques de toutes sortes qu'il a vécues au cours de sa carrière artistique, évolutions révélatrices du double point de vue, platonique et sexuel, qu'il porte sur le monde.

Annoncée par le *Carnet Music-Hall* de 1926, l'évolution vers le figuratif prend forme pour la première fois dans sa peinture avec *La Guitare et le Mannequin*, toile de 1927. Cette œuvre fourmille d'objets que l'on trouve couramment dans les natures mortes (une pipe, un verre à pied, des verres et une guitare), en suspension dans un champ dont la perspective est en perpétuel mouvement, éléments qui cohabitent avec des objets résolument nouveaux : des gants et un mannequin de couturière. Ces derniers introduisent dans la toile une dimension humaine et servent de synecdoques de la figure humaine. Allusion aux mains, les gants évoquent le toucher, la main de l'artiste, le contact. Reposant sur son équivalent d'albâtre renversé, la paume couleur chair concentre et accueille le regard du spectateur. Situés tous deux à droite du centre de la toile, ils sont parmi les rares éléments véritablement modelés et définis de cette nature morte. Le mannequin sans tête structure la partie droite de l'œuvre et l'ancre solidement face à l'accumulation des objets visibles à gauche. Suivant la silhouette de la guitare renversée, posée juste devant elle, la moitié inférieure du mannequin annonce les imbrications plus organiques entre les formes qui se développeront dans les créations ultérieures. Elle fait aussi penser aux œuvres d'art protosurréalistes que sont, par exemple, les photographies de vitrines de boutiques parisiennes prises par Eugène Atget, ainsi que les gants et mannequins remplis d'air de Giorgio De Chirico en suspension dans des paysages urbains métaphysiques, que Le Corbusier connaissait bien grâce à la lecture de *La Révolution surréaliste*. Au cours de cette période, ses créations sont d'ailleurs marquées par une veine surréaliste, même s'il ne s'est jamais considéré comme un membre de ce mouvement.

La fragmentation corporelle est aussi à l'œuvre dans *Nature morte. Le bûcheron* (1931), toile regorgeant de toutes sortes d'objets naturels et fabriqués par l'homme, réunissant tasses et souches, bouteilles et troncs d'arbres. Ici, le paysage intériorisé des natures mortes antérieures est pénétré par des éléments évoquant davantage un pique-nique provincial que l'atmosphère des cafés parisiens. Un autoportrait schématique de l'artiste en rustre surplombe la composition ; la tête de Le Corbusier, vue de profil, est couronnée d'un verre de vin, au-dessus de sa signature au pochoir. Émerge un paysage organique stylisé en une manière de récit : dominant la partie droite du tableau, une forme de racine tubulaire fait écho à l'apparence et à la texture d'un tronc plus lisse, le long du bord droit, au pied duquel tombe une feuille qui

1. À propos de la rencontre entre Le Corbusier et Josephine Baker, voir Valerio Casali, « Le Corbusier, Joséphine Baker e il Music-Hall », *Massilia. Annuaire d'études corbuséennes*, 2004, article 38. / **2.** Voir, par exemple, Beatriz Colomina, « Battle Lines : E.1027 », *Interstices*, n° 4, 1994, p. 1-8, et Luis E. Carranza, « Le Corbusier and the Problems of Representation », *Journal of Architectural Education*, vol. 48, n° 2, novembre 1994, p. 70-81. / **3.** Pour ses rapports professionnels avec Charlotte Perriand, voir en particulier Mary McLeod, *Charlotte Perriand : An Art of Living*, New York, Harry N. Abrams, 2003. / **4.** Josep Lluís Sert, lettre à Sigfried Giedion, 10 avril 1939, ETH Zurich, Archives du Ciam. Je remercie Jean-Louis Cohen de m'avoir signalé cette correspondance. / **5.** Le Corbusier, *Une maison. Un palais*, Paris, Les Éditions G. Crès et Cie, 1928, p. 50. C'est l'auteur qui souligne. / **6.** *Idem*, *Entretien avec les étudiants des écoles d'architecture*, Paris, Denoël, 1943, p. 50-51. C'est l'auteur qui souligne. / **7.** *Id.*, « Unité », *L'Architecture d'aujourd'hui*, numéro spécial, 1948, p. 39. / **8.** *Id.*, lettre à William Ritter, 12 mai 1918, FLC R3-19-249.

2. Le Corbusier, *La Guitare et le Mannequin*, 1927.
Huile sur toile, 89 x 130 cm. Cliché Fondation
Le Corbusier, Paris
3. Le Corbusier, *Figure rouge*, 1929. Huile sur toile,
96 x 130 cm. Cliché Fondation Le Corbusier, Paris

devient souche. En haut de la toile, les bûches empilées annoncent le sort de l'arbre destiné à devenir le matériau d'autres objets de la peinture : guitare, mètre pliant, boîte d'allumettes, pipe. Cette pipe renvoie à l'artiste lui-même et l'accumulation d'objets en rapport avec la vie naturelle à la campagne évoque son admiration pour les matériaux locaux utilisés dans la construction des cabanes en bois provisoires dans la baie d'Arcachon — sa villégiature estivale favorite –, où « [les éléments des grandes ordonnances] sont, avec une *vérité* totale, nés les uns des autres, dépendant les uns des autres, s'enchaînant, se rythmant dans la plus efficace coordination. [...] Ces maisons [...] isolées dans les replis de la pinède ou groupées en hameaux sur la plage, ces maisons ont une mesure commune : l'échelle humaine. Tout est à l'échelle, on mesure le pas, l'épaule, la tête [5]. » L'unité naît des rapports des éléments des maisons entre eux, mais aussi entre l'échelle du corps humain et celle du paysage.

Qui plus est, les modes d'observation qui apparaissent à cette période de sa peinture révèlent des procédures par lesquelles Le Corbusier cherche à explorer des conceptions de l'espace et de la forme, en mettant l'accent sur l'interaction entre l'organique et le fabriqué, entre le bidimensionnel et le tridimensionnel, entre les objets et les corps. Ce nouvel intérêt pour les formes humaines et naturelles est stimulé par l'attention qu'il porte aux « *objets à réaction poétique* [...] qui, par leur forme, leur dimension, leurs matières, leurs possibilités de conservation, sont capables d'occuper notre espace domestique. Tel est un galet roulé par l'océan [...] [voici] des coquilles entières, lisses comme porcelaine ou sculptées à la grecque ou à l'hindoue. [...] [témoins] caressés de vos mains, scrutés de votre œil, compagnons évocateurs [6]. » Ainsi élargit-il ses horizons artistiques pour y inclure des objets naturels ou bien, s'ils sont sculptés par la main de l'homme, des objets rappelant les techniques artistiques anciennes, pouvant s'appréhender grâce au toucher, et dont il met ainsi en évidence les potentialités corporelles.

Il est significatif que, dans de nombreux dessins et esquisses, Le Corbusier tente de saisir les détails saillants de ces formes naturelles et d'en explorer les qualités physiques, notamment la tactilité, à laquelle il accorde de l'importance depuis sa jeunesse. L'un des plus grands frissons qu'il ait éprouvés lors d'une expérience fondatrice sur l'Acropole est d'avoir pu toucher les pierres : « Circonstance exceptionnelle : la colonnade ouest du Parthénon gisait à terre encore, depuis que l'explosion, au temps des Turcs, l'y avait jetée. Mes yeux, mes mains, mes doigts, pendant quatre semaines, parcoururent les fûts des colonnes, les chapiteaux, les architraves, l'entablement dispersés. Les doigts, les mains ? Y a-t-il meilleur outil de perception, de lecture, d'appréciation [7] ? » Le toucher est crucial et, en ce qui concerne ses dessins, Le Corbusier s'est efforcé de rendre la tactilité par le trait, afin de pénétrer l'essence des choses. C'est d'autant plus remarquable qu'il aspire à incorporer la figure humaine dans son art ; il a évoqué cette ambition à propos de ses dessins de jeunesse représentant des femmes, en particulier des esquisses érotiques réalisées peu après son arrivée à Paris en 1917, décrites en ces mots à son mentor, William Ritter : « Mes femmes sont d'une lasciveté bestiale, grossières, en rut. Et je m'arrête de toucher une femme nue, tant son dos, ses seins, sa bouche sont d'une adorable matière, sont comme un rêve surgi que de mes doigts rudes je gâterais [8]. » C'est donc par l'art qu'il tente d'atteindre la tactilité qu'il est incapable d'expérimenter physiquement. Cette prise de distance picturale vis-à-vis des femmes allait caractériser son œuvre jusque dans les années 1930, le dessin lui offrant le prétexte de représenter le corps féminin en usant de la vision comme s'il s'agissait du toucher.

Dans la très grande majorité des dessins et peintures de femmes réalisés par Le Corbusier au tournant des années 1920 et 1930, les nus sont cadrés de telle sorte que le spectateur ne peut ignorer les seins, les hanches, les fesses et les lèvres qui lui sont présentés. L'artiste aime particulièrement la silhouette

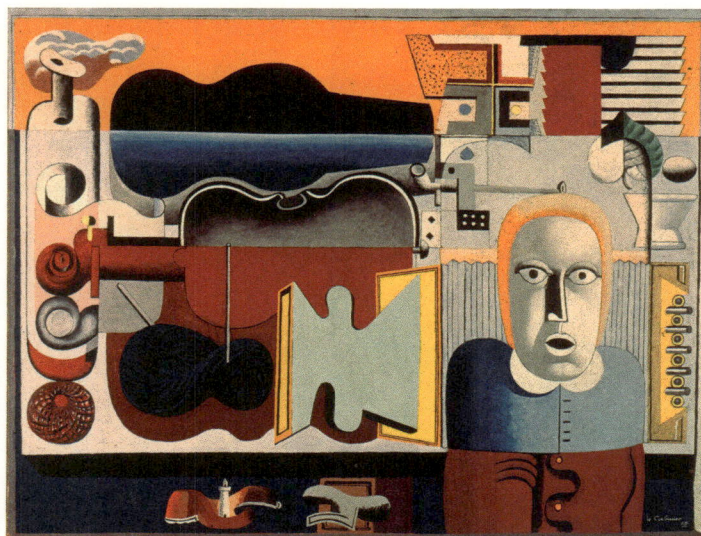

4. Le Corbusier, *La Fille du gardien du phare*, 1929. Huile sur toile, 114 x 146 cm. Cliché Fondation Le Corbusier, Paris
5. Le Corbusier, *Femme, cordage, bateau et porte ouverte*, 1935. Huile sur toile, 130 x 162 cm. Kunstmuseum Basel, Schenkung Dr. h.c. Raoul La Roche 1963

féminine, comme on le voit dans des dizaines d'œuvres où des femmes sont allongées sur le côté, *Figure rouge* par exemple. Cette œuvre joue totalement avec les effets déformants du reflet : une femme nue semble étendue devant un miroir, les objets posés sur un manteau de cheminée ou une étagère au premier plan — une tasse à café, un livre, un verre à vin et une pile d'assiettes — paraissent tous se refléter dans un cadre. Pourtant, les perspectives des différents reflets ne concourent pas à un parfait effet de miroir : si la tasse à café et la pile d'assiettes sont vues frontalement au premier plan, leurs « reflets » sont perçus du dessus, le livre ouvert paraît se prolonger dans le même plan et le verre à vin opaque devient transparent. De plus, le nu semble être en réalité le reflet du spectateur dans une subversion des conventions du regard puisque, au lieu de s'approprier le corps du tableau, l'observateur se trouve dans l'étrange position de se voir approprié par l'œuvre et transformé en objet de son propre désir. Les grandes dimensions des toiles comme celle-ci, ainsi que la présence imposante des nus féminins aux couleurs vives que l'artiste y représente, suscitent un sentiment de malaise ; le mélange de grandiose, de vulnérabilité et de sensualité fait naître trouble et conflit.

On retrouve ce genre d'effet de miroir dans *La Fille du gardien de phare*. Ici, le bord supérieur d'un plateau de table, sur lequel est disposé le répertoire élargi d'objets composant le vocabulaire postpuriste — écheveau, accordéon, feuille et œuf jouxtant les habituels bouteille, pipe, dés, violon, pile d'assiettes et verre à vin —, témoigne d'une poursuite des stratégies de juxtaposition et de déplacement. La ligne d'horizon de la table acquiert une profondeur et une dimension nouvelles, traversant le corps d'un étui à violon dont la silhouette évoque celle des Alpes, dont Le Corbusier a fait des esquisses sur les bords du lac de Genève, similitude renforcée par la modulation des bleus le long de la portion inférieure de cette « ligne d'horizon ».

C'est l'illustration de la tactique en jeu dans ses représentations de paysages et de corps, avec l'introduction et la participation d'éléments issus du monde environnant, aux côtés des « objets à réaction poétique » et des femmes. La présence d'un nuage cotonneux dans l'angle supérieur gauche crée une illusion de plus dans la division entre ciel et terre, tandis que, suivant un mouvement circulaire vers le bas du tableau, l'œil est gratifié d'un nouveau point de référence à des zones du dehors avec un phare solitaire, inspiré de celui de Cap-Ferret, même s'il s'élève ici sur un terrain quasi martien et se détache sur un fond totalement noir, dans une touche évoquant un autre monde.

Une autre ligne d'« horizon » transperçant le corps du violon relie l'œuvre à une pratique courante datant des premières représentations puristes, dans lesquelles le recours à la division d'un instrument de musique était prisé pour souligner le jeu des perspectives multiples et des disjonctions des plans. Comme peintre, Le Corbusier aimait faire ressortir la profondeur présente de façon implicite dans les formes les plus ordinaires : « On considérait "le fait" ; plus que cela, on découvrait en des objets de la nature l'effet des lois qui la gèrent. Ces objets devenaient comme des potentiels, comme des *haut-parleurs*, comme des présences. Par eux, on pouvait faire entrer chez soi, dans son chez-soi, les grandes cadences admirables du statut universel. Ces menus et modestes objets devenaient des raisons de penser[9]. » L'isolement de l'objet et sa transformation consécutive en un « haut-parleur » capable d'exprimer des thèmes universels relèvent à la fois du regain d'intérêt de Le Corbusier pour le graphisme des formes naturelles et de sa fascination permanente pour l'exploration des formes orthogonales ; son œuvre architecturale montre aussi à quel point ces deux champs d'investigation ont eu une influence durable. L'artiste joue avec les représentations du macro et du micro, en faisant de la ligne d'horizon le contour d'une chaîne de montagnes et d'un instrument de musique simultanément, élément également présent dans les courbes des femmes allongées et les silhouettes ondulantes de leur corps. En outre, le violon lui-même inverse l'orientation de son étui dans un effet de miroir antithétique et déclenche une nouvelle répétition des formes sur la gauche de la toile : la volute du violon est rappelée, au-dessus d'elle, par la spirale d'un manuscrit enroulé et, au-dessous, par une seconde volute, vestige d'un autre violon visible dans un croquis préparatoire [10]. La figure qui donne son titre au tableau est elle aussi divisée selon la ligne horizontale inférieure de la table et son visage en forme de masque donne une touche surréaliste supplémentaire à la scène.

D'autres scénarios étranges apparaissent dans plusieurs peintures réunissant des femmes, des rochers, des cordes, des chaînes et des serrures. Stanislaus von Moos note que « les gonflements, torsions, contorsions et mutilations dangereuses des corps des tableaux des années 1930 annoncent l'explosion de sentiments sombres et tumultueux. Des figures monstrueuses aux membres massifs comme des montagnes sont souvent menacées par des objets en forme d'outils et des cordages ; un carnaval démoniaque jaillit de leurs gestes extatiques : parodie et pathos, désespoir et force [11]. » Ces figures torturées sont souvent coincées entre des objets, comme dans *Femme, cordage, bateau et porte ouverte*, où l'on voit une figure féminine prise en sandwich entre, à sa gauche, un bateau chargé d'une grosse chaîne et, à sa droite, un tronc d'arbre. Au lieu de suggérer les formes changeantes que la mer donne sans cesse au rivage, le tableau suscite un sentiment de claustrophobie. La femme en forme de rocher se couvre le visage d'une main, les boucles de sa chevelure imitent celles du cordage, rendues par une épaisse couche de peinture qui, appliquée à la spatule, donne à l'œuvre une dimension physique caractéristique des toiles de Le Corbusier. À l'arrière de la pinasse, qui crée un lien avec les pêcheurs simples d'Arcachon, les initiales de l'artiste sont peintes au pochoir. Mais le bateau est chargé de chaînes aux maillons de métal entremêlés, qui accentuent le sentiment de menace et de piège, autant que la porte située à gauche, dont la serrure et la clé suggèrent l'emprisonnement et le secret. Par l'épaisseur de la peinture, la distorsion de la forme féminine et les allusions à l'asservissement et à l'enfermement, cette œuvre propose une vision stupéfiante. *Bateau, femme et cordage* (1932) met en scène une autre figure comprimée entre des objets : au centre de la toile, une femme aux jambes croisées est coincée entre l'étrave d'un bateau et une grande glène de cordage. Aucune sensation d'espace : le bateau, la femme et le cordage semblent aplatis contre la surface de la toile, comme on presse des spécimens sous une plaque de verre. Le visage de la femme, lui aussi en forme de masque, fixe

un point éloigné derrière l'épaule droite du spectateur et cette figure a des allures d'étrange déesse, arraisonnée entre rive et navire, dépourvue de qualités sensuelles ou sexuelles. Avec *Deux Femmes fantasques* (1937), le spectateur est directement confronté à des figures très abstraites, plus statiques, mais plus inquiétantes. La figure de gauche, la plus substantielle des deux, possède une opacité qui manque à celle de droite, dont le visage et le corps paraissent glisser entre différents plans et surfaces de couleur, dans une fusion du premier plan et de l'arrière-plan, de l'intérieur et de l'extérieur. Un motif sinueux, composé de hachures bleues et blanches, relie les deux figures et rappelle le mariage des contours mis en œuvre dans des toiles antérieures.

Cette souplesse des lignes et des contours qui marque la peinture de Le Corbusier a des équivalents dans plusieurs de ses projets urbains de la fin des années 1920 et des années 1930, comme ses plans pour Rio de Janeiro et le Plan Obus destiné à Alger, dans lesquels l'importance des formes courbes manifeste le prolongement de cette manière de penser. Le Corbusier allait explicitement parler d'Alger comme d'une femme, alors qu'il quittait, contrarié, la ville en bateau : « Alger s'enfonce, corps splendide, aux hanches et aux seins souples, mais recouvert des plaques écœurantes d'une maladie de peau. Le corps pourrait être montré dans sa splendeur, par le jeu des formes judicieuses, par la mathématique de rapports audacieux établis entre une topographie naturelle et une géométrie humaine [12]. » Les descriptions de ce genre conduisent souvent les spécialistes à assimiler l'œuvre de Le Corbusier à un déplorable mélange de colonialisme, d'accaparement et de machisme ; pourtant, la matrice dont elles sont issues et le rapport qu'il entretenait avec la ville sont, en réalité, bien plus complexes [13]. Comme beaucoup de modernistes en quête d'autres voies, Le Corbusier a porté son regard au-delà de l'Europe, vers les cultures dites « primitives », afin d'échapper à la stérilité et à l'artifice de l'art académique. Toutefois, contrairement aux cubistes qui le précédèrent ou à ses contemporains surréalistes, dont l'intérêt pour ces civilisations privilégiait certains éléments esthétiques ou rituels de l'art tribal, Le Corbusier trouva davantage de raisons d'admirer la vie quotidienne des habitants pauvres d'Alger et de Rio. Bien que ses descriptions ne manquent pas de tonalités paternalistes et colonialistes, il a su regarder plus attentivement que la plupart de ses confrères l'habitat, l'habillement, les couleurs et même le maintien des habitants de ces villes. Dans ses innombrables dessins de femmes non-européennes, on le voit en quête d'un modèle d'apparence physique représentant une dignité sensuelle, bien ancrée dans le réel, naturelle et dépourvue des artifices de la culture française.

C'est ce qu'exprime le traitement élastique et enthousiaste de femmes exaltant l'une des joies qui ont accompagné Le Corbusier toute sa vie, celle de la musique. De même que son retour à la figure humaine lui a été inspiré par le chant et la danse en 1926, ce sont les danseuses, les chanteuses et les musiciennes qui ont continué de stimuler son œuvre graphique. Peintures et dessins mêlent biographie, fantasme, abstraction et expérimentation, et les évocations de la chanson et de la danse ont

9. *Id.*, « Lyrisme des objets naturels », *La Bête noire*, n° 5, octobre 1935, p. 4. C'est moi qui souligne. / **10.** Voir dessin FLC 3280. / **11.** Stanislaus von Moos, « Le Corbusier as Painter », *Oppositions*, n°s 19-20, hiver-printemps 1980, p. 95. / **12.** Le Corbusier, *La Ville radieuse*, Boulogne, Éditions de L'Architecture d'aujourd'hui, 1935, p. 260. / **13.** On trouvera une analyse de cette question dans Mary McLeod, « Le Corbusier and Algiers », *Oppositions*, n°s 19-20, *op. cit.*, p. 55-85.

également à voir avec les préoccupations acoustiques de ses projets architecturaux. Ce sentiment de liberté sans entrave explose dans une série de tableaux de musiciens, réalisée en 1936-1937. À partir d'un ensemble d'esquisses dessinées à Rio de Janeiro, *Trois Musiciennes* met en scène un trio de femmes qui s'abandonnent, tête renversée, en chantant et en jouant d'un instrument à cordes. L'interaction des contours, des formes et des couleurs, suivant les silhouettes des corps et des instruments, recrée, par l'abstraction, la vivacité et la vitalité présentes dans les dessins. Couleurs et textures sont riches et profondes ; dans cette association du son, de la femme et de l'art, Le Corbusier donne libre cours à un style dépourvu d'inhibition et plein d'entrain.

Cependant, à la fin des années 1930, les tensions montent et le climat politique s'assombrit en Europe ; l'inquiétude ressentie par Le Corbusier s'exprime dans des œuvres comme *Menace*, toile de 1938 dans laquelle la palette aux teintes terreuses et l'abstraction des formes humaines et animales traduisent un certain tourment. Achevée en mars – époque à laquelle l'artiste écrit à sa mère : « Je viens de peindre comme un forcené depuis tôt ce matin. Les inquiétudes du temps agissent et me privent de la belle tranquillité d'après-guerre [14] » –, cette œuvre produit une forte impression d'angoisse et de discorde. Deux figures sont figées dans un face-à-face lugubre, en compagnie d'un cheval à la tête dressée, aux naseaux dilatés et aux dents découvertes, allusion directe au coursier hennissant de *Guernica* de Picasso, exposé à Paris l'année précédente. La figure qui se tient debout à gauche, et dont le profil semble jaillir de la tête chevaline, découvre elle aussi sa dentition dans un rictus sinistre, tandis que la figure moins grande à droite pousse un cri silencieux par le vide qui lui tient lieu de bouche.

Après la guerre, les corps que peint Le Corbusier deviennent plus symboliques et personnels à mesure qu'il s'inspire d'un vocabulaire mythologique, composé de figures et d'animaux totémiques, pour élaborer une cosmologie intime dont les femmes mystiques sont souvent le pivot. Dans plusieurs esquisses au pastel et au crayon réalisées pendant les nombreuses heures de vol entre Paris et Chandigarh, en Inde, il imagine une série de créatures mythiques qui semblent flotter dans les airs et s'approcher des hublots du *Super Constellation* à bord duquel il voyage. Ravi par les teintes vives du ciel qu'il voit pendant ces vols, il donne aux femmes ailées des couleurs éclatantes qui font écho aux éléments dont elles sont issues. Il est révélateur qu'il introduise une main tendue vers la figure en suspension, comme si les « doigts rudes », qu'il avait d'abord craint de voir « gâter » les « corps délectables » tant admirés, avaient désormais trouvé le courage d'établir un contact avec les formes féminines. Il allait revenir sans cesse à cette figure, qu'il dénomme « licorne » dans ses carnets de croquis et ses dessins, ornant même d'une figure similaire la couverture de *Poésie sur Alger* [15], brochure où il a consigné ses réflexions ironiques au terme de treize ans de frustration dans la capitale algérienne, dernier écho d'un amour impossible.

À la fin des années 1940, sa manière de fusionner ses fonctions, de souligner les corrélations et correspondances qui nourrissent ses projets artistiques, contribue à forger une image qu'il cherche à imposer par tous les moyens, sa double nature d'artiste-architecte en faisant à elle seule une exception dans le monde de l'architecture. Il continue à peindre, à dessiner, à concevoir et à construire, poursuit de plus belle ses expériences dans les arts visuels, en imaginant des sculptures que réalise Joseph Savina, en participant à la conception de tapisseries avec Pierre Baudouin à partir de 1948 et en élaborant la théorie du « Muralnomad [16] ». Il écrit le long *Poème de l'angle droit* (1955), composé d'une série énigmatique de dix-neuf lithographies et de textes les accompagnant, consacrés à tout un ensemble de questions et de thèmes fondamentaux pour son cadre conceptuel : nature, cosmos et équilibre sont tous mis en rapport avec l'être humain.

Le dernier cycle majeur de tableaux achevé avant la mort de l'artiste, survenue en 1965, est constitué des grandes toiles intitulées *Taureaux*, bien que ces créatures totémiques arborent des attributs anthropomorphes qui les relient également aux études de femmes qu'il a réalisées toute sa vie. Dans ses carnets, il associe ces créatures à l'esprit d'Yvonne, son épouse, et la conjonction de la bête masculine et de la figure féminine révèle à nouveau la multiplicité des références qui caractérisent son œuvre. Pour cette ultime série, il puise aussi son inspiration dans certaines œuvres des débuts, notamment un ensemble d'aquarelles de nature mythologique, où Zeus déguisé en taureau enlève Europe, dont la main tendue laisse échapper un oiseau aux couleurs éclatantes [17]. Avec ses dernières toiles, à travers la conjonction des dualités, Le Corbusier se lance dans sa production la plus abstraite. C'est à la lumière des translations et des changements de perspective, de taille et de forme, présents dans ses études de la forme féminine tout au long de sa carrière, que l'on perçoit mieux les négociations, assimilations et hybridations dont témoignent ses créations. Au fil des combinaisons et transformations des figures, ces processus entretiennent un dialogue avec la poétique de ses modes de conceptualisation ; apparaissent peu à peu les thèmes récurrents qui se manifestent de la manière la plus flagrante par un éternel retour à la représentation des femmes sous tous les aspects.

Ces explorations des formes humaines s'expriment également par l'incorporation d'éléments piochés dans le vaste paysage qui les entoure. Par ailleurs, elles mettent en évidence les perceptions et réflexions changeantes de Le Corbusier sur les rapports entre art et architecture. C'est ce que souligne Willy Boesiger dans le cinquième volume de l'*Œuvre complète* : « Cette attention vouée aux formes ne devait pas laisser de côté l'intérêt que l'on peut porter à la vie elle-même dans ses manifestations naturelles et surtout aux réactions d'ordre psychophysiologique en face de l'humain. La course se déroule donc, des dessins "verres et

14. Le Corbusier, lettre à sa mère, mars 1938, FLC R2-1-245. / **15.** *Id., Poésie sur Alger*, Paris, Éditions Falaize, 1950. / **16.** *Id.*, « Tapisseries Muralnomad », *Zodiac*, n° 7, 1960, p. 57-63. / **17.** Voir dessin FLC 4494. / **18.** Willy Boesiger (éd.), *Le Corbusier. Œuvre complète : 1946-1952*, vol. 5, Zurich, Éditions Girsberger, 1953, p. 225.

bouteilles" du début, à travers l'éloquence de ce qu'il a appelé les "objets à réaction poétique" (racines, os de boucherie, galets, écorce d'arbres, etc., etc.) pour aboutir à la figure humaine, laquelle offre à l'imagination poétique et à l'esprit constructif les moyens infinis de décomposition et de reconstruction en faveur d'une création plastique et poétique conjuguée [18]. » Le petit englobe toujours le grand ; l'intérieur est toujours un extérieur ; le féminin contient des éléments du masculin, et *vice versa*. La gamme des formes et les processus que Le Corbusier a mis en œuvre dans ses toiles révèlent un dialogue permanent, destiné à créer un « nouveau monde de l'espace ». Enchevêtrant érotisme, beauté, vénération et puissance, ses figures sont l'expression d'un commerce constant entre inspiration et conceptualisation, qui se diffuse dans toute son œuvre. Les signes ambigus de l'observation et du dévoilement, du désir et de sa satisfaction participent à un jeu permanent ; ils sont nourris par une attention indéfectible à un style figuratif spontané que l'artiste adopte dans ses dessins, puis par la cristallisation de cette attention dans ses tableaux. Animée d'un mouvement de réciprocité circulaire, cette constellation – toujours en expansion – d'éléments qui, tour à tour, s'infléchissent et se réfléchissent mutuellement donne toute sa richesse à la production graphique de Le Corbusier.

Traduit de l'anglais (États-Unis) par Jean-François Cornu. Le traducteur tient à remercier Delphine Studer de la Fondation Le Corbusier pour son aide précieuse dans la recherche des citations originales de cet essai.

6. Le Corbusier, *Menace*, 1938. Huile sur toile, 162 x 130 cm. Cliché Fondation Le Corbusier, Paris
7. Le Corbusier, *Trois Musiciennes*, 1936. Huile sur toile, 97 x 130 cm. Cliché Fondation Le Corbusier, Paris
8. Le Corbusier, *Extrait du carnet de dessins E19*, 2 avril 1952. Fondation Le Corbusier, Paris

Feuill I [29 dec 43]

B3 1648

tracé régulateur Hanning
(lettre Maillard du
26 dec 43)

ici
postulat Hanning
1 homme debout = A B
le bras horizontal = A C
... vertical levé = A D

4 = Φ

c'en ce tracé
qui a été examiné
M⁰ Maillard
et elle a établi
une grille du Φ
qui paraît
fine et très riche
(Feuill II ⊗)

c'est sur le tracé
Maillard que
j'ai essayé deux
coupes de logis
unité d'habitation
et 1 plan (idem)
Feuill III
« IV

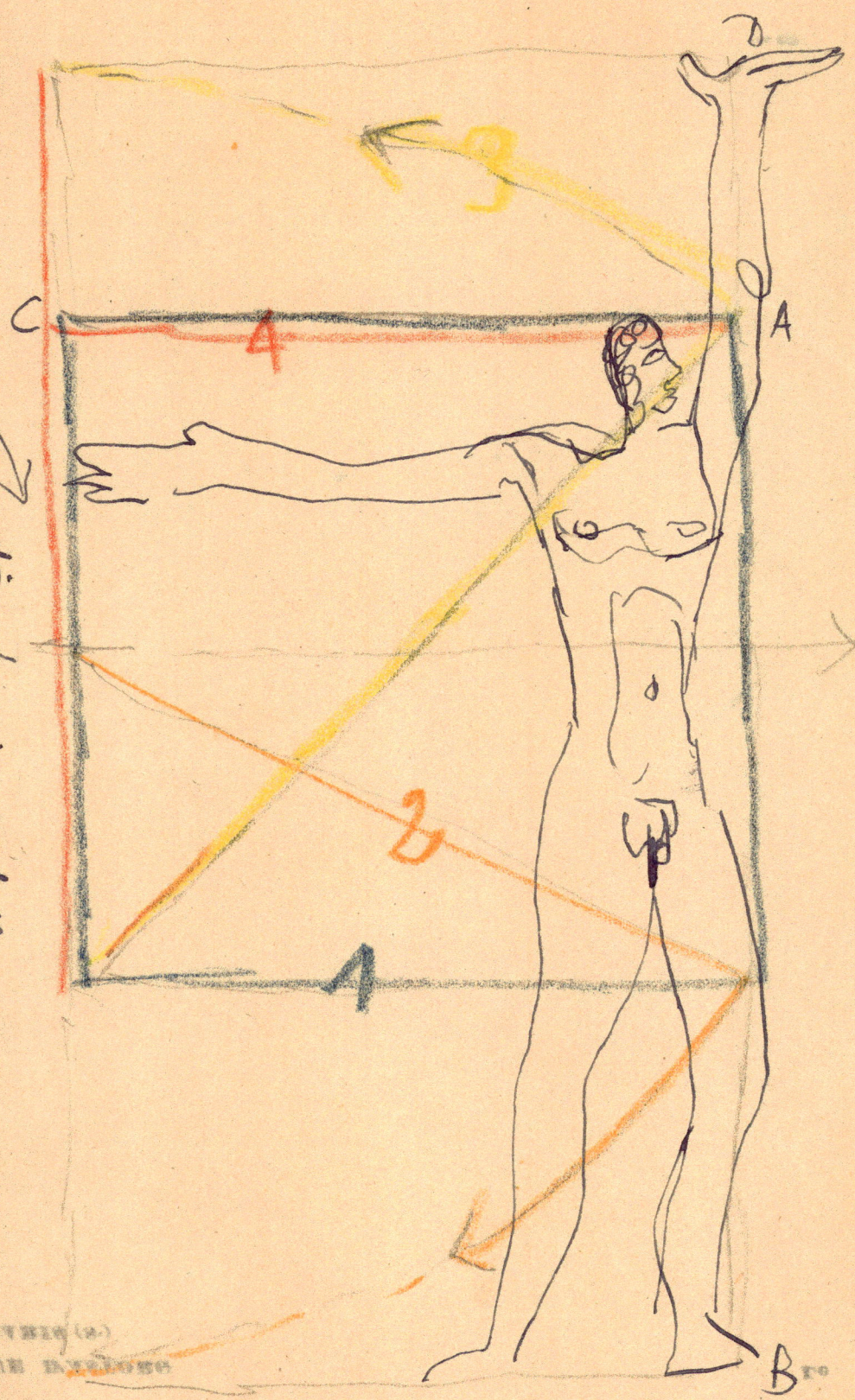

4

2

1

C

A

B⁻⁰

Hypothèse humain : Analyse
harmonique : Pl. XXII & Charles
L. Nombre d'or
page 57 T.I.

⊗ M⁰ Maillard
laisse de côté le
tracé 3 qui s'écarte
imperceptiblement des
[...]

L'ESPRIT
NOUVEAU

LE MODULOR
VARIANCES D'UN INVARIANT

FRÉDÉRIC MIGAYROU

« *Le corps humain choisi comme support*
admissible des nombres...
Voilà la proportion ! La proportion qui met
de l'ordre dans nos rapport avec l'alentour. »
Le Corbusier, *Le Poème de l'angle droit*,
Paris, Éditions Tériade, 1955.

Si le nom seul de Le Corbusier semble symboliser l'idée même d'architecture moderne, le Modulor aura incarné, pour plusieurs générations d'architectes, le médium obligé de la conception architecturale. Il est perçu comme une règle d'organisation applicable universellement et qui, s'opposant aux canons de la rationalité classique, recentre toute composition architecturale sur une mesure du corps humain, une mesure de l'homme donnant à la fois l'échelle du plan et celle de l'habitat ou des projets urbains. « Le Modulor, écrit Le Corbusier, est un outil de mesure issu de la stature humaine et de la mathématique. Un homme-le-bras-levé fournit aux points déterminants de l'occupation de l'espace, le pied, le plexus solaire, la tête, l'extrémité des doigts, le bras étant levé, trois intervalles qui engendrent une section d'or, dite de Fibonacci. D'autre part, la mathématique offre la variation la plus simple comme la plus forte d'une valeur : le simple, le double, les

deux sections d'or [1]. » Le Modulor s'impose ainsi comme un instrument de proportionnement permettant d'établir une concordance générale des mesures sur la base arbitraire d'une hauteur d'homme – 1,83 m. Par ailleurs, il est lié à un algorithme récursif (la suite de Fibonacci), qui introduit un principe de variation, une dimension d'approximation, ce qui lui confère une flexibilité (à la différence d'une mesure simplement métrique). Mais le Modulor, c'est aussi l'aboutissement d'un cycle de recherches entamé très tôt, à travers la découverte des débats allemands sur les systèmes de proportions, et pendant la période puriste, avec l'élaboration d'un système de tracés régulateurs fondés sur le nombre d'or. Suivra la mise au point proprement dite du Modulor, lancée en 1942 et achevée avec la publication de deux ouvrages en 1950 et 1955. Enfin, le Modulor, c'est un objet physique. C'est une représentation patiemment définie par un grand nombre de dessins et qui se fixe en une image, celle d'un homme au bras levé – empreinte que l'on retrouve sur la façade de nombreux bâtiments.

[1]. Le Corbusier, *Esquisse et commentaires des premières propositions de Gerald Hanning sur le Modulor*, extrait du carnet *Le Modulor*, 1943, Fondation Le Corbusier, Paris

Le Corbusier avait imaginé que le Modulor serait un instrument à toutes mains. La fascination qu'il a exercée sur les architectes tient sans doute à une forme d'inachèvement due à l'opposition entre la dimension organique, celle du corps utilisé pour décrire l'architecture – Le Corbusier confrontant « ce plan paralysé de la maison de pierre » et la maison moderne avec ses organes : « Ce squelette pour porter, ces remplissages musculaires pour agir, ces viscères pour alimenter et faire fonctionner » [2] – et la rationalisation du mécanique, la culture de l'ingénieur, le triomphe du mathématique. Le Corbusier justifie lui-même cette tension, en tentant de démontrer que la « suite géométrique » qu'il propose organise les formes de la nature : « Ce système de proportions se trouve dans la nature même (surtout dans la formation biologique des cellules d'une plante ou d'une bête et forcément aussi dans le corps humain). [...] J'ai constaté qu'une relation entre la section d'or et la suite géométrique agit décisivement sur le proportionnement des formes de la nature [3]. » Le Modulor s'impose en un paradoxe. Il repose à la fois sur une interprétation psychophysique de l'espace, sur la question des systèmes de proportions et du nombre d'or examinée par Gustav Fechner et sur une longue recherche sur les tracés régulateurs, applicable aussi bien à la peinture qu'à l'architecture. Cependant, le Modulor marque également l'accès à un autre ordre du mathématique, à une approche différente de l'espace et de la géométrie : la théorie des groupes. On devine ici l'influence qu'a pu avoir Andreas Speiser, ami de Le Corbusier et spécialiste du sujet [4], pour ne rien dire de Iannis Xenakis, qui a travaillé avec l'architecte de 1947 à 1959. Comme le souligne Jerzy Sołtan, l'un de ses collaborateurs sur le Modulor, on ne peut plus se contenter de la spatialité du plan, du « jeu des panneaux », de la « grille des proportions » : « Monsieur, il ne s'agit pas ici d'un jeu de surfaces, mais d'une "série" de valeurs tendant vers zéro et allant vers l'infini. C'est un phénomène linéaire. Je [Le Corbusier] répondis : "Bien, nous l'appellerons règle de proportions." [5] »

LES VARIATIONS DU GÉOMÉTRIQUE

Dès les premiers temps du purisme, Le Corbusier étudie la possibilité de fixer un invariant géométrique, alors défini comme une règle intangible : « [...] non les variations, mais l'invariant. L'œuvre ne doit pas être accidentelle, exceptionnelle, impressionniste, inorganique, protestataire, pittoresque, mais au contraire générale, statique, expressive de l'invariant [6]. » Toutefois, avec le Modulor, l'invariant est pris par la variation ; il est modulable ; il est un invariant par variation, pour le dire comme Henri Poincaré. Il faut noter ici qu'Amédée Ozenfant et Charles-Édouard Jeanneret ont lu ce mathématicien[7] qui confortait, par sa philosophie de l'espace, une genèse psychophysiologique de la géométrie, fondée sur une analyse critique de la psychophysiologie de Gustav Fechner, Hermann von Helmholtz, et sur la théorie de Sophus Lie des groupes de transformation. Au-delà des sources des théories psychophysiques découvertes lors de son séjour en Allemagne,

du lien entre le nombre d'or et les lois psychophysiologiques de la perception et de la cognition – recherches sur le nombre d'or menées à la lumière de l'ouvrage d'Adolf Zeising, *Neue Lehre von den Proportionen des menschlichen Körpers* (1854) –, des multiples expériences de Fechner sur la perception du nombre d'or dans l'histoire de l'art, des inter-prétations de Wilhelm Wundt, ou de celles de Heinrich Wölfflin transposées dans une analyse de l'histoire de l'architecture, Le Corbusier reconduit tout au long de son œuvre et ce, de façon presque obsessionnelle, la question d'une esthétique normative. Même s'il fait appel, dans les premiers numéros de *L'Esprit nouveau*, aux spécialistes de cette esthétique scientifique française imprégnée de psychophysique allemande (Victor Basch, Charles Lalo, Charles Henry), Le Corbusier cherche à redéfinir le statut du géométrique à travers la notion de groupe, ce qui suppose non seulement d'algébriser la géométrie, mais surtout de considérer l'espace d'un groupe comme un ensemble cohérent de coordonnées, comme une multiplicité numérique, un ensemble de nombres – non comme une forme *a priori*. « Ce qui est l'objet de la géométrie, écrit Poincaré, c'est l'étude d'un groupe particulier, mais le concept général de groupe préexiste dans notre esprit au moins en puissance. Il s'impose à nous, non comme une forme de notre sensibilité, mais comme une forme de notre Entendement [8]. » On retrouve ce rejet de la vision kantienne de l'espace en tant que forme de la sensibilité chez Victor Basch, mais aussi dans les premiers textes critiques sur le purisme, qui opposeront à l'universalité de l'*a priori* kantien les lois d'une composition bâtie sur l'invariance de la forme des relations.

Les objets puristes sont ainsi conçus comme des formes géométriques élémentaires (point, ligne, triangle, cube, sphère, cylindre), ensembles de points, de formes. Déplacés dans l'espace, ceux-ci révèlent la même cohérence dans leurs interrelations. En mathématique, c'est ce que l'on nomme les invariants d'une figure au sein d'un groupe de transformation, autrement dit les propriétés et les relations d'une figure qui ne sont pas altérées par les transformations de ce groupe. Maurice Raynal : « La recherche de l'invariant [...] est pour Ozenfant et Jeanneret le but de l'art grave [...]. C'est là le but de la géométrie, ce peut être

Sauf indications contraires, les traductions des citations sont l'œuvre de l'auteur de cet essai.
1. Le Corbusier, *Le Modulor. Essai sur une mesure harmonique à l'échelle humaine applicable universellement à l'architecture et à la mécanique*, Boulogne, Éditions de L'Architecture d'aujourd'hui, 1950, p. 55. / **2.** *Idem*, *Précisions sur un état présent de l'architecture et de l'urbanisme*, Paris, Les Éditions G. Crès et Cie, 1930, p. 123-124. / **3.** *Id.*, *Modulor 2, 1955 (la parole est aux usagers). Suite de Le Modulor, 1948*, Boulogne, Éditions de L'Architecture d'aujourd'hui, 1955, p. 38. / **4.** Sur le développement de la *mathesis*, voir Frédéric Migayrou, « Les yeux dans les yeux : architecture et *mathesis* », dans ce catalogue, p. 14. / **5.** Le Corbusier, « Le Modulor et la loi des 7 V », Triennale de Milan, 1951 : « La divina proporzione », dans *Atti e rassegna tecnica della società degli ingegneri e degli architetti in Torino*, n° 4, avril 1952, p. 128. / **6.** Amédée Ozenfant, Charles-Édouard Jeanneret, *Après le cubisme*, Paris, Édition des Commentaires, 1918, p. 59. / **7.** A. Ozenfant : « J'allais au Collège de France écouter Henri Poincaré. [...] Ses ouvrages, *Science et méthode*, *La Science et l'Hypothèse*, *La Valeur de la science*, furent des formateurs essentiels de ma pensée. » *Mémoires, 1886-1962*, Paris, Seghers, 1968, p. 63. / **8.** Henri Poincaré, *La Science et l'Hypothèse*, Paris, Flammarion, 1917, p. 90-91. / **9.** Maurice Raynal, « Ozenfant et Jeanneret », *L'Esprit nouveau*, n° 7, avril 1921, p. 828. / **10.** A. Ozenfant, Ch.-É. Jeanneret, « Sur la plastique », *L'Esprit nouveau*, n° 1, octobre 1920, p. 42. / **11.** *Ibidem*, p. 47. / **12.** Le Corbusier, *Le Modulor. Essai sur une mesure harmonique...*, *op. cit.*, p. 213. / **13.** Matila C. Ghyka, *Esthétique des proportions dans la nature et dans les arts* (1927), Monaco, Éditions du Rocher, 1987, p. 283.

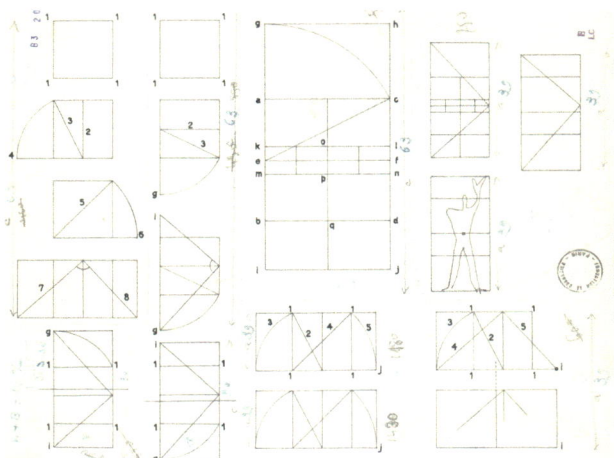

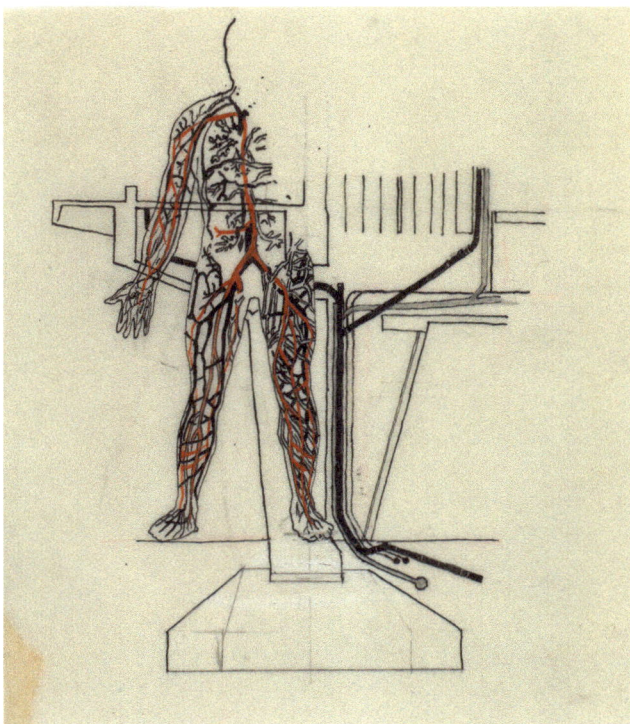

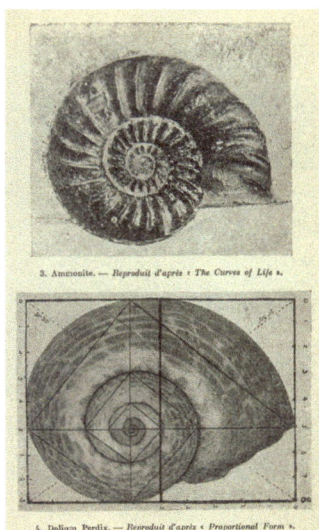

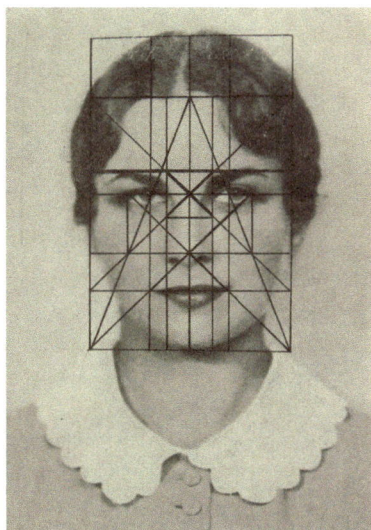

2. Le Corbusier, *Dessins d'illustration pour le Modulor*, s.d. Encre noire et crayon de couleur sur papier, 21 x 27 cm, Fondation Le Corbusier, Paris
3. Matila C. Ghyka, *Esthétique des proportions dans la nature et dans les arts*, Paris, Gallimard, 1927, p.189
4. Matila C. Ghyka, *Esthétique des proportions dans la nature et dans les arts*, Paris, Gallimard, 1927, pl. XX
5. Guy Rottier, *Métaphore anthropomorphique*, dessin illustratif, 1945-1952. Encre de Chine, feutre rouge et graphite sur calque, 14,5 x 13 cm. Centre Pompidou-Mnam-CCI, Paris

celui d'une méthode d'art. Aussi les œuvres des deux artistes sont-elles les théorèmes qui se proposent d'éclairer de plus en plus lucidement les évolutions possibles de cette invariabilité plastique [9]. » C'est bien à partir d'une algébrisation de la géométrie que Le Corbusier affine sa propre définition de ce qu'est un *module* et de ce qu'est sa fonction régulatrice. « C'est là la composition, expliquent Ozenfant et Jeanneret. Elle est basée sur des nombres, des canons. Il n'est pas possible d'associer plastiquement des formes sans canons, c'est-à-dire sans liens régulateurs, qu'on le fasse intuitivement ou sciemment. Le module est le moyen de régulariser le rythme imaginé ; il intervient lors de la fabrication de l'œuvre, comme régulateur [10]. » Le Corbusier s'emploie alors à observer ces invariants qui ont traversé l'histoire de l'art – « Lieu de l'angle droit, triangle équilatéral, triangle égyptien, section d'or, etc., autant de modules régulateurs [11] » – et les applique – premiers tracés régulateurs – sur des photographies de la place du Capitole de Michel-Ange ou du *Pont de la Marne à Créteil* (1888) de Paul Cézanne. L'angle droit restera le module symbolisant tout à la fois la position de l'homme sur le sol, contraint de composer avec la rectitude de la pesanteur et l'horizontalité de la vision anthropocentrée. « Dans mes travaux d'architecture, dès 1911 et dans mes tableaux dès 1919, se souvient Le Corbusier, et particulièrement, le premier tracé de deux tableaux de 1920 […] [fournissent] la solution dite "du lieu de l'angle droit", qui servit spontanément d'incitateur aux recherches du Modulor en 1942, vingt-deux années plus tard [12]. » Ici se tient toute l'ambivalence du Modulor assimilé à une règle de géométrisation reposant sur la section d'or, tandis que la notion de grille renvoie le corps à une simple mesure métrique. En outre, la spatialité du plan entretient la confusion avec l'usage traditionnel des grilles perspectivistes héritées de la Renaissance. Toutes les spéculations sur le nombre d'or, sur une mesure harmonique conçue comme pur instrument géométrique, ont entretenu l'illusion d'une spatialité en soi, d'un domaine spatial ouvert à l'inscription, à la notation, et confortant, à travers la croyance à une règle, une approche strictement rationaliste de l'architecture. Le Corbusier a lu attentivement les ouvrages de Matila C. Ghyka. *Le Nombre d'or* (1934) et surtout *Esthétique des proportions dans la nature et dans les arts* (1927) nourrissent ses recherches sur la proportion et viennent étayer sa vision d'une algébrisation de l'espace, pierre angulaire de sa réinterprétation de la géométrie. « Mais le corps d'assaut, souligne le prince Ghyka, est la théorie des groupes, l'outil technique ayant permis de briser l'enveloppe opaque et changeante des phénomènes et d'en entrevoir la structure, seule réalité accessible à la science, est la théorie des invariants [13]. »

INVARIANCES DU COGNITIF

Le Corbusier a saisi la rupture qu'implique l'algébrisation du géométrique. Dès lors, il va introduire au cœur d'une spatialité objective – celle d'une réalité constructive qu'il tente de se réapproprier par le biais d'une analyse psychophysique « sensorielle » – les grands édifices jalonnant l'histoire de l'architecture. Une esquisse de Pise datée de 1911 reçoit un nouveau titre en 1924 : *Pise : cylindres, sphères, cônes, cubes*. Le Corbusier décrit la structure d'une interrelation des coordonnées de l'espace, les envisageant comme « des prismes qui ont entre eux des rapports [14] ». Immédiatement, une autre lecture du plan s'impose, qui échappe à l'assimilation à une surface : « Le plan est le générateur, le plan est la détermination du tout ; c'est une austère abstraction, une algébrisation aride au regard [15]. » Alors que Le Corbusier multiplie les références à la vision dans tous ses écrits, dessinant çà et là des yeux qui fixent l'ordre des dimensions (de la maison à l'environnement, de la ville au paysage), il restreint ici le noyau générique d'une genèse de la spatialité à un acte cognitif, à une intuition mathématique. Il va formaliser une approche descriptive de la psychophysique en architecture dans son article « Architecture d'époque machiniste [16] ». Il y définit, par un schéma, les effets psychologiques ressentis face à des lignes et des formes, son dessein étant de privilégier les géométries simples, concordant avec les lois de la perception, de la cognition de l'espace. En découle une méthode de composition inédite : face à « l'illusion des plans », il tente de mettre sur pied une conception synthétique, en procédant du dedans vers le dehors, d'un espace proprement cognitif, générique, vers l'articulation des surfaces et des espaces d'un projet. « La maison, le palais, explique-t-il, sont un organisme semblable à tout être vivant, je montrerai qu'ici encore le dehors est toujours un dedans [17]. » Surgit alors une difficulté de taille : comment établir une congruence des tracés régulateurs en trois dimensions et rendre visible cette compénétration de l'intérieur et de l'extérieur ? Nombre de dessins présentent des volumes architecturaux dont la résolution harmonique n'apparaît qu'en façade. Le Corbusier énonce « une mise en ordre mathématique (arithmétique ou géométrique) basée sur la section d'or, sur le jeu des diagonales perpendiculaires. [...] Ainsi cette façade s'est harmonisée dans toutes ses parties [18]. » Toutefois, le tracé régulateur illustrant ce texte ne prend pas en compte l'ensemble du volume esquissé ; il néglige les trois dimensions de l'espace. C'est à la même période que l'on voit apparaître – pour la première fois – le dessin d'un homme au bras levé [19], une façon de confronter avec ce proto-Modulor le corps de l'homme et l'organicité du bâtiment. Si, dans *Vers une architecture*, le volume des constructions était encore simplement défini par « l'enveloppe » de ses surfaces, il n'en est pas moins vrai que « modeler la surface de volumes compliqués et mis en symphonie, c'est moduler et rester dans le volume [20] ». L'*Étude des dimensions du Modulor avec un homme de 1,75 m (4 janvier 1946)*, dessinée lors du voyage vers New York à bord du cargo Vernon S. Hood, associe le Modulor à une grille, mais aussi à un volume développé – ce qui confirme l'attention que l'architecte porte à cette relation entre corps et volume, laquelle

sous-tend toute sa conception architecturale. Dès sa genèse, le Modulor est partagé entre deux catégories d'espace. L'un est purement métrique ; il répond à la nécessité d'élaborer une norme, qui, bien que s'opposant à l'abstraction des règles édictées par l'Association française de normalisation (Afnor), est un pur outil de dimensionnement, selon l'Assemblée de constructeurs pour une rénovation architecturale (Ascoral) [21]. L'autre espace est topologique ; il est ouvert à une définition morphogénétique des formes – aussi bien celles de l'architecture que celles de la nature – et ce, dans la droite ligne des recherches de Ghyka sur les constantes morphologiques. « La proportion, pour Le Corbusier, c'est de conférer aux multiples organes d'une construction le principe de l'unité. Cette unité peut aller de la perception la plus immédiate qui est la façade, jusqu'à celle beaucoup plus profonde qui est le plan et la coupe [...]. Ces questions de tracés régulateurs se réfèrent souvent aux mathématiques supérieures [22]. » La question cruciale d'une continuité spatiale entre les formes organiques (corps de femmes qui, depuis les années 1930 alimentent une recherche obsessionnelle de sa peinture ; coquillages, symboles d'une croissance mathématique de la forme) et l'espace architectural reste irrésolue, bien que Le Corbusier ait une parfaite intuition des enjeux de cette nouvelle continuité spatiale. En effet, il estime que « l'application systématique des mesures harmoniques du Modulor crée un état d'agrégation unitaire qu'on peut qualifier de texturique », les rapports entre intérieur, extérieur, sols, plafonds et coupes étant « intimement gérés par la cohérence des mesures, et tous les aspects et, par conséquent, toutes

14. Le Corbusier, « Architecture. II : L'illusion des plans », *L'Esprit nouveau*, n° 15, février 1922, repris dans *Vers une architecture*, Paris, Les Éditions G. Crès et Cie, 1923, p. 145. / **15.** *Ibid.* / **16.** *Id.*, « Architecture d'époque machiniste », *Journal de psychologie normale et pathologique*, 23ᵉ année, n° 4, avril 1926, p. 325-350. Il n'est bien évidemment pas accidentel que Le Corbusier ait publié son article dans une revue ouverte à la psychologie expérimentale. / **17.** *Id.*, *Vers une architecture, op. cit.*, p. 147. / **18.** *Id.*, *Précisions sur un état présent de l'architecture et de l'urbanisme, op. cit.*, p. 72. / **19.** *Id.*, « Tuiles romaines – portique beau », n° 588, 1934, *Carnet B9*, *Sketchbooks*, vol. 1, 1914-1948, Londres, New York, Thames & Hudson, 1981. / **20.** *Id.*, *Vers une architecture, op. cit.*, p. 28. / **21.** Initialement associé à l'Afnor, née en 1926 et très sollicitée par le gouvernement de Vichy en 1940 pour faire face aux problèmes de la reconstruction, Le Corbusier s'en sépare pour créer, en 1943, l'Ascoral, au sein duquel un groupe (section 3B) travaillera sur la normalisation et la construction. Le Corbusier : « Normalisation, atteindre l'état de règle ; déceler le principe pouvant servir de règle. [...] Le travail de cette section 3 de l'Ascoral est donc dédié à la recherche de règles. » *Le Modulor. Essai sur une mesure harmonique..., op. cit.*, p. 111. / **22.** *Id.*, « Tracés régulateurs (à propos de la réédition d'*Esthétique des proportions dans la nature et dans les arts* par Matila Ghyka) », 24 février 1934, non publié, Paris, Fondation Le Corbusier, U3-5-191-193. / **23.** *Id.*, *Le Modulor. Essai sur une mesure harmonique..., op. cit.*, p. 55. / **24.** Élisa Maillard, *Du nombre d'or. Diagrammes de chefs-d'œuvre*, Paris, André Tournon, 1943. / **25.** Auguste Bravais (1811-1863) est l'un des initiateurs de la théorie des groupes, qu'il applique à la morphologie des cristaux. Selon l'interprétation qu'en livre Speiser dans son premier ouvrage consacré à la théorie des groupes et à la cristallographie, Bravais distingue trente-deux groupes, dont sept groupes principaux. / **26.** Le Corbusier, « Le Modulor et la loi des 7 V », art. cité. Le manuscrit est intitulé « Proportions et temps modernes » (Paris, Fondation Le Corbusier, U3-10-124). Rappelons qu'Andreas Speiser a publié plusieurs ouvrages sur la théorie des groupes, en particulier *Die Theorie der Gruppen von endlicher Ordnung. Mit Anwendungen auf algebraische Zahlen und Gleichungen sowie auf die Kristallographie* (1923) et *Die mathematische Denkweise* (1932). Il est l'époux de la sœur de Raoul La Roche (commanditaire de la villa éponyme) et sera l'agent qui l'aidera à constituer sa collection de peintures cubistes et puristes, notamment lors de la vente de la collection Daniel-Henry Kahnweiler. Bien évidemment, Le Corbusier entretient d'étroites relations avec Speiser. Pour exprimer l'idée d'invariant, il lui a emprunté – ainsi qu'à Auguste Bravais –, la notion de *cristal*, déterminante pour sa logique esthétique. Voir Katharina Schmidt, Hartwig Fischer (dir.), *Ein Haus für den Kubismus. Die Sammlung Raoul La Roche*, cat. expo., Ostfildern, Gerd Hatje, 1998. / **27.** Le Corbusier, « L'espace indicible », *L'Architecture d'aujourd'hui*, numéro spécial : *Art*, novembre-décembre 1946, p. 10. / **28.** *Id.*, *Le Poème de l'angle droit*, Paris, Éditions Tériade, 1955.

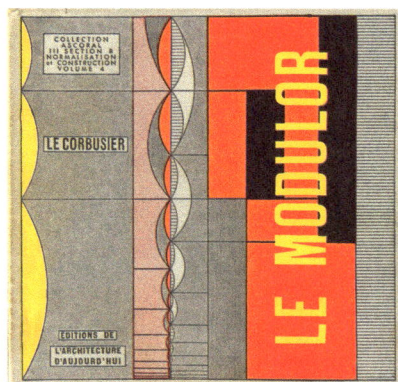

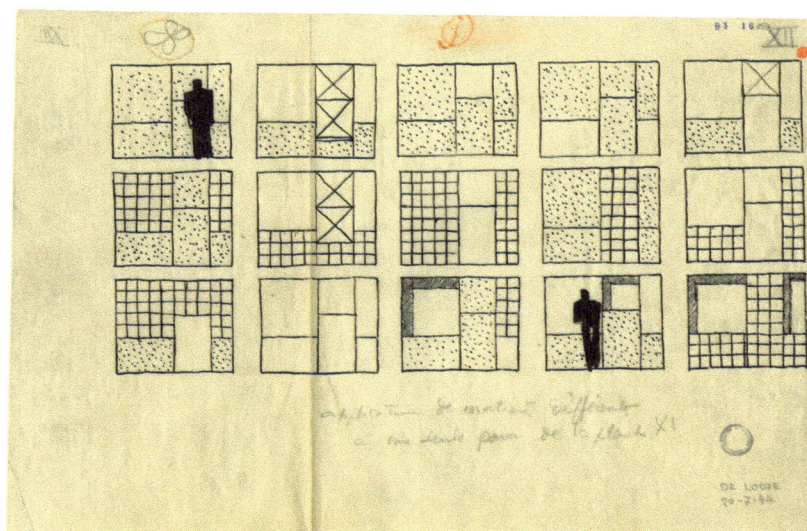

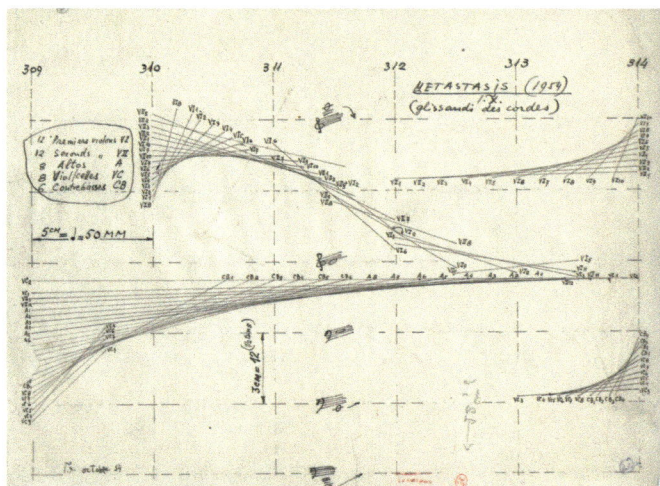

6. Le Corbusier, *Le Modulor*, Boulogne-sur-Seine, Éditions de L'Architecture d'aujourd'hui, 1950
7. Iannis Xenakis, *Metastasis, partition*, 1952, Archives Iannis Xenakis
8. Le Corbusier, *Applications de matériaux différents*, dessin d'Hervé de Looze, 1944. Encre sur papier. Fondation Le Corbusier, Paris

les sensations se trouvent harmonisés entre eux »[23]. Au sein du groupe de travail associé pendant près de huit ans à la mise au point du Modulor, et dans lequel s'investissent Roger Aujame, Gérald Hanning, Hervé de Looze, André Maisonnier, Jean Préveral, Marcel Py, Justino Serralta et Jerzy Sołtan, c'est Élisa Maillard, jeune auteure d'un ouvrage sur le nombre d'or[24], qui introduira l'usage possible de la suite de Fibonacci, qui est un algorithme. Le corps est alors transfiguré en progression géométrique de zéro vers l'infini, par les deux séries de Fibonacci : rouge pour les dimensions générées par le corps humain (1,83 m), bleue pour la dimension de l'homme au bras levé (2,26 m), diminuée de la section d'or. Avec le Modulor s'impose un ordre spatial ouvert à la morphogenèse. Celui-ci réarticule les deux moments de l'œuvre corbuséenne pour libérer le passage vers une approche topologique de l'espace, dont l'acmé est la chapelle Notre-Dame-du-Haut à Ronchamp. Le corps et ses mesures deviennent les pivots de toute spatialisation, que ce soit pour la boîte close du bureau de Le Corbusier à Paris (rue de Sèvres), pour le Cabanon à Roquebrune-Cap-Martin, pour les cellules des unités d'habitation (Marseille, Rezé, Berlin), ou encore pour celles du couvent Sainte-Marie de la Tourette – toutes entités spatiales élaborées à partir du Modulor. Néanmoins, le corps peut étendre une vision tout à la fois organique et mathématique de l'espace, une démesure pourtant portée par des invariants. Tout en travaillant sur la conception du couvent de la Tourette, où il se sert de la suite de Fibonacci pour déterminer les proportions rythmiques des séries de vitrages blancs, Iannis Xenakis utilisera cette suite pour la notation musicale de sa composition *Metastasis* (1953-1954). La même notation sera à l'origine des paraboloïdes hyperboliques

du pavillon Philips (1958). Au colloque « La divina proporzione », lors de la Triennale de Milan (1951), Le Corbusier présente sa conférence sous le titre « Le Modulor et la loi des 7 V ». Il en appelle explicitement à Speiser et reprend l'exemple que ce dernier donnait des sept groupes de transformation, tels que définis par Auguste Bravais[25]. Il poursuit en évoquant cette intrication du Modulor et d'une perception algébrique de la géométrie : « Comme l'a montré le docteur Speiser, les groupes sont comme certaines décisions de l'esprit ou comme l'interprétation de telles décisions. Ils comportent des conséquences extraordinaires, à la condition que l'imagination puisse exploiter le miracle des nombres[26]. » Cette référence à la théorie des groupes est la clé qui permet de comprendre ce que peuvent être des espaces *n*-dimensionnels, longuement étudiés par Henri Poincaré dans *La Science et l'Hypothèse*. Sans doute pour éviter toute confusion avec l'exploitation de la quatrième dimension dans les domaines artistiques, Le Corbusier a peu employé ce concept, lui préférant la notion d'« espace indicible ». À ses yeux, « la quatrième dimension semble être le moment d'évasion illimitée provoquée par une consonance exceptionnellement juste des moyens plastiques mis en œuvre et par eux déclenchée. [...] Alors une profondeur sans bornes s'ouvre, efface les murs, chasse les présences contingentes, accomplit le miracle de l'espace indicible. J'ignore le miracle de la foi, mais je vis souvent celui de l'espace indicible, couronnement de l'émotion plastique[27]. » Et Le Corbusier de se défaire des carcans de l'espace métrique, des géométries traditionnelles, pour laisser le Modulor s'imposer comme un viatique vers l'espace indicible : « Et Vignole – enfin – est foutu ! Merci ! Victoire[28] ! »

LA MAIN OUVERTE
DU SYMBOLE POLITIQUE À LA SIGNATURE ARTISTIQUE

MARIE-JEANNE DUMONT

La Main ouverte aura été une véritable idée fixe, pour Le Corbusier, durant les quinze dernières années de sa vie, presque à égalité, de ce point de vue, avec le Modulor. Cette main levée, aux doigts extrêmes tendus – le pouce et l'auriculaire aussi écartés et horizontaux que possible, les doigts centraux joints et verticaux –, toujours vue du côté de la paume, il l'a dessinée des centaines et des centaines de fois. Il l'a interprétée de toutes les manières, avec tous les matériaux et sur tous les supports ; de façon purement graphique ou picturale, en plan ou en relief. Il en a fait aussi bien des tableaux de chevalet que des incrustations murales, des décors de vaisselle, des médailles ou des lithographies de collection. Il l'a déclinée à toutes les échelles et sur tous les continents : du monument géant au bibelot de cheminée, de l'Inde à la France en passant par l'Amérique latine. Il s'est amusé à prendre des empreintes de sa main droite, directement dans la peinture fraîche (à Cap-Martin) ou par l'intermédiaire d'un moulage de plâtre (à Chandigarh), comme pour mieux disséminer encore un motif qu'il a placé en couverture de ses livres, des catalogues de ses expositions ou à l'entrée de certains de ses édifices. Ses carnets de croquis fourmillent de notes sur la Main ouverte, ses archives, de courriers et de plans sur ce thème. Et loin de s'atténuer avec le temps, l'obsession n'a fait que s'accentuer ; à tel point que l'on a fini par penser à une sorte de signature de

l'architecte. Après sa mort, la Main ouverte est même devenue un logo – celui de la Fondation Le Corbusier –, décliné non seulement sur les papiers à en-tête de l'institution, mais aussi en signalétique patrimoniale, sacs, pin's et autres produits dérivés. À Chandigarh, si la Main ouverte a finalement été érigée, vingt ans après le décès de l'architecte, ce fut grâce à une souscription internationale et parce qu'on y voyait une forme de signature convenant parfaitement à un monument dédié au concepteur de la ville.

Or, pour Le Corbusier, à l'origine, la Main ouverte ne représentait nullement une signature, fût-ce la sienne, mais une idée politique d'une tout autre portée, née dans le contexte d'affrontement idéologique de la guerre froide et greffée sur des thèmes plastiques remontant à l'effervescence artistique des années 1920. Le geste politique consistait à offrir aux pays non-alignés tels que l'Inde – qui avait appelé l'architecte à construire la nouvelle capitale de l'un de ses États – un symbole qui eût la même

---

1. Le Corbusier tenant un moulage en plâtre de sa main droite, publié dans Jean Petit, *Le Corbusier lui-même*, Genève, Éditions Rousseau, 1970, p. 19

évidence que le poing levé des communistes. Le thème plastique était toujours celui de la main, non plus fermée dans une attitude de combat, mais ouverte : un motif certes immémorial mais d'une actualité toute particulière pour les artistes à partir des années 1910, lorsque furent révélés les chefs-d'œuvre de l'art pariétal du Périgord et de la Cantabrie. Entre ces deux pôles, politique et artistique, Le Corbusier avait rassemblé, filé, noué toute une série de réflexions et de figures, des années 1920 aux années 1960 : un processus typique de l'idée qu'il se faisait de la création poétique. Mais avant de se risquer à démêler cet écheveau, il faut rappeler les circonstances dans lesquelles l'architecte a d'abord évoqué et dessiné cette Main ouverte.

LA MAIN OUVERTE DE CHANDIGARH

L'indépendance de l'Inde et du Pakistan en 1947 oblige la jeune république fédérale indienne à doter d'une nouvelle capitale l'État frontalier du Pendjab, dont la capitale historique, Lahore, se trouve côté pakistanais. Deux urbanistes américains sont sollicités et commencent à travailler au plan directeur de Chandigarh lorsque le plus brillant des deux, Matthew Nowicki, trouve la mort dans un accident d'avion. Ce drame conduit les responsables à se mettre en quête d'un nouvel architecte de renommée internationale et à entrer en contact avec Le Corbusier. D'abord hésitant, celui-ci finit par accepter, de Jawaharlal Nehru lui-même, la commande d'une « ville nouvelle, symbole de la liberté de l'Inde, affranchie des traditions du passé, expression de la foi de la nation en l'avenir [1] ». Il parvient à convaincre son cousin et ancien associé Pierre Jeanneret de participer à l'aventure, établit les plans d'urbanisme de la ville à partir du travail des Américains – non sans le corriger au passage – ; et tandis qu'il confie à son cousin et à deux autres architectes anglais, Jane Drew et Maxwell Fry, le soin de dessiner et de réaliser les quartiers d'habitation, il se réserve les études du centre politique et administratif de la capitale. Ce « Capitole », volontairement extrait de la ville comme la tête est séparée du corps, pour reprendre l'une des métaphores qu'il affectionnait, devait comporter les édifices représentatifs des trois pouvoirs : Assemblée législative, Haute Cour de justice et palais du gouverneur, complétés par une grande barre de bureaux pour les administrations ministérielles. Mais voilà que, sur le quatrième côté de l'esplanade autour de laquelle il avait localisé ces trois pouvoirs, apparaît un élément non prévu au programme : une sorte de main ou d'arbre posé sur un socle assez haut pour lui donner une échelle compatible avec la monumentalité de la composition et l'immensité du paysage au fond duquel se découpe la silhouette de l'Himalaya. Le Corbusier évoque le sujet lors d'un entretien avec Nehru, à l'occasion de la présentation des premières esquisses du Capitole, en novembre 1951. Après avoir rappelé les termes de la commande qui lui avait été faite, et notamment que Chandigarh devait être un « symbole de la liberté de l'Inde », il ajoute : « "Depuis 1948, je suis obsédé par le symbole de la Main ouverte. Je voudrais pouvoir la placer au bout du Capitole, devant l'Himalaya. On a voulu m'engager dans la bataille stérile des extrêmes. Je l'ai niée et j'ai

pensé qu'au moment où le monde moderne jaillit en illimitées richesses intellectuelles et matérielles, il fallait ouvrir la main pour recevoir et pour donner..." Nehru sourit doucement, approuve de la tête [2]. » Cette approbation valant commande, à ses yeux, l'architecte poursuit au grand jour les études qui aboutissent, après beaucoup d'hésitations quant au dessin (précisé en août 1954 au terme d'une recherche intense), au dimensionnement (selon le Modulor), au relief, à la structure et à l'emplacement exact de cette main, à un projet définitif daté de novembre 1954, mettant en scène la fameuse Main ouverte, sculpture métallique d'un empan de 13 m, culminant à 26 m de hauteur, hissée sur un tube d'acier, lui-même pris à sa base dans un socle en béton ajouré. Cette main devait dominer, tel un clocher, une enceinte enfoncée de 5 m dans le sol, capable de contenir quelques centaines de personnes sur les gradins de béton dont elle était pourvue sur deux côtés, une rampe d'accès occupant le troisième. Sous la Main et faisant face aux gradins : une chaire à prêcher en béton équipée d'une conque acoustique et quelques tabourets de béton. Tout un chacun aurait pu venir dans la « Fosse de la considération », puisque c'est ainsi qu'il baptisa le lieu, pour y tenir les réunions informelles que peut susciter le débat démocratique, sous la girouette géante que devait constituer cette Main ouverte, montée sur roulement à billes et tournant comme une palme au moindre souffle de vent. Dans une ambiguïté formelle délibérée et savamment entretenue, cette main aérienne pouvait d'ailleurs aussi bien passer pour un oiseau en plein vol, tirant parti du vent. Dans une ambivalence sémantique moins maîtrisée peut-être, ce mouvement de rotation permanent était supposé évoquer non la versatilité des idées, mais le rôle de la contingence dans la direction qu'elles prennent ! Mais qu'elle soit main ou oiseau, fixe ou mobile, et même quand l'architecte eut proposé de la faire réaliser en métal repoussé par des artisans dinandiers indiens et de la peindre aux couleurs du drapeau national, jamais Le Corbusier ne parvint à persuader les responsables, au niveau local ou fédéral, de la construire. Il eut beau frapper à toutes les portes, revoir à la baisse les devis, multiplier les plaidoyers, expliquant inlassablement qu'il ne s'agissait pas d'un caprice d'architecte mais d'un symbole nécessaire, fécond, fédérateur – la « Main ouverte pour recevoir

1. Le Corbusier, dans Willy Boesiger (éd.), *Le Corbusier. Œuvre complète*, vol. 8 : *1965-1969*, Zurich, Les Éditions d'architecture/Éditions Girsberger, 1970, p. 52. / **2.** Page reproduite dans W. Boesiger (éd.), *Le Corbusier. Œuvre complète*, vol. 5 : *1946-1952*, Zurich, Les Éditions d'architecture/Éditions Girsberger, 1953, p. 152 ; texte cité dans Jean Petit, *Le Corbusier lui-même*, Genève, Éditions Rousseau, 1970, p. 105. / **3.** Les largesses du prince Albert Ier de Monaco avaient permis une publication luxueuse mettant en valeur la très grande qualité des dessins de l'abbé Breuil. Le Corbusier avait acquis et conservé deux de ces albums : Docteur Louis Capitan, abbé Henri Breuil, Denis Peyrony, *Peintures et gravures murales des cavernes paléolithiques. La caverne de Font-de-Gaume aux Eyzies (Dordogne)*, Monaco, 1910 ; et Hermilio Alcalde del Rio, abbé Henri Breuil, père Lorenzo Sierra, *Peintures et gravures murales des cavernes paléolithiques. Les cavernes de la région cantabrique*, Monaco, 1912. Henri Breuil devint professeur à l'Institut de paléontologie, puis au Collège de France. Il fut le maître d'André Leroi-Gourhan. L'effet produit par les photos en couleurs des figures de grottes telles que Lascaux, publiées en 1955 par Skira avec un texte de Georges Bataille, était bien différent, la présence de la roche y étant aussi importante que les dessins eux-mêmes. / **4.** Amédée Ozenfant, *Art*, Paris, Éditions Jean Budry et Cie, 1928, p. 5-6. Des « mains préhistoriques » tirées des dessins de l'abbé Breuil (caverne du Castillo, volume sur la Cantabrie) sont reproduites p. 4 et 9. La main d'Ozenfant, quant à elle, occupe la couverture. Il évoque encore cette visite dans ses *Mémoires*, Paris, Seghers, 1968, p. 143-144.

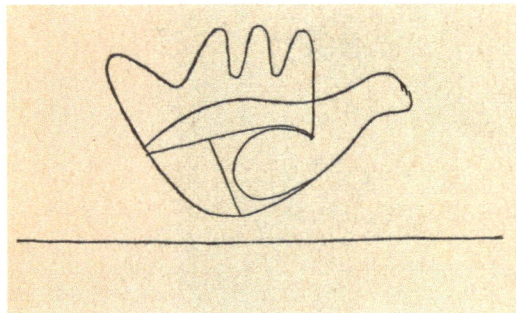

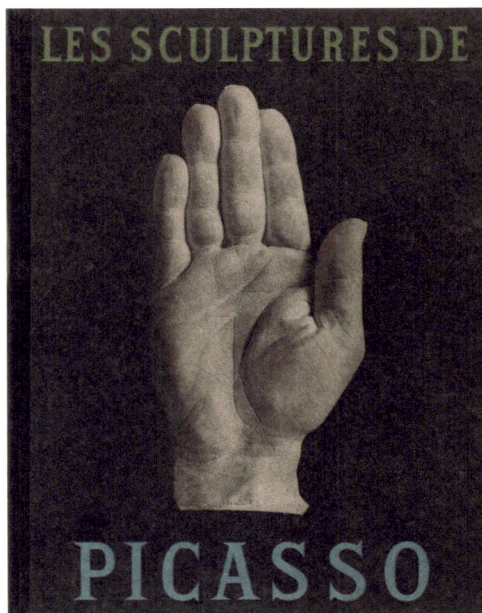

2. Le Corbusier, *La Main ouverte*, Bogota, 1951, repr. dans *Modulor 2*, Boulogne-sur-Seine, Éditions de L'Architecture d'aujourd'hui, 1955, p.273
3. Le Corbusier, *La Main ouverte*, Chandigarh, repr. dans *Le Corbusier secret. Dessins et collages de la collection Ahrenberg*, cat. expo., Lausanne, Musée cantonal des Beaux-Arts, 1987
4. Main de Pablo Picasso par Brassaï. Couverture du livre de Daniel-Henry Kahnweiler, *Les Sculptures de Picasso*, Paris, Éditions du Chêne, 1948

et pour donner » les infinies richesses du monde moderne –, il eut beau supplier Nehru, puis Indira Gandhi, faire appel à André Malraux, distribuer à tous des albums ou des maquettes en guise de pense-bête, jamais il ne réussit à emporter la décision.

Ayant échoué à Chandigarh, il tenta de placer ce symbole ailleurs : sur le parapet d'un barrage indien, à Bhakra, à l'entrée d'une maternelle, dans les pages du *Poème de l'angle droit*, parmi les images de cette sorte de montage audiovisuel qu'est le *Poème électronique* racontant l'épopée de la création artistique, sur la couverture de toutes les rééditions de ses livres, dans ses expositions, etc., au risque de brouiller un peu plus la signification de cette main mal comprise dès l'origine et qui, à mesure qu'elle était disséminée, glissait insensiblement du symbole politique à la signature artistique, tout en restant accrochée à son étrange devise : donner et recevoir.

LA MAIN HABILE DE L'HOMO FABER

L'échec n'était-il pas prévisible ? Un symbole politique peut-il vraiment être inventé par un artiste dans la solitude de son atelier ? Le poing levé n'avait-il pas été une sorte d'improvisation collective des foules révolutionnaires ? Alors, pourquoi tant d'acharnement ? Pour comprendre l'importance prise par ce motif de la main dans l'esprit de son concepteur, il est nécessaire de replacer cette tentative dans le cadre plus général de l'histoire des idées et dans le calendrier des avant-gardes artistiques.

Dans les années 1910, la découverte de l'art pariétal des grottes du Périgord et de la Cantabrie, à travers les publications illustrées de l'abbé Breuil, avait été un choc pour les milieux intellectuels et artistiques européens [3]. Faute de pouvoir photographier les figures animalières des grottes – le noir et blanc ne donnant rien de suggestif –, ce paléontologue avait entrepris de les relever à la main, dans des conditions dont on imagine la pénibilité (allongé sur des paillasses végétales, à la lueur des bougies, pendant des jours entiers...), puis de les réinterpréter au pastel sur papier pour pouvoir les étudier et les communiquer. Ce faisant, il avait choisi d'effacer toute trace du support et épuré, en quelque sorte, les dessins. Et sans doute ne pouvait-il guère faire autrement ; mais toujours est-il que la version sublimée des figures préhistoriques qu'il avait livrée se prêtait d'autant mieux à une interprétation artistique que, à côté des bisons, des gazelles et des chevaux, se trouvaient aussi, à certains endroits, des empreintes de mains que l'on pouvait supposer être celles des auteurs de ces dessins du paléolithique ! Il n'est pas un peintre du début du XXe siècle qui n'ait contemplé les animaux redessinés par l'abbé Breuil et regardé ces « mains négatives » comme étant celles de ses prédécesseurs : les premiers artistes de l'humanité ; pas un qui n'ait médité sur la perfection de cet art, premier mais pas primitif, et qui n'ait été saisi par le vertige de la dilatation du temps humain. Certains, comme Amédée Ozenfant, étaient allés visiter les grottes des environs des Eyzies et en étaient revenus avec « la plus forte secousse de leur vie [4] ». Ce « choc prodigieux », comme il l'avait prédit, va en effet produire de « longs échos et retentissements ». Dans les années qui suivent, la main connaît un spectaculaire regain d'intérêt parmi les artistes de l'avant-garde. Ozenfant et Jeanneret publient dans *L'Esprit nouveau*, en 1922, un article au titre révélateur : « De la peinture des cavernes à la peinture d'aujourd'hui [5]. » Quelques années plus tard, Ozenfant met l'empreinte de sa main en couverture de son manifeste personnel, *Art*. Les surréalistes font de la main l'un de leurs motifs préférés : André Breton joue avec des mains et des gants ; Man Ray multiplie les photos, les films et les jeux de mots sur la main ; Max Ernst en met plein ses collages et Léopoldine Hugo la tire vers l'occultisme. Giacometti grave des mains préhistoriques sur des blocs de marbre ou les insère dans des espaces métaphysiques. Fernand Léger dessine les mains tordues par l'effort des travailleurs. Picasso s'y met aussi, prend l'empreinte de sa main, en bas-relief puis en ronde-bosse, et lui donne les honneurs de la couverture du volume consacré aux photos de ses sculptures.

Savants et intellectuels ne sont pas en reste. Après avoir authentifié les gravures rupestres des grottes de ces régions du sud-ouest de la France et du nord de l'Espagne, les paléontologues reprennent et précisent, dans le prolongement du schéma évolutionniste, les étapes de l'hominisation et mettent en évidence l'enchaînement qui a mené de la conquête de la bipédie au développement du cerveau, en passant par la libération de la main : ils baptisent *homo habilis* cet ancêtre capable de se servir de ses mains pour utiliser des outils plutôt que pour marcher. Les philosophes, quant à eux, préfèrent nommer *homo faber* le héros de ce qui apparaît dès lors comme une véritable épopée humaniste, dont Henri Bergson se fait le chantre dans *L'Évolution créatrice*. L'attitude de Paul Valéry, dans l'entre-deux-guerres, est révélatrice du vertige que ces questions provoquent chez les intellectuels : quoique n'osant croire aux trop beaux scénarios de la paléontologie, il ne peut échapper aux méditations sur l'*homo faber*, sur le rôle de la main, les interactions de la main et du cerveau, le paradoxe du créateur travailleur, etc. Il l'évoque à mainte reprise : dans sa préface au recueil photographique *La France travaille*, dans ses *Cahiers*, et puis surtout dans les fameux quintils des frontons du palais de Chaillot, glorifiant « la main prodigieuse de l'artiste, égale et rivale de sa pensée. L'une n'est rien sans l'autre. »

Dans les années 1930, c'est devenu un lieu commun que de s'interroger sur la main créatrice, de se passionner pour le faire, la fabrication, le travail. Henri Focillon écrit un *Éloge de la main*. Denis de Rougemont intitule *Penser avec les mains* – selon une expression qui se répand alors dans l'argot des ateliers – un essai politique. *L'Encyclopédie française* consacre un chapitre à la chirologie (éphémère science de la main) et entame le volume consacré aux arts par un chapitre sur « l'artiste ouvrier », illustré par les palettes des grands peintres modernes, les manuscrits des grands écrivains et… l'autoportrait gravé de la main de Valéry !

C'est bien dans ce contexte que les peintres font de la main un thème privilégié et volontiers une signature. Dans l'après-guerre, cet *homo faber* cher aux intellectuels va trouver son incarnation la plus éclatante en Picasso. Ayant choisi d'adhérer au parti communiste en 1944, le grand artiste devient à cette époque le potier de Vallauris, se rapprochant par là du statut de travailleur manuel ; il posera d'ailleurs mains grandes ouvertes devant l'objectif de Robert Doisneau.

Cette multiplicité de significations attachée à la main, dans les années 1920 et 1930, on n'a aucun mal à la reconnaître dans les diverses manifestations du motif chez Le Corbusier. Ses tableaux de la période postpuriste y font largement appel. En 1937, il fait de la main tendue du tribun le thème de couronnement d'un monument commémoratif dédié à Paul Vaillant-Couturier. Il n'a pas même dérogé aux développements sur la main qui pense : « Ce n'est pas en prenant de grands crayons et de grands fusains, en balafrant du papier ou des tableaux noirs avec des craies, qu'on fait du grand et du moderne. C'est avec de la tête, et une main qui obéit à cette tête et qui dessine rigoureusement ce qui doit être fait. La main dessine de la géométrie et vous pouvez la faire dessiner par ce qu'on appelle des nègres. […] L'autre manière de dessiner, des mains, c'est ma main à moi de peintre ou de dessinateur. Quand je dessine, le dessin est fait avant que je l'aie pensé. C'est contraire à toutes les théories que nous avons pu émettre autrefois, quand nous étions plus jeunes. On disait qu'aucune chose ne peut être dessinée si elle n'a été pensée. Mais vous avez une bête à l'intérieur, qui pense. Et cette bête commande à votre main, qui pense. Et vous avez une masse instinctive, puissante et une immense… une espèce de… enfin un être vivant, qui n'est pas que de cerveau [6]. »

LA MAIN POUR RECEVOIR ET POUR DONNER

Mais cet intérêt ne suffit pas à expliquer la devise que Le Corbusier va accoler au thème dans les années 1950 : celui d'une main « ouverte pour recevoir et pour donner ». Cette main qui travaille et qui pense, cette main qui symbolise le créateur, pourquoi serait-elle plus particulièrement chargée de recevoir et de donner ? Pour comprendre ce dernier aspect, il faut poursuivre l'enquête du côté des nouvelles sciences de l'homme qui sont apparues dans le paysage intellectuel des années 1920. Outre les cours de Bergson, il existait dans le Quartier latin un autre séminaire fondamental, quoique certainement moins couru : celui que Marcel Mauss donnait en Sorbonne, à l'École pratique des hautes études. Sociologue de formation, mais ayant entrepris d'élargir les horizons de la discipline en tirant parti des données de l'ethnologie sur les sociétés primitives, Mauss publia en 1923-1924 un *Essai sur le don*, dans lequel il mettait en lumière les principes paradoxaux de l'économie des sociétés primitives : des sociétés dans lesquelles certaines formes de gaspillage faisaient partie des règles ; des économies qui, par conséquent, ne pouvaient être interprétées avec les concepts élémentaires de l'utilitarisme moderne. Ainsi du

5. A. Ozenfant, Charles-Édouard Jeanneret, « De la peinture des cavernes à la peinture d'aujourd'hui », *L'Esprit nouveau*, n° 15, 1922, p. 1795-1802. Un bison dessiné par l'abbé Breuil est aussi reproduit dans *L'Esprit nouveau*, n° 19, 1923, n.p. / **6.** Le Corbusier, entretien radiophonique de Georges Charensol, dans Marguerite Marniquet (éd.), *Le Corbusier. Entretiens avec Georges Charensol (1962) et Robert Mallet (1951)*, livre audio, Vincennes, Frémeaux & associés, 2007. / **7.** Georges Bataille, « La notion de dépense », *Œuvres complètes*, Paris, Gallimard, t. I, 1992, p. 309. / **8.** Son nom apparaît sur le papier à en-tête du Congrès mondial des intellectuels pour la paix, comme membre du comité d'organisation franco-polonais, aux côtés d'une pléiade d'artistes et d'universitaires, parmi lesquels Picasso, Léger, Georges Duhamel, Vercors, entre autres. Mais un courrier, qui lui est envoyé par le secrétariat de l'organisation, le 29 juillet 1948, montre bien qu'il avait déjà manifesté sa répugnance à venir à Wrocław, puisqu'il fait état de l'insistance amicale de Paul Éluard [FLC, E1-2-19].

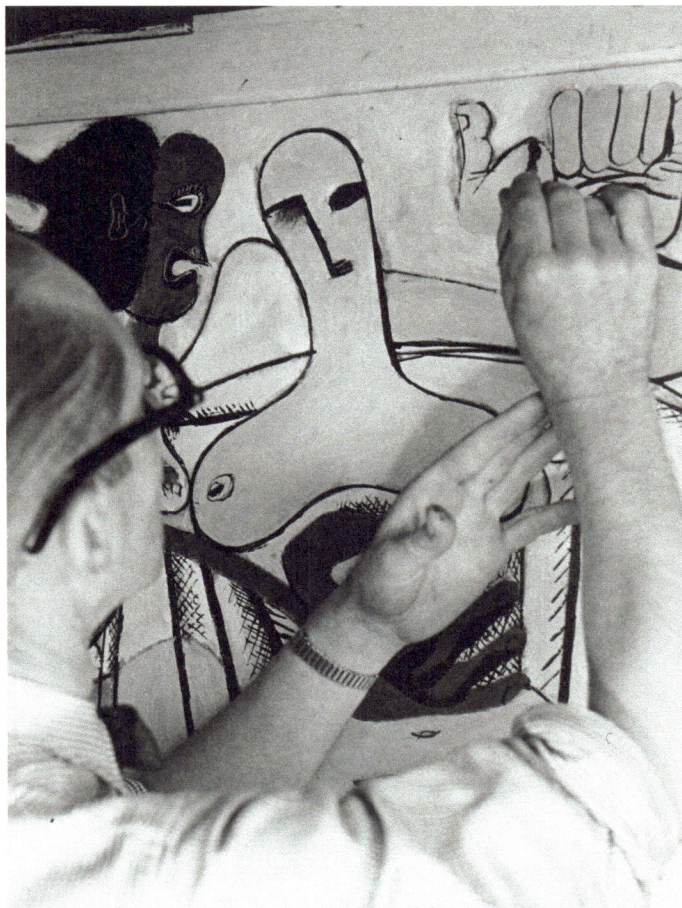

5. Le Corbusier, *Main et personnage*, 1948, repr.
dans *Le Corbusier secret. Dessins et collages
de la collection Ahrenberg*, cat. expo., Lausanne,
Musée cantonal des Beaux-Arts, 1987, p.135
6. *Le Corbusier peignant*. Photographie d'André Steiner,
épreuve gélatino-argentique, 1937. Centre Pompidou,
Mnam-CCI, Paris. Achat grâce au mécénat d'Yves Rocher,
2011

potlatch des tribus indiennes d'Amérique du Nord, qui était « don considérable de richesses, offertes ostensiblement dans le but d'humilier, de défier et d'obliger un rival [7] ». Celui qui recevait le « don » était tenu de relever le défi par un don réciproque plus grand encore ; le premier devait le rendre et ainsi de suite jusqu'à épuisement des adversaires. Au risque de pénuries alimentaires incompréhensibles aux yeux des modernes, on détruisait ainsi de façon périodique et rituelle des richesses importantes, pour concrétiser des rivalités entre clans ou entre tribus. Donner, recevoir, rendre y étaient des obligations sociales. Et Mauss avait collationné des données analogues dans toutes sortes de civilisations anciennes et jusqu'en Inde.

Quoique peu diffusé à l'époque, cet essai avait tout de même eu des lecteurs de choix, parmi lesquels Claude Lévi-Strauss, bien sûr, mais aussi Michel Leiris et Georges Bataille, qui se chargèrent de faire passer ces idées ou ces hantises dans les cercles artistiques, et notamment surréalistes. Le Corbusier avait-il lu Marcel Mauss ? Ce n'est pas attesté. En revanche, il est certain qu'il a lu un autre essai, largement inspiré du premier et signé, celui-ci, de Georges Bataille. Dans *La Part maudite*, paru en 1949, Bataille adaptait au monde contemporain les phénomènes mis en lumière par Mauss pour les sociétés primitives. Il suffisait de transposer les noms : la guerre froide et ses surenchères, sa course aux armements engloutissant année après année toutes les richesses produites par les deux adversaires qu'étaient l'URSS et les États-Unis : c'était une sorte de grand *potlatch* contemporain que Bataille s'efforçait de mettre en évidence, grâce aux concepts de l'ethnologie.

Ce livre, qui lui avait sans doute été offert par l'auteur puisqu'il lui est aimablement dédicacé, Le Corbusier l'avait lu avec d'autant plus d'intérêt que lui-même se sentait très mal à l'aise dans ce climat de guerre froide. À la suite de Picasso, beaucoup d'artistes et de ses amis avaient adhéré au parti communiste. Lui-même, à leur demande, s'était laissé convaincre de rejoindre un nouveau mouvement des intellectuels pour la paix et aurait volontiers participé à ses manifestations, s'il n'avait découvert assez vite que cette organisation était noyautée par les Soviétiques. Invité à se rendre au premier Congrès mondial des partisans de la paix, à Wrocław en août 1948, et malgré l'insistance personnelle de Paul Éluard et celle d'Helena Syrkus, architecte polonaise membre des Congrès internationaux d'architecture moderne (Ciam), il avait catégoriquement refusé [8]. Il évoquera jusqu'aux menaces (« pistolet sur la nuque ») dont il aurait fait l'objet [9]. Picasso, au contraire, s'était fait un devoir d'aller à Wrocław ; Fernand Léger aussi. Le Corbusier avait fini par envoyer une déclaration, dans laquelle il affirmait son refus du dilemme des deux grands blocs. Il fera plus tard de ce geste et de cette date le point de départ de ses réflexions pacifistes. En cet été 1948, au cours duquel il avait commencé à retravailler en dessin le thème de la main, flottant comme un nuage ou une coquille, au-dessus d'un horizon marin devant lequel se tenaient des baigneurs, il avait d'ailleurs associé les deux : la main ouverte et l'idée de paix. L'année suivante, en avril 1949, il avait réitéré son refus de participer au deuxième Congrès mondial des partisans de la paix, tenu à Paris celui-ci, au moment même où l'URSS était enfin parvenue à produire la

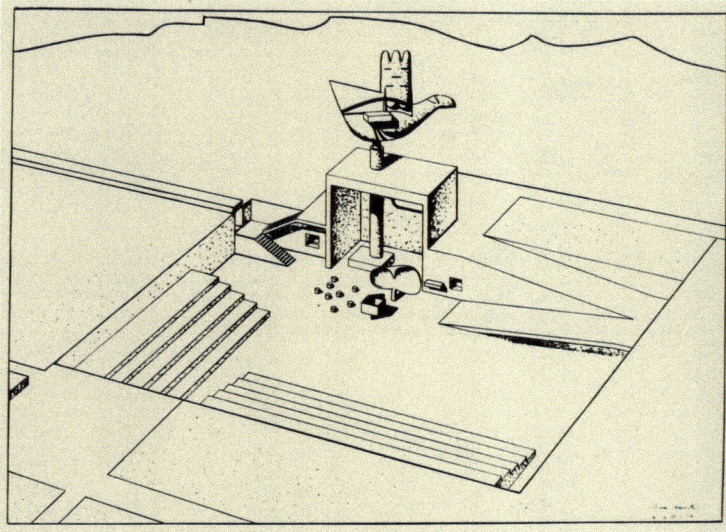

7. Le Corbusier, *La Main ouverte*, Chandigarh,
axonométrie, dans *Œuvre complète*, vol. 6 : *1952-1957*,
Zurich, Girsberger, 1953, p. 93
8. *Le Corbusier dans son atelier (cabane de chantier)
à proximité du Cabanon*. Photographie de Lucien Hervé,
s.d. Fondation Le Corbusier, Paris

bombe atomique. Dans ce refus de prendre parti pour l'un des deux blocs, il s'était senti marginalisé parmi les siens, mais d'autant plus proche des pays émergents, comme l'Inde, qui étaient en train de faire de ce refus un mouvement, mondial lui aussi. Dans ces circonstances, la commande de Chandigarh, en décembre 1950, représentait une formidable opportunité : celle de desserrer l'étau intellectuel dans lequel il se sentait pris et de pouvoir travailler pour ceux qui partageaient ses options. Et quoi de plus utile à ce nouveau mouvement des non-alignés que de disposer d'un symbole de la paix, qu'ils représentaient bien mieux, aux yeux de Le Corbusier, que le mouvement dit des partisans de la paix, inféodé à Moscou. C'est ainsi que l'on peut raisonnablement expliquer la commande qu'il se donne à lui-même de faire de la Main ouverte ce nouveau symbole. Mais un artiste seul pouvait-il vraiment espérer donner corps à un symbole, par nature collectif ? C'est précisément ce que Picasso était en train de réussir pour le mouvement d'inspiration communiste !

L'anecdote est bien connue : à l'occasion du deuxième Congrès mondial des partisans de la paix, celui de Paris en 1949, Picasso avait été prié par les organisateurs de fournir une illustration pour l'affiche. Trop occupé à réaliser des lithographies dans l'atelier de Fernand Mourlot, le peintre n'avait pas fait une œuvre *ad hoc* mais laissé Louis Aragon fouiller dans les cartons à dessins qui l'encombraient. Ayant extrait un dessin de colombe qui lui convenait, Aragon se serait vu rétorquer par l'artiste que la colombe en question était un pigeon, oiseau très querelleur qui ferait un bien mauvais symbole de paix [10]. Mais le poète avait sans doute d'autres références, plus littéraires, et avait emporté sa lithographie. L'année suivante, de nouveau sollicité, Picasso avait remis cela avec une colombe en vol, puis une colombe aux ailes déployées, puis une colombe portant un rameau d'olivier, etc., et ainsi était né (ou avait été réactualisé) par le plus grand des hasards le thème de la colombe de la paix, sur lequel Picasso fournira des variations pendant des années pour tous les congrès

de l'organisation. Si Picasso l'avait fait sans le vouloir, pourquoi Le Corbusier n'en ferait-il pas autant, en le voulant ? Cette rivalité artistique, comment n'y pas songer lorsque l'on voit l'acharnement de l'architecte à travailler son motif, en l'absence de toute commande et contre tous les commanditaires ? C'est parce qu'il avait en tête la colombe de Picasso que Le Corbusier, sans doute, a poussé jusqu'au bout l'ambiguïté formelle de sa main ouverte avec un oiseau, en faisant du pouce une tête, de son ongle un bec, de l'auriculaire un empennage et des autres doigts des ailes déployées. Pourquoi cette forme, autrement plus riche et complexe que celle de Picasso, n'aurait-elle pas pu être adoptée par les vrais partisans de la paix qu'étaient les non-alignés ?

La lecture de *La Part maudite* [11], en 1953, lui fournira l'argumentaire nécessaire à la promotion de son nouveau symbole auprès des hommes politiques : il reprend la théorie du *potlatch*, mais en en inversant les signes, en transformant l'analyse des causes de la destruction des richesses énergétiques du monde en plaidoyer pour leur conservation et leur partage. Là où Georges Bataille voit une nouvelle guerre entre URSS et États-Unis, Le Corbusier veut imaginer la possibilité d'une paix. Là où Bataille évoque les sociétés du sacrifice individuel, il pense au don qu'il n'a cessé de faire toute sa vie, de son travail, de sa peinture, sans aucune contrepartie d'argent. On trouve l'écho de ces réflexions dans ses lettres à Nehru, et notamment dans celle du 26-27 novembre 1954, rédigée pour accompagner le projet définitif de la Main ouverte et dans laquelle il écrit : « Le monde subit dans la fièvre l'étreinte de contradictions mortelles. C'est entendu ! Le monde pourrait éclater ! C'est possible ! La civilisation machiniste, en cent années de conquêtes scientifiques et techniques, verra bientôt fleurir son effort.
– une science universellement recherchée, pratiquée et développée ;
– un équipement technique inouï, révolutionnaire dans l'histoire humaine, capable de produire sans limites des produits de consommation féconde ;

– une information sensationnelle due aux progrès de la photographie, du cinéma, de l'enregistrement sonore, embrasse un domaine étendu entre les espaces astronomiques et les profondeurs microscopiques ;

– cette information, par l'effet de l'imprimerie, de la radiophonie et de la télévision, est répandue universellement avec la rapidité de l'éclair, revêtue de précision et d'exactitude. Chaque jour, la terre est instruite de sa propre palpitation :

– l'aéronautique s'est ajoutée aux moyens de transport terrestres ou maritimes ; la route d'air a introduit une modification majeure des rapports entre les groupes humains, ce sont des hommes idoines qui voyagent et vont en rencontrer d'autres. Ils se regardent entre quatre yeux ;

– enfin, la fission de l'atome va bouleverser les sources de l'énergie et, par suite, la production. La peine humaine, la disette pourront être un jour écartées...

L'abondance apparaît comme le signe de l'époque. La main ouverte pour recevoir, la main ouverte pour donner, peut être choisie comme matérialisation symbolique de tant de victoires ! Or, c'est à ce moment précis, aujourd'hui qu'un destin contraire prétendrait nous maintenir dans la terreur des guerres possibles ?

L'Inde n'a pas eu à vivre le siècle, aujourd'hui écoulé, des troubles du premier machinisme. Elle s'éveille, au contraire, intacte, à l'heure de toutes les possibilités. Mais l'Inde n'est point un pays tout neuf ; elle a vécu les plus hautes et les plus anciennes civilisations. Elle possède une intelligence, une éthique et une conscience.

L'Inde pourrait estimer précieuse la conjoncture de dresser dans le Capitole de Chandigarh actuellement en construction, au milieu des palais abritant ses institutions et son autorité, le signe symbolique et évocateur de la Main ouverte : ouverte pour recevoir les richesses créées, ouverte pour les distribuer à son peuple et aux autres...

La Main ouverte affirmera que la seconde ère de la civilisation machiniste a commencé : l'ère d'harmonie. Chandigarh s'offre aujourd'hui providentiellement pour porter ce témoignage [12]. »

C'était un *potlatch* retourné, en quelque sorte, que proposait Le Corbusier : un *potlatch* qui n'aurait plus été un processus de destruction, mais de partage des richesses du monde moderne.

L'année suivante encore, dans une lettre du 21 juillet 1955, il supplie Nehru de faire ce geste d'une « immense portée mondiale » consistant à dresser pour la première fois, en Inde, la Main ouverte comme symbole de l'adhésion à ce mouvement pacifiste et solidaire.

Durant toute la durée du chantier de Chandigarh, sur lequel Le Corbusier se rend deux fois par an, il ne se passe pas de visite sans qu'il n'évoque le projet ou n'entreprenne de nouvelles démarches ; pas d'année sans qu'il n'écrive une nouvelle lettre à Nehru. Il y a quelque chose de pathétique dans cet entêtement, qui force à comparer la situation des trois symboles : d'un côté, le poing levé des communistes – lancé, semble-t-il, dans l'Allemagne de la république de Weimar – qui s'était répandu comme une traînée de poudre dans l'Europe de l'entre-deux-guerres sans que jamais il n'ait été nécessaire de l'expliquer ou de l'imposer ; de l'autre, cette main ouverte, s'avançant bardée de contenus, mais orpheline de toute caution politique. D'un côté, Picasso, qui avait trouvé le symbole de la paix sans l'avoir cherché ; de l'autre, Le Corbusier qui cherche sans trouver ou, plus exactement, sans parvenir à imposer. Un symbole incompris est-il encore un symbole ? Évidemment pas. Le retournement de ce geste politique avorté en signature artistique était sans doute la dernière issue : c'est d'ailleurs à la première personne que Le Corbusier énonce sa devise dans les dernières années : « Pleine main j'ai reçu, pleine main je donne. »

9. Voir Le Corbusier, lettre à Jawaharlal Nehru, 21 juillet 1955, cité par Jean Petit, *op. cit.*, p.116-117. / **10.** L'anecdote a été racontée plusieurs fois par Pierre Daix, dans ses ouvrages sur Picasso. / **11.** Georges Bataille, *La Part maudite. Essai d'économie générale. La consumation*, Paris, Les Éditions de Minuit, « L'usage des richesses », 1949. L'ouvrage, conservé et largement annoté par Le Corbusier, porte la dédicace suivante : « À Monsieur Le Corbusier en témoignage d'admiration et de sympathie, Georges Bataille. » En dernière page, Le Corbusier a noté la date de fin de lecture : 19 nov. 1953. Je remercie Philippe Duboy d'avoir attiré mon attention sur cet ouvrage de la bibliothèque personnelle de l'architecte. / **12.** Le Corbusier, cité dans Jean Petit, *op. cit.*, p. 177.

1 / Le Corbusier, *Le Cirque, femme et cheval*, 1929. Huile sur toile, 81 x 65 cm. Collection Taisei, Tokyo

2 / Le Corbusier, *Deux Femmes assises*, 1929. Huile sur toile, 81 x 100 cm. Fondation Le Corbusier, Paris

3 / Le Corbusier, *La Main et le Silex* ou *La Main rouge*, 1930. Huile sur toile, 97 x 130 cm. Collection particulière

4 / Le Corbusier, *La Femme au guéridon et au fer à cheval*, 1928. Huile sur toile, 146 x 89 cm. Fondation Le Corbusier, Paris

1

2

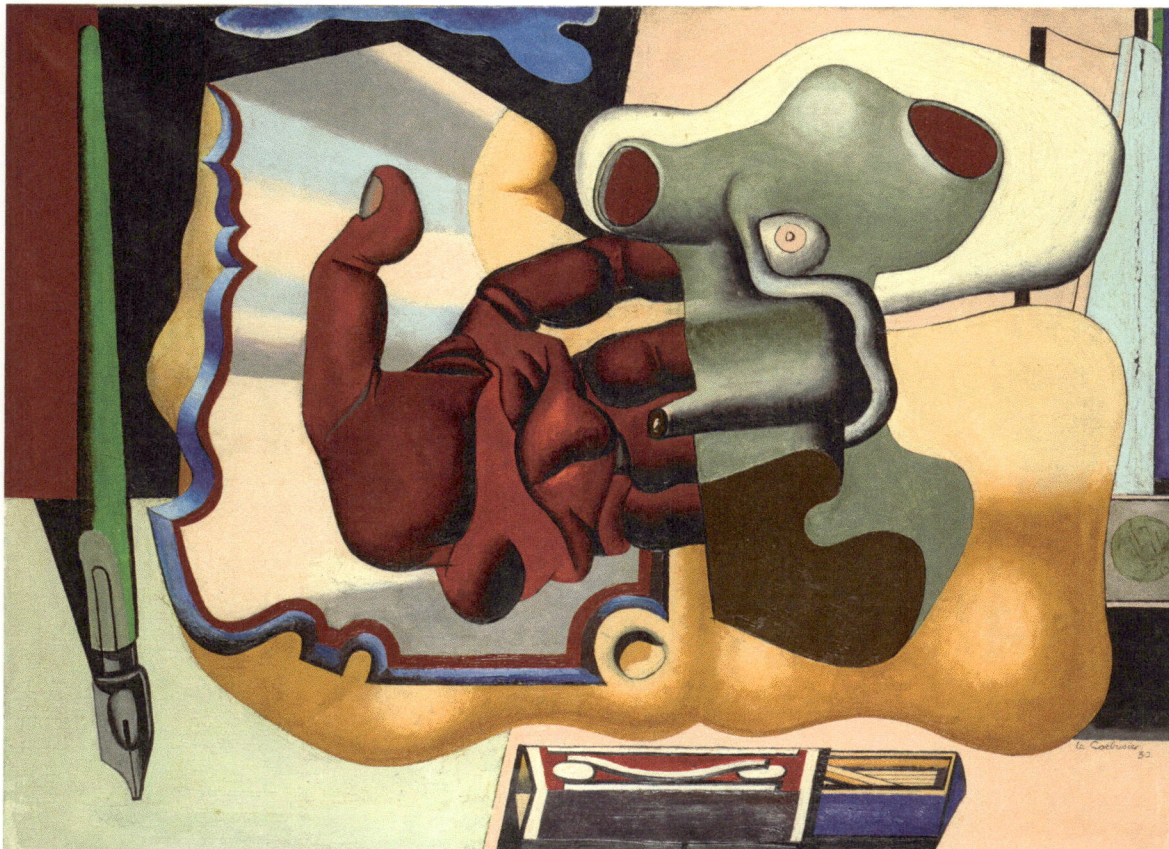

3

1 / Le Corbusier, *Nature morte dite « harmonique périlleuse »*, 1929. Huile sur toile, 96 x 130 cm. Centre Pompidou, Mnam-CCI, Paris

1

2 / Le Corbusier et Joseph Savina,
Le Petit Homme, 1944. Bois naturel,
40 x 10 x 10 cm. Fondation
Le Corbusier, Paris

3 / Le Corbusier et Joseph Savina,
Femme, 1953. Bois polychrome,
183 x 69 x 20 cm. Fondation
Le Corbusier, Paris

4 / Le Corbusier présentant
sa sculpture *Femme*. Tirage
photographique, s.d. Collection
particulière

2

3

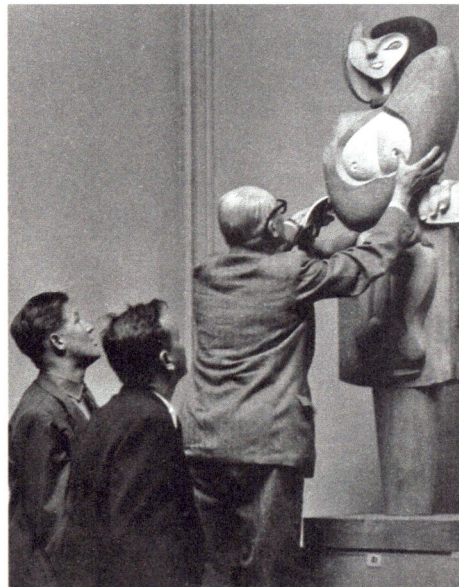

4

1 / Le Corbusier, *Quatre Baigneuses sur une plage devant les rochers*, 1935. Pastel lavé, encre brune, graphite sur papier vélin, 20,3 x 25,3 cm. Collection particulière

2 / Le Corbusier, *Femme assise et femme couchée*, s.d. Graphite sur papier vélin, 21 x 25,5 cm. Fondation Le Corbusier, Paris

3 / Le Corbusier, *La Joueuse d'accordéon et le Coureur*, 1932. Huile sur toile, 146 x 114 cm. Collection Taisei, Tokyo

4 / Le Corbusier, *Femme avec accordéon assise devant table*, 1932-1936. Graphite et crayon de couleur sur papier, 31,1 x 21 cm. Fondation Le Corbusier, Paris

5 / Le Corbusier, *Deux Femmes debout à la chaise*, 1936. Huile sur toile, 130 x 97 cm. Fondation Le Corbusier, Paris

1

2

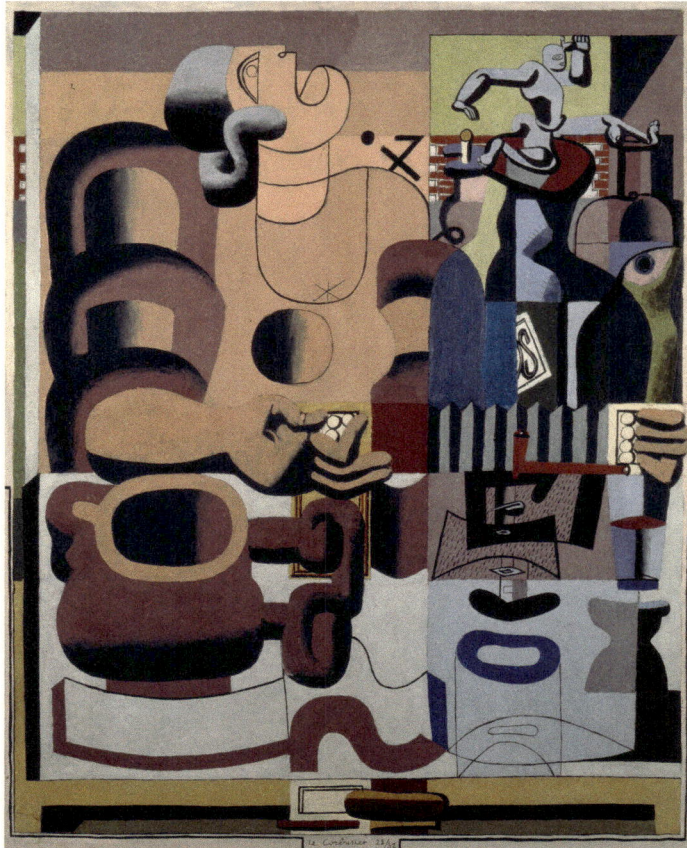

3

4

Le Corbusier
36

1 / Le Corbusier, *L'horreur surgit*,
1940. Huile sur toile, 130 x 97 cm.
Fondation Le Corbusier, Paris

2 / Le Corbusier, *Peinture murale pour la maison de Jean Badovici à Vézelay*, 1936. Fresque retirée du mur et marouflée sur toile, 253 x 375 cm. Collection Favatier

3 / Le Corbusier, *Chute de Barcelone I*, 1939. Huile sur toile, 27 x 46 cm. Collection particulière

2

3

1 / Le Corbusier, *Le Modulor*, étude de l'échelle, 1945. Gouache, film synthétique autoadhésif et encre noire sur papier, 25,5 x 45,8 cm. Fondation Le Corbusier, Paris

2 / Le Corbusier dans son atelier rue de Sèvres à Paris, 1959. Photographie de René Burri. Épreuve gélatino-argentique, 50,5 x 60,6 cm. Centre Pompidou, Mnam-CCI, Paris

3 / Le Corbusier, *Modulor II*, s.d. Crayon noir et crayon de couleur sur calque, 59,6 x 40,9 cm. Fondation Le Corbusier, Paris

4 / Le Corbusier, *Le Modulor*, étude de l'échelle, 1945. Crayon noir et crayon de couleur sur calque, 25,2 x 32,4 cm. Fondation Le Corbusier, Paris

5 / Le Corbusier, *Le Modulor*, 1950. Encre de Chine, collage original de papiers gouachés et découpés, 70 x 54 cm. Centre Pompidou, Mnam-CCI, Paris. Don du Crédit immobilier de France

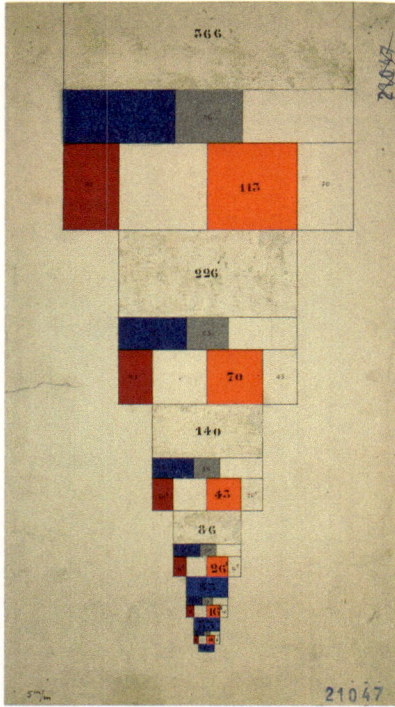

1

2

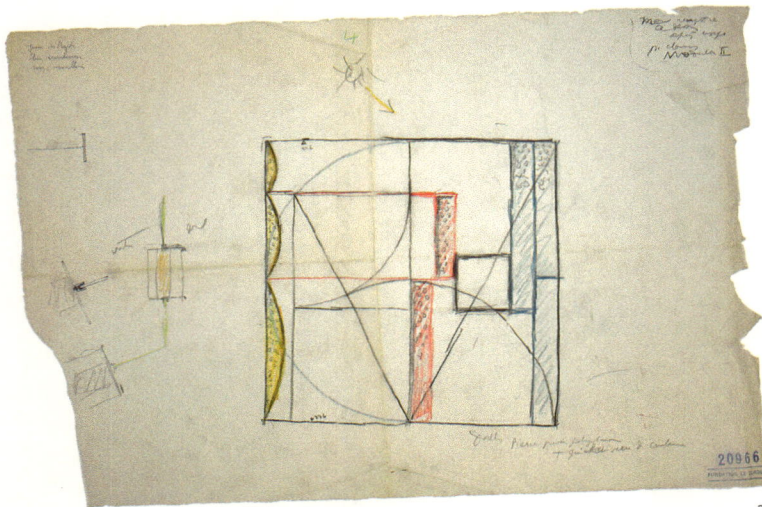

3

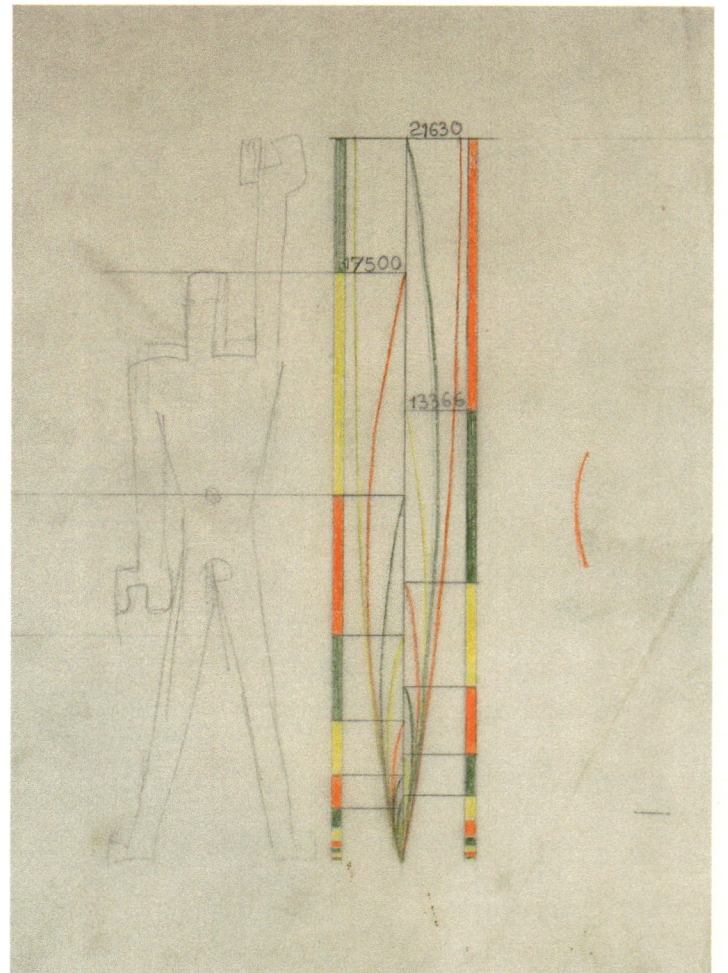

4

1 / Le Corbusier, *Modulor*, étude,
s.d. Crayon noir, crayon de couleur
et encre noire sur calque,
42,8 x 48,8 cm. Fondation
Le Corbusier, Paris

2 / Le Corbusier, *Le Modulor*, étude
de l'échelle, 1945. Crayon noir
et crayon de couleur sur calque,
40,3 x 41 cm. Fondation
Le Corbusier, Paris

3 / Le Corbusier, *Le Modulor*,
étude de l'échelle, 1945. Encre
noire et crayon de couleur sur
calque, 21 x 17 cm. Fondation
Le Corbusier, Paris

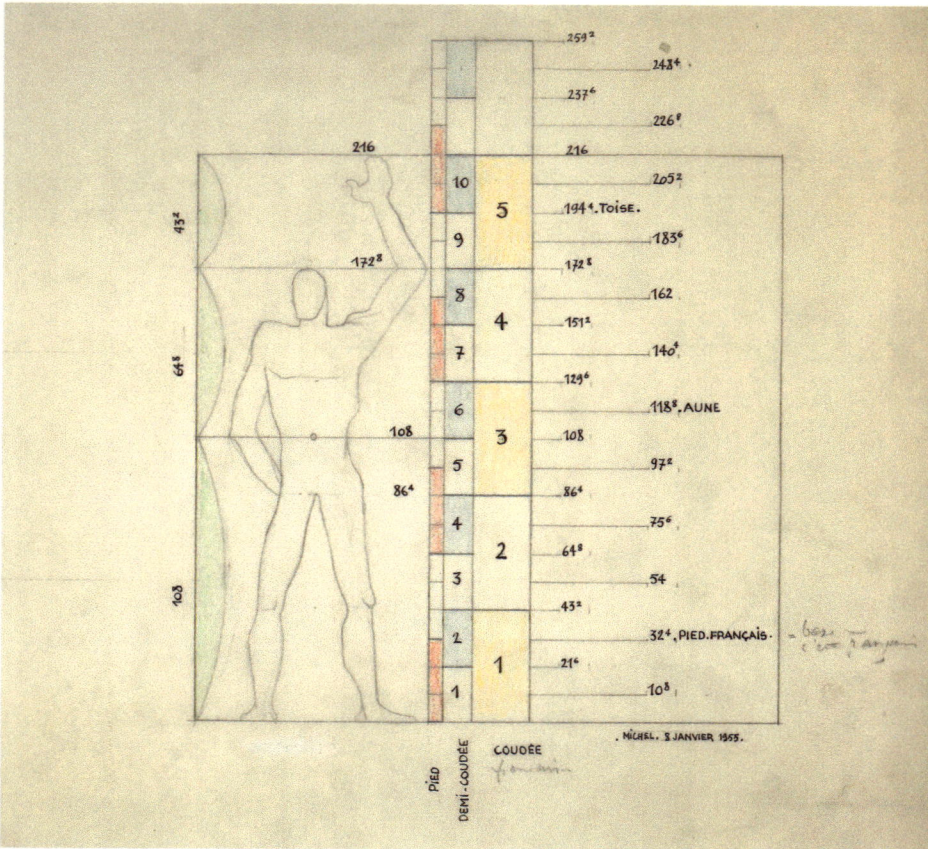

1

2

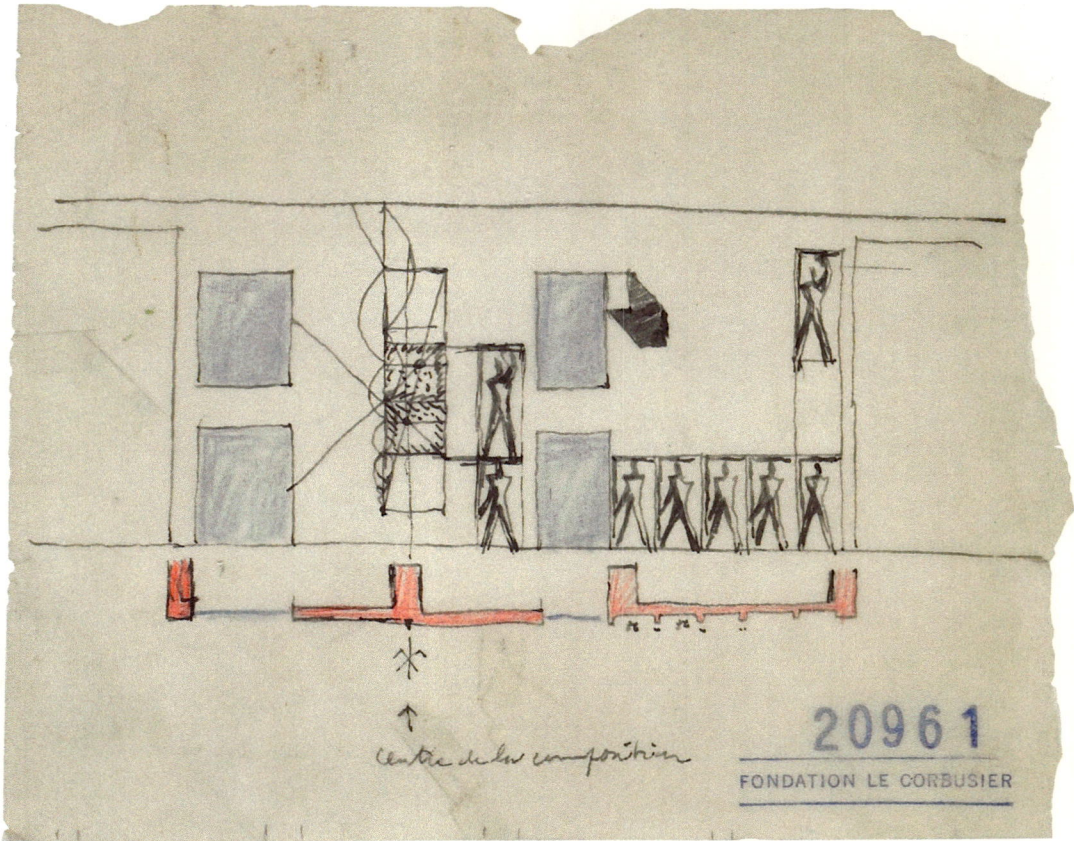

3

4 / Le Corbusier, *Le Modulor*, étude, 1945. Encre noire, crayon noir et crayon de couleur sur calque, 47,6 x 53,9 cm. Fondation Le Corbusier, Paris

5 / Le Corbusier, *Le Modulor*, dessin pour illustrer l'ouvrage, 1945. Encre de Chine, crayons noir et bleu sur calque, 39,3 x 59,5 cm. Fondation Le Corbusier, Paris

6 / Le Corbusier, *La Fontaine Modulor*, s.d. Encre noire et crayon de couleur sur calque, 30 x 21,8 cm. Fondation Le Corbusier, Paris

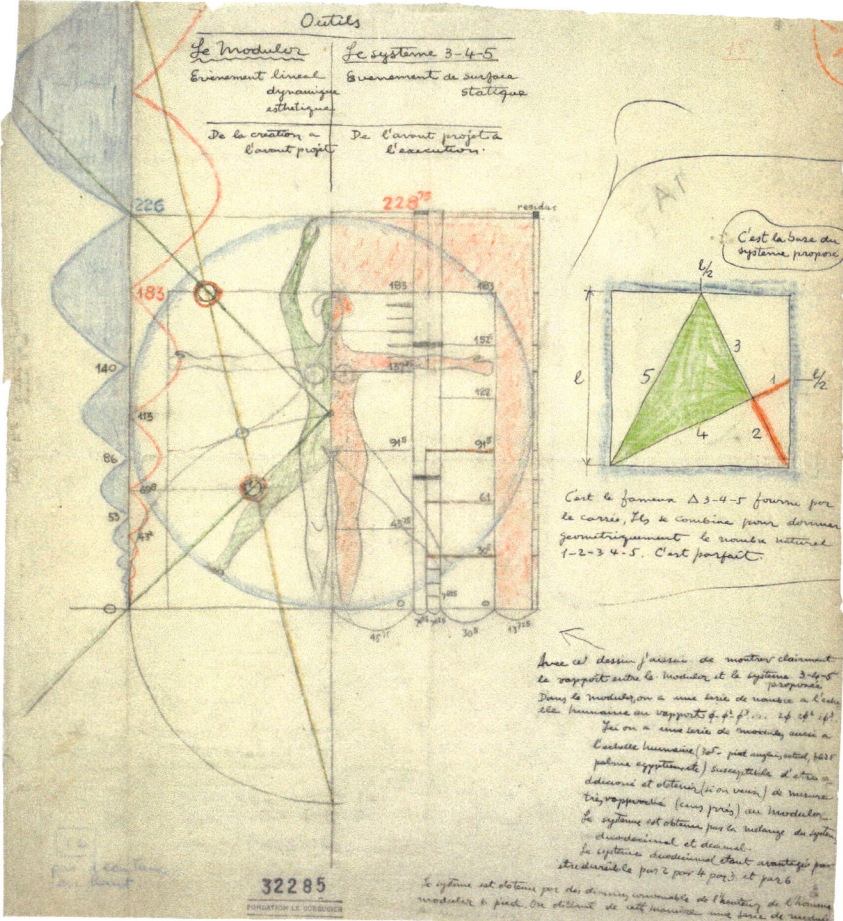

4

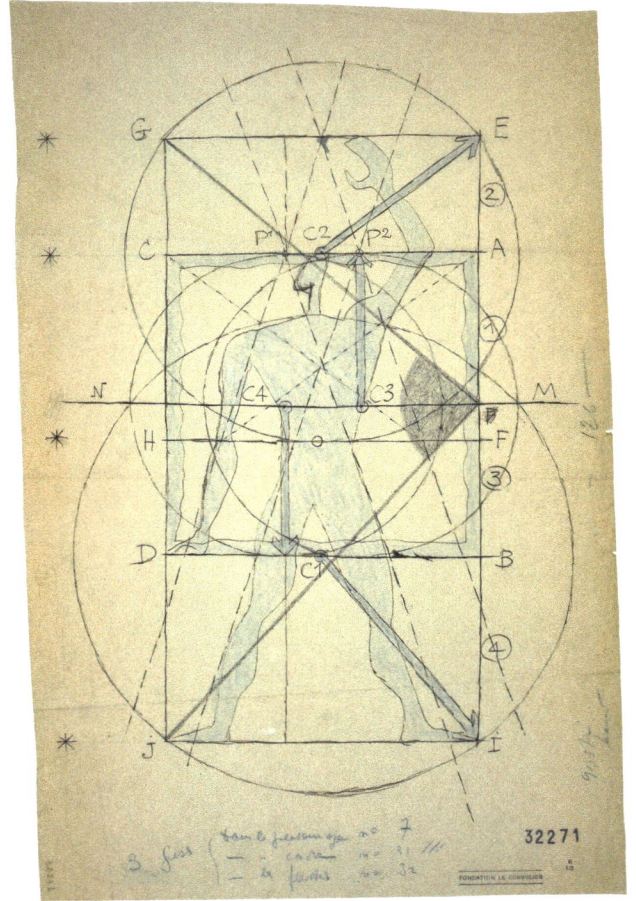

5

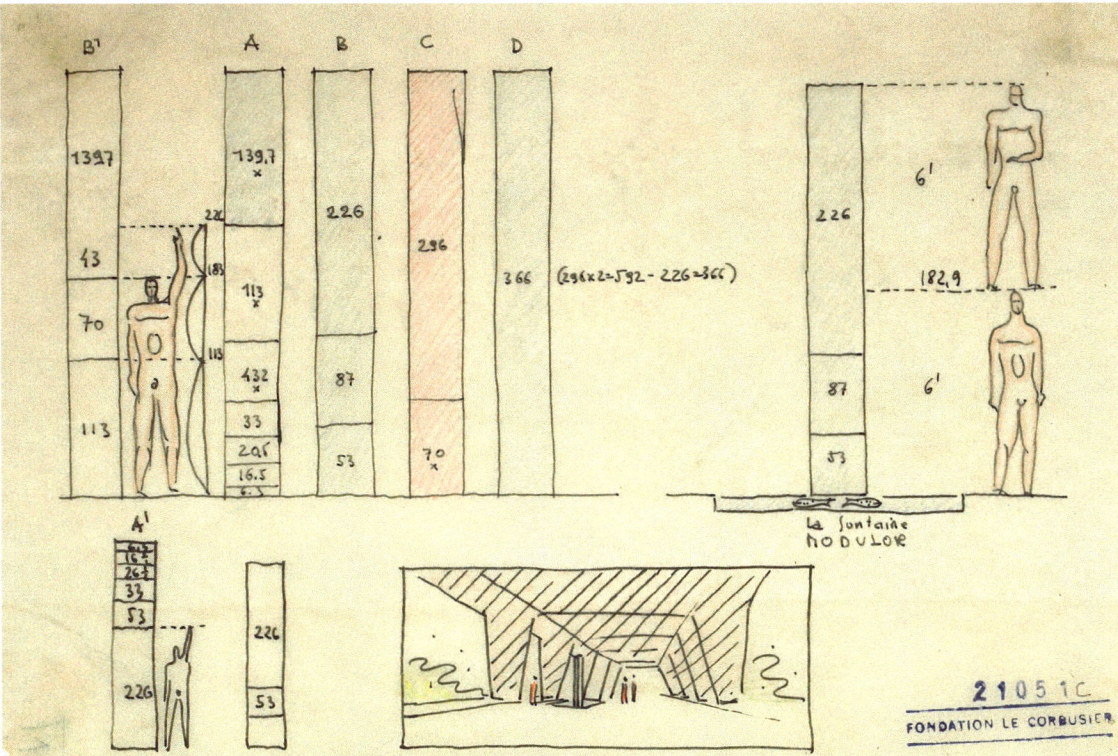

6

1 / Le Corbusier, *Le Modulor*, étude de l'échelle (4 pièces), 1945, Crayon noir et pastel brun sur calque, 182,4 x 76,4 cm. Fondation Le Corbusier, Paris

2 / Le Corbusier, *Le Modulor*, étude de l'échelle, 1945. Crayon noir et pastel brun sur calque, 241,5 x 81,3 cm. Fondation Le Corbusier, Paris

3 / Le Corbusier, *Le Modulor*, croquis d'étude de l'échelle, 1945. Crayon noir et encre rouge sur papier à en-tête, 22,8 x 35 cm. Fondation Le Corbusier, Paris

4 / Le Corbusier, *Le Modulor*, découpe sur panneau peint, 1954. Bois et peinture industrielle, 246 x 135,7 x 33,5 cm. Collection Barberis

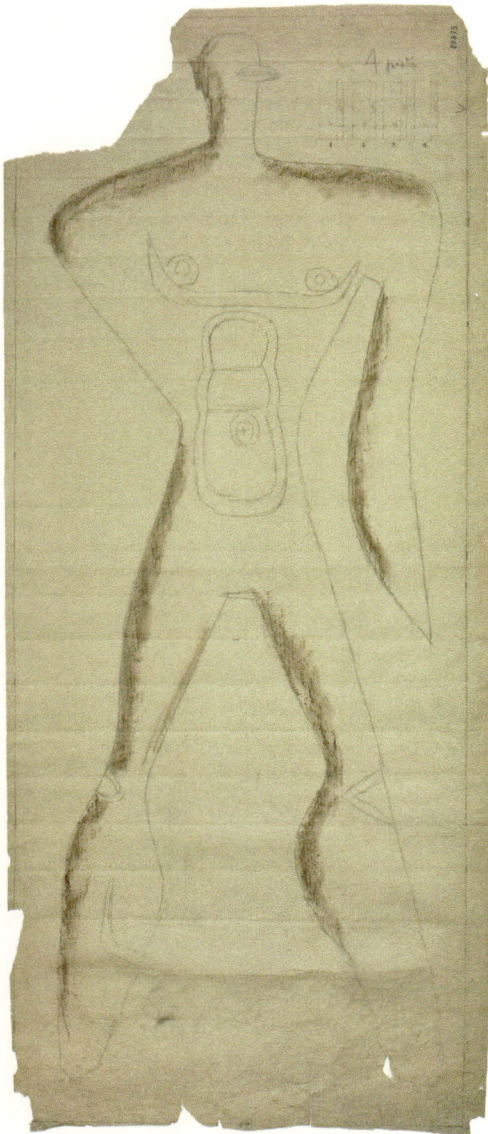

1

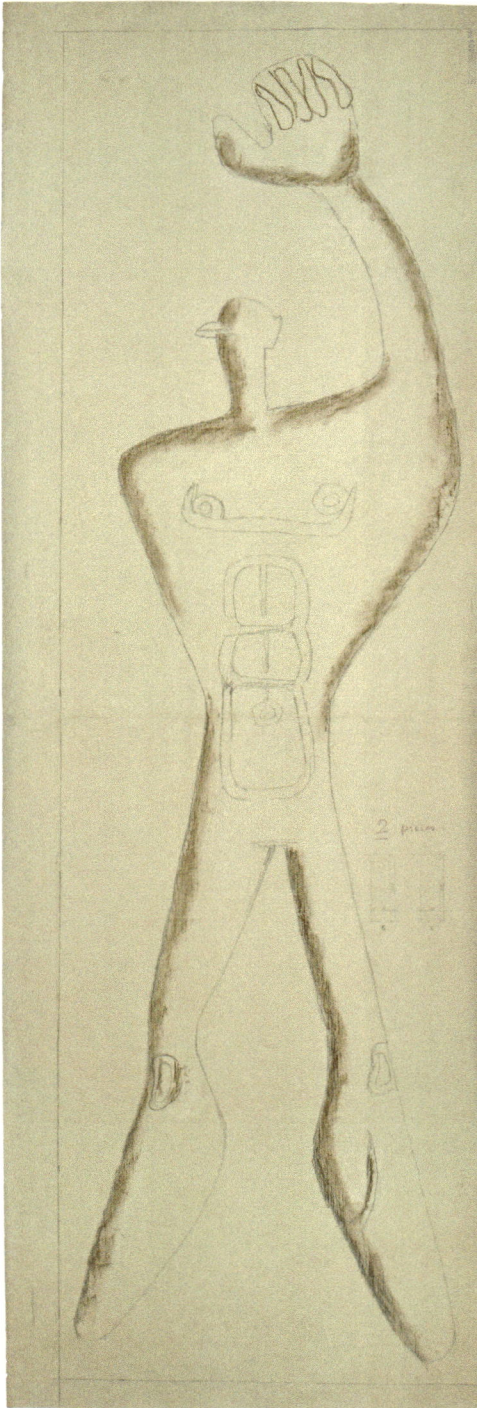

2

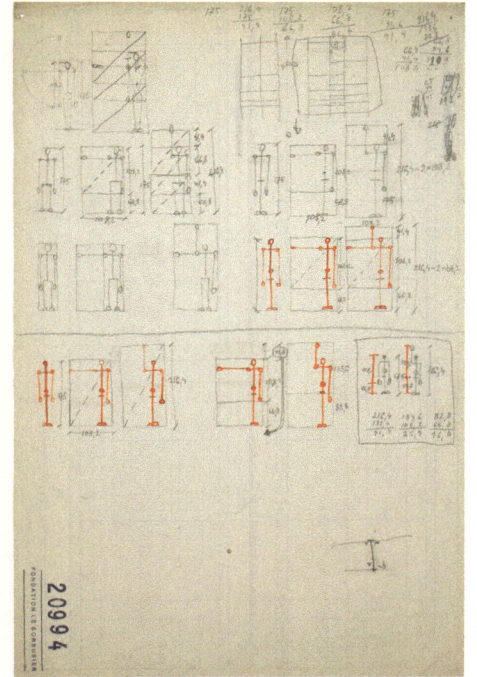

3

4

5 / Le Corbusier, *Le Modulor*, modèles pour empreinte dans le béton, 1957. Tirage photographique. Fondation Le Corbusier, Paris

1 / Le Corbusier, *Unité d'habitation*, Berlin. Croquis couleurs en élévation du coffrage en bas-relief du Modulor, 1956. Crayon noir, rouge et bleu sur calque, 46,1 x 71,8 cm. Fondation Le Corbusier, Paris

2 / Le Corbusier, *Le Modulor*, croquis, 1943. Encre et crayon de couleur sur papier, 21 x 27 cm. Fondation Le Corbusier, Paris

3 / Le Corbusier, *Le Modulor*, croquis, s.d. Encre et crayon de couleur sur papier, 27 x 21 cm. Fondation Le Corbusier, Paris

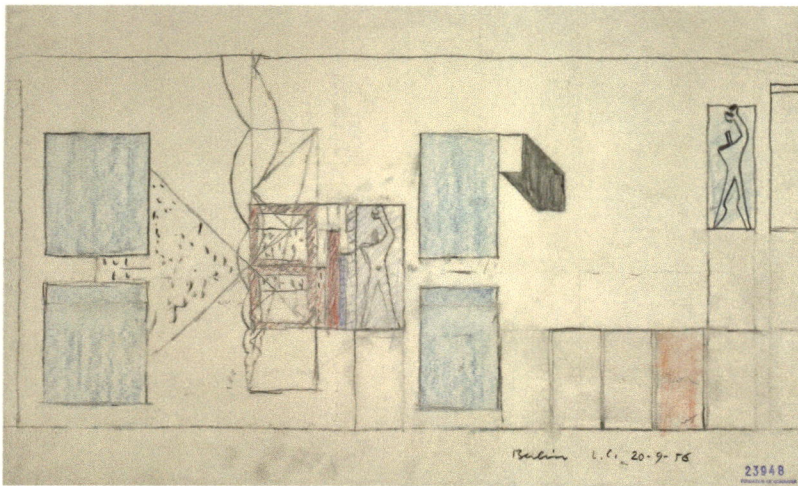

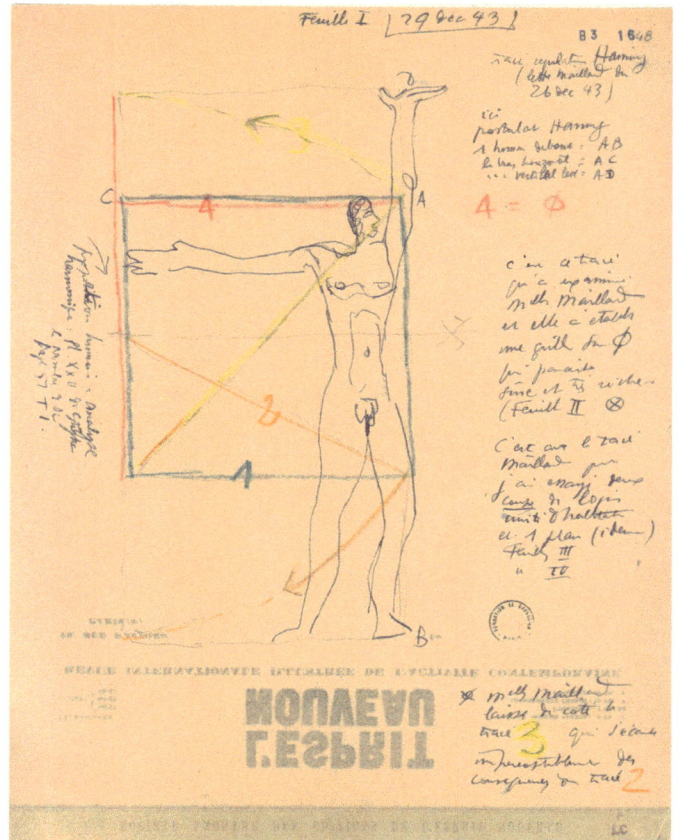

1

2

3

4 / Le Corbusier, *Plan d'accrochage*, croquis, s.d. Collage et tampon encreur sur papier, 30 x 20 cm. Fondation Le Corbusier, Paris

5 / Le Corbusier, *Le Modulor*, croquis pour illustration, s.d. Encre et crayon bleu sur calque, 21 x 27 cm. Fondation Le Corbusier, Paris

4

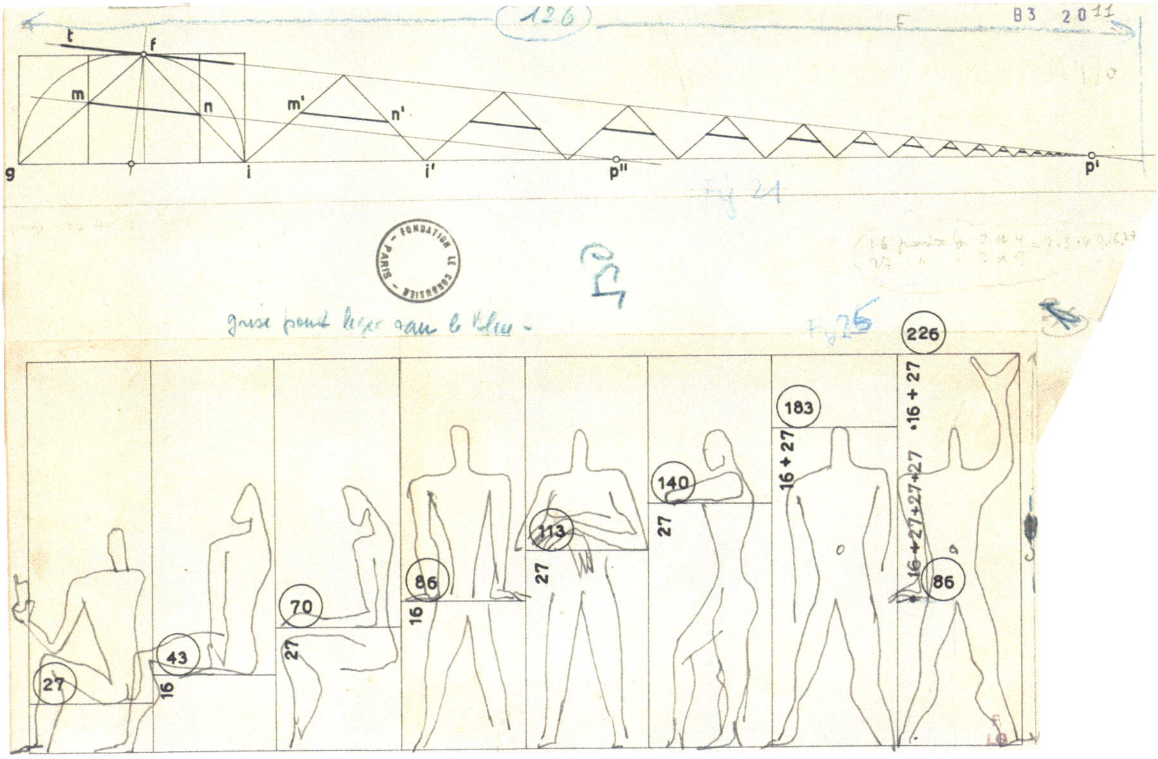

5

1 et 3 / Le Corbusier, *Le Modulor*, empreintes dans le béton. Tirages photographiques, s.d. Fondation Le Corbusier, Paris

2 et 4 / Le Corbusier, *Le Modulor*, empreintes dans le béton, Unité d'habitation de Rezé-lès-Nantes. Tirages photographiques, s.d. Fondation Le Corbusier, Paris

4

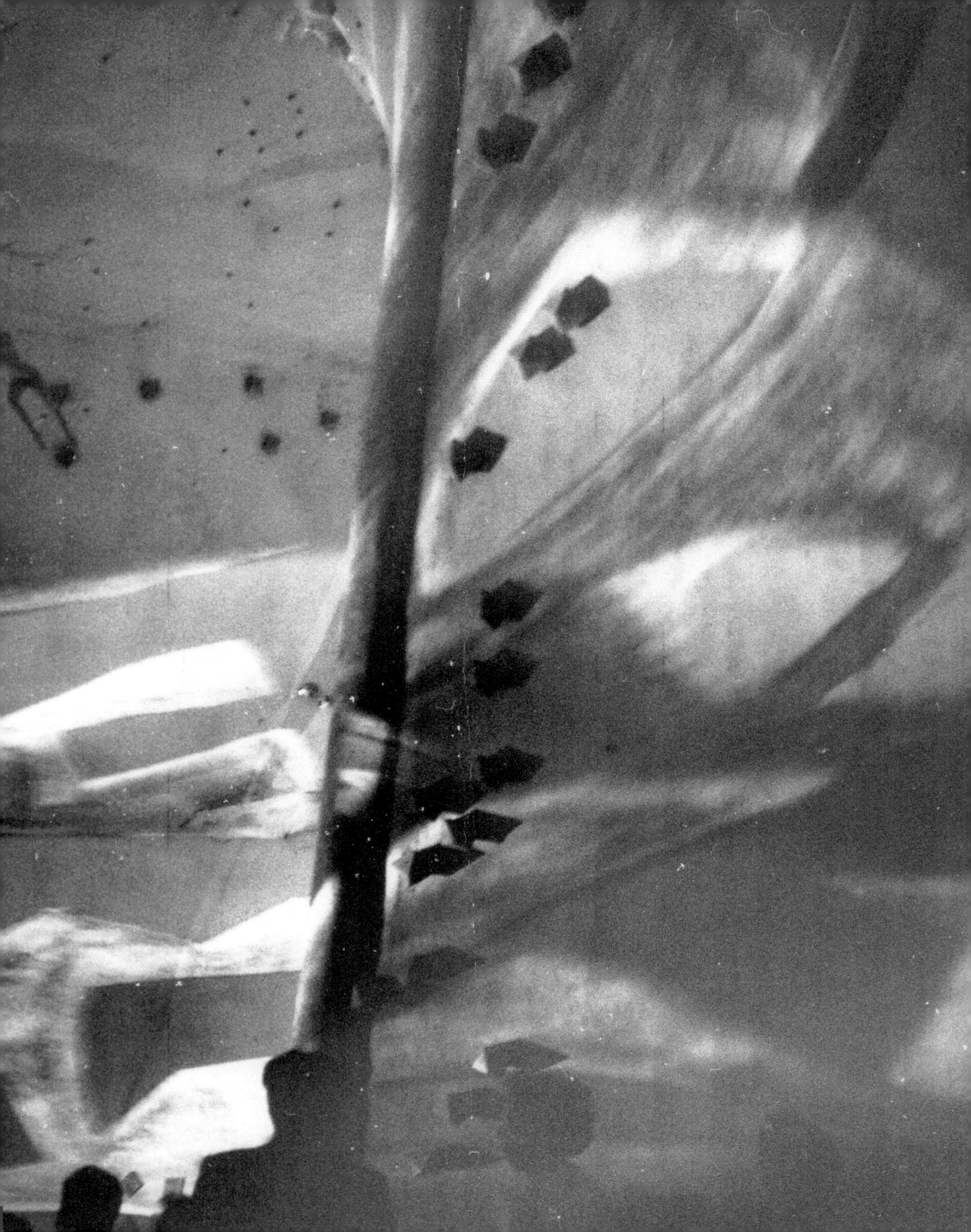

GENÈSE ET REPRÉSENTATION DE L'ESPACE INDICIBLE

ROBERTO GARGIANI

ÉNONCIATION DE L'« ESPACE INDICIBLE »

La figure de l'acrobate apparaît à plusieurs reprises dans les notes de Le Corbusier, au lendemain de la Seconde Guerre mondiale. L'architecte s'identifie à ce personnage qui se maintient en forme par un exercice quotidien avant de se lancer dans des sauts spectaculaires : lui-même se consacre chaque matin, quand il ne voyage pas d'un continent à l'autre, à un exercice, la peinture, qui affûte le regard en quête de formes plastiques nouvelles dans les champs de l'architecture et de l'urbanisme, pour devenir « provocateur de formes neuves [1] ».

Au cours des années 1940, Le Corbusier défend un projet culturel et artistique dont l'origine est à rechercher, en ce qui le concerne, dans la littérature de ses années de formation : la collaboration entre les arts. Ce principe demeure une constante tout au long de son œuvre, et prend la forme d'une véritable « synthèse des arts majeurs, architecture, peinture, sculpture », au sujet de laquelle il écrit régulièrement à partir de 1944, reconnaissant au cubisme le mérite d'avoir ouvert dans le champ artistique une perspective menant à une « synthèse architecturale [2] ». La « synthèse des arts majeurs » devient pour lui la caractéristique de la « deuxième ère de la civilisation machiniste [3] », et elle constitue le préalable essentiel à la définition d'un nouveau concept de l'espace qui va bien au-delà de tout système d'organes fonctionnels ou structurels. C'est la naissance de ce qu'il nomme l'« espace indicible », but d'un processus créateur capable de conjuguer toutes les expressions artistiques. Ce n'est pas un hasard si la synthèse des arts du début des années 1940 portait encore sur les arts « majeurs » de la tradition académique [4], alors qu'après la formulation du concept d'espace indicible, et en particulier à la fin des années 1950, cette synthèse se traduit par des agencements de dispositifs qui en font une création propre à cet espace à l'ère électronique. « Ce n'est pas ceux de ma génération qui réaliseront la synthèse architecturale », écrit-il en 1956 [5].

Grâce à sa mère et à son frère, la musique a accompagné la formation de Le Corbusier, et a été de ce fait une source d'inspiration importante dans la définition de ce concept et la création de ces agencements. D'autres aspects fondamentaux de sa vision artistique ont participé à l'émergence de l'espace indicible, après avoir été soumis à des révisions plus ou moins radicales : la *Fernbild* — la vision éloignée de bâtiments capables de réagir au paysage, tels que les coupoles vues dans sa jeunesse et dont la première fut celle de Brunelleschi —, les illusions d'optique étudiées dans les manuels alors en usage dans les écoles d'arts appliqués ou bien observées directement, et les diverses questions théoriques liées à la psychophysiologie de la perception, qu'il approfondit durant la période de sa collaboration avec Amédée Ozenfant, afin d'établir les lois régissant les limites impondérables de l'espace.

C'est dans le contexte de la dimension subtilement psychologique de l'espace indicible, que l'œuvre d'Antoni Gaudí, qui lui est connue depuis au moins le début du xxe siècle, prend pour lui la force d'une révélation, et que le surréalisme devient davantage qu'une simple référence culturelle et artistique et pénètre les

Double page précédente. Le Corbusier, chapelle Notre-Dame-du-Haut, Ronchamp. Photographie de Hans Silvester, s.d. Fondation Le Corbusier, Paris
1. Le Corbusier, *Le Poème électronique*. Photographie de Lucien Hervé prise dans le pavillon Philips lors de l'Exposition universelle de Bruxelles, 1958. Fondation Le Corbusier, Paris

fondements théoriques de sa poétique. Il n'est donc pas étonnant que dans la formulation de l'espace indicible, Le Corbusier chemine vers un objet aux frontières théoriques imprécises, rendant impossible la recherche même de fondements d'une nouvelle vision, alors que c'est de façon méthodique qu'il avait ramené l'architecture à quelques notions essentielles – « Les 5 points d'une architecture nouvelle » –, toutes dépendantes du système de structure du béton brut. Mais si Le Corbusier n'avait auparavant défini, avec une autorité presque scientifique, les principes d'une nouvelle architecture et son système de structure, et tenté d'établir les lois de la perception, il est certain que cet indicible n'aurait pas même pu être esquissé. Ce qui se déploie au-delà des 5 points et des lois en question est le paysage qu'il entend maintenant explorer.

« L'espace indicible », texte écrit en septembre 1945, publié en 1946 et augmenté ultérieurement [6], ne propose pas une formulation cohérente, articulée en principes. Il indique une direction de recherche qui reflète les acquisitions théoriques contemporaines sur le concept d'espace, récapitulées dans des ouvrages comme *Espace, temps et architecture* de Sigfried Giedion, et propose de reconsidérer les contributions théoriques du cubisme sur le concept d'espace en intégrant la théorie de la relativité d'Albert Einstein. Les thèmes traités apparaissent déjà en filigrane dans des écrits antérieurs ou des conférences, dont celle donnée au Congrès Volta à Rome en 1936 demeure fondamentale pour comprendre comment ont émergé la question de l'acoustique dans l'espace indicible et celle des surfaces complexes. Dans les années 1950 et 1960, outre les textes dactylographiés des diverses versions de « L'espace indicible », Le Corbusier prend une série de notes en vue de rédiger un livre.

Alors qu'il attaquait, dans *Après le cubisme* (1918), les thèses d'Albert Gleizes et Jean Metzinger sur la quatrième dimension, le noyau central de l'espace indicible, tel qu'il est théorisé au milieu des années 1940, vient nuancer cette position : Le Corbusier reconnaît que les « créateurs du cubisme » sont parvenus à une « magnification » de l'espace, que lui-même découvre précisément dans cette « quatrième dimension » [7]. Bien qu'il ne se réfère plus à la psychophysiologie de la perception, il s'appuie sur les connaissances qu'il a des phénomènes de la vision et amplifie leurs effets sur la psychologie et les sensations de l'individu de telle manière que l'espace ne peut plus être une entité commensurable, comme le concevaient Euclide et Newton, et devient par conséquent *indicible* ; désormais, deux termes jalonneront significativement la prose de Le Corbusier : « poésie » et « poème » [8]. La théorisation de l'espace indicible en architecture, mais aussi le dépassement des certitudes de la psychophysiologie sur lesquelles était édifié le purisme, n'auraient pu avoir lieu si Le Corbusier ne s'était rapproché de la théorie de la relativité d'Einstein, qui postule l'existence d'une entité indissociable, l'espace-temps, dont les dimensions variables sont déterminées par des événements occasionnels. Le terme « indicible », rapporté à l'espace, semble synonyme de l'adjectif « relatif » employé par Einstein.

Le Corbusier esquisse une généalogie du concept d'indicible, qui trouve ses sources dans les écrits de Rabelais, de Plotin,

d'Anaxagore et d'autres philosophes de l'Antiquité [9]. Alexis Carrel discute de la relativité de la notion de temps et d'espace, dans le sillage d'Einstein, et du concept de temps physiologique variable d'un individu à l'autre selon l'âge et la race, dans le chapitre « Le temps intérieur » de son essai *L'Homme, cet inconnu* [10], fondamental dans cette généalogie.

Le Corbusier donne à plusieurs reprises une définition relativiste du terme « indicible » : « Événement possible à occasions favorables [11]. » Dans le champ de la peinture, il associe « l'espace » à l'impressionnisme, et « l'ouverture sur les volumes et l'espace » au cubisme [12]. L'indicible lui paraît parfois dépendre de la lumière – « fait de lumière [13] » – et il évoque souvent celle de la Méditerranée – « Athènes, sa lumière [14] ». « Le scintillement, l'éclat, la lumière nés de l'exactitude, conduisent à l'espace indicible, de la nature du sacré et non pas du magique [15] », dit-il dans ses notes. La nuit est également génératrice de sensations liées à l'espace indicible. Désormais, il est convaincu que la synthèse des arts produit l'entité la plus représentative de l'époque contemporaine, ce qu'il formule d'une manière beaucoup plus catégorique que dans les années 1920 et 1930, lorsqu'il écrit : « L'espace élément clé des temps modernes [16]. »

Le Corbusier est proche des cubistes quand, dans son texte de 1945, il considère que l'espace indicible résulte d'un processus de résonances multiples – celles des lieux, des bâtiments, des objets –, perceptibles grâce à une sensibilité artistique aiguisée. Et ce n'est qu'à la lumière de l'espace indicible que l'on peut comprendre le rôle qu'il attribue à l'acoustique dans ses écrits de la seconde moitié des années 1940, celui d'un système de relations entre les lieux, les bâtiments et les individus, plus complexe que celui postulé par la psychophysiologie. L'acoustique

1. Pour les définitions, voir Le Corbusier, « Unité », *L'Architecture d'aujourd'hui*, numéro spécial, 1948, p. 33 et 45 ; Le Corbusier, note sur l'« espace indicible », 27 août 1955, FLC, B3.7.537, et *idem*, note sur l'« espace indicible », 28 août 1955, FLC, B3.7.557. Plus généralement sur les aspects discutés dans le présent essai, voir Roberto Gargiani, Anna Rosellini, *Le Corbusier. Béton Brut and Ineffable Space, 1940-1965. Surface Materials and Psychophysiology of Vision*, Lausanne, EPFL Press, 2011. / **2.** Le Corbusier, « Vers l'unité. Synthèse des arts majeurs : architecture, peinture, sculpture », *Volontés de ceux de la Résistance*, année I, 13 décembre 1944, n° 3, p. 4. Sur la question de la synthèse des arts, voir Stanislaus von Moos, « Art, Spectacle and Permanence. A Rear-Mirror View of the Synthesis of the Arts », dans *Le Corbusier: The Art of Architecture*, cat. expo., Weil-am-Rhein, Vitra Design Museum, 2007, p. 61-99. / **3.** *Id.*, « Unité », art. cité, p. 30. / **4.** *Id.*, notes, 13 octobre 1949, FLC, J1.5.271. / **5.** *Id.*, notes sur l'« espace indicible », 27 mai 1956, FLC, B3.7.560. / **6.** *Id.*, « L'espace indicible », *L'Architecture d'aujourd'hui*, numéro spécial, 1946, p. 9-17 ; « L'espace indicible », manuscrit, 13 septembre 1945, FLC, B3.7.210-224 (pour le texte dactylographié, voir FLC, B3.7.239-246) ; « L'espace indicible », dactylographié avec notes manuscrites, FLC, B3.7.507-511 ; « L'espace indicible », dactylographié, FLC, B3.7.255-274. / **7.** *Id.*, « L'espace indicible », art. cité, p. 9. / **8.** Voir, par exemple, *id.*, notes sur l'« espace indicible », 25 septembre 1954, FLC, B3.7.533. « De l'esprit nouveau à l'espace indicible » est le titre d'une autre page de notes de la même série (FLC, A2.20.192). / **9.** Voir François Rabelais, *Œuvres complètes*, Paris, Gallimard, 1951, volume annoté de la main de Le Corbusier, FLC, J162. / **10.** Alexis Carrel, *L'Homme, cet inconnu*, Paris, Plon, 1935, p. 189-228. / **11.** Le Corbusier, notes, 30 avril 1954, FLC, B3.7.541. / **12.** *Id.*, notes, 27 août 1955, FLC, B3.7.526. / **13.** *Id.*, notes, 30 avril 1954, art. cité. / **14.** *Id.*, notes, 27 août 1955, art. cité. / **15.** *Id.*, notes, s.d., FLC, E2.5.417. / **16.** *Id.*, notes, 27 août 1955, art. cité. / **17.** *Id.*, François de Pierrefeu, *La Maison des hommes*, Paris, Plon, 1942, p. 163. / **18.** Le Corbusier, « Le théâtre spontané », dans André Villiers (dir.), *Architecture et dramaturgie*, Paris, Flammarion, 1950, p. 155. / **19.** Voir *id.*, *New World of Space*, cat. expo., Boston (Mass.), The Institute of Contemporary Art/New York, Reynal & Hitchcock, 1948. / **20.** *Id.*, notes, 30 avril 1954, FLC, B3.7.541. / **21.** *Id.*, notes pour l'édition anglaise de « L'espace indicible », s.d., FLC, D1.15.87. / **22.** Voir la page de dessins comprise dans la série de ceux pour l'espace indicible, FLC, B3.7.314. / **23.** *Id.*, « L'espace indicible », art. cité, p. 15. / **24.** *Id.*, cité dans *Antoine Pevsner*, cat. expo., Paris, René Drouin, 1947, FLC, Rés. C 54. / **25.** Voir *id.*, « Unité », art. cité. / **26.** *Ibidem*, fig. 2, p. 7. / **27.** *Ibid.*, p. 16. / **28.** *Ibid.*, p. 22. / **29.** *Ibid.*, p. 53.

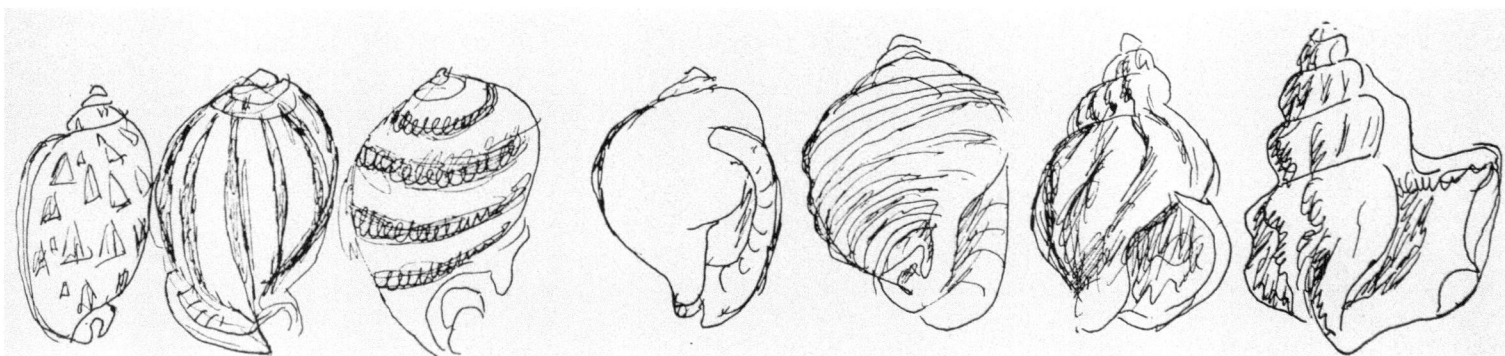

est destinée à jouer, dans ses considérations postérieures à la rédaction de « L'espace indicible », le même rôle que les événements générateurs des dimensions variables de l'espace-temps dans la théorie de la relativité.

Durant son premier séjour à Athènes, Le Corbusier avait « écouté » le Parthénon. Les temples de l'Acropole, écrit-il en 1942, sont de « véritables résonateurs des monts d'alentour [17] ». Dans le contexte des notes prises sur l'espace indicible, il en vient à définir une perception synthétique de la vision, à la fois optique et acoustique, ou « acoustique visuelle [18] ». Ondes , cris, sons, résonances sont des termes emblématiques de « L'espace indicible ».

« NEW WORLD OF SPACE », ANALYSE RÉTROACTIVE DE L'INDICIBLE

Après avoir admis l'existence de phénomènes perceptifs indicibles, Le Corbusier interroge leurs effets sur les processus créateurs en analysant ses propres réalisations. La manipulation des tirages photographiques est l'instrument privilégié de la recherche des toutes premières traces, involontaires, d'un espace indicible. Les découpages déconcertants des photographies de la villa La Rotonda de Palladio ou du Panthéon à Rome, publiées dans la revue L'Esprit nouveau, s'avèrent un moyen efficace de révéler les potentialités inexprimées d'une œuvre.

New World of Space, le catalogue de l'exposition présentée à l'Institute of Contemporary Art de Boston en 1948, est un montage d'images de bâtiments, de réalisations urbanistiques, de peintures et de sculptures, visant à suggérer l'interprétation des divers phénomènes artistiques dans la création de l'espace comme étant liés entre eux [19]. Les résultats de l'exploration menée par Le Corbusier sur les significations de ses propres travaux à travers la photographie sont énoncés dans quelques commentaires ; le plus significatif est celui qui se rapporte à la séquence des quatre photographies de la maquette du palais des Soviets, dont l'une montre l'œuvre adossée au mur : « These few photographs [...] reveal phenomena of harmony which have a tremendous intensity and which have not yet found a door open before them. » [Ces quelques photographies [...] révèlent des phénomènes d'harmonie d'une extrême intensité qui n'ont pas encore trouvé une porte ouverte devant eux.]

Le titre de la préface du catalogue, « Ineffable Space », est la traduction anglaise d'espace indicible. Que Le Corbusier n'ait pas été satisfait de cette traduction − « Les Anglo-Saxons n'ont pas le mot lui-même [20] », constate-t-il à propos d'« indicible » − dit combien il entend souligner que la nature de ce concept ne peut être comprise qu'à travers la perception acoustique visuelle, la

2. Le Corbusier, Coquillages. La leçon du Muséum d'histoire naturelle, repr. dans L'Architecture d'aujourd'hui, numéro spécial : Le Corbusier, avril 1948, p. 47

terminologie contemporaine étant encore incapable de le décrire ; ce n'est donc pas un hasard s'il propose de traduire « espace indicible » par « space beyond words [21] » [espace au-delà des mots]. À la fin de la préface, il publie un dessin au trait de deux lignes : l'une forme le symbole de l'infini mathématique mais ouvert, l'autre représente l'os de boucherie qui figure dans sa collection d'« objets à réaction poétique [22] ». Ce dessin exprime la nécessité d'« ouvrir l'espace [23] », qui est l'un des objectifs majeurs de l'espace indicible, et pourrait être confronté avec les sculptures d'Antoine Pevsner, de Naum Gabo ou de Max Bill. Du reste, Le Corbusier décrit des sculptures de Pevsner, qui « prennent possession de l'espace, étendant au loin leur rayonnement [24] », avec les termes mêmes qu'il a employé pour définir l'espace indicible.

Toujours en 1948, la préparation du numéro monographique qui lui est consacré par la revue L'Architecture d'aujourd'hui [25] est une autre occasion de signer un manifeste rétroactif de la « synthèse des arts », de l'« acoustique visuelle » et de l'« espace indicible ». Certaines œuvres des années 1930, telles que les « redents » courbes d'Alger, que la maquette photographiée en vue plongeante transforme en nature morte [26], lui permettent d'écrire sur un « événement acoustique où tout consonne » : « Ces courbes des bâtiments sont comme des conques sonores ; elles envoient des sons (ou des vues) au large ; du large, elles reçoivent tous sons (ou vues) [27]... » À cette même époque, il réalise avec Joseph Savina des sculptures en bois en forme de conques et de cornets acoustiques, vérifiant par là ce qu'il écrivait à propos des redents courbes. Le plan pour la reconstruction de Saint-Dié (1945), présenté dans L'Architecture d'aujourd'hui, est davantage qu'un exemple d'application des critères de la Cité radieuse et de La Charte d'Athènes ; c'est une expression d'acoustique visuelle − « une composition sonore : temps et espace, rythme et mélodie [28] ».

Après avoir classé ses propres travaux selon les quatre catégories définies dans Précisions sur un état présent de l'architecture et de l'urbanisme (1930), Le Corbusier invente, toujours pour la revue L'Architecture d'aujourd'hui, d'autres regroupements. Son dessin d'une succession de coquillages à l'enveloppe tantôt décorée, tantôt blanche, toujours plus élaborés plastiquement − « Plus le relief est accusé, plus la matière est monochrome, uniforme », constate-t-il [29] − représente l'évolution biologique et darwinienne de son architecture : de la villa Fallet (1906), tatouée de décorations, à l'Unité d'habitation de Marseille (1945-1952), avec son enveloppe en béton brut, en passant par l'étape inter-médiaire que sont les villas « puristes ». C'est à la lumière de ce classement que s'explique, dans le même numéro de *L'Architecture d'aujourd'hui*, le montage typographique dans lequel le dessin de deux coquillages cassés est appliqué sur la photographie de la façade de la villa Stein (1926-1927) à Garches, pour indiquer que c'est précisément dans cette villa que se situe le centre de gravité de son évolution artistique [30]. Le fait que le coquillage soit cassé autorise à voir l'expression de l'idée de continuité indissociable entre extérieur et intérieur, mise en œuvre par Pevsner ou Bill dans leurs sculptures. Parce qu'une des préroga-tives de l'espace indicible est « d'ouvrir l'espace », le photomon-tage devient le symbole éloquent du nouveau cheminement de Le Corbusier, qui se manifestera par une puissante érosion, géologique et culturelle, des « cartilages » puristes afin de révé-ler ce qu'ils contenaient de plus précieux : espace et structure, essence conceptuelle et matière. Ce photomontage annonce les chefs-d'œuvre de la période du béton brut et de l'espace indicible : la place du Capitole à Chandigarh (1950-1965), la villa Shodhan (1951), le siège de la Millowner's Association (1951), le couvent dominicain Sainte-Marie de la Tourette (1953) ou le Carpenter Center for the Visual Arts (1961).

Dans un autre dessin, du même genre que celui des coquil-lages et inclus lui aussi dans les notes sur l'espace indicible, Le Corbusier rapproche le tableau *La Cheminée* (1918), le toit-terrasse de l'Unité d'habitation de Marseille et l'Acropole d'Athènes, afin de montrer que des relations secrètes peuvent surgir entre des objets, quelle que soit leur échelle [31].

TRANSFERT DU CONCRET

Les processus créatifs de l'espace indicible suivent désormais des itinéraires non linéaires, et conduisent Le Corbusier à tomber sur des processus dont il a néanmoins la capacité de reconnaître la puissance créative, les identifiant alors par des définitions lapidaires. La notion de transfert entre dans sa théorie en assu-mant différentes acceptions, afin d'expliquer certains processus créatifs de l'« espace indicible », ou pour indiquer les métamor-phoses artistiques qu'il a opéré sur ses propres œuvres par la photographie.

Dans une note de 1955, il suggère que l'on peut arriver à « des *notions*, des évocateurs, transmetteurs, provocateurs d'espace » grâce au transfert d'un objet concret, par exemple une bouteille : « L'espace indicible intervient par transfert du concret [32]. » L'usage du terme *transfert* dans le contexte d'un espace indicible généré par des objets entrés en résonance entre eux s'explique si l'on considère le sens que ce terme prend en psychologie, où il indique le sentiment produit par la perception d'un objet, successivement étendu à un autre objet par une impondérable association psychologique qui les unit par l'entremise du medium. Il est probable que le transfert auquel

Le Corbusier fait référence dans ses écrits après la Seconde Guerre mondiale, et la *Stimmung* dont il parlait dans les années 1910 puissent être considérés comme le même phénomène perceptif.

Le transfert du concret qu'il opère selon divers outils et modalités, peut concerner son œuvre ou la *Stimmung* ressentie dans un lieu. Le tirage photographique devient l'instrument d'un genre de transfert qui révèle les significations cachées et inat-tendues d'une œuvre.

Agrandir des détails, reproduire à la même échelle, mais en noir et blanc, ou changer d'orientation aux tirages : ce sont quelques-uns des corollaires de ce genre de transfert. Dans le montage des illustrations pour « L'espace indicible », il compose lui-même la photographie de la maquette du Centre Soyouz en la faisant pivoter d'un quart de tour, de sorte que l'une des ailes du bâtiment forme le piédestal d'une figure verticale [33]. Cette rotation, ou transfert du concret qui conduit à l'indicible, permet à Le Corbusier d'effectuer un déplacement de la perception de l'œuvre, le modèle apparaissant comme une agrégation de volumes à la façon des sculptures faites avec Joseph Savina.

Sur l'un des panneaux de l'exposition de Boston, Le Corbusier place la photographie du dessin du *Totem* avec celle du Centre Soyouz tournée d'un quart de tour. À côté de ces deux images, il ajoute une bande verticale découpée dans une photographie de la villa Savoye (1928-1931), de telle sorte que deux pilotis et une partie de solarium forment les pieds et la tête d'un être totémique. Toujours sur le même panneau, des dessins de loggias avec brise-soleil des Unités d'habitation prennent tout à coup quelque chose de la monstruosité caractéristique du totem. Le panneau devient ainsi un document précieux pour comprendre comment Le Corbusier transfigure les significations d'œuvres précédentes en fonction de ces découvertes figuratives récentes, par le biais du montage photographique.

La publication de la photographie d'un logement de l'Unité d'habitation de Marseille, tournée d'un quart de tour, fait partie des exercices de vision pratiqués par Le Corbusier pour découvrir et révéler l'indicible, et démontrer qu'« en dehors de toute utili-sation, l'accord règne entre les divers éléments », comme il l'écrit lui-même [34]. « Essayez de regarder les images à l'envers, ou tournez-les d'¼ [35] », conseille-t-il en connaisseur des secrets de la vision et des illusions d'optique.

30. Voir *id.*, *L'Architecture d'aujourd'hui*, numéro spécial, 1948, p. 74. / **31.** Voir *id.*, notes sur l'« espace indicible », 19 décembre 1954, FLC, B3.7.30. / **32.** *Id.*, notes sur l'« espace indi-cible », 28 août 1955, FLC, B3.7.549. / **33.** Voir *id.*, « L'espace indicible », *L'Architecture d'au-jourd'hui*, 1946, art. cité, p. 13, fig. 6. / **34.** *Id.*, « Modulor 2, 1955 (la parole est aux usagers), suite de "Le Modulor", 1948 », *L'Architecture d'aujourd'hui*, 1955, p. 246, légende. / **35.** *Id.*, *Ronchamp*, Zurich, Éditions Girsberger, 1957, [p. 47]. / **36.** Voir *Le Figaro*, du 29-30 juin 1955, FLC, X1.18.137. La photographie est publiée dans la presse à l'occasion de l'inauguration de l'Unité d'habitation (voir Le Corbusier, « Note relative à "L'espace indicible" », 7 septembre 1955, FLC, B3.7.496, et B1.11.441). / **37.** Le Corbusier, note, s.d. [1955], FLC, B3.7.547. / **38.** Voir *id.*, « Note relative à "L'espace indicible" », art. cité. / **39.** *Id.*, notes sur l'« espace indi-cible », s.d. [1955], FLC, B3.7.547. / **40.** Claude Mauriac, *André Breton*, Paris, Éditions de Flore, 1949 (exemplaire avec annotations manuscrites de Le Corbusier, FLC, J 169). En 1946, Le Corbusier avait éprouvé le besoin de préciser sa position dans le débat sur les avant-gardes : « Je suis cubiste et je ne suis pas surréaliste » (Le Corbusier, « L'espace indicible », *L'Architecture d'aujourd'hui*, 1946, art. cité, p. 14). Les passages qui suivent cette affirmation péremptoire sont consacrés au « subsconscient » et à l'« objet médium » (*ibid.*, p. 14-15).

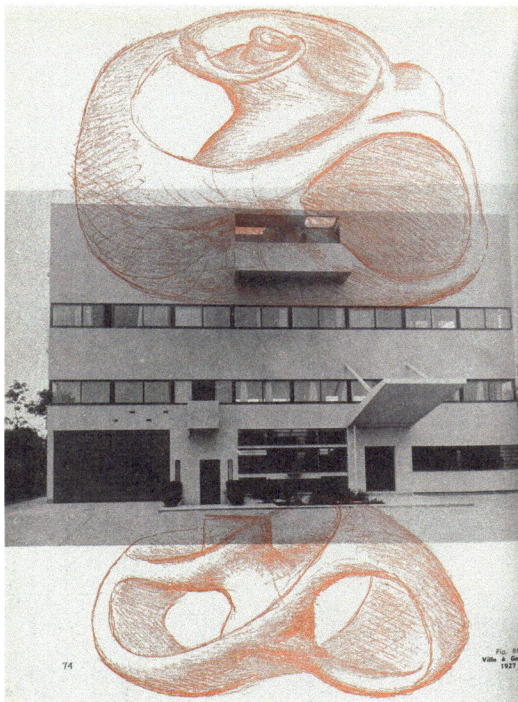

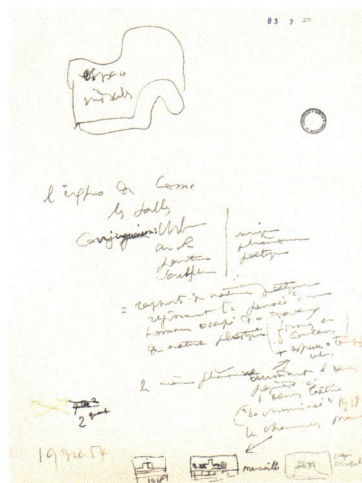

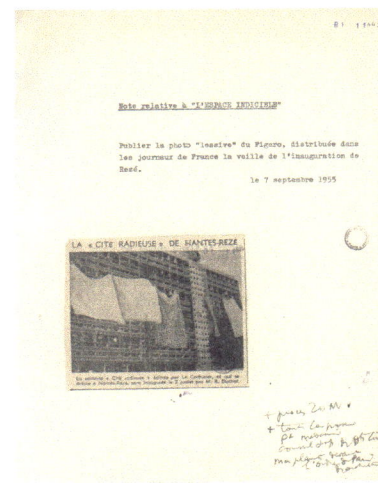

3. Le Corbusier, *Montage photographique de la Villa à Garches (1927) avec dessins de coquillages*, dans *L'Architecture d'aujourd'hui*, numéro spécial : *Le Corbusier*, 1948, p.74
4. Détail de panneau présenté à l'exposition «Le Corbusier», Boston (Mass.), Institute of Contemporary Art, mars 1948. Fondation Le Corbusier, Paris
5. Le Corbusier, *Notes relatives à «l'espace indicible»* (détail), 19 décembre 1954. Fondation Le Corbusier, Paris
6. Le Corbusier, Notes relatives à «l'espace indicible», *Le Figaro*, 29-30 juin 1955. Fondation Le Corbusier, Paris

De manière significative, il décrit le même phénomène de vision induit par la rotation d'image quand il explique la genèse des *Taureaux*. C'est en observant le tirage photographique de l'un de ses tableaux, par hasard disposé de façon insolite – il s'agit de *Nature morte rouge au violon* (1920) – qu'il fait la découverte de l'existence des *Taureaux* dans ses œuvres précédentes. Dans cette position, Le Corbusier voit apparaître les traits de ses dernières œuvres de la série des *Taureaux*. C'est exactement ce qui se passe en regardant le tirage photographie du Centre Soyouz tourné d'un quart de tour.

Les œuvres elles-mêmes, et non seulement leurs photographies, peuvent devenir l'objet de phénomènes transitoires qui en altèrent la perception conventionnelle. La révélation de quelque sens caché s'est sans doute produite sous les yeux de Le Corbusier quand il observe la photographie de l'Unité d'habitation à Rezé-les-Nantes, parue sur un quotidien, où cinq toiles gigantesques tendues sur une hauteur de neuf étages transformaient l'image des loggias [36]. Il y voit une sorte de « dessin automatique [37] » ; il y retrouve peut-être une espèce d'illusionnisme cinétique à la façon des tableaux composés de plans superposés de Victor Vasarely et de Jesús-Rafael Soto, qu'il connaît bien. Quoi qu'il en soit, en créant les conditions d'un transfert des loggias, ces grandes toiles étaient devenues des « provocateurs d'espace ». Et il est significatif qu'il ait décidé d'inclure la coupure du journal dans la collection d'images destinées au livre sur l'espace indicible [38].

AFFINITÉS SURRÉALISTES

Quand les réflexions de Le Corbusier se concentrent sur l'espace indicible, quand il publie le livre le plus représentatif de ses processsus créatifs récents (*Le Poème de l'angle droit*, 1955) et quand enfin ses peintures s'approchent de ce qu'il définit, dans ses notes pour l'espace indicible [39], comme des « dessins automatiques », la question de sa relation avec le surréalisme devient si essentielle qu'elle l'amène à lire en 1955 l'essai que Claude Mauriac consacre à André Breton [40]. Le nombre d'annotations dans les marges de l'exemplaire lu et de passages ou termes soulignés démontrent qu'il s'identifie aux thèmes traités et qu'il reconnaît certaines affinités entre le surréalisme et le concept d'espace indicible.

Le Corbusier marque d'un trait la longue citation du texte « Rupture inaugurale » du 21 juin 1947, dans laquelle les surréalistes se disent en quête d'une « nouvelle sensibilité collective »,

7. Le Corbusier, extrait du carnet de dessins *Nivola II*, p. 11. Fondation Le Corbusier, Paris

capable de résoudre les « conflits qui barrent la route à toute liberté » ; rêve et action, merveilleux et contingent, imaginaire et réel, inexprimable et indicible, fortuit et déterminé, réflexion et impulsion, raison et passion sont des opposés à concilier [41]. Il souligne, bien entendu, le terme *indicible*. Il est sensible aux propos de Breton qui appelle à un art affranchi des critères conventionnels, et il est attiré par la déclaration de ce dernier : « En art pas de consigne jamais, quoi qu'il advienne [42]. » Ce n'est pas un hasard s'il met en évidence les passages du deuxième manifeste dans lequel sont données pour prérogatives du surréalisme « un mépris du risque, un refus de composition [43] ». Quand Mauriac parle de « systèmes esthétiques », Le Corbusier commente en marge : « Systèmes ? Laissons cela à Ozenfant et Cie [44]. » Et aussi : « *L'équilibre* = la raison d'être de la logique. On peut, à l'occasion, se proposer pour objectif le déséquilibre, l'explosion, la destruction (à l'opposé de la construction) [45]. »

Puis il se plonge dans la lecture des pages qui ont trait à l'écriture automatique, que Breton a théorisée dans *Point du jour* (1934). Mauriac reprend la discussion sur la valeur artistique des textes automatiques écrits en produisant un « assemblage de mots, rapprochés avec le plus grand arbitraire possible afin qu'en jaillissent d'insolites images » ; ces assemblages ne dévoileront aucune « vérité cachée », « n'étant pas nés des bas-fonds de l'inconscient [46] ». Et Le Corbusier d'écrire en marge : « Car là est la question ! car pour avoir des bas-fonds il faut avoir aussi

du fond ! » ; « le hasard productif de la page 11 (onze) album noir II Nivola » (il avait, sur cette page, dessiné la tête d'un bœuf et une esquisse du parlement de Chandigarh [47]). Il note ensuite sur la même page, à côté du symbole infini de l'espace indicible : « J'ai ici l'album noir Nivola II où j'ai rassemblé en mai (?) 53 les *thèmes* de mon œuvre peinte pour les transcrire dans le manuscrit poème angle + [48]. Ces thèmes cherchés dans mes sketchbooks, albums, tableaux, etc. sont empilés sans ordre ni chronologie, page après page. Mais leur juxtaposition hétéroclite est valable, parfois intense, active – utilisée directement dans les pages du poème. Où est donc l'*unité* ? Voici ma réponse : elle est dans la *présence*. La présence de qui ? Du père Corbu grandi ! Circa 50 années de ma recherche *continue*. Donc : unité, continuité, continuité etc. »

Au fil des pages lues par Le Corbusier, d'autres annotations confirment qu'il découvre et admet des points communs entre son concept d'indicible et les processus de création des surréalistes. « Espace indicible », écrit-il en regard du débat lancé par Mauriac autour des propos de Georges Bataille, affirmant l'existence d'« un vide immense, aimé et misérable » [49], alors que toute la citation suivante de Breton, qui vise également à démontrer l'existence d'un univers surréel ou indicible, est abondamment soulignée : « Elle [notre expérience] tourne dans une cage d'où il est de plus en plus difficile de la faire sortir. Elle s'appuie, elle aussi, sur l'utilité immédiate et elle est gardée par le bon sens. Sous couleur de civilisation, sous prétexte de progrès, on est parvenu à bannir de l'esprit tout ce qui se peut taxer à tort ou à raison de superstition, de chimère ; à proscrire tout mode de recherche de la vérité qui n'est pas conforme à l'usage [50]. »

L'essence même de l'indicible est contenue dans une phrase de Breton tirée de *L'Amour fou* (1937), citée par Mauriac et soulignée par Le Corbusier : « La plus grande faiblesse de la pensée contemporaine me paraît résider dans la surestimation extravagante du connu par rapport à ce qui reste à connaître [51]. » La réflexion de Breton selon laquelle « la surréalité serait contenue dans la réalité même » inspire à Le Corbusier l'annotation suivante : « Rayonnement, effusion : l'espace indicible (= la proportion portée en tous les constituants de l'œuvre) [52]. »

PHOTOGRAPHIER L'ESPACE INDICIBLE

Si les épreuves photographiques de ses travaux publiées dans *New World of Space* et dans la revue *L'Architecture d'aujourd'hui* ou des photos qui lui tombent par hasard sous les yeux doivent être découpées ou inclinées pour qu'apparaisse l'indicible caché dans leur sujet, en revanche fixer le surgissement physique de l'indicible dans l'espace implique une série d'expédients. Une sorte de précis corbuséen pour photographier les différents phénomènes de l'indicible voit le jour dans les années 1940. Les premiers témoignages significatifs de cette utilisation de la photographie, visant à enregistrer le rayonnement des œuvres, datent de l'époque où Le Corbusier réalise des sculptures avec Savina. Les indications qu'il donne sur la manière de placer les sculptures non pas sur un fond gris abstrait, comme en ont souvent l'habitude les photographes et Savina lui-même, mais plutôt contre « un fond moyen de mur, même de vieux mur avec lézardes ou taches » ou contre « un ciel avec nuages » [53], montrent combien il lui importe de vérifier, à travers la photographie, la capacité de l'œuvre à s'ouvrir et à rayonner. Ce n'est que sur un fond de ce genre que son œil parvient à évaluer les résonances dans l'environnement, théorisées dans « L'espace indicible ». Certaines des pièces utilisées dans les premiers assemblages, cornets acoustiques ou écrans concaves, ou bien les encadrements, ou bien encore la rotation sur un axe, sont imaginés pour générer des œuvres « *ouvrant l'espace* vers l'infini [54] ». Les expositions aussi deviennent des occasions d'observer, toujours par le truchement de la photographie, les résonances entre les lieux et les œuvres, selon les logiques de l'espace indicible. Le Corbusier demande donc que soient prises des photographies « d'ensemble ou localisées », qui présenteront « les tableaux accrochés là où ils manifestent une valeur murale indiscutable, que la photographie isolée ne laisse pas sous-entendre » [55].

Mais ce que signifie vraiment pour lui photographier l'espace indicible prend corps avec le bâtiment qui marque l'un des sommets de la réflexion menée sur la synthèse des arts plastiques, l'espace indicible et la plastique acoustique : la chapelle de Notre-Dame-du-Haut à Ronchamp (1950-1955). Le Corbusier associe souvent chapelle et espace indicible, comme lorsqu'il note en 1954 : « L'art, créateur du Silence du phénomène acoustique au domaine des formes. L'Espace indicible [56]. » Des photographies de la chapelle expriment avec éloquence les effets de l'espace indicible qui se produisent dans une lumière opposée (de jour et de nuit), des conditions d'observation différentes et en fonction de deux types de paysage (l'un, naturel et ouvert ; l'autre, psychologique et introspectif). Dans le livre consacré à la chapelle de Ronchamp, le frontispice est une photographie montrant la vallée et les collines, qui introduisent les caractéristiques d'un paysage essentiel à la naissance de l'espace indicible sous la lumière du soleil – une modalité particulière de la *Fernbild*. Dans l'*Œuvre complète*, au contraire, deux photographies du même mur sud, percé de fenêtres, sont placées en vis-à-vis ; le mur est photographié de l'intérieur et à peu près du même endroit, mais dans des conditions de lumière différentes. Sur l'un des clichés, pris de jour, la lumière permet d'apercevoir par les vitres un paysage composé de nuages, de feuilles, et des fidèles. Sur l'autre,

pris la nuit, l'obscurité rend les fenêtres aveugles et fait de ce même mur une surface impénétrable, condition non moins nécessaire pour que se produise l'autre « vision » de l'espace indicible, dans lequel le bâtiment entre en résonance avec l'individu en entrouvrant son propre paysage psychologique (« dedans : tête-à-tête avec soi-même »). Et ce n'est que dans la légende de la photographie nocturne, « hors des réalités diurnes », que Le Corbusier se réfère à l'indicible : « La nuit. Le rayonnement de l'espace indicible. » [57]

DISPOSITIFS ÉLECTRONIQUES ET MNÉMONIQUES POUR LA GENÈSE DE L'INDICIBLE

Lorsque Le Corbusier rédige ses premiers textes sur l'espace indicible ou prend des notes pour l'élaboration de ce concept, il ne précise jamais les effets produits sur l'espace par les instruments électroniques qu'il utilise pour créer des agencements et des phénomènes d'un nouveau genre de *Stimmung* dans ses architectures, comme sur le toit de l'Unité d'habitation à Marseille en 1953 et en 1956 ou quand il imagine ses projets pour New York, Chandigarh ou Strasbourg. Il est probable que ce soit avec des installations exprimant une synthèse des arts désormais non conventionnels qu'il ait commencé à entrevoir une acception de l'espace indicible étrangère aux critères perceptifs qui avaient guidé ses sens jusque-là. Une réalisation apparaît alors fondamentale dans l'expérimentation de cette forme particulière d'indicible.

Avec le pavillon Philips et le *Poème électronique*, conçus pour l'Exposition universelle de Bruxelles en 1958, Le Corbusier donne une forme dans l'espace à des dispositifs artistiques électroniques imaginés au début du xxe siècle, aux propositions d'Edgard Varèse pour des compositions musicales se développant dans l'espace et, plus généralement, aux recherches contemporaines de la musique concrète, fondées sur l'enregistrement et la projection de sons en mouvement dans l'espace, en l'absence de l'orchestre. Le pavillon de Le Corbusier se veut le prototype d'un espace où des projections de sons, d'images et de couleurs superposées intensifient la perception psychologique, comme si les expériences picturales et plastiques de l'art cinétique investissaient, avec ce pavillon, justement, la dimension de l'espace. Il est clair maintenant que la synthèse des arts a peu à peu changé de signification : elle ne vise plus seulement une intégration, elle réclame d'être traduite dans l'espace. L'illusion d'optique laisse la place à la phénoménologie de la perception visuelle et acoustique qu'autorisent les instruments de l'ère électronique, et l'acoustique décrite dans « L'espace indicible » prend des connotations scientifiques. Du reste, vers 1955, Willem Tak et les autres techniciens de la firme Philips, qui collaborent à la réalisation du pavillon, ont étudié l'incidence des phénomènes sonores sur la perception sensorielle du milieu « réel » [58]. Les potentialités de la physiologie de la couleur sont elles aussi amplifiées grâce à des dispositifs électroniques. Des couleurs et des images semblables sont projetées simultanément sur les surfaces opposées du pavillon, afin qu'elles

41. Voir C. Mauriac, *op. cit.*, p. 90. / **42.** André Breton, cité par C. Mauriac, *op. cit.*, p. 91. / **43.** *Ibid.*, p. 112. / **44.** Le Corbusier, annotation dans C. Mauriac, *op. cit.*, p. 128. / **45.** *Ibid.*, p. 129. / **46.** C. Mauriac, *op. cit.*, p. 126. / **47.** Le Corbusier, carnet Nivola II, FLC, W1.9.10, f. 11. / **48.** « Des pages 17 à 129 = rassemblement des thèmes pour Poème de < + », note Le Corbusier sur le carnet Nivola II (FLC, W1.9.13, f. 17). / **49.** Le Corbusier, annotation dans C. Mauriac, *op. cit.*, p. 149. / **50.** A. Breton, cité dans C. Mauriac, *op. cit.*, p. 182-183. / **51.** *Ibid.*, p. 186-187. / **52.** Le Corbusier, annotation dans C. Mauriac, *op. cit.*, p. 189. / **53.** *Id.*, lettre à Joseph Savina, 30 septembre 1947, archives Savina, Tréguier (copie, FLC F3.18.23). / **54.** *Ibid.* **55.** Le Corbusier, lettre à Pierre Matisse, 24 janvier 1956, FLC, C1.1.259-261. / **56.** *Id.*, note sur l'« espace indicible », 7 septembre 1954, FLC, B3.7.548. / **57.** *Id.*, « La chapelle de Ronchamp, 1950-1953 », dans Willy Boesiger (dir.), *Le Corbusier. Œuvre complète*, vol. 5 : *1946-1952* (1953), Zurich, Éditions Girsberger, 1970, p. 37. / **58.** Voir Willem Tak, « Les effets sonores », *Revue technique Philips*, vol. 20, 1958-1959, nᵒˢ 2-3, p. 47-49.

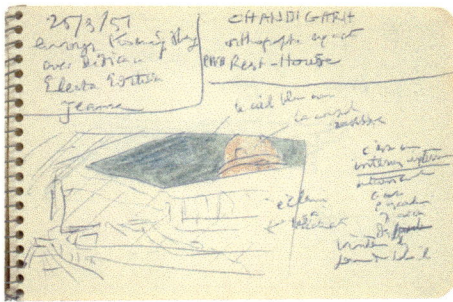

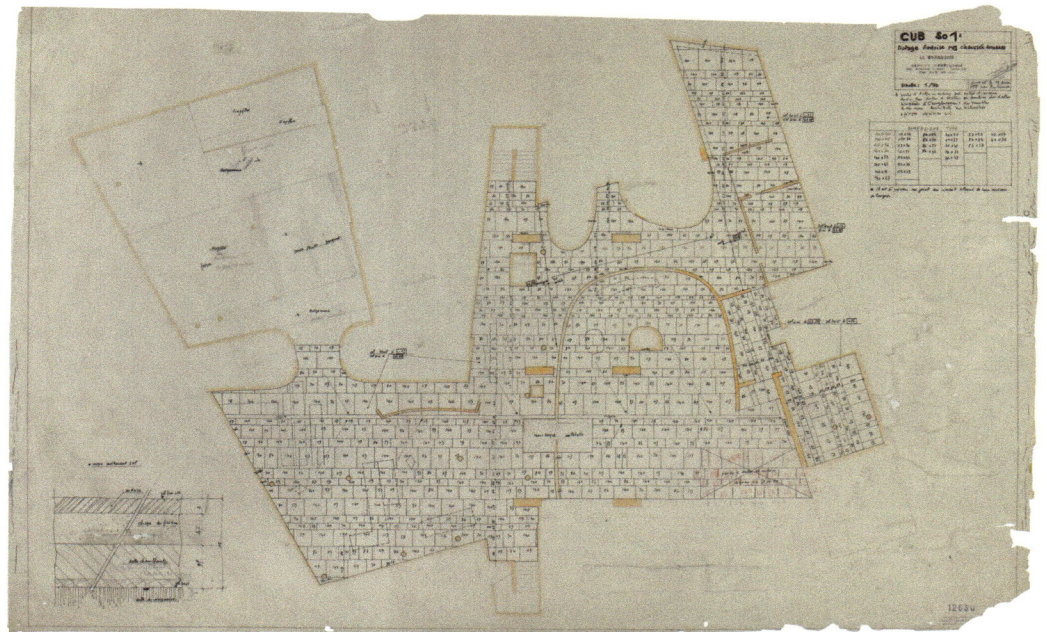

investissent la totalité de l'espace et communiquent à cet espace indicible, « l'illusion de la mobilité [59] ».

Cela dit, le pavillon et son poème électronique restent une expérience exceptionnelle dans l'œuvre de Le Corbusier. Dans la majeure partie des cas, le dévoilement de l'espace indicible répond à d'autres critères. Celui des souvenirs, qui avait permis au jeune Le Corbusier de construire à La Chaux-de-Fonds et au Locle non pas des « maisons » mais bel et bien des récits métaphoriques, continue de nourrir ses réalisations.

Les deux dimensions fondamentales de l'espace indicible expérimentées dans la chapelle de Ronchamp, la vision éloignée et l'introspection psychologique nocturne, sont de nouveau présentes dans les chefs-d'œuvre de Chandigarh.

Lorsque Le Corbusier monte sur les collines qui entourent le Capitole pour contempler le site sur lequel se dresse, encore isolé, le bâtiment en béton brut du palais de justice, c'est encore une vision rappelant celles de la *Fernbild* qui s'offre à lui : « C'est la présence même du terme : espace indicible. Impossible de dimensionner. L'Himalaya est derrière, les montagnes, les collines, le site… écrasant ? Non pas : le site uni dans l'indicible, l'insaisissable, l'inexplicable [60]. » Puis, dans des phrases qui pourraient servir à décrire la nature de l'espace indicible, il explique à sa mère l'impression qu'il a ressentie en voyant le bâtiment dans le paysage : « C'est une symphonie architecturale qui dépasse tous mes espoirs, qui éclate et se développe sous la lumière d'une façon inimaginable et inlassable. De près, de loin, c'est une surprise et provocation d'étonnement. C'est fait avec du béton brut, du canon à ciment. Le paysage tout autour est empoigné par l'architecture [61]. »

La dimension introspective de l'espace indicible apparaît dans l'effet de nuit mis en scène dans le forum du Parlement, l'un des lieux les plus révélateurs des processus créateurs d'indicible à travers la transposition d'événements émotionnels (et qui témoigne aussi de ce que la vocation picturale de Le Corbusier l'amène toujours à utiliser l'architecture pour susciter des émotions). Cet effet de nuit est la transcription d'une émotion que Le Corbusier a vécue durant son premier séjour en Inde,

le 26 mars 1951, alors qu'il dessinait les premières esquisses pour le Parlement, et qu'il a consignée dans son carnet de voyage [62]. Au soir de ce jour de mars, il entre dans une cour — probablement celle du temple de Gurdwara Dukh Niwaran Sahib, à Patiala —, où se trouve un escalier dont il sait que l'utilisation rituelle est associée à la lumière : c'est « l'accès des visiteurs les jours de soleil ». De cette cour, il voit alors au-delà des toits un aperçu de la coupole du temple. Il dessine cette vision qui est pour lui intense et fantastique comme les « effets » d'une vallée dans le brouillard ou d'une montagne émergeant des nuages dans les paysages de La Chaux-de-Fonds. Le fait que le ciel au-dessus de la cour soit étoilé est fondamental dans la transfiguration de la perception émotionnelle de ce lieu — la *Stimmung*. Dans son dessin, il n'utilise la couleur que pour le rectangle de ciel et la coupole. Le ciel est « bleu noir », la coupole « rousse » (la galerie est « éclairée à l'électricité »). La nuit et les lumières lui font percevoir la qualité particulière du lieu : « C'est un *intérieur-extérieur* intéressant », note-t-il. De même que les maisons construites dans sa jeunesse avaient été agencées comme des « souvenirs » de voyage, Le Corbusier évoquera dans le forum du Parlement la *Stimmung* « *intérieur-extérieur* » de la cour en 1951, atteignant ainsi l'indicible à travers un transfert du concret. Le forum obscur est aussi l'expression du « gîte profond » dont il est question dans *Le Poème de l'angle droit* : « La grande caverne du sommeil, cet autre côté de la vie dans la nuit [63]. » On a donc une autre forme du dévoilement de l'espace indicible découvert dans la chapelle de Ronchamp, « hors des réalités diurnes ».

11. Le Corbusier, *Étude pour le Parlement de Chandigarh*, extrait du carnet de dessins *Nivola II*, 1954. Fondation Le Corbusier, Paris
12. Vittore Carpaccio, *Lamentation sur la mort du Christ*, vers 1510. Photographie du Studio Giacomelli, Venise, tirage personnel de Le Corbusier. Fondation Le Corbusier, Paris

Toute interprétation de ce lieu créé au cœur du Parlement faisant abstraction de l'émotion ressentie par Le Corbusier durant cette nuit de mars est le fait d'une critique de type académique, qui a son épicentre dans la conception « beaux-arts » de Colin Rowe et ne pourra jamais saisir l'essence de l'espace indicible, sa raison d'être phénoménologique qui est la transcription d'émotions dans la matière. Le béton brut, qui est beaucoup plus qu'un simple corrélat de l'indicible, est l'écorce de cet espace généré par une vision picturale qui accompagne le visiteur depuis l'effet de nuit mis en scène dans le forum jusqu'à la lumière céleste de la salle des Assemblées et au dévoilement du paysage une fois rejoint le toit-terrasse du Parlement.

L'espace indicible peut aussi résulter de la capacité de Le Corbusier à transformer l'exercice fondamental de la grammaire de l'ornement et du *pattern* – la stylisation des profils – pour le mettre au service du transfert du concret, toujours à l'enseigne du souvenir, mais en utilisant plusieurs échelles. Le profil de la baie de Rio de Janeiro, qu'il a tant admiré et souvent dessiné, après avoir été réduit à une ligne essentielle à travers l'exercice de la stylisation ornementale, devient le générateur du hall du pavillon du Brésil à la Cité universitaire de Paris, montrant ainsi que, par-delà le plan libre dont relève ce hall, il y a les paysages mnémoniques et surréels de l'espace indicible.

Cet espace indicible emprunte finalement à la dimension tragique qui est celle de tout être humain sentant s'approcher la mort. Cette manifestation de l'indicible, l'une des plus poignantes, est imaginée par l'architecte à l'occasion du projet pour l'hôpital de Venise (1964). Comme le corps de sainte Ursule

tenu au-dessus de la foule durant ses funérailles, dans la peinture de Vittore Carpaccio dont Le Corbusier s'inspire pour son projet, l'hôpital devient la métaphore d'un gigantesque catafalque, haussé au-dessus du flux de la vie citadine. La distance avec le sol est double : par les pilotis et par le lit. Le dessin des cellules des malades raconte l'histoire des corps solitaires allongés qui contemplent la lumière sacrée modelée par les « surfaces gauches » des plafonds, dans l'attente d'une révélation – ultime « maison des hommes [64] », autre manifestation de ce « rayonnement » introverti de l'espace indicible qui, dans la chapelle de Ronchamp, se produit la nuit. Le lit est situé en hauteur de sorte que les yeux du malade sont à 1,4 m du plafond, dans les « mêmes conditions qu'un homme debout » dans une salle haute de 3,2 m [65], et ce dans la volonté de créer la condition perceptive d'une résurrection. Les autres aspects du projet, constructifs, fonctionnels ou de composition, sont décisifs pour l'histoire de l'architecture. Mais c'est cet indicible qui permet aux dernières œuvres de Le Corbusier d'atteindre au sublime.

Traduit de l'italien par Anne Guglielmetti.

59. Louis C. Kalff, « Les effets lumineux », *ibid.*, p. 41. / **60.** Le Corbusier, « Le Corbusier, carnet H34 », *Carnets*, vol. 3 : *1954-1957*, Paris, Herscher/Dessain et Tolra, 1981, n° 190, 19 novembre 1954. / **61.** *Id.*, lettre à sa mère, 17 novembre 1954, FLC, R2.2.103. / **62.** Voir *id.*, « Le Corbusier, carnet E19 », *Carnets*, vol. 2 : *1950-1954*, Paris, Herscher/Dessain et Tolra, 1981, n° 398, 26 mars 1951. / **63.** *Id.*, *Le Poème de l'angle droit*, Paris, Verve, 1955, p. 84. / **64.** *Id.*, lettre à Carlo Ottolenghi, 11 mars 1964, FLC, I2.20.113. / **65.** Voir *id.*, « Hôpital de Venise. Rapport de Le Corbusier du 12 mai 1965 (extrait) », dans W. Boesiger (dir.), *Le Corbusier. Œuvre complète. Les dernières œuvres (1970)*, Zurich, Éditions Girsberger, 1973, p. 132.

BÉTON BRUT, PLASTIQUE, ACOUSTIQUE & *CEMENT GUN*

ANNA ROSELLINI

RUGOSITÉ ET PERFECTION DU BÉTON

Au lendemain de la Seconde Guerre mondiale, dans les bâtiments de Le Corbusier, le béton laissé apparent – le fameux « béton brut » de décoffrage – prend une place essentielle dans l'élaboration d'une idée de l'espace qui dérive de celle de la période du purisme, mais dont l'aspect est radicalement modifié par le modelage de lignes et de surfaces tissées dans une trame modulaire à échelle humaine. Le catalogue sophistiqué que dresse Le Corbusier des diverses manières de préparer les matériaux constitutifs des coffrages, la stéréotomie, en dit long sur les expériences menées pour obtenir une texture des surfaces du béton brut, diversement rythmée, qui guide l'œil de l'observateur dans la compréhension des justes proportions du bâtiment et des relations subtiles que celui-ci entretient avec le paysage. Le « texturique » dont parle Le Corbusier est aussi, en partie, un corollaire de la vision constructive mûrie avec la découverte du béton brut [1].

La sensibilité artistique et humaine de Le Corbusier et sa capacité à accueillir dans sa poétique toute sorte de suggestion font que, dans l'immédiat après-guerre, son béton brut porte la marque des caractéristiques contextuelles de sa mise en œuvre. Il s'agit tantôt des économies réalisées par les entreprises françaises du bâtiment, à l'origine de défauts et de « malfaçons » qu'il résout et justifie en les rapprochant de l'art brut et des automatismes artistiques ; tantôt transparaît la pauvre existence des chantiers indiens, que reflètent les malfaçons du béton de Chandigarh et d'Ahmedabad coulé dans des coffrages en planches imparfaites et avec des tôles qui se déforment ; il s'agit enfin de l'habileté technique des charpentiers japonais dans le découpage et l'assemblage des planches des coffrages, ou des évolutions techniques aux États-Unis dont il tire parti, sur le chantier du Carpenter Center for the Visual Arts, pour mettre en œuvre ses pilotis coulés dans des coffrages de type Sonotube ou les murs aveugles réalisés avec de grands panneaux de contreplaqué assemblés par un joint en V.

Les moulages d'objets naturels, les empreintes et les impressions de métopes en bois insérés dans les coffrages sont des éléments fondamentaux de la vision artistique que Le Corbusier a du béton armé dans les dernières décennies de sa production. Même les prototypes réalisés sur le chantier afin de vérifier les solutions techniques de coffrages spéciaux n'échappent pas à cette vision : les échantillons de garde-corps pour le bâtiment du palais de justice à Chandigarh deviennent des stèles dédiées au béton brut, érigées à côté de l'édifice [2].

1. Le Corbusier, *Unité d'habitation de Marseille*, 1945-1952, vue de chantier. Photographie de Marcel de Renzis (détail), 15 novembre 1948. Fondation Le Corbusier, Paris

Et c'est aussi le béton brut de Le Corbusier et ses malfaçons insolites qui révèlent aux sculpteurs le potentiel expressif d'un matériau que ces mêmes sculpteurs, antérieurement, se contentaient d'utiliser pour faire des copies de leurs œuvres en marbre ou en pierre, ou comme succédané de la pierre. Ce n'est pas un hasard si, dans sa jeunesse, Anselm Kiefer découvre la nature secrète, artistique et conceptuelle du béton, qui informera plus tard ses « tours » en panneaux préfabriqués, lors d'une visite au couvent Sainte-Marie de la Tourette.

Les brise-soleil, les balcons, les poteaux et les poutres de l'ossature ou les remplissages génèrent les trames fondamentales de la structure des bâtiments de Le Corbusier, mais amplifient en plus l'espace potentiel grâce justement à la matière et au modelé du béton brut. Les surfaces autrefois enduites avec une attention maniaque pour obtenir un poli parfait deviennent maintenant des ondulations qui réagissent aux autres lignes, comme dans la chapelle Notre-Dame-du-Haut à Ronchamp, le couvent de la Tourette ou le palais de justice de Chandigarh, et sont obtenues avec une technique qui relève toujours de l'expressivité multiforme du béton : le *cement gun*. Les dernières réalisations grandioses de Le Corbusier sont donc caractérisées non plus par le seul jeu des volumes sous la lumière, mais par un jeu tumultueux, accidenté, contrasté et même dramatique de transparences et de clairs-obscurs, qui investissent le détail et l'ensemble de l'édifice, comme s'il entendait construire les magnifiques ruines de la technique la plus révolutionnaire du XXe siècle.

La polychromie n'échappe pas à la passionnante révision critique à laquelle il soumet tous ses principes et certitudes antérieurs. Du théorème, mis au point avec Amédée Ozenfant, sur le rôle de chaque couleur dans la définition ultime de la perception, il ne reste pratiquement rien. Maintenant que l'enveloppe du bâtiment est transformée en une tapisserie graphique faite de matériaux bruts, tissée par les lignes du texturique et répondant aux règles du Modulor, la couleur est un outil de contrôle de la rugosité et des contrastes de la matière ; elle concourt quelquefois d'une manière décisive à amplifier la relation secrète recherchée entre le bâtiment et le paysage.

AU-DELÀ DE L'OSSATURE DOM-INO : EXPÉRIENCE DE « PLASTIQUE ACOUSTIQUE »

La texture de la surface n'est pas la seule chose qui change radicalement dans les bâtiments de Le Corbusier après la Seconde Guerre mondiale. Ce qu'il entend par « béton brut » inclut une acception particulière qui investit le modelé même de la structure et, inévitablement, en vient à concerner les diverses formes de mise en œuvre du béton. C'est dans cette phase, et alors que différentes enveloppes aux géométries orthodoxes s'affirment d'un bout à l'autre de la planète, que le béton de Le Corbusier devient le matériau et l'instrument de l'invention d'une architecture qui va au-delà des principes, désormais généralisés, du mouvement moderne. Libéré des limites auxquelles lui-même l'avait cantonné à partir de l'ossature Dom-Ino et de ses variantes

jusqu'à la fin des années 1920, le béton apparaît aussi à l'architecte dans sa substance liquide : matière de fusion, pouvant prendre n'importe quelle forme comme la fonte ou le bronze, et qui permet de donner libre cours à des inventions difficilement classifiables dans un genre d'expression artistique parce qu'elles sont des synthèses inédites d'espace et de sculpture dans lesquelles le *cement gun*, et non plus le béton brut, joue un rôle essentiel, au moins dans la phase de conception. Ce qui guide alors le processus créateur de Le Corbusier, c'est surtout « l'acoustique », dont il fait la métaphore d'un système de relations entre les lieux, les bâtiments et les individus, plus complexe que celui postulé par la psychophysiologie.

La découverte des surfaces pliées ou « surfaces gauches », selon sa propre définition, déjà amorcée dans les travaux des années 1930, est induite par un nouvel exercice artistique auquel il s'adonne à côté de la peinture, alors qu'il est réfugié à Ozon, dans les Pyrénées, de 1940 à 1941. Là, il dessine non pas des natures mortes mais des assemblages d'objets qui sont de véritables projets de sculptures aux configurations tantôt anthropomorphes, tantôt plus proches des « objets à réaction poétique » de sa collection, et qu'il classera par la suite sous les dénominations *Ozon*, *Ubu*, *Totem* et *Taureaux*. La présence récurrente, parmi ces objets sans forme identifiable, d'une sorte de cornet acoustique primitif, semblable aux objets sculptés par Alberto Giacometti, Constantin Brancusi, Jean Arp, Henry Moore et Antoni Gaudí pour la chaire épiscopale de la cathédrale de Palma de Majorque, est emblématique de sa recherche sur les valeurs acoustiques visuelles.

La transposition des dessins en sculptures de bois se fait grâce à la collaboration avec l'ébéniste Joseph Savina. Les premières sculptures sont conçues comme des assemblages non pas mécanicistes mais symboliques, dans lesquels la figure du cornet acoustique réapparaît avec insistance. Le Corbusier en vient à réunir ses sculptures dans un ensemble qu'il nomme « plastique acoustique », parce que ces formes sont pour lui capables d'émettre et de recevoir des sons en devenant l'essence de la relation entre un lieu et une œuvre [3]. Il ne fait aucun doute que cette plastique acoustique est davantage qu'un corrélat du phénomène d'« espace indicible » qu'il a défini en 1945. Le cornet

1. Sur les questions relatives au béton brut, voir Roberto Gargiani, Anna Rosellini, *Le Corbusier. Béton Brut and Ineffable Space, 1940-1965. Surface Materials and Psychophysiology of Vision*, Lausanne, EPFL Press, 2011. / **2.** Voir Le Corbusier, note à Vohra et Prabhawalkar, 14 juin 1955, FLC, P1.11.379. La citation est tirée du *Poème de l'angle droit*, Paris, Verve, 1955, p. 138. Le Corbusier esquisse la disposition des pièces – « les 3 stèles béton brut. [...] Inscription citation Poème < +, le béton brut » (voir le dessin, FLC, 29046G). En novembre 1954, il écrit : « Conserver les 3 exemples de *shuttering* dans le jardin = consécration du béton brut, graver le vers du > + avec nom Corbu + Atelier 35 Sèvres. » Le Corbusier, « Le Corbusier, carnet H34 », *Carnets*, vol. 3 : *1954-1957*, Paris, Herscher/Dessain et Tolra, 1981, n° 179, s.d. [1954]. Voir aussi l'esquisse avec la note : « La gloire du béton brut, les 3 stèles abc, essais de 1952 demeureront là [...] » (*ibidem*, n° 186, s.d. [1954]), et le dessin des trois stèles (*ibid.*, n° 214, 27 novembre 1954). La localisation des « 3 échantillons de béton brut à conserver » derrière le palais de justice est donnée dans le dessin daté du 8 mars 1957. / **3.** Voir Le Corbusier, lettre à Joseph Savina, 28 août 1947, FLC, F3.18.20. / **4.** La définition se rapporte aux cheminées de la maison Mila de Gaudí. Voir Carola Giedion-Welcker, « Bildhafte Kachel-Kompositionen von Antoni Gaudí. Ein Vorspiel zu den "papiers collés" », *Werk*, t. XLII, avril 1955, n° 4, p. 126-130. / **5.** Sur les techniques prévues pour la réalisation des cheminées, voir Vladimir Bodiansky, lettre à André Wogenscky, 20 janvier 1950, FLC, 04.14. 410 / **6.** Le Corbusier, sans titre, dans *Antoine Pevsner*, Paris, René Drouin, 1947, n.p.

2. Le Corbusier, *Haute Cour, le Capitole*, Chandigarh, 1951-1955. Photographie de Lucien Hervé. Fondation Le Corbusier, Paris
3. Le Corbusier et Joseph Savina, *Ozon, opus I*, 1947. Sculpture photographiée sur le toit de l'appartement de la rue Nungesser-et-Coli, Paris, vers 1947. Tirage photographique. Fondation Le Corbusier, Paris
4. Le Corbusier, *Chapelle Notre-Dame-du-Haut*, Ronchamp, 1950-1955, maquette. Photographie de Lucien Hervé, s.d. Fondation Le Corbusier, Paris

acoustique symbolise une nouvelle période constructive caractérisée par un système de structure, dans lequel les géométries de l'ossature Dom-Ino ont tendance à se dissoudre en surfaces gauches capables de générer des lieux qualifiés d'acoustiques.

LE PLIÉ ET LE PAYSAGE

L'énigmatique paroi « pliée » et trouée, placée sur le toit-terrasse de la villa Savoye, annonce de mystérieuses résonances acoustiques entre architecture et paysage. Le projet et la réalisation du premier chef-d'œuvre de béton brut, l'Unité d'habitation de Marseille, qui infléchira le cours de l'architecture internationale pendant au moins une décennie, se font l'écho de questions explorées par Le Corbusier avec la plastique acoustique et les surfaces gauches. C'est dans ce bâtiment qu'apparaissent les premières surfaces gauches de béton brut, conçues comme des éléments capables d'entrer en résonance avec le paysage, à l'instar des cornets acoustiques des sculptures, et de rendre humaine, y compris par des caractères anthropomorphes et totémiques, la puissante machine structurelle qui contient les nombreuses cellules de logement. Les deux dalles, celle haussée au-dessus du sol et celle du toit-terrasse, permettent la création d'éléments parmi les plus exceptionnels de l'Unité d'habitation : les énormes pilotis creux qui abritent les organes fonctionnels et laissent libre la vue sur l'extérieur, l'auvent de l'entrée, incurvé dans ce qui est presque un refus des géométries orthogonales de l'ossature, ou encore l'enveloppe en forme de quille de bateau renversée de la salle de gymnastique. Mais ce sont les deux cheminées du système de ventilation des appartements qui se détachent sur le toit-terrasse, étroits à la base et évasés vers le haut, avec un profil ondulé généré par le rapprochement de trois aérateurs circulaires, qui représentent le mieux, après la paroi

pliée de la villa Savoye, les concepts de surface gauche et de cornet acoustique entrant en résonance avec le paysage. Ces objets montrent comment Le Corbusier modèle le béton brut comme une surface pliable avec laquelle il invente un cornet en forme de cône – de véritables « cheminées sculptées » comme celles de Gaudí [4]. Néanmoins, leur réalisation, à partir de béton coulé dans des coffrages, ne correspond pas à la technique initialement prévue par Le Corbusier, celle du canon à ciment, qui consiste en une projection du matériau contre un support en métal déployé. Si l'on ne tient pas compte des modalités techniques initiales, on ne peut pas comprendre la signification subversive de ces surfaces en forme de voile pliée, qui feront office de prototypes pour la construction ultérieure de surfaces gauches et pour un nouveau genre de béton brut [5].

Avec la chapelle de Ronchamp, Le Corbusier imagine la première grandiose construction expressive d'un béton définitivement affranchi des géométries de l'ossature et des limites de forme imposées par la réalisation des coffrages : le béton est désormais une matière à modeler avec la même liberté que celle dont usait Savina pour sculpter les cornets acoustiques en bois. Quand Le Corbusier souhaite, en 1947, rencontrer « l'homme qui, comme l'ancien constructeur de nefs, joindrait les charpentes et les planches pour constituer des coffrages dans lesquels le béton de statues inattendues serait coulé [6] », il pense encore s'en remettre, pour réaliser ses surfaces gauches, à la virtuosité des équipes du chantier traditionnel du béton – ce qu'il a été, du reste, obligé de faire pour les cheminées de l'Unité d'habitation. Mais dès les croquis de juin 1950, toutes les surfaces de la chapelle vont au-delà des techniques usuelles ; matériau étonnamment malléable comme s'il s'agissait de tôles, les surfaces se replient en niches courbes après être entrées en collision les unes avec les autres, se creusent comme si elles étaient soumises à des pressions – celles d'une « acoustique paysagiste » –, génèrent des concavités sous l'effet d'agents invisibles. Première intuition de la nécessité d'inventer des dispositifs acoustiques pour une chapelle conçue en fonction du paysage. L'abat-son de la chaire extérieure tournée vers le paysage, accrochée à un pilier de la couverture, est une illustration du système de résonances acoustiques recherché entre la chapelle et la vallée [7].

Le Corbusier dévoile l'une des caractéristiques métaphoriques des surfaces pliées quand il dit que la chapelle est une « construction résistante au vent et à la flexion [8] », la colline étant périodiquement battue par les bourrasques d'un vent froid [9]. Ce n'est pas un hasard si la couverture prend l'apparence de la structure fuselée d'une aile d'avion – une surface conoïde [10]. Mais ces surfaces pliées reflètent aussi la volonté d'édifier un simulacre de chapelle en ruine, avec ses murs déracinés, troués par des projectiles, et sa couverture détruite.

Pour ériger sur la colline qui domine Ronchamp une extraordinaire plastique acoustique qui entre en résonance avec le paysage, avec le vent et le souvenir de l'église précédente, détruite en 1944, Le Corbusier n'a plus en tête l'habituel chantier de béton armé : il imagine une charpente métallique exceptionnelle, pliable à volonté, qui sera à la fois l'armature du béton et la structure porteuse d'un réseau métallique sur lequel il pourra appliquer le matériau. Ce n'est pas un hasard si, pour définir la qualité particulière de l'espace de la nef, il se réfère à une technique de travail du métal : « Une ronde-bosse (en creux) [11]. » Les premiers dessins du projet montrent une structure métallique aussi légère qu'une carlingue arrachée. Les « peaux » de la chapelle deviennent des « membranes extrêmement dures et solides de béton [12] », qu'il décrit comme un « rude épiderme de "gunite" [...], surface de ciment grenu, très dur mais rude [...] sans aucun décor [13] ». Mais comme dans le cas des cheminées de l'Unité d'habitation, la construction de la chapelle trahit l'intuition première.

Ce sont aussi les agents naturels, le vent et la pluie, qui modèlent les chefs-d'œuvre du Capitole à Chandigarh. À cette différence près que l'intensité des phénomènes qui se manifestent dans la plaine au pied de l'Himalaya transforme la plastique acoustique à tel point que la chapelle fait figure d'intuition imparfaite. Le Corbusier se consacre à cette époque à l'invention de fabuleux dispositifs visant à contrôler les précipitations de la mousson, à produire de la fraîcheur et à favoriser des phénomènes mystiques : « machines à habiter » d'une nouvelle ère, les édifices du Capitole entrent en résonance non seulement avec le paysage mais aussi avec le cosmos tout entier.

Tout part de ce qu'il vit lors de ses premiers jours passés en Inde, les 25 et 26 mars 1951, après un voyage en avion au cours duquel il dessine dans son carnet la gargouille de la chapelle de Ronchamp. La forme des toits du Parlement, du palais de justice et du palais du gouverneur est esquissée alors qu'il est plongé dans des pluies torrentielles, à Bombay et à Chandigarh. « C'est un problème d'hydraulique, de barrage [...]. Avec le canon à ciment et un revêtement de cuivre sur les 3 palais on crée les conditions "hydrauliques" », note-t-il à côté des esquisses pour le Capitole [14]. Mais par-delà ces conditions hydrauliques, chaque bâtiment va raconter sa parabole.

Le palais de justice s'impose par sa structure en portique, grandiose de vides, détachée de ce qu'elle abrite, exceptionnelle par la séquence des surfaces réglées conoïdes, modelées par le vent et par l'ombre, déployées comme des ailes d'avion. Cette structure fait aussi office de collecteur des eaux de pluie et de radiateur dans lequel convergent les conduits venant des salles d'audience des tribunaux [15]. Le fait que le palais de justice soit le seul édifice du Capitole à présenter un espace vide important sous sa couverture n'est pas un hasard. C'est à partir des informations réunies dans la « grille climatique » qu'a été conçu le système d'aération naturelle des salles d'audience, dont cette couverture et son vide sont des éléments fondamentaux. Au portique monumental érigé en avant du Parlement sont confiées des fonctions analogues : collecter les eaux de pluie et générer ombre et fraîcheur.

LE PARABOLOÏDE HYPERBOLIQUE, L'ESTOMAC ET LA BOÎTE : ESPRIT DE FAMILLE

Que l'acoustique ne soit plus simplement une question scientifique et qu'elle ne puisse être résolue par le profil créé par le spécialiste qu'était Gustave Lyon, parce qu'elle est devenue une loi artistique impondérable à laquelle on recourt de loin en loin pour modeler des figures toujours différentes – toutes liées à l'emploi du béton brut –, c'est ce que montrent trois réalisations dans lesquelles les défauts du son et de l'écho ont été corrigés : la salle des assemblées du Parlement à Chandigarh, le projet du pavillon Philips et la chapelle au couvent de la Tourette.

Un paraboloïde hyperbolique, tel qu'il est utilisé dans les constructions industrielles, est introduit au cœur du Parlement pour abriter la salle des assemblées et créer un phénomène de lumière bien particulier, décrit dès les premières esquisses, alors que la structure de la salle est encore conçue différemment (pour permettre ce phénomène lumineux, le couvercle du paraboloïde hyperbolique était ouvrable). Les surfaces gauches sont alors réglées et ce également pour pouvoir être réalisées en béton armé. Il semble que Le Corbusier veuille expérimenter les effets du contrôle

7. Voir *idem*, « Le Corbusier, carnet D17 », *Carnets*, vol. 2 : *1950-1954*, London, Thames and Hudson, 1981, n° 274, s.d. [20 mai 1950]. / **8.** *Id.*, cité dans Fernand Gardien, André Maisonnier, « Chapelle de Ronchamp », 9 janvier 1951, FLC, Q1.1.112-113. / **9.** « Cette construction résistante au vent et à la flexion, écrit Le Corbusier dans une note de janvier 1951, entraîne le plus faible tonnage possible. Elle est incombustible [...]. » *Ibid.* / **10.** Voir le dessin *Épure de la forme de la toiture*, daté du 17 octobre 1951 et du 9 septembre 1952, FLC, 07120. / **11.** Le Corbusier, *Ronchamp*, Zurich, Girsberger, 1957, p. 120. / **12.** *Id.*, *Construction de la chapelle de Ronchamp (Haute-Saône)*, 17 janvier 1951, FLC, Q1.3.91-93. / **13.** *Id.*, « La chapelle de Ronchamp, 1950-1953 », *Œuvre complète, 1946-1952* (1953), Zurich, Girsberger, 1970, p. 72. / **14.** *Id.*, *Carnet Nivola I*, 26 mars 1951, FLC, W1.8.96, f. 163. « C'est l'eau qui commande, élément premier qui attaque, corrode, érode, fait des criques rondes, des plages arrondies. » *Id.*, « Le Corbusier, carnet M52 », *Carnets*, vol. 4 : *1957-1964*, Paris, Herscher/Dessain et Tolra, 1982, n° 102, s.d. [1958]. / **15.** Conçue initialement comme une enveloppe structurale, elle est mise au point en collaboration avec les ingénieurs indiens, en particulier avec Mahendra Raj. Mahendra Raj, entretien de Roberto Gargiani et Anna Rosellini, New Delhi, 11 janvier 2010. / **16.** Le Corbusier, « Le Corbusier, carnet J39 », *Carnets*, vol. 3 : *1954-1957*, *op. cit.*, n° 484, s.d. [1955]. Une copie de la page de ce carnet est jointe à la note technique signée par Iannis Xenakis (voir Iannis Xenakis, note technique, 2 février 1956, avec notes de Le Corbusier, FLC, P1.3.79). / **17.** Voir Le Corbusier, « Le Corbusier, carnet J39 », *Carnets*, vol. 3 : *1954-1957*, *op. cit.*, n° 484, s.d. [1955]. Voir aussi « Assemblée Chand-L.C. 2-2-56. Notice technique », FLC, P1.3.79. / **18.** Voir *ibid.* / **19.** Voir Augusto Tobito Acevedo, « Assemblée de Chandigarh. Cahier des charges », 7 novembre 1955, FLC, P1.03.68-72. / **20.** Voir *ibid.* / **21.** Sur l'acoustique, voir Le Corbusier, lettre à A.R. Prabhawalkar, 6 février 1956, FLC, P1.03.80-81. / **22.** *Id.*, « La chapelle de Ronchamp, 1950-1953 », art. cité, p. 72.

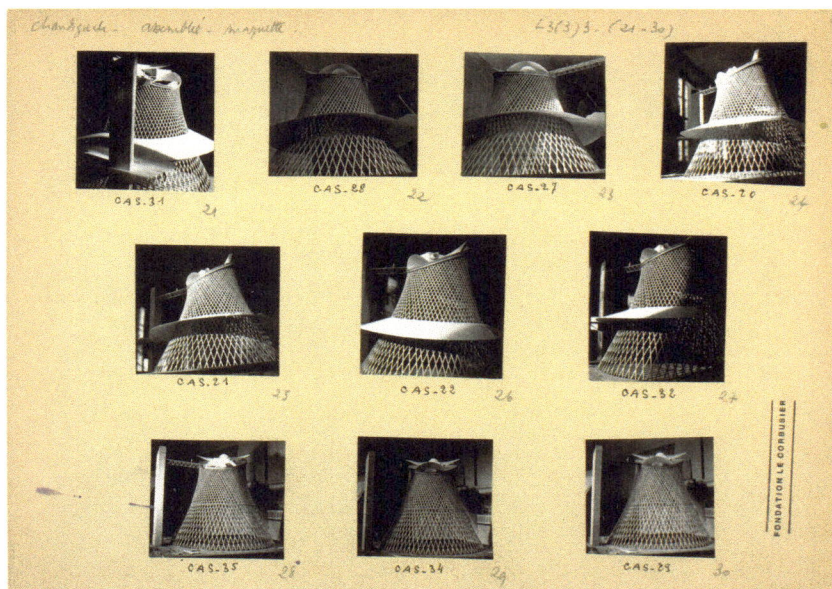

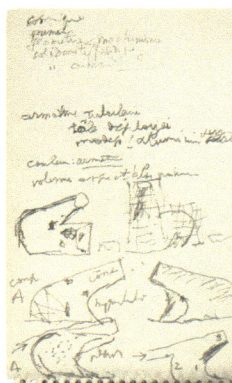

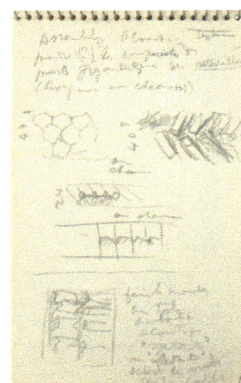

5. Le Corbusier, *Le Capitole*, Chandigarh, 1951-1963, modèle d'hyperboloïde de l'Assemblée. Photographies de Lucien Hervé, s.d. Fondation Le Corbusier, Paris
6. Le Corbusier, *Pavillon Philips*, Exposition universelle de Bruxelles, 1958, croquis extraits des *Carnets*. Fondation Le Corbusier, Paris
7. Le Corbusier, *Le Capitole*, Chandigarh, 1951-1963, études d'impressions et de coffrages, extrait des *Carnets*. Fondation Le Corbusier, Paris

mathématique sur la genèse des formes, qui s'imposent à cette époque, grâce aux expériences menées sur les coques de béton ; il s'agit pour lui de tester leurs capacités intrinsèques de stabilité et la facilité qu'elles offrent dans la fabrication des coffrages.

Dans son paraboloïde hyperbolique, les résonances acoustiques deviennent une question physique de réflexion des ondes sonores dans la cavité générée par cette figure. Afin de ne pas compromettre l'esthétique du béton brut par des revêtements, il étudie des solutions de coffrages capables de résoudre les problèmes de l'acoustique directement par la construction de la structure, en inventant une surface articulée en reliefs. À cette fin, il dessine des *patterns* qu'il qualifie, de manière significative, d'« acoustique texture [16] ». Pour définir le motif décoratif, il cherche, parmi les empreintes laissées sur le sol, les plus profondes, celles qui lui paraissent les plus à même de créer des surfaces rugueuses permettant de contrôler les ondes sonores. La terre fraîchement retournée du chantier de la digue du lac Sukhna devient à ses yeux une surface semblable à celle du sable marin dans lequel il a ramassé des coquillages et des galets, vu des empreintes de pieds et modelé des sculptures avec Costantino Nivola ; cette terre porte la trace, vouée à disparaître, du travail nécessaire pour les grandes réalisations. Alors qu'il visite le chantier, il est frappé par les empreintes des engins et des camions, et décide d'en tirer parti pour résoudre les problèmes acoustiques de la salle des assemblées [17]. Pour transférer dans le béton brut les profondes empreintes qu'il a relevées, il propose d'utiliser des coffrages de métal [18] : les « coffrages spéciaux » en « tôle emboutie », avec « empreintes de pneus ou de chaînes, etc. », capables de produire les « effets de correction acoustique » auxquels se réfère une note de 1955 [19]. Des drapeaux, des tapisseries suspendues aux murs, des tapis de laine compléteront ces correcteurs acoustiques [20].

La solution des empreintes d'engins de chantier à modeler dans le béton brut n'a pas été retenue. Elle aurait transformé en monument une image représentative d'une phase du chantier de construction, la surface du paraboloïde hyperbolique devenant un paysage métaphorique, un hymne au béton brut capable de résoudre aussi des questions techniques complexes. C'est à cela que Le Corbusier fait allusion quand il écrit que le béton armé et l'acoustique sont « des problèmes [...] parfois liés [21] ».

Le cornet acoustique des sculptures réalisées avec Savina annonce l'apparition d'un organe qui n'est plus contenu dans des cartilages blancs et minces comme ceux des villas « puristes », aux caractéristiques opposées à celles du paraboloïde hyperbolique. Informe, incapable même d'être une structure, cet organe est mou comme un organe humain. Dans la première esquisse que Le Corbusier fait du pavillon Philips, celui-ci est une enveloppe qui, selon sa propre définition, a la forme d'un « estomac », dans lequel musique, projections d'images et visiteurs seront introduits et transformés en une même substance. Cette figure, aussi surprenante que le « crachat » de Georges Bataille, est une prise de position ouverte contre toute « surface réglée », qu'il sera néanmoins obligé d'adapter lors de la réalisation du pavillon. Pour que cet estomac, qui doit être modelé une fois encore en « tôle déployée » et gunite brute, soit stable structurellement, Le Corbusier prévoit de le suspendre à un squelette de minces poteaux.

Dans la chapelle du couvent de la Tourette, après avoir renoncé à la structure métallique avec « pyramides acoustiques » en métal déployé et au revêtement de gunite à gros grains, Le Corbusier construit une « boîte à miracles » en béton brut, d'une simplicité déconcertante, qui offrira des conditions acoustiques optimales. La plastique acoustique est sublimée par le contrôle des proportions de la boîte, des fentes de lumière et de la couleur ; pour le son, des correctifs sont étudiés (des toiles tendues notamment).

Le projet non réalisé pour l'église de Firminy peut être considéré comme l'aboutissement de sa plastique acoustique. Le Corbusier y aborde la déformation des surfaces réglées, qui a pour but de rendre méconnaissable leur origine géométrique et de créer une enveloppe ayant la forme d'un paraboloïde hyperbolique dressé, symbolisant une expression architecturale régie par « une mathématique, une physique implacables [22] » : cornet acoustique sculpté pour contemplation mystique.

Traduit de l'italien par Anne Guglielmetti.

POLYCHROMIE

JAN DE HEER

ESTHÉTIQUE EXPÉRIMENTALE

Dans plusieurs textes des années 1950, Le Corbusier associe la couleur à la psychophysique. Observation étrange quand on sait qu'il a placé son œuvre de l'après-guerre sous le signe de la synthèse des arts, au sein de laquelle la psychophysique ne joue plus un rôle de premier plan. En 1951, il écrit : « Appel aux puissances psychophysiologiques de la couleur : constatation de leur puissance formidable de classement comme de sensation, comme d'émotion [1]. » Et en 1958 : « Ambiances, qui entoureront les cinq cents visiteurs, leur imprimant des sensations psychophysiologiques : le rouge, le noir, le jaune, le vert, le bleu, le blanc. Possibilité de rappels, d'évocations : aurore, incendie, orage, ciel ineffable [2]... » Ce faisant, insinue-t-il que ses convictions de l'après-guerre ne diffèrent pas fondamentalement de celles qu'il défendait auparavant, pendant sa période puriste ? Mais alors la question se pose de savoir s'il convient par exemple d'apprécier et d'interpréter les ambiances de lumière colorée du pavillon Philips de la même manière que la polychromie architectonique dans l'architecture puriste.

En parlant de « puissances psychophysiologiques de la couleur », qu'a bien pu vouloir dire Le Corbusier sur son œuvre puriste ? À l'époque de la Grande Guerre, la psychophysique et l'esthétique expérimentale connaissaient un regain d'intérêt [3]. La première se présente comme une philosophie des sciences qui étudie les relations quantitatives entre un stimulus et la perception que l'on en a. La seconde est le prolongement de la psychophysique dans le domaine des arts. On les doit toutes deux à l'esprit de Gustav Theodor Fechner. Au regard de l'esthétique expérimentale, ce mathématicien et philosophe allemand a déclaré inapplicables et dépassés les postulats de la métaphysique afférents au beau ou au bien-être. Se fondant sur la recherche scientifique, il entendait, étape par étape – des choses les plus élémentaires aux plus complexes –, définir les lois esthétiques. Pour ce faire, il a recouru à un principe important, à savoir la distinction entre le facteur direct de l'impression esthétique et les associations qu'elle évoque. Le facteur direct consiste en ceci : nous voyons la couleur en tant que couleur d'une certaine intensité mesurable, distincte des autres couleurs d'une certaine intensité mesurable. Quant à l'association, indépendante de l'impression immédiate, elle fonctionne comme son complément. Dans l'association, avance Fechner, le

1. Le Corbusier, *La rue intérieure de l'Unité d'habitation de Marseille*. Photographie de Jan De Heer

souvenir se joint à l'impression immédiate et nous conduit, par exemple, à voir une orange dans une tache à la fois orange et ronde.

L'idée de la nécessité d'une esthétique expérimentale, les peintres Amédée Ozenfant et Charles-Édouard Jeanneret – connu à partir des années 1920 sous le nom de Le Corbusier – l'ont défendue pour la première fois dans *Après le cubisme* (1918), leur première publication puriste. Par l'intermédiaire de Charles Lalo, tous deux s'étaient familiarisés avec les conceptions de Fechner. Lalo était l'auteur d'un certain nombre de livres sur le sujet, notamment d'une thèse intitulée *L'Esthétique expérimentale de Fechner* (1908)[4]. À ce propos, il convient de mentionner un autre auteur important : Charles Henry. Dès la fin du XIXᵉ siècle, ce dernier avait proposé une variante de l'esthétique expérimentale, qui revêtit une grande importance pour Georges Seurat et le néo-impressionnisme. Ozenfant et Jeanneret connaissaient les idées de Henry, en particulier grâce à Gino Severini, un ami du premier[5]. Les publications d'Ozenfant et Jeanneret postérieures à 1918 baignent dans la même atmosphère qu'*Après le cubisme*. Les deux hommes avaient d'ailleurs conçu *L'Esprit nouveau*, revue publiée entre octobre 1920 et janvier 1925, comme un périodique traitant d'esthétique expérimentale[6].

Aux yeux de Lalo, la psychophysique et l'esthétique expérimentale ne couvraient pas les mêmes domaines que pour Fechner. À la différence de ce dernier, le philosophe Lalo n'était pas un scientifique. Ozenfant et Jeanneret non plus, du reste : peintres, ils reprenaient de seconde main, pour servir leur propre poétique, quelques principes tirés de l'esthétique expérimentale. Ainsi en est-il de l'idée de ramener chaque perception à des sensations élémentaires produites par des stimuli simples, en vue d'en tirer les lois d'une nouvelle esthétique. Ces conceptions ont formé le terreau du purisme, la recherche de constantes du langage plastique à partir des stimuli simples suscités par les formes géométriques élémentaires : triangle, carré, cercle.

Influencés par Lalo, Ozenfant et Jeanneret posèrent que la distinction entre facteur direct de l'impression esthétique et association s'appliquait à la perception d'une œuvre d'art. Ils baptisèrent ces deux facteurs « standard primaire » et « standard secondaire ». Le premier conduit à une certaine sensation physiologique, le second correspondant à l'association liée à cette impression immédiate. Chaque œuvre d'art se devait d'user de ces deux facettes. Les formes et motifs purement géométriques n'ouvrant pas selon eux le champ à des associations, Ozenfant et Jeanneret les rétrogradèrent au rang d'art ornemental.

Fait notable, la couleur n'entrait pas dans ces considérations sur une esthétique puriste, expérimentale. Le purisme ne traitait pas les couleurs comme une entité indépendante ; en conséquence, et contrairement à De Stijl et au Bauhaus, il ne les réduisait pas non plus à des stimuli simples ou à des couleurs primaires. Dans le purisme, les conceptions sur la couleur ont des origines multiples. Elles proviennent d'une part des observations d'Ozenfant et Jeanneret sur le travail de peintres du passé, à partir desquelles ils ont déterminé la palette de couleurs puristes.

D'autre part, des motifs tenant à la formation de décorateur de Jeanneret (formation qui envisageait la peinture de l'œuvre architecturale comme relevant des arts appliqués) ont joué un rôle décisif – le principal de ces motifs leur ayant été transmis par Charles Blanc. C'est à lui que l'on doit l'idée selon laquelle la forme précède la couleur. En plus d'être un idéel, cette primauté de la forme dans le purisme constituait un préalable technique. Un tableau s'ébauche à partir des lignes et des formes, la couleur ne vient qu'ensuite ; la même chose vaut pour l'architecture : ce n'est qu'une fois un bâtiment terminé que l'on en fait le tour pour en déterminer la polychromie. Dans le purisme, la couleur est en quelque sorte une fonction de la forme.

La quintessence de la peinture, estiment Ozenfant et Jeanneret dans « Le purisme », c'est le rendu des volumes. Conformément à ce point de vue, ils présentent trois gammes chromatiques, dont la plus grande surtout est destinée à peindre des volumes. « On peut, hiérarchiquement, écrivent-ils, déterminer la *grande gamme*, formée des ocres jaunes, rouges, des terres, de blanc, du noir, du bleu outremer et, bien entendu, certains de leurs dérivés par mélange ; cette gamme est une gamme forte, stable, donnant de l'unité, tenant le plan de la toile, car ces couleurs se tiennent mutuellement entre elles. Ce sont donc les couleurs essentiellement constructives ; ce sont celles qu'ont employées toutes les grandes époques ; ce sont celles dont doit se servir celui qui veut peindre en volume, puisqu'il emploie des éléments colorés statiques[7]. »

POLYCHROMIE ARCHITECTURALE

En matière d'architecture, les bases de la réflexion sur la forme et la couleur étaient à peu de chose près les mêmes qu'en peinture : la géométrie des formes, la mise au point de la forme au moyen du contour et du clair-obscur, l'allégeance de la couleur à la forme, un emploi de la couleur respectueux de l'intention formelle. Afin de souligner la géométrie de la forme dans l'architecture, Le Corbusier conçoit une règle qui prescrit de peindre un mur d'une seule et même couleur unie. Un mur lui-même égal, sans moulure, boiserie, ni décoration sculpturale.

Dans la polychromie de l'architecture puriste, le facteur dominant est la question du clair-obscur (pleine lumière/ombre noire). Selon Le Corbusier, le clair-obscur rend les formes visibles. Il appartient aux formes et précède donc les couleurs ; cela n'est pas sans conséquences majeures quant aux facultés que Le Corbusier attribue à la polychromie. Quelques règles simples

1. Le Corbusier, « Y a-t-il une crise de l'art ? » (1951), cité dans J. Petit, *Le Corbusier lui-même*, Genève, Éditions Rousseau, 1970, p. 169. / **2.** *Id.*, « Notre travail », *Le Poème électronique*, Paris, Les Éditions de Minuit, 1958, p. 24-25. / **3.** Voir Jan de Heer, *The Architectonic Colour. Polychromy in the Purist Architecture of Le Corbusier*, Rotterdam, 010 Publishers, 2009, p. 33 et suiv. / **4.** Charles Lalo, *L'Esthétique expérimentale de Fechner*, Paris, F. Alcan, 1908 ; *id.*, *Les Sentiments esthétiques*, Paris, Alcan, 1910 ; *id.*, *Introduction à l'esthétique*, Paris, Armand Colin, 1912. / **5.** Voir Gino Severini, « La peinture d'avant-garde », *Mercure de France*, 1ᵉʳ juin 1917, p. 451 et suiv. / **6.** Voir « Éditorial », *L'Esprit nouveau*, n° 1, octobre 1920, n.p., ainsi que J. de Heer, « Purisme of Dada », *Eigenbouwer*, n° 1, octobre 2013, p. 31-46. / **7.** Amédée Ozenfant, Charles-Édouard Jeanneret, « Le purisme », *L'Esprit nouveau*, n° 4, janvier 1921, p. 369 et suiv. / **8.** Le Corbusier, « Polychromie architecturale », cité dans J. de Heer, *The Architectonic Colour*, *op. cit.*, p. 224.

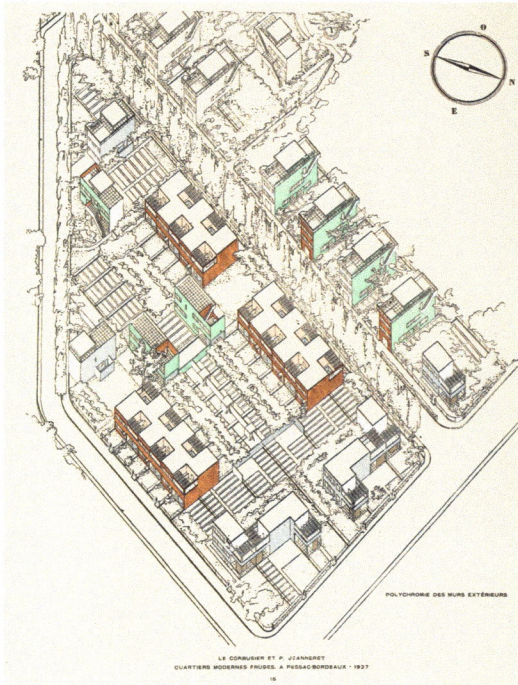

2. Le Corbusier et Pierre Jeanneret, *Quartiers modernes Frugès*, Pessac, dans *L'Architecture vivante*
3. Le Corbusier, *Claviers de couleurs, Salubra 2*, Zurich, Éditions Salubra, 1959

se dégagent de ses textes. Tout d'abord, l'importance du blanc. C'est la luminosité du blanc qui met le mieux en valeur le langage des formes architectoniques. L'éclat d'un mur blanc peut être porté à son paroxysme dès lors que l'on opère un contraste avec une surface colorée. La deuxième règle porte sur l'effet optique de la couleur : il convient de placer le rouge en pleine lumière ; quant au bleu, il vibre aussi dans la pénombre. La troisième règle concerne l'effet illusoire : le rouge fixe la présence du mur alors que le bleu éloigne le mur. Enfin, Le Corbusier écrit que chaque couleur a une action physiologique spécifique : stimulante, apaisante, irritante, etc.

Il utilise la polychromie pour corriger et ordonner le jeu des formes. Dans cette optique, il utilise essentiellement les propriétés de deux couleurs, le bleu et le rouge. Cette réduction à deux couleurs aux effets spatiaux contrastants, l'architecte la souligne une nouvelle fois dans son texte « Polychromie architecturale » : « LA COULEUR MODIFIE L'ESPACE.
Le *bleu* et ses composés verts créent de l'espace, donnent de la distance, font de l'atmosphère, éloignent le mur, le rendent peu saisissable, lui enlèvent sa qualité de fermeté en interposant une certaine atmosphère.
Le *rouge* (et ses composés bruns, oranges, etc.) fixe le mur, affirme sa situation exacte, sa dimension, sa présence.
De plus, au bleu s'attachent des sensations subjectives de douceur, de calme, de paysage-eau, mer ou ciel.
Au rouge s'attachent des sensations de force, de violence.
Le bleu agit sur l'organisme comme un calmant, le rouge comme un excitant. L'un est au repos, l'autre est action [8]. »
Ainsi, pour l'architecture, pratiquement toute la vaste gamme provenant de l'art des peintres se trouve réduite à une simple

opposition entre deux intensités, le rouge et le bleu. Le vert a été rangé avec le bleu, l'orange et le brun avec le rouge. Quant aux effets spécifiques du blanc – à l'exception de sa clarté et de son éclat – et du noir, mais aussi du jaune et du violet, le texte de Le Corbusier garde le silence. Cela ne signifie pas pour autant que l'on ne rencontre que le rouge et le bleu dans son architecture.

De même, dans les textes qu'il a consacrés à la polychromie dans l'architecture puriste, le lien avec la psychophysique est loin d'être manifeste. On pourrait croire que la réduction au rouge et au bleu résulte de la recherche de sensations élémentaires en vue de dégager, tout comme dans l'esthétique expérimentale, les lois d'une nouvelle esthétique. En réalité, cette paire de couleurs et le sens qu'elle revêt ont une origine complètement différente. La division des couleurs (celles qui se dirigent vers la lumière, celles qui se dirigent du côté sombre) proposée par Le Corbusier relève en effet du *Traité des couleurs* de Goethe. Cette œuvre, antérieure à la psychophysique, a eu une influence majeure sur l'art des XIXe et XXe siècles. On ne sait au juste si Le Corbusier tenait sa répartition de ce texte ou de *Du spirituel dans l'art* de Vassily Kandinsky. Quoi qu'il en soit, *Après le cubisme* montre qu'il connaissait, au moins dès 1917, les travaux du théoricien russe. À la polarité jaune/bleu de Goethe et de Kandinsky, Le Corbusier oppose la polarité rouge/bleu, sans toutefois rien changer d'essentiel à la façon dont Goethe avait exposé le problème.

La puissance associative de la paire rouge/bleu a été décrite par Le Corbusier en personne : il y voyait essentiellement des effets optiques par rapport au clair-obscur ainsi que des propriétés spatiales illusoires. Tout ce champ d'associations se révèle lui aussi influencé par l'idée de la subordination de la couleur à la forme. Au cours des années 1930, on allait assister à une

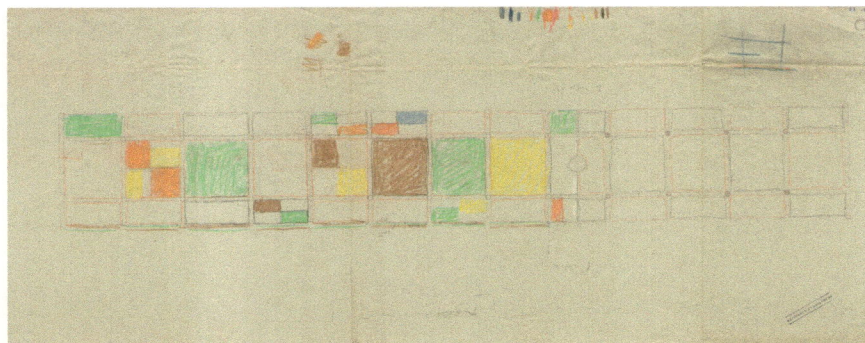

4. Le Corbusier, *Plafond de l'usine Duval*, Saint-Dié-des-Vosges. Photographie d'Olivier Martin-Gambier, 1950. Fondation Le Corbusier, Paris
5. Le Corbusier, *Plafond de l'usine Duval*, Saint-Dié-des-Vosges, 1950. Tirage papier rehaussé de crayon de couleur, 90 × 37 cm. Fondation Le Corbusier, Paris
6. Le Corbusier, *Teintes fondamentales pour Marseille*, *étude*, 1951. Fondation Le Corbusier, Paris

évolution sur cette question : « Polychromie architecturale », texte évoqué ci-dessus, en offre un premier témoignage.

AMBIANCES

À l'origine, « Polychromie architecturale » était destiné à paraître dans un nuancier de papiers peints que Le Corbusier avait conçu pour la firme Salubra. C'est dans ces pages de 1933, publiées finalement à titre posthume, que le terme « ambiance » apparaît pour la première fois. Pour aider le client à repérer les harmonies entre les couleurs du papier peint, il avait lui-même établi une série de combinaisons de couleurs qu'il baptisa « ambiances ». Sous l'action des couleurs, ces ambiances sont censées entraîner certaines associations et sensations. Il les a intitulées : « Espace », « Ciel », « Velours », « Sable », « Mur », « Paysage ». Avec ces ambiances, l'aspiration du purisme à subordonner la couleur à l'architecture et à faire d'elle une fonction des proportions architectoniques passa tout à fait au second plan. Pour obtenir des ambiances équilibrées, Le Corbusier conçut une douzaine de claviers de couleurs car il lui manquait encore un mode d'emploi pour leur application architecturale. Le papier Salubra convenait à toute pièce et tout bâtiment. L'atmosphère suggérée par une ambiance donnée répondait au goût du public tout en se trouvant complètement détachée de l'architecture.

Au milieu des années 1930, cette nouvelle approche de la polychromie s'accompagne chez Le Corbusier d'une revalorisation de la peinture murale au sein de l'architecture. Dans le purisme, la peinture murale, autrement dit la fresque contemporaine, était une forme inacceptable. Vers 1935, Le Corbusier accorde une place à part entière, dans son architecture, à ces éléments esthétiques sous-estimés jusque-là, considérés comme relevant du folklore. Faire entrer la peinture murale dans l'architecture, c'était la faire entrer dans les eaux de la polychromie. Les peintures murales que Le Corbusier a réalisées dans la villa E-1027 dessinée par Eileen Gray passaient de manière inaperçue dans la polychromie. Il a ainsi conféré à la peinture murale une fonction apparentée à celle qu'avait la polychromie. Tout ceci devait déboucher sur une forme différente de polychromie.

L'usine Claude et Duval de Saint-Dié (1946) est le premier bâtiment dans lequel il a appliqué cette nouvelle forme. C'est surtout dans le hall que l'emploi de la couleur diffère sensiblement de projets antérieurs. En l'espèce, Le Corbusier a abandonné l'impératif du mur uni : on découvre une suite de plafonds de couleurs différentes, et même, sur certaines de ces surfaces, des motifs de diverses couleurs. Ce principe – plusieurs couleurs sur une même surface architecturale –, il l'a repris, entre autres, dans les annexes de la chapelle de Ronchamp (1950-1955), dans les pièces du pavillon du Brésil à Paris (1953-1959), dans le pavillon d'exposition ZHLC (Maison de l'Homme) de Zurich (1963). Les grands rideaux au motif à carreaux de tissu brun et vert, accrochés dans le hall (côté façade ouest), entraient eux aussi dans cette partition polychrome. À son tour, cette démarche a laissé sa marque sur certains projets ultérieurs. Après le bâtiment de Saint-Dié, la polychromie s'est faite jeu multicolore dans les limites de l'architecture, sans toutefois se soumettre d'office à la règle « une couleur par mur », qui visait à clarifier les proportions de l'architecture. Elle est devenue une forme d'« art abstrait », un système ornemental autonome dans le cadre de la synthèse des arts [9].

UNITÉ

L'Unité d'habitation de Marseille (1945-1952) est l'un des bâtiments majeurs de la même période présentant une polychromie prononcée. Dans l'ensemble de l'édifice, Le Corbusier a utilisé systématiquement la série spectrale des couleurs rouge, orange, jaune, vert, bleu et violet – tant dans les couloirs, où sont distribuées les portes des appartements, que dans les appartements eux-mêmes. En certains endroits, il a étendu la série en ajoutant une couleur ; en d'autres, il l'a réduite. Pour assurer la variation visuelle, il a répété des motifs et des glissements. Curieusement, malgré toutes les variations, il est resté attaché à l'ordre établi par chaque série. De toute évidence, cette disposition était de grande importance, à côté de la signification de chacune des couleurs.

Ce n'est qu'assez tard que Le Corbusier a prêté attention à la palette des couleurs spectrales. Tout d'abord, en 1939, il a qualifié le blanc de l'architecture moderne de « produit de synthèse des sept couleurs du prisme [10] ». Cet intérêt se trouvait fortement stimulé par les vols long-courriers qu'il a effectués à la fin des années 1940 en Amérique du Nord et du Sud, et par la suite en Inde et dans la péninsule arabique. Regardant par le hublot, il pouvait voir se déployer sous ses yeux, à la nuit tombante ou au lever du jour, le magnifique spectacle de la réfraction atmosphérique diffuse de la lumière solaire, qui baignait le firmament dans une palette de couleurs. « C'est de la physique pure », écrit-il dans son carnet de croquis en voyant « le plus inouï ciel théorique » qui se puisse imaginer : un gigantesque nuage de rouge, d'orange, de jaune, de vert, de bleu, de violet [11]. Ces observations ont jeté les bases du nuancier qu'il devait adopter par la suite : « les types couleurs [12] ».

L'Unité d'habitation de Marseille est le premier bâtiment à accorder à la polychromie un contenu narratif, à savoir l'histoire de l'arc-en-ciel. La série des couleurs spectrales était pour Le Corbusier l'indicateur d'un grand événement cosmique, de la rotation de la Terre autour du Soleil. Dans cette perspective, la polychromie revêt, tout comme la fresque, des vertus plastiques. Dans cette référence à l'événement cosmique, on reconnaît l'effet que Le Corbusier attribue également aux « objets à réaction poétique ». La polychromie était devenue un moyen d'expression autonome dans le jeu complexe des questions et réponses de la synthèse des arts.

C'est surtout dans le purisme des débuts que le recours aux termes « psychophysique » et « esthétique expérimentale » a fait office de ligne directrice artistique. Pourtant, il n'est nullement question en l'espèce de méthodologie ou de pédagogie rigoureuse fondée sur des considérations scientifiques. Chez Ozenfant et Jeanneret, la référence à la psychophysique relevait alors en grande partie d'une visée rhétorique.

Les changements que Le Corbusier opérait depuis les années 1930 dans la polychromie architecturale se sont avérés essentiels. La polychromie est devenue une forme de fresque, l'architecte prenant soin de bien distinguer les deux : la polychromie ne se fait jamais figurative et ne fait pas usage de modulations de couleurs. Dans la polychromie, il a posé des à-plats unis les uns à côté des autres, lesquels jouent leur propre jeu par rapport à la forme architectonique. C'est justement ce jeu abstrait de couleurs qui a conduit Le Corbusier à rapprocher polychromie et psychophysique. Dans la polychromie de l'après-guerre, on le voit apprécier la couleur en tant que couleur dont le champ associatif n'est dicté ni par la relation qu'elle entretient avec la forme, ni par celle qu'elle entretient avec l'architecture.

Traduit du néerlandais par Daniel Cunin.

---

9. *Id.* : « L'art abstrait commence par la polychromie architecturale. » « Y a-t-il une crise de l'art ? », art. cité, p. 169. / **10.** *Id., Sur les quatre routes* (1941), Paris, Denoël, 1970, p. 181. / **11.** *Id., Sketchbooks*, vol. 2 : *1950-1954*, New York, The Architectural History Foundation/ Cambridge (Mass.), The MIT Press/Paris, Fondation Le Corbusier, 1982, E23, ill. 694. / **12.** Voir J. de Heer, *The Architectonic Colour, op. cit.*, p. 173 et suiv.

184

1 / Le Corbusier, *Ubu*, étude pour une sculpture, 1940. Encre noire et gouache sur papier vélin, 50,5 x 32,7 cm. Fondation Le Corbusier, Paris

2 / Le Corbusier, *Sculpture*, étude, 1940. Graphite, encre noire, aquarelle sur papier, 34,5 x 27 cm. Fondation Le Corbusier, Paris

3 / Le Corbusier, *Ozon*, étude, 1940. Graphite sur papier, 27,3 x 21 cm. Fondation Le Corbusier, Paris

4 / Le Corbusier, *Ubu IV*, 1940-1944. Huile sur toile, 100 x 80 cm. Centre Pompidou, Mnam-CCI, Paris. Don de la Clarence Westbury Foundation

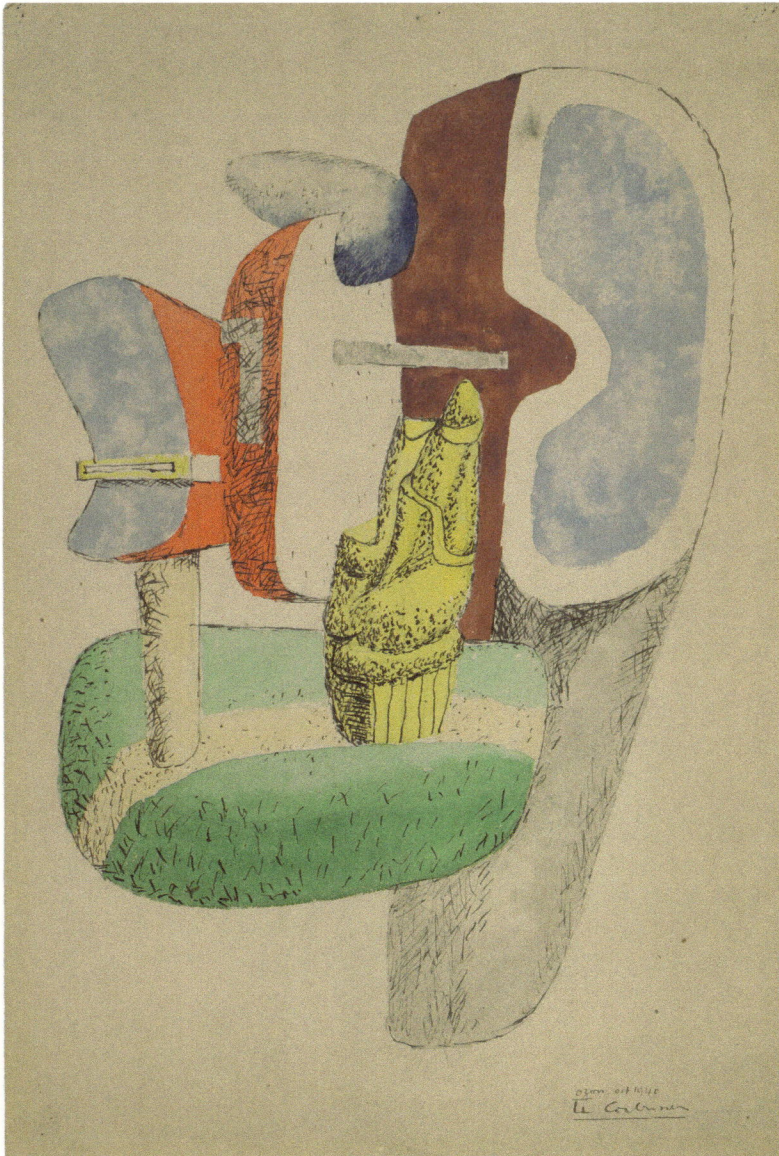

1

2

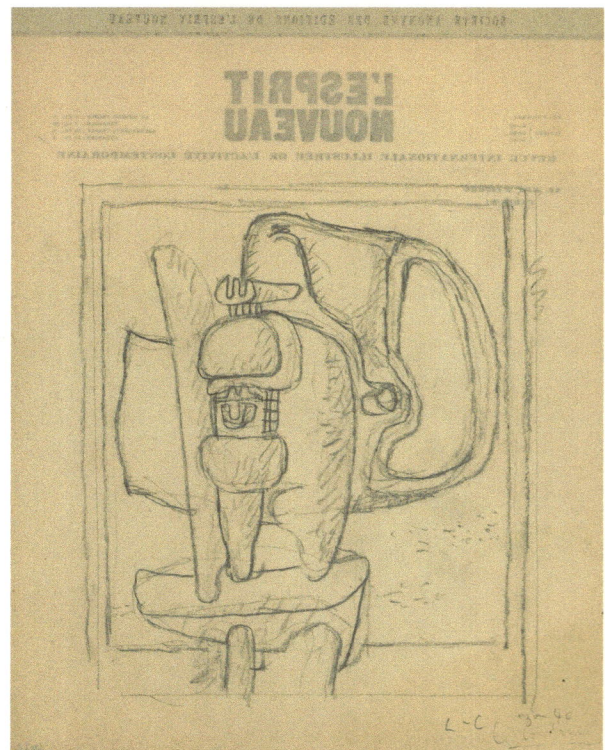

3

1 / Le Corbusier et Joseph Savina, *Sans titre*, 1948. Polychrome, bois naturel, 42 x 48 x 48 cm. Fondation Le Corbusier, Paris

2 / Le Corbusier et Joseph Savina, *Ozon*, 1947. Polychrome, bois naturel, 49 x 30 cm. Fondation Le Corbusier, Paris

3 / Le Corbusier et Joseph Savina, *Ubu*, 1947. Bois naturel, 91,5 x 49 x 47 cm. Fondation Le Corbusier, Paris

1

2

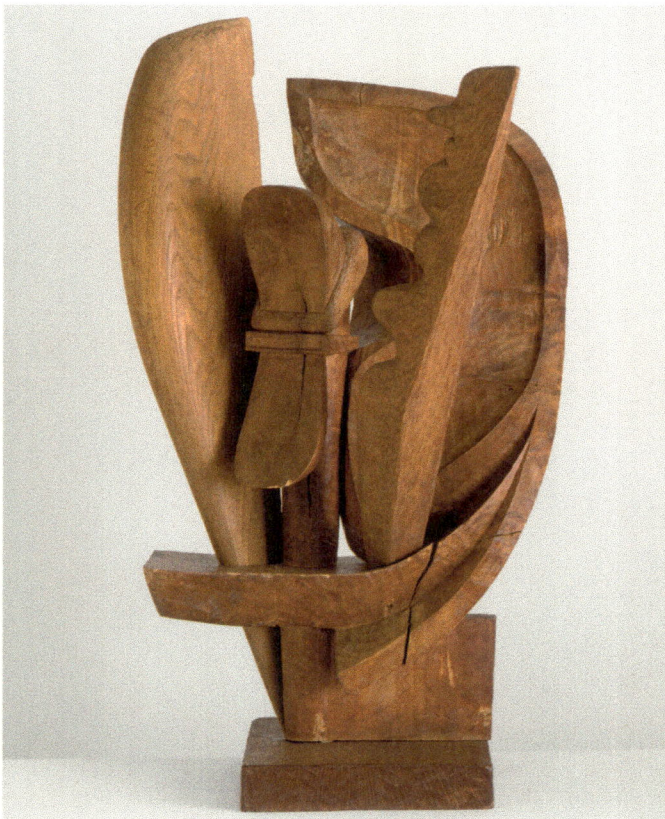

3

4 et 5 / Le Corbusier et Joseph
Savina au travail, Tréguier, 19 mars
1963. Tirages photographiques.
Fondation Le Corbusier, Paris

4

5

1 / Le Corbusier et Joseph Savina,
Ozon II, 1940-1962. Bois peint,
80 x 80 x 35 cm. Fondation
Le Corbusier, Paris

1

2 / Le Corbusier et Joseph Savina, *Ozon, opus I*, 1947. Bois peint, 74 x 47 x 38 cm. Fondation Le Corbusier, Paris

3 / Le Corbusier et Joseph Savina, *Totem*, 1950. Bois naturel et fer, 122 x 52 x 40 cm. Fondation Le Corbusier, Paris

4 / Le Corbusier au travail, Tréguier, [1963]. Tirage photographique. Fondation Le Corbusier, Paris

5 / Le Corbusier, *Totem*, étude de sculpture, 1929-1942. Graphite, encre noire, crayon de couleur sur papier vergé, 42 x 27 cm. Fondation Le Corbusier, Paris

2

4

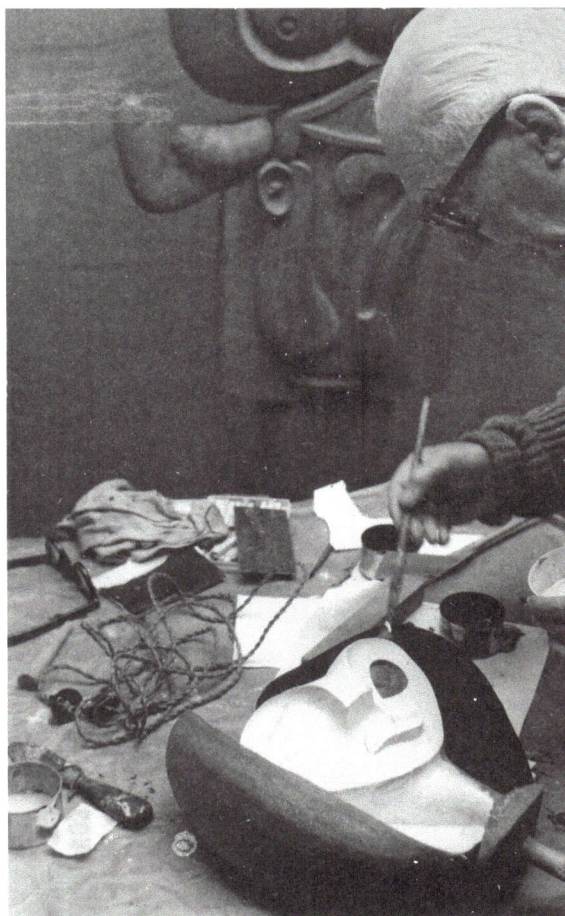

3

5

1 / Le Corbusier, *Arcole Simla*, 1952.
Huile sur toile, 97 x 162 cm.
Fondation Le Corbusier, Paris

2 / Le Corbusier, *Simla*, étude, 1951.
Crayon à bille, pastel, peinture à
l'eau sur papier collé sur carton,
21,3 x 34 cm. Fondation
Le Corbusier, Paris

3 / Le Corbusier, *Le Grand Ubu*,
1949. Huile sur toile, 162 x 130 cm.
Fondation Le Corbusier, Paris

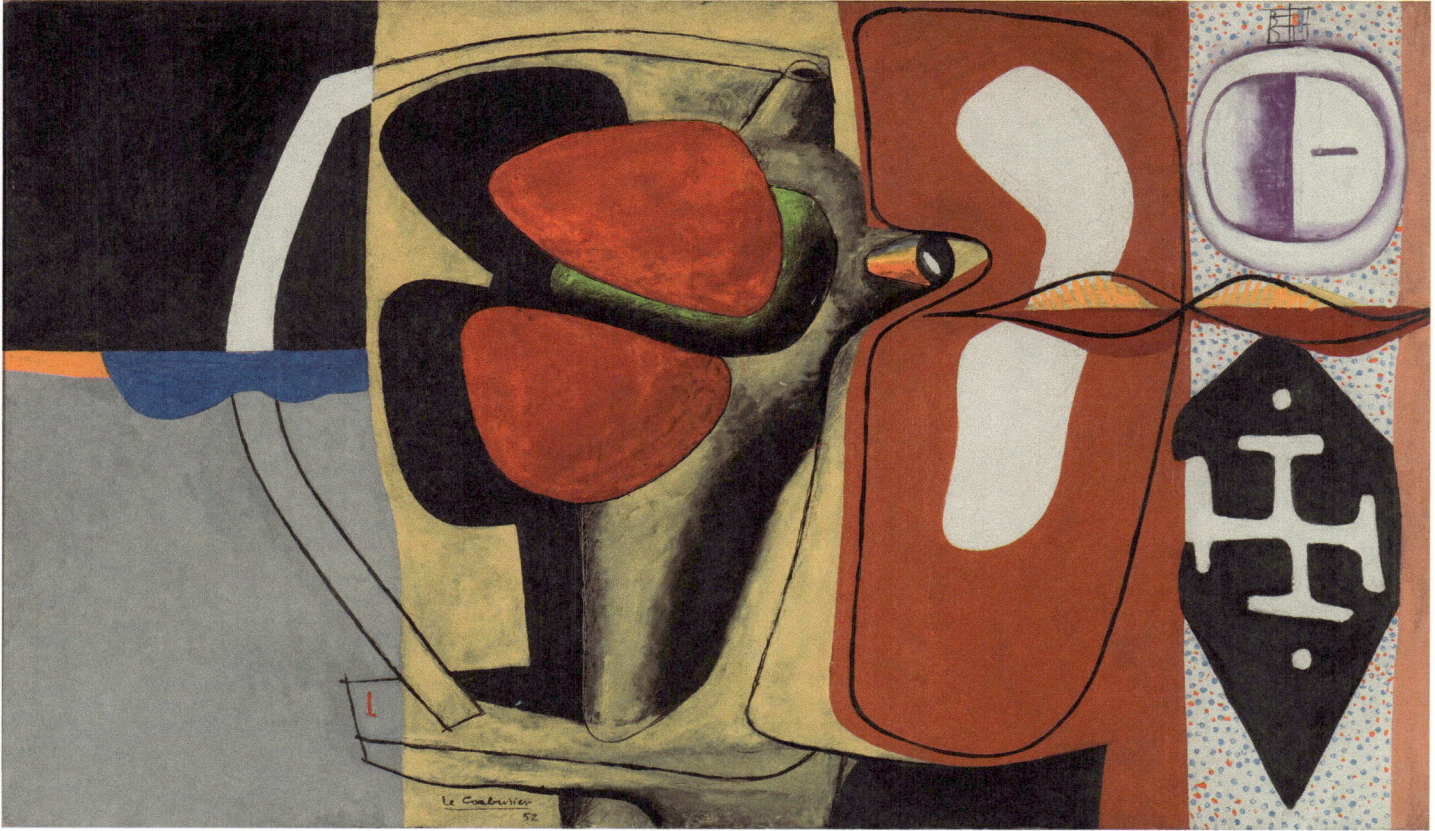

1

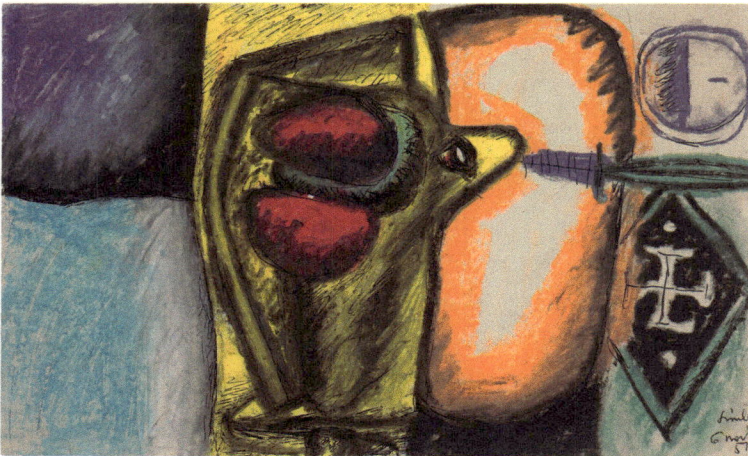

2

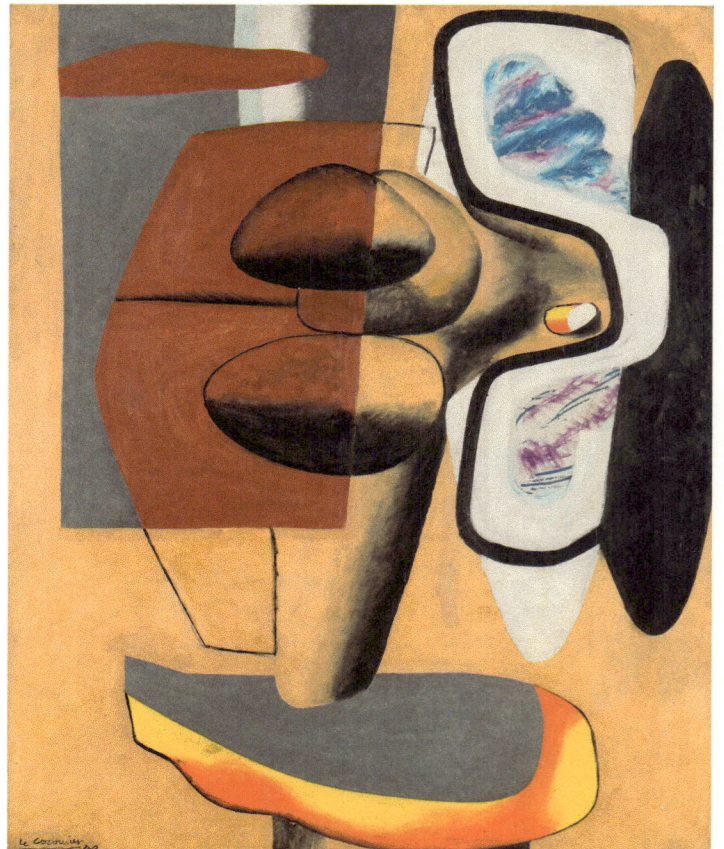

3

4 / Le Corbusier, *Peinture murale de l'atelier rue de Sèvres*, 1948. Huile sur panneaux, 382 x 350 cm. Fondation Le Corbusier, Paris

5 / Le Corbusier réalisant la peinture murale dans l'atelier de la rue de Sèvres, 1948. Tirage photographique. Fondation Le Corbusier, Paris

6 / Vue de l'atelier de la rue de Sèvres, s.d. Tirage photographique. Fondation Le Corbusier, Paris

4

5

6

1 / Le Corbusier, *Maisons Jaoul*,
perspective aérienne, 1951. Crayon
de couleur, encre noire sur calque,
35,7 x 68,2 cm. Fondation
Le Corbusier, Paris

2 / Le Corbusier, *Maisons Jaoul*,
étude, 1951. Crayon de couleur
sur calque, 71 x 61,4 cm. Fondation
Le Corbusier, Paris

3 et 4 / Le Corbusier, *Maisons Jaoul*,
1951-1955. Tirages photo-
graphiques, s.d. Fondation
Le Corbusier, Paris

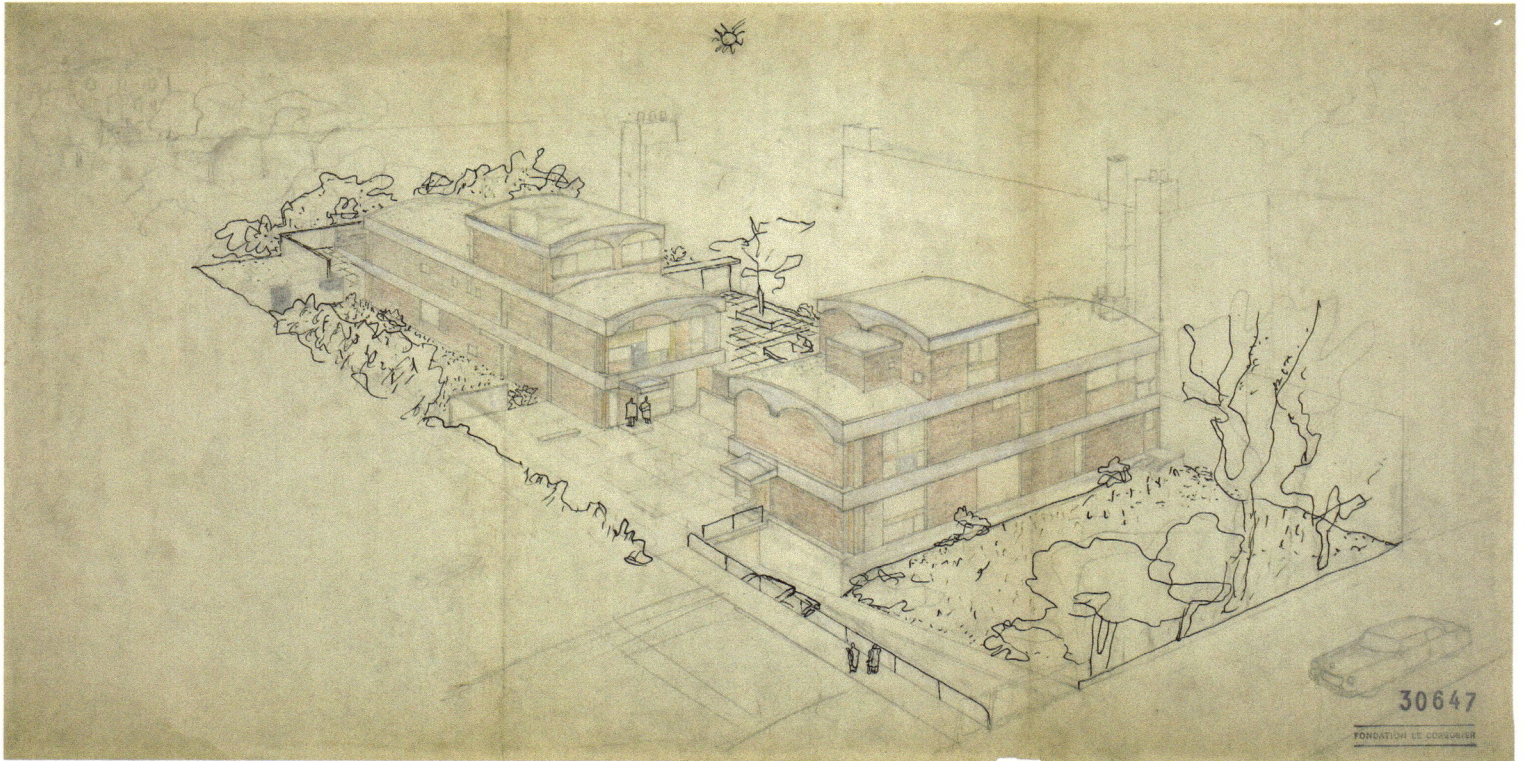

1

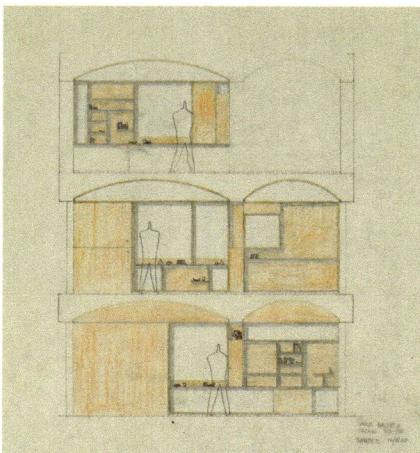

2

3

4

COQUILLAGES

5 / Le Corbusier, *Coquillage ouvert*, 1932. Graphite sur papier, 36,5 x 26,9 cm. Fondation Le Corbusier, Paris

6 / Le Corbusier, *Pierre avec empreintes de coquillages*, 1932. Graphite sur papier, 36,5 x 26,9 cm. Fondation Le Corbusier, Paris

7 / Le Corbusier, *Os*, étude, 1932. Graphite sur papier, 36,5 x 26,5 cm. Fondation Le Corbusier, Paris

5

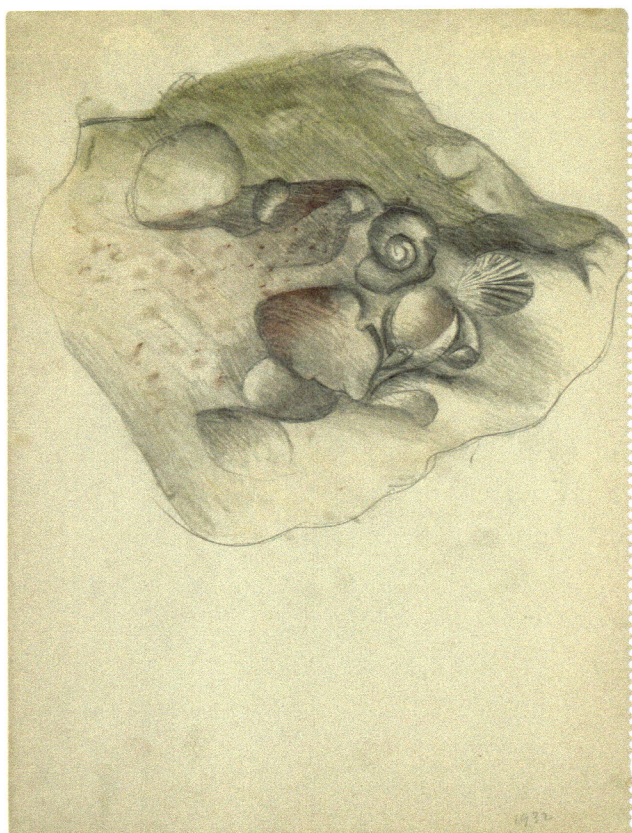

7

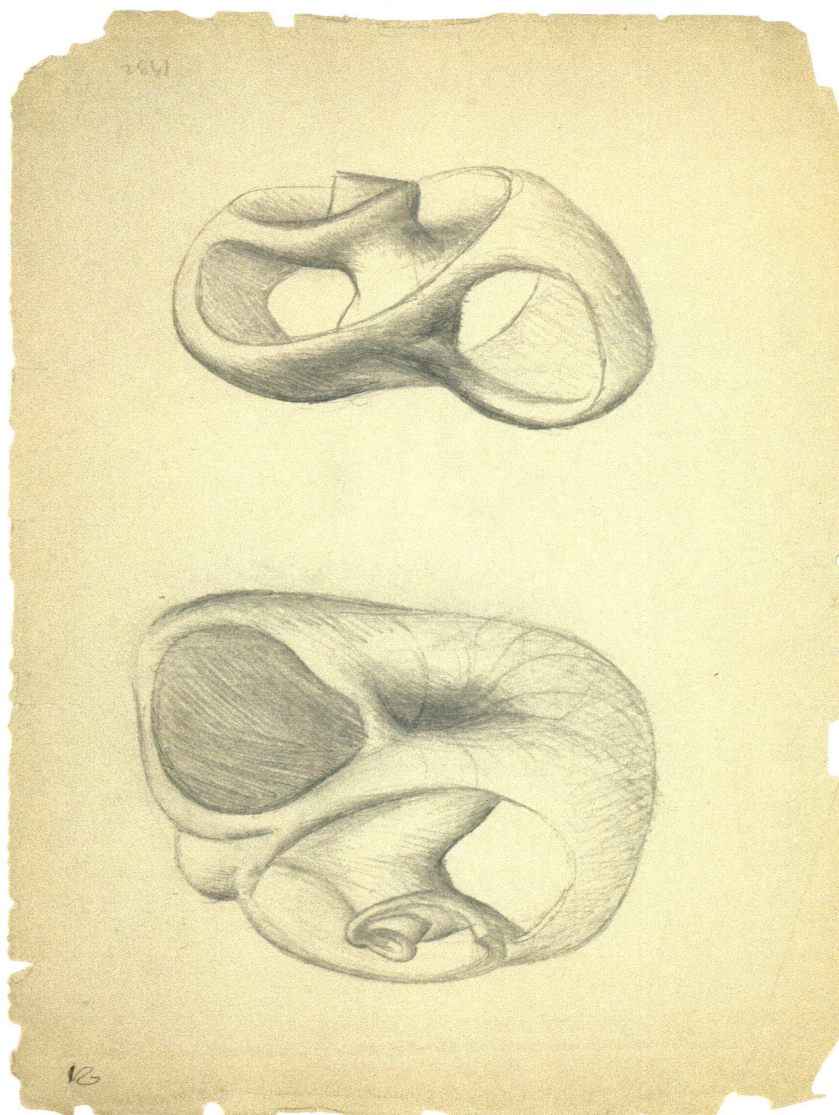

6

1 / Le Corbusier, *Chapelle Notre-Dame-du-Haut*, Ronchamp, façade avec ombres, 1950. Crayon noir, encre noire sur calque, 68,7 x 110,6 cm. Fondation Le Corbusier, Paris

2 / Le Corbusier, *Chapelle Notre-Dame-du-Haut*, Ronchamp, 1950. Crayon noir, encre noire sur calque, 69 x 60,4 cm. Fondation Le Corbusier, Paris

3 / Le Corbusier, *Chapelle Notre-Dame-du-Haut*, Ronchamp, étude de façade, 1950. Crayon noir, encre noire sur calque, 90,2 x 107,2 cm. Fondation Le Corbusier, Paris

4 / Le Corbusier, *Chapelle Notre-Dame-du-Haut*, Ronchamp, 1950. Maquette en plâtre, 36 x 61 x 56 cm. Centre Pompidou, Mnam-CCI, Paris. Don de Le Corbusier et du Syndicat d'initiatives de la Ville de Lyon, 1956

1

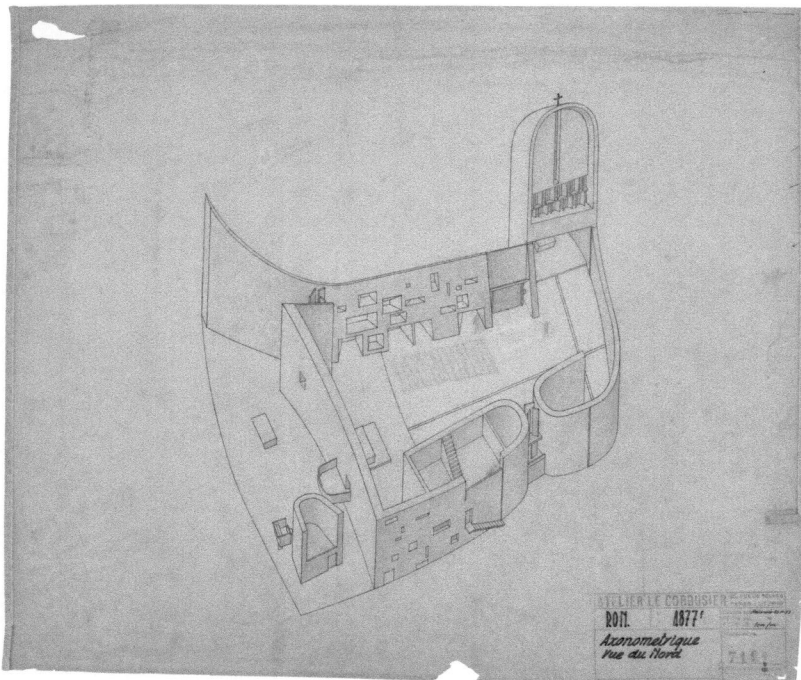

2

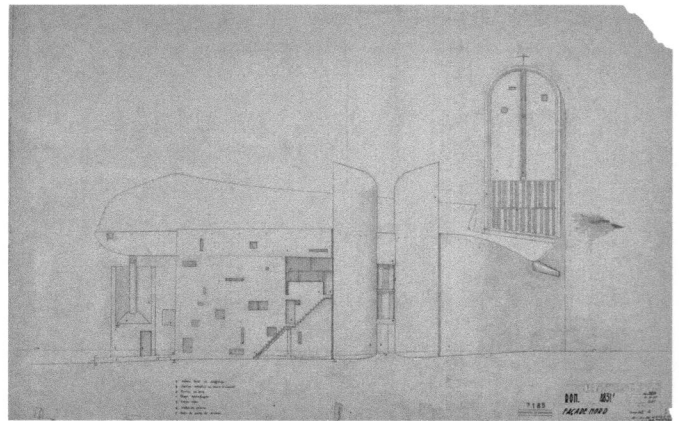

3

4

5 / Le Corbusier, *Chapelle Notre-Dame-du-Haut*, Ronchamp, élévation intérieure, 1950. Gouache blanche et jaune sur papier, 60,6 x 74,7 cm. Fondation Le Corbusier, Paris

6 / Le Corbusier, *Chapelle Notre-Dame-du-Haut*, Ronchamp, porte de la chapelle, 1955. Graphite, encre noire, aquarelle et pastel sur papier tirage, 49,5 x 43,9 cm. Fondation Le Corbusier, Paris

7 / Le Corbusier, *Chapelle Notre-Dame-du-Haut*, Ronchamp, étude en coupe, 1950. Crayon noir sur calque, 94,1 x 150,2 cm. Fondation Le Corbusier, Paris

5

6

7

1 / *Chapelle Notre-Dame-du-Haut*, Ronchamp. Photographie de Paul Kozlowski, vers 1956. Fondation Le Corbusier, Paris

2 / *Chapelle Notre-Dame-du-Haut*, Ronchamp. Photographie de Marcel Lombard, vers 1956. Fondation Le Corbusier, Paris

3 / *Chapelle Notre-Dame-du-Haut*, Ronchamp. Photographie de Charles Bueb, vers 1959. Collection particulière

4 / *Chapelle Notre-Dame-du-Haut*, Ronchamp. Photographie de Charles Bueb, vers 1955. Collection particulière

1

2

3

4

COUVENT DE LA TOURETTE

1 / Le Corbusier, *Couvent Sainte-Marie de la Tourette*, Eveux-sur-l'Arbresle, étude en axonométrie, 1953. Crayon noir et couleur sur calque, 60,8 x 84,4 cm. Fondation Le Corbusier, Paris

2 / Le Corbusier, *Couvent Sainte-Marie de la Tourette*, Eveux-sur-l'Arbresle, croquis d'étude en coupe, 1953. Crayon noir et couleur sur calque, 35,8 x 73,4 cm. Fondation Le Corbusier, Paris

3 / *Couvent Sainte-Marie de la Tourette*, Eveux-sur-l'Arbresle. Photographie de Lucien Hervé, s.d. Fondation Le Corbusier, Paris

4 et 5 / *Couvent Sainte-Marie de la Tourette*, Eveux-sur-l'Arbresle. Tirages photographiques, s.d. Fondation Le Corbusier, Paris

1

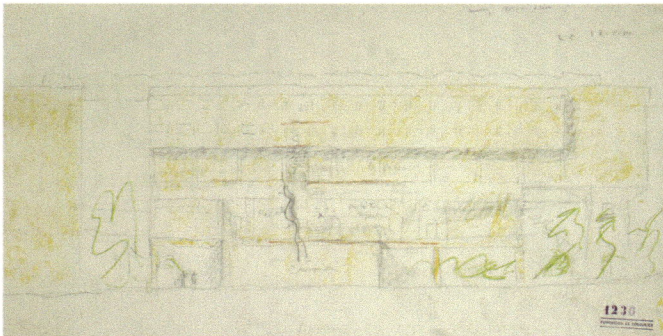

2

3

4

1 / Le Corbusier et Iannis Xenakis, *Pavillon Philips*, Exposition universelle de Bruxelles (1958), plan, élévations et axonométrie, 1956. Encre noire et crayon noir sur calque, 76,4 x 131,5 cm. Fondation Le Corbusier, Paris

2 / Le Corbusier et Iannis Xenakis, *Pavillon Philips*, Exposition universelle de Bruxelles (1958), étude en perspective aérienne, 1956. Encre noire et crayon noir sur calque, 42,2 x 58,4 cm. Fondation Le Corbusier, Paris

3 / Le Corbusier et Iannis Xenakis, *Pavillon Philips*, Exposition universelle de Bruxelles (1958), perspective, 1956. Crayon noir et couleur sur calque, 31,3 x 50,4 cm. Fondation Le Corbusier, Paris

4 et 5 / Le Corbusier et Iannis Xenakis, *Pavillon Philips*, Exposition universelle de Bruxelles (1958). Tirages photographiques. Fondation Le Corbusier, Paris

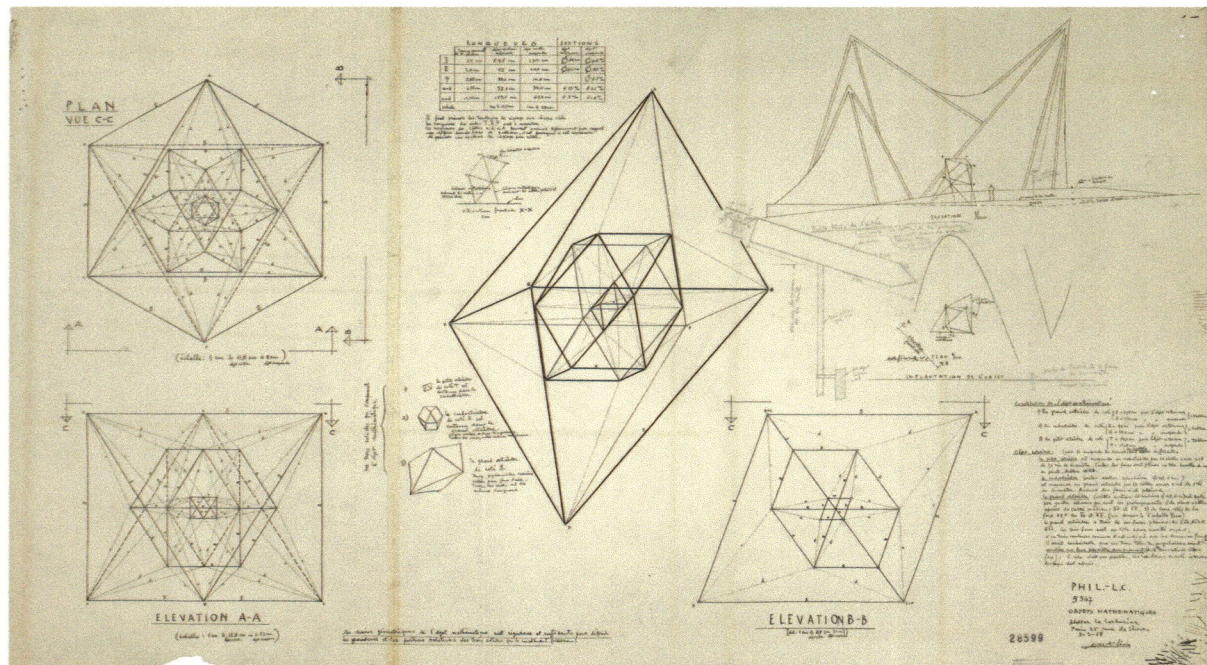

1

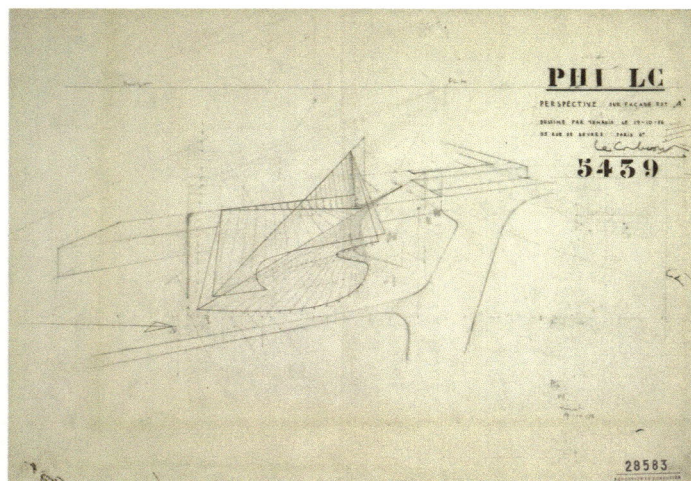

2

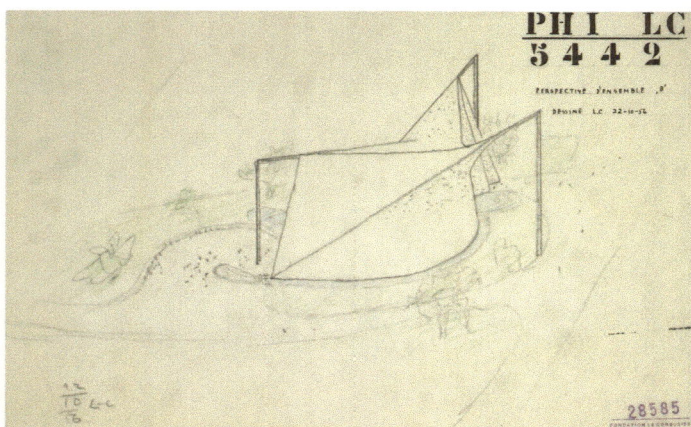

3

4

1 à 9 / Le Corbusier, *Ambiance
générale, images préparatoires
pour Le Poème électronique*, 1957.
Crayon, collage et photomontage
sur papiers colorés, 14 x 23 cm
env. chacun. Fondation
Le Corbusier, Paris

10 à 12 / Photogrammes du film
Le Poème électronique, 1958.
Fondation Le Corbusier, Paris

10

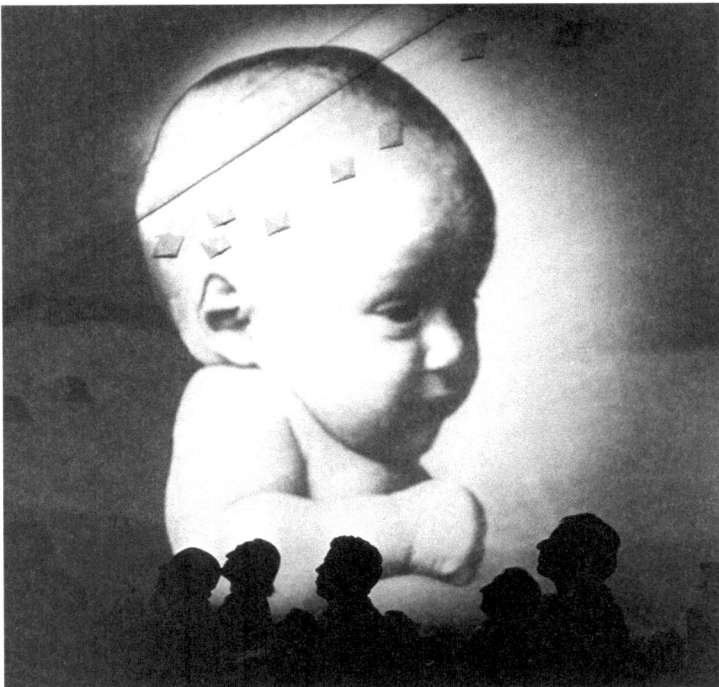

11

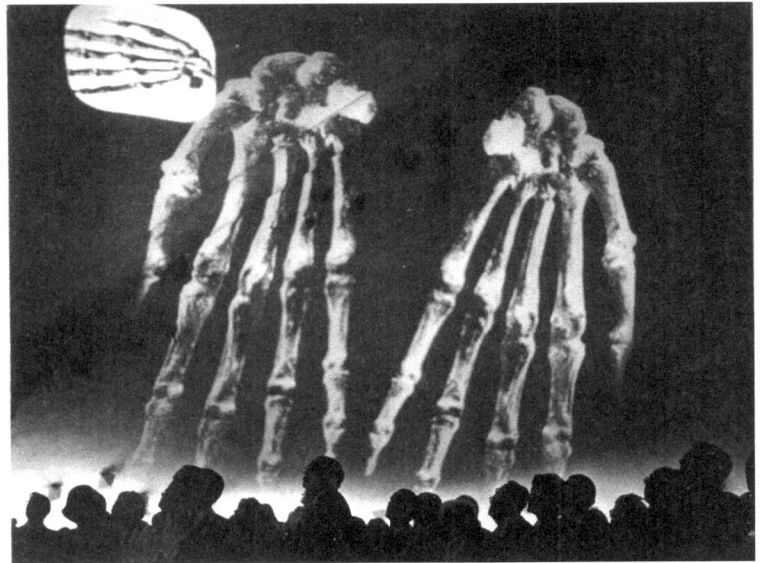

12

L'HOMME UNIVERSEL

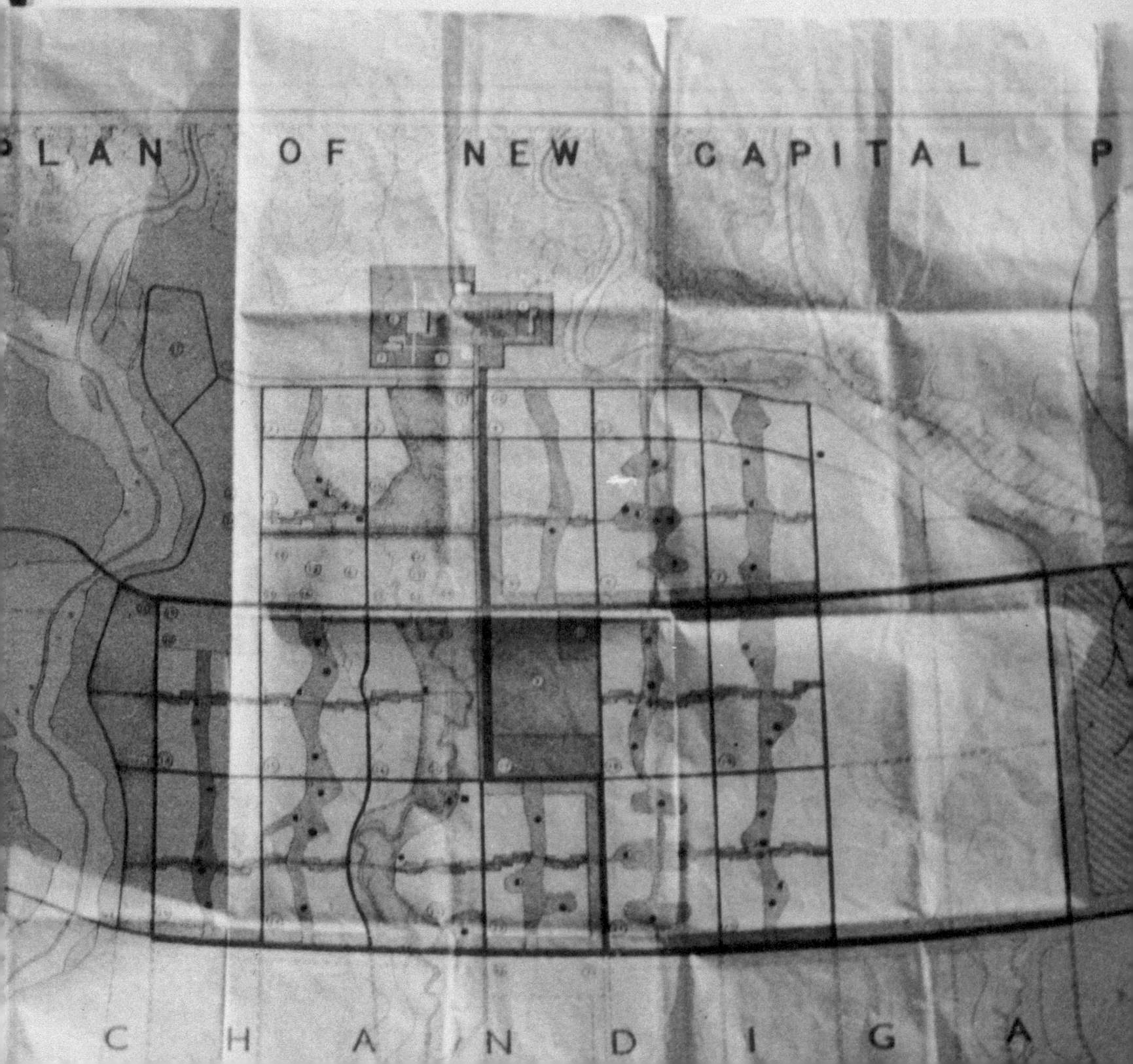

PLAN OF NEW CAPITAL P

CHANDIGA

LA VILLE MISE À NU

AURÉLIEN LÉMONIER

Comment aborder la ville de Le Corbusier ? Quelle est la ville que l'architecte nous lègue ? Les hypothèses sont nombreuses : un modèle pour penser l'urbanisation du grand nombre, une stratégie territoriale de distribution de l'activité industrielle et de la vie sociale, la quête d'une utopie communautaire, l'expression d'un pouvoir autoritaire, celle au contraire qui porterait les symboles d'une démocratie souveraine. La ville des foules ou la ville désertée ? Une cité composée de gratte-ciel et d'autoroutes ou une cité-jardin ? Toutes ces images ont pu contribuer à faire la ville de Le Corbusier. Toutes ces tensions traversent la pratique de l'architecte mais, aussi contradictoires soient-elles, elles ne mettent pas en porte-à-faux la cohérence de son projet et l'aplomb de son propos. Ces polarités, Le Corbusier les absorbe dans le mouvement de ses propres projets. Car derrière la plasticité de ses propositions, c'est évidemment tout autre chose que vise l'architecte : une structure, un fondement, un mystère. À ses yeux, construire une grande ville, « c'est [construire] le centre agissant du système cardiaque ; c'est le cerveau, centre dirigeant du système nerveux, et l'activité des pays, les événements internationaux naissent et proviennent de la grande ville. L'économique, le sociologique, la politique ont leur centre dans la grande ville, et toute modification venue de ce point précis réagit sur les individus perdus au loin des provinces. La grande ville est le lieu de contact des éléments agissants du monde [1]. »

L'urbanisme de Le Corbusier est cette quête. Celle-ci serait politique, sociale et industrielle. Plus fondamentalement, l'ambition de Le Corbusier est de provoquer le jaillissement d'une tout autre mythologie. Son discours – il s'agit bien d'un processus qui détermine toutes les phases du projet, jusqu'au chantier et à la matérialité du béton [2] – participe d'une opération plus large de capture du réel. L'énergie que Le Corbusier déploie pour s'approprier les nouveaux territoires de la ville moderne provient des profondeurs d'une quête des origines. Le voyage initiatique en Allemagne puis en Orient a pu constituer l'amorce de cette recherche. Les réalisations des années 1920 sont en quelque sorte les linéaments de cet ancrage du citoyen moderne dans le mouvement de recherche de son inscription.

Les textes de Le Corbusier sur la ville sont tous les récits d'un nouveau départ, *ex nihilo*. Et cette quête atteint sa pleine

Double page précédente. Le Corbusier à Chandigarh, 1951. Photographie de Pierre Jeanneret. Fondation Le Corbusier, Paris
1. Le Corbusier et Pierre Jeanneret, *Plan Obus*, projets A.B.C.H. Alger, 1930. Photographie de Lucien Hervé, s.d. Fondation Le Corbusier, Paris

intensité en Inde. Arrivé à Chandigarh, Le Corbusier, exalté par la tâche à accomplir, écrit à son épouse ses premières impressions : « Enfant d'éléphant, le ciel est extraordinairement doux. La pelouse est bordée des plus belles fleurs ; la température est délicieusement douce. Au lieu de faire un voyage touristique nous travaillons comme des possédés dans cette campagne où s'égrènent seuls quelques villages. Hier soir, pour nous défatiguer, nous sommes allés voir les jardins du maharadjah de Patiala. Quelle allure ! Yvonne je te le dis, je vais faire ici enfin l'œuvre de ma vie, chez des gens, les Indiens, qui sont des gens civilisés ; extraordinairement [3] ! » La grande ville de Le Corbusier aura été l'œuvre d'une vie. Elle est ourdie des puissantes contradictions d'une société industrielle qui achève de se mondialiser. Derrière le concept de fonctionnalisme et la polysémie de l'expression « machine à habiter » – une machine domestique et urbaine – se logent toujours les symptômes des mutations politiques de l'entre-deux-guerres : l'expression d'un contrôle social, l'aboutissement des principes tayloristes de la division du travail ou l'expression de l'hygiénisme moderne du XIXᵉ siècle. Finalement, l'urbanisme de Le Corbusier accompagne la déterritorialisation de la société industrielle, dont la « métaphysique technicienne » aurait conduit la ville à sa perte [4]. Par un mouvement irréductible, Le Corbusier explore les voix d'une possible synthèse : le lyrisme, la poésie sont les noms qu'il choisit pour qualifier les voies d'un autre élan. Par ce déplacement, il s'agit de réinventer les termes d'une adhésion à la « civilisation machinique », pourtant mise à mal, et instituer ainsi les vecteurs d'une nouvelle unité.

« On peut hausser l'architecture à un niveau très haut : un miroir de la pensée », écrit Le Corbusier [5]. Son urbanisme et son architecture constituent un système de pensée et un système de représentation d'une articulation de l'individuel et du collectif. Ces systèmes discursifs font projet. Ils simulent un mode d'organisation spatiale qui se règle non seulement sur l'intimité des corps (l'équipement de la cellule d'habitation), sur la vie domestique (le logis), sur l'organisation des déplacements quotidiens (la circulation), mais également sur l'activité sociale (le travail et les loisirs) pour définir en dernier ressort les termes d'un aménagement territorial [6]. L'urbanisme de Le Corbusier est plus qu'une question de rationalité des distributions du cadre bâti ; c'est un discours horizontal et englobant qui vise à proposer l'assiette d'une conscience collective. Si cette conscience s'inscrit dans les gestes, les déplacements, le rythme de vie, elle prend forme dans le récit d'une fondation.

LA VILLE ET SON DOUBLE, LE PAYSAGE

Ce ne sont pas les démocraties libérales européennes ni la technocratie française, pas plus que l'Union soviétique ou la Société des Nations en laquelle il crut voir l'expression d'un nouveau gouvernement mondial, qui offriront à Le Corbusier la possibilité d'un déploiement de la « ville radieuse ». C'est en Inde qu'il va capter, au sortir de la Seconde Guerre mondiale, le mouvement historique des transformations du monde moderne. C'est en Inde également

qu'il infléchit un idéal urbain jusque-là enchâssé dans l'utopie négative de la table rase. L'histoire est connue, elle est une conséquence directe de la décolonisation britannique et des mouvements de population qui suivent la partition de l'empire des Indes. L'enjeu est de taille : alors que l'Inde indépendante, conduite par le premier ministre Jawaharlal Nehru, se fonde sur les valeurs d'une démocratie laïque, moderne, industrielle et urbaine, ses nouvelles frontières sont le produit de négociations communautaires et religieuses [7]. La création du Pakistan, une entité aux frontières artificielles qui va durablement déterminer les rapports de force dans le sous-continent, dessine l'arrière-plan géopolitique de la construction de la nouvelle capitale du Pendjab.

Chandigarh est un vaste chantier pilote. Institutionnellement, il s'agissait de bâtir une nouvelle capitale régionale, c'est-à-dire un centre politique et administratif. Politiquement, le premier ministre Nehru doit restaurer la stabilité sociale dans cette partie de l'Inde en accueillant les réfugiés, tout en affirmant symboliquement l'identité d'une Inde souveraine. Mais pour l'équipe d'architectes, les Britanniques Jane Drew et Maxwell Fry, les Franco-suisses Pierre Jeanneret et Le Corbusier, il s'agit de transformer l'administration des travaux publics hérités des Anglais en une organisation d'État capable de mener à bien l'urbanisation du pays et de favoriser la constitution d'un corps professionnel d'architectes, d'urbanistes et d'ingénieurs [8]. L'objectif paraît clair : former une école, tout au

1. Le Corbusier, *Urbanisme* (1925), cité dans Jacques Lucan (dir.), *Le Corbusier, une encyclopédie*, Paris, Éditions du Centre Pompidou, 1987, p. 169. / **2.** C'est ici l'un des axes de lecture de Roberto Gargiani et Anna Rosellini, dans *Le Corbusier, Béton Brut and Ineffable Space, 1940-1965. Surface Materials and Psychophysiology of Vision*, Lausanne, EPFL Press, 2011. / **3.** Le Corbusier, lettre à Yvonne Le Corbusier, 26 février, 1951 (Paris, Fondation Le Corbusier), citée par Manu Rewal, *Le Corbusier en Inde*, 2001, Paris, Delhi, Duniya Vision, 48 min. / **4.** Même s'il serait caricatural de résumer ainsi la pensée de Manfredo Tafuri, c'est pourtant bien l'un des axes de la critique marxiste dont l'historien sera l'un des fers de lance. Voir en particulier Manfredo Tafuri, « Machine et mémoire : la ville dans l'œuvre de Le Corbusier », dans Jacques Lucan (dir.), *op. cit.*, p. 460-469. / **5.** Le Corbusier, *Almanach d'architecture moderne*, Paris, Les Éditions G. Crès et Cie, 1926, p. 5. / **6.** Cette ligne de pensée atteindra le niveau de l'aménagement du territoire dans *Les Trois Établissements humains*, Paris, Les Éditions de Minuit, 1959. / **7.** La création du Pakistan devait permettre d'accueillir les musulmans, alors que l'Inde devait être majoritairement hindoue. Rappelons que la guerre civile qui opposa hindous et musulmans fit un demi-million de victimes. C'est à la suite de ce traumatisme que se construit la ville de Chandigarh. Voir Jon Lang, Madhavi Desai, Miki Desai, *Architecture and Independance: The Search for Identity, India 1880-1980*, New Delhi, Oxford University Press, 1997. / **8.** Citons ici le témoignage de l'ingénieur de Mahendra Raj qui a souligné la volonté du pouvoir central d'associer aux architectes européens une équipe d'ingénieurs et d'architectes locaux. Voir *Paroles d'artistes*, entretien avec Mahendra Raj, réalisation Philippe Puycoulou, Centre Pompidou, Paris, 2014. L'entretien est accessible sur Dailymotion.com. Voir également Vikramaditya Prakash, *Chandigarh's Le Corbusier: The Struggle for Modernity in Postcolonial India*, Seattle, University of Washington Press, 2002. / **9.** Parmi les ouvrages documentant la construction de Chandigarh, voir Norma Evenson, *Chandigarh*, Berkerley, University of California Pres, 1966 et en français Rémi Papillault, *Chandigarh et Le Corbusier. Création d'une ville neuve 1950-1965*, Toulouse, Éditions Poïésis, 2011. Sur les stratégies d'appropriation du modernisme en Inde, voir Aurélien Lemonier, « La vache et l'éléphant, une leçon indienne », *Le Visiteur*, n° 19, novembre 2013. / **10.** En témoigne, par exemple, l'étude des villages que Jeanneret entreprend avec Lucien Hervé. Voir « Villages autour de Chandigarh », *L'Architecture d'aujourd'hui*, nᵒˢ 67-68, octobre 1956, p. 173-176. / **11.** La position du Capitole est l'une des modifications structurelles notables du plan d'Albert Mayer et Matthew Nowicki, initialement en charge du projet. (C'est le décès de Nowicki qui a conduit l'administration indienne à se tourner vers Le Corbusier.) / **12.** Voir le discours de Nehru aux architectes cité par J. Lang *et al.*, *op. cit.*, p. 311. / **13.** Le Corbusier-Saugnier, *Vers une architecture*, Paris, Les Éditions G. Crès et Cie, 1923, p. 47. / **14.** Voir les carnets *Nivola I* et *Nivola II*, Paris, Fondation Le Corbusier. Les dessins de comparaison entre Delhi et Chandigarh sont publiés par Dominique Picard, « Quelques précisions sur la ville de Chandigarh », Raj Rewal, Ram Sharma, Jean-Louis Véret (dir.), *Architecture en Inde*, Paris, Electa Moniteur, 1985, p. 99 et suiv.

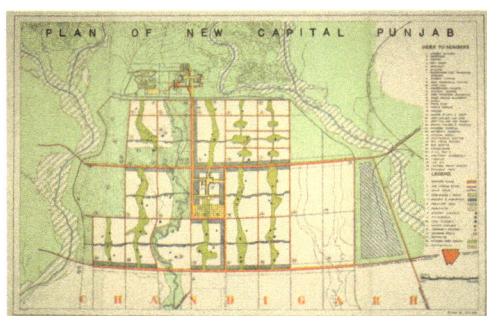

2. *Silhouettes de Le Corbusier et Anatole de Monzie devant le diorama du pavillon de l'Esprit nouveau*, dans *L'Almanach d'architecture moderne*, 1925, p.136
3. Le Corbusier, *Plan général de la ville*, Chandigarh, 1950-1965. Fondation Le Corbusier, Paris
4. Le Corbusier présente le *Plan Voisin* de Paris. Photographie extraite de *L'Architecture d'aujourd'hui*, n° 1, 1933, p.17

moins un réseau productif opérationnel. Car derrière l'urbaniste, le pédagogue n'est jamais loin (non plus que le propagandiste) : aussi, le tracé de la ville, sa division en secteur, son plan d'arbori-sation, l'élaboration d'une grille climatique établissent-ils une méthodologie de conception de la ville moderne que Le Corbusier met ici en pratique [9]. À ses côtés, c'est Pierre Jeanneret qui assure la coordination du chantier de la ville. C'est lui qui va conduire à la fois la lente appropriation des concepts régissant la stratégie urbaine de Le Corbusier, la patiente mise au point du projet et l'étude des modes de vie locaux [10]. Il travaille essentiellement sur les secteurs d'habitation, leur relation à la « vallée des loisirs », un vaste jardin qui s'étire sur environ 3 km et qui constitue le véritable centre urbain. Laissant à son cousin ce qui avait été jusqu'alors son che-val de bataille (le logement), Le Corbusier se réserve la conception du plan du centre administratif et politique du Capitole, qu'il excentre en périphérie nord de la composition urbaine [11].

Les concepts urbanistiques que Le Corbusier apporte en Inde sont parfaitement étrangers à la culture urbaine du sous-continent. Ils découlent davantage de la longue sédimentation d'une théo-rie urbaine européenne hygiéniste que d'un relevé attentif opéré dans les villes de l'Inde du Nord. Voilà pourquoi Chandigarh est un choc culturel, mais un « choc nécessaire », pour reprendre les termes de Nehru ; c'est la pierre angulaire des politiques de développement industriel que le premier ministre entend inten-sifier [12]. Celles-ci reposent en premier lieu sur une transformation de la « culture » de la cité-jardin, l'un des piliers du discours sur la ville de Le Corbusier. Depuis l'analyse des cités-jardins alle-mandes que Le Corbusier étudie vers 1910 jusqu'aux visites de la ville de New Delhi au début des années 1950 par Edwin Lutyens et Herbert Baker, le concept de cité-jardin est peut-être, pour l'architecte, le point nodal d'un équilibre entre développement industriel et croissance urbaine. La promesse de la ville de

Le Corbusier s'appuie sur une ruse rhétorique : réconcilier l'arti-ficialité de la ville avec la nature – une nature idéalisée, presque abstraite : « Soleil, espace, verdure. Les immeubles sont posés dans la ville derrière la dentelle d'arbres. Le pacte est signé avec la nature [13]. »

L'espacement que révèle cette idée de nature est la ressource élémentaire de la ville corbuséenne ; c'est un vide « toujours là » comme à Chandigarh, ou un vide artificiel, fictionnel, voire méta-physique – une table rase – comme cela avait pu être littéralement le cas pour le Plan Voisin de 1925 ou celui de Moscou de 1930. Jusqu'à Chandigarh, Le Corbusier procède par soustraction, par une annulation de ce qui fait le contexte de la ville. En Inde, le minimalisme conceptuel des projets théoriques des années 1920 semble s'infléchir. Est-ce l'intensité des nouvelles expériences indiennes qui rattrape l'utopie urbaine de Le Corbusier ? Certaines études du plan de la ville coloniale et moderne de New Delhi, comme la prise en compte de ses monuments moghols, pourraient le laisser penser [14]. En effet, en dehors des lieux d'expression du pouvoir, à Delhi comme à Chandigarh, le vide n'est plus seulement une abstraction ; il est également un mode de distribution. C'est ici la première fonction du système de circulation et de végéta-lisation. Aussi le système de hiérarchisation des « sept voies » constitue-t-il, en quelque sorte, la trame et la chaîne d'un carroyage quadrangulaire, potentiellement extensible à l'infini – mais tan-gible –, à partir duquel l'urbanisation serait maîtrisable.

En deçà de l'ordre géométrique, la proposition de Le Corbusier tend à éliminer la rue et à lui substituer un autre système de relation entre le bâtiment et son environnement. Il ne s'agit pas uniquement de corriger l'irrégularité des tracés pittoresques en faveur de tracés géométriquement réguliers – on se souvient du revirement de Le Corbusier, vers 1916, à propos de la vision de Camillo Sitte – ni d'utiliser la forme de l'espace entre les édifices

pour contenir l'espace public, comme dans la structure de la ville traditionnelle. En réalité, Le Corbusier active un ordre visuel inédit par la métaphore du jardin original [15] : « L'harmonie régnant sur toutes choses, réglant les choses autour de nos vies, est l'aspiration spontanée, assidue et inlassable de l'homme animé d'une force : le divin, et chargé d'une mission : réaliser sur Terre le paradis. Paradis signifiait jardin dans les civilisations orientales [16]. »

Pour le nouveau territoire urbain, Le Corbusier réclame certes l'ordre de la géométrie, mais dans la mesure où celle-ci permet d'accéder à une condition de paysage. Toutefois, cette condition est toujours métaphorique, voire incantatoire. Jusqu'à Chandigarh, le territoire urbain que Le Corbusier offre à la contemplation n'a plus rien à voir avec la théorie paysagère classique, dont la principale préoccupation est d'organiser un système de continuité visuelle, tactile et sensible entre l'architecture et son environnement. Le concept de paysage corbuséen met en scène une rupture, une mise à distance énigmatique de l'habitant avec la monumentalité de l'architecture. Il suggère une introspection esthétique et la contemplation d'un objet qui échappe à la représentation. Cette expérience psychologique d'une tension vers un espace infini sera fondatrice de la ville de Chandigarh.

C'EST PAR LA FIN QUE TOUT COMMENCERAIT

Dans *Vers une architecture* (1923), la partie centrale de l'ouvrage, intitulée « Des yeux qui ne voient pas », convoque trois machines. Le paquebot, l'avion et l'automobile ne sont pas seulement des références fonctionnelles, esthétiques ou métaphoriques du devenir de l'architecture moderne ; ils s'imposent comme les instruments d'une autre cognition de la ville et de son territoire. Ce regard en déplacement, « modeleur de ville », structure spécifiquement les projets urbains de Le Corbusier à partir des années 1930. À Buenos Aires, les « gratte-ciel cartésiens », implantés sur l'Océan pacifique, attirent l'œil depuis les paquebots. Les esquisses des projets pour Montevideo et Sao Paolo révèlent, par la vue aérienne, les lois d'une topographie déterminant les stratégies de structuration urbaine. Mais c'est avec le « projet Obus » pour Alger qu'une nouvelle alliance est conclue. Une alliance avec la mémoire, car le schéma directeur préserve la Casbah d'Alger [17]. Une alliance avec le territoire également : si l'architecture se confond avec l'infrastructure, c'est qu'elle devient elle-même un événement géographique qui tranche dans la topographie du milieu naturel. La « loi du méandre », consignée dans les carnets de voyage de Le Corbusier, devient une figure de référence pour concevoir la structure urbaine : de la ligne courbe à la courbe de niveau et à la géographie de la côte, la grille urbaine se modifie au profit du tracé qui s'appuie sur l'étendue

immuable de la ligne d'horizon maritime. Pour autant, si la géographie n'est pas suffisante pour définir la notion de paysage, son avènement dans la structure urbaine semble, pour Le Corbusier, se confondre à l'évidence avec celui-ci.

À Chandigarh, Le Corbusier est en tête-à-tête avec les contreforts de la chaîne de l'Himalaya. Aucune médiation technique n'est plus requise : ni le gratte-ciel ni la machine ne sont convoqués pour organiser ce face-à-face. Proches quoique inaccessibles, toujours présentes à la conscience, les montagnes dessinent l'horizon de la ville. Ce relief semble fonctionner comme un rappel de la condition de l'homme dans le territoire. Presque invisible dans la ville, la silhouette de la chaîne montagneuse fait cependant partie intégrante de la composition de la place du Capitole. Elle est l'entour du centre politique, juridique et administratif. Chacun peut faire l'expérience du vide qui inonde l'esplanade du Capitole, ce « milieu entre rien et tout ». Mais ce désert n'est pas seulement physique – rien ne s'y passe et personne ne l'habite – ; il est gage d'une solitude, d'une mise en retrait nécessaires, aux yeux de Le Corbusier, pour exprimer l'ineffable « contact des éléments agissants du monde ».

Le capitole de Chandigarh est néanmoins peuplé de symboles qui se trouvent en deçà du langage, des objets trouvés qui jalonnent la vastitude de l'esplanade – des indices d'une possible unité. Nous pourrions évoquer la Main ouverte et la Fosse de la considération, la Tour des ombres ou les collines artificielles qui font figure de pierres d'attente de l'esplanade et de son jardin jamais achevé. Il faudrait suivre cette narration par l'image à laquelle se livre Le Corbusier, en pistant les innombrables reliefs moulés à la surface des ouvrages en béton du Capitole comme sur certains édifices de la ville.

Considérons ici la porte émaillée de l'Assemblée, offerte par le gouvernement français par l'entremise d'André Malraux [18]. Une

15. Dans *Urbanisme* (*op. cit.*) par exemple, au chapitre intitulé « Esthétique de la ville », le modèle proposé pour ordonner l'espace est celui du jardin anglais. / **16.** Le Corbusier, *Le Modulor. Essai sur une mesure harmonique à l'échelle humaine applicable universellement à l'architecture et à la mécanique*, Boulogne-sur-Seine, Éditions de L'Architecture d'aujourd'hui, 1950, p. 76. / **17.** Voir Mary McLeod, « L'appel de la Méditerranée », dans Jacques Lucan (dir.), *op. cit.*, p. 26-32. / **18.** Voir Mogens Krustrup, *Porte émail*, Copenhague, Arkitektens Forlag/Kunstakademiets Forlag, 1991. / **19.** Toutes les analyses de la porte émaillée se réfèrent au *Poème de l'angle droit* (1955), dont le « tableau d'assemblage » est nommé « iconostase », en référence aux églises orthodoxes. Voir Debora Antonini, Rémi Baudouï, Valerio Casali et al., *Le Symbolique, le Sacré, la Spiritualité dans l'œuvre de Le Corbusier. Rencontres de la Fondation Le Corbusier* [21-22 novembre 2003, Maison du Brésil, Paris], Paris, Fondation Le Corbusier/Éditions de la Villette, 2004. / **20.** Le Corbusier aurait représenté ses trois collègues par les figures du coq, de la chèvre et de l'agneau. / **21.** Voir Le Corbusier, lettre à Jawaharlal Nehru, 25 septembre 1961 ; réponse de J. Nehru, 17 octobre 1961, Paris, Fondation Le Corbusier, P 1-6-264/208. / **22.** Voir Ajit Mookerjee (éd.), *5000 Indian Designs and Motifs*, Calcutta, The Indian Institute of Art in Industry, 1958, cité par R. Gargiani, A. Rosellini, *op. cit.*, p. 307. / **23.** Voir Simon Richards, « Alchemy and Le Poème de l'Angle Droit », *Le Corbusier and the Concept of Self*, New Haven (Conn.), Londres, Yale University Press, 2003. / **24.** Kenneth Frampton, auquel on doit cette expression, nuancera lui-même cette interprétation. Voir K. Frampton, « L'autre Le Corbusier : la forme primitive et la ville linéaire », *L'Architecture d'aujourd'hui*, n° 249, février 1987, p. 2-6. / **25.** Cette approche est celle privilégiée par Siegfried Giedion. Parmi d'autres références contemporaines, c'est bien la Main ouverte que Giedion publie dans son archéologie de l'art préhistorique, *L'Éternel Présent.* t. I : *La naissance de l'art*, Bruxelles, Éditions de la Connaissance, 1965, p. 98.

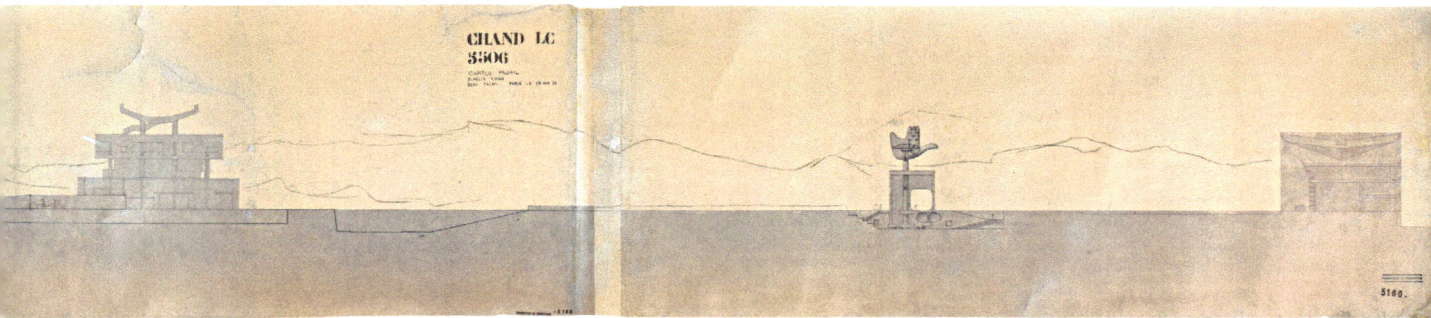

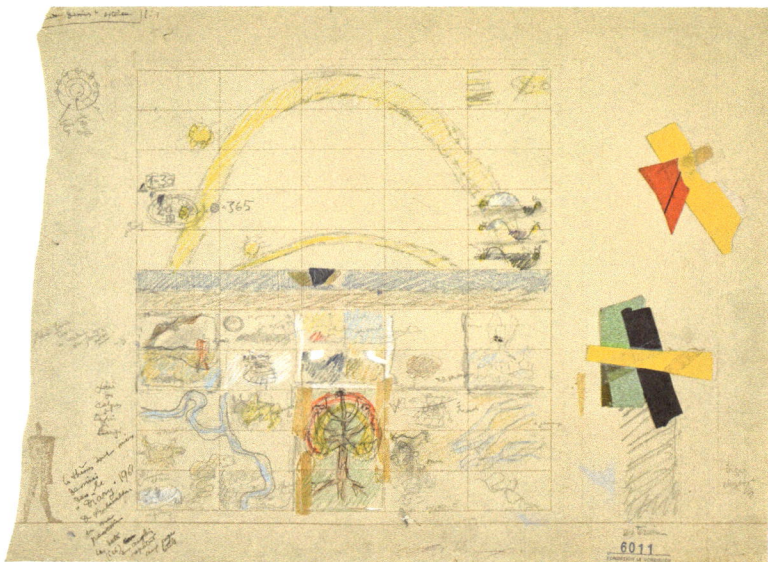

5. Le Corbusier, *Le Capitole*, Chandigarh, 1950-1965, coupe. Fondation Le Corbusier, Paris
6 et 7. Le Corbusier, *Porte émaillée*, Chandigarh, esquisses, 1961. Fondation Le Corbusier, Paris

hypothèse peut être posée : la composition de cette porte serait la carte ou la légende activant l'ensemble des symboles élémentaires dispersés dans la ville. Or, ces symboles sont la ville, ou tout au moins la description de ville que Le Corbusier nous donne à lire. La porte émaillée les rassemble en une iconostase monumentale qui marque l'ultime limite entre la ville et son sanctuaire [19]. La face interne est un tableau nocturne cosmique et clôt le vaste hall de l'Assemblée. La face externe, dont les couleurs vives sont offertes à l'esplanade du Capitole, illustre le thème du « Soleil, maître de nos vies ». Elle est divisée en deux surfaces égales : dans le registre supérieur sont représentés le ciel, la course du Soleil, la révolution de la Terre autour de celui-ci et le rythme des saisons ; dans le registre inférieur, les yeux du profane distinguent les méandres d'un fleuve, l'animal qui rampe (la tortue, le serpent), celui qui vole (l'oiseau), l'animal sauvage et celui a été domestiqué (la vache, la chèvre et le coq), l'artefact technique (la roue), les hommes (y compris les maîtres d'œuvre [20]) et, au centre de la composition, l'arbre de la vie. Entre les deux registres, l'horizon et la chaîne de montagne. Ces éléments sont homogènes. Ils forment le tableau poétique du monde diurne des alentours de la plaine de Chandigarh. Plus généralement, ils renvoient aux forces qui gouvernent la vie, « sur cette terre seulement, qui est nôtre », pour reprendre une formule du *Poème de l'angle droit*.

Lorsque Le Corbusier interroge Nehru à propos des symboles qui conviendraient pour la fresque de la porte émaillée, ce dernier le laisse entièrement libre, ne privilégiant aucun vocabulaire symbolique [21]. Même s'ils peuvent faire transparaître une certaine proximité avec le symbolisme hindou [22] ou un lointain écho à une culture alchimiste [23], ces symboles ne sont pas des références établies. Ils sont hors du temps et de l'histoire, hors du langage et de la culture. Leur signification est immédiateté. Leur inscription sur la porte monumentale de l'Assemblée active la conscience d'une relation originelle de l'homme à son milieu.

Plus qu'une « monumentalisation du vernaculaire [24] », il s'agit d'un « éveil des symboles [25] ». Face à la plaine sans âge de Chandigarh, à travers la mise en abyme représentée sur la porte émaillée, l'architecte nous oblige à refaire mentalement le parcours depuis la chaîne de montagne jusqu'au fleuve, puis jusqu'à l'esplanade du Capitole et à la porte de l'Assemblée. Ce cheminement est au cœur de la fondation de la ville de Le Corbusier. Dans un mouvement initiatique, toute forme de culture ou d'histoire a été laissée de côté pour mieux réactualiser le récit des origines. Par le rituel de l'expérience esthétique, le visiteur, mis à nu par l'architecte, est debout et apaisé. L'homme moderne est seul, peut-être. Il est néanmoins sur le point de se situer dans une géographie, un climat, un environnement habité par une faune et une flore, bref, dans un milieu où il se reconnaît. L'expression poétique de la porte émaillée invite à cette identification. Au terme de cette opération d'introspection, gravée dans l'espace du Capitole, Le Corbusier annonce que c'est la ville elle-même qui a trouvé une possible inscription.

B - III - 12   13

B - III - 34   14

B - III - 38

B - III - 80   17

B - III - 46   18

B - VI - 29

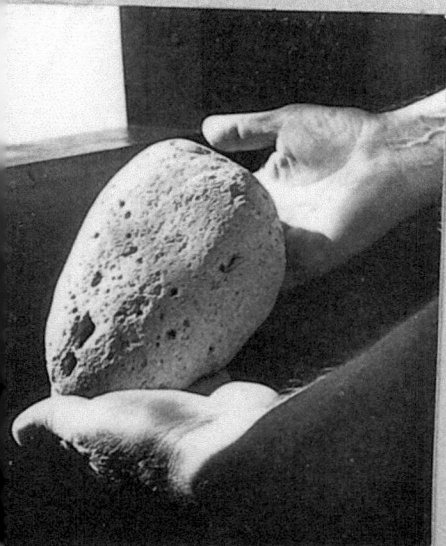

B - III - 1   21

B - III - 26   22

B - III - 81

UNE CHAMBRE DE VILLÉGIATURE

OLIVIER CINQUALBRE

Telle est la dénomination un brin surannée qui figure sur le permis de construire de ce qui va être connu comme « le Cabanon », lieu intime et ultime de Le Corbusier.

« Application révélatrice. Il s'agit ici d'une chambre de 366 x 366 cm et de 226 cm de haut (à l'exception d'un défoncement localisé pour satisfaire au règlement). Préfabriqué à Ajaccio (Corse) et monté à sec, l'extérieur et la toiture sont indépendants du problème posé ici. La mise en service de cette construction a dépassé tous les espoirs [1]. »

Dans son *Œuvre complète*, sous l'intitulé « Un cabanon à Cap-Martin 1952 », Le Corbusier présente sa réalisation en deux pages, huit photographies et un plan [2]. Aussi sommaire soit cette présentation et aussi concis le commentaire, l'architecte nous livre plus d'informations qu'il n'y paraît sur cet édicule. Tout d'abord, celui-ci figure dans l'ouvrage entre deux projets sans suite : Roq et Rob, études d'aménagements à Roquebrune-Cap-Martin menées en 1949, et le projet de maison pour le professeur Fueter au bord du lac de Constance daté de 1950. En raison de la proximité géographique, il était logique que le Cabanon s'inscrive dans la continuité du projet de lotissement des collines de Roquebrune. Mais la continuité de la présentation permet d'établir une permanence dans les recherches que l'architecte mène sur les dimensionnements dans les bâtiments en général, dans l'habitation en particulier. Elle présente également l'avantage d'insérer une œuvre achevée, quelques pages après la maison du docteur Curutchet à La Plata, alors en cours d'exécution, et seulement documentée par des dessins et des maquettes, et quelques pages avant des photographies de chantier de Notre-Dame-du-Haut, à Ronchamp.

« Application révélatrice » sans autre précision : comme une évidence. Il faut les traductions anglaise et allemande pour que la référence au Modulor soit exprimée. Les dimensions sont données d'emblée et derrière le « 226 cm de haut » apparaît la silhouette de l'homme normé, le bras levé. Pour Roq, Le Corbusier s'empare du site des collines de Cap-Martin, dessine un paysage architectural de maisons accolées, conserve terrasses et escaliers, mais, s'il entend lutter contre le saccage de la Côte d'Azur, « polluée de maisonnettes […] et d'un urbanisme défaillant [3] », il veut se servir de l'expérience de l'Unité d'habitation de Marseille en proposant des « logis en grande profondeur et étroits [4] » réglés par le Modulor. Croquis de principe, vues d'ensemble, schéma de groupement, vues intérieures, plans et coupes : tout un arsenal est déployé pour rendre compte de l'avancée de l'étude ; mais surtout est exhibé, imprimé inversé – traits blancs sur fond noir – pour attirer le regard, le principe fondateur, à savoir le brevet « 226 x 226 x 226 », « conséquence du Modulor [5] ». À l'assaut des collines, Le Corbusier déploie donc son principe de dimensionnement, l'appliquant aussi bien aux volumes intérieurs qu'à la construction, pour des habitations alvéolaires comme pour un hôtel de villégiature [6]. La même recherche préside au projet de la maison Fueter, compte tenu de la qualité du client, célèbre mathématicien : « Celle-ci répondait à un programme des plus

---

1. *Le Corbusier à Roquebrune-Cap-Martin.* Photographies de Lucien Hervé, planche contact, s.d. Fondation Le Corbusier, Paris

modestes, devant combler des habitudes acquises depuis long-temps. De tels problèmes constituent une véritable algèbre, un jeu d'échecs. Ici, la solution architecturale fut d'une clarté telle que l'humble maison aurait revêtu la dignité dans laquelle le vieux savant souhaitait écouler ses vieux jours. L'harmonie mathématique régnait en toutes ses mesures [7]. » Là encore, il faut se rapporter à la notule en anglais pour que le Modulor soit évoqué : la dernière phrase devient ainsi : « The harmony of mathematics was brought to it by the Modulor [8]. » Le Modulor, ce nouveau viatique, qu'il soit cité ou non, comme dans ces trois cas, accompagne désormais Le Corbusier tout au long de son périple créateur. Sujet d'un ouvrage publié cinq ans auparavant, il figure à la fin de ce cinquième volume des œuvres complètes comme un élément à part entière dans la production de la période couverte [9].

Le Corbusier expérimente et emploie le Modulor dans ses projets, l'expose et l'explicite dans ses publications et ses conférences ; il va également le tester, l'éprouver, le vivre, avec le Cabanon. « La mise en service de cette construction a dépassé tous les espoirs. » Le Corbusier se garde de dire qu'il en est l'habitant. « Le 30 décembre 1951, sur un coin de table dans un petit "casse-croûte" de la Côte d'Azur, j'ai dessiné, pour en faire cadeau à ma femme pour son anniversaire, les plans d'un "cabanon" que je construisis l'année suivante sur un bout de rocher battu par les flots [10]. » Les photographies, toutes d'intérieur, ne révèlent pas qui est l'occupant mais témoignent que le lieu est habité. Il n'est plus question des mises en scène qui accompagnaient, sous la direction du maître, les reportages sur les villas à peine livrées : là, une paire de lunettes oubliée sur un coin de table, un livre ouvert, un chapeau négligemment posé, un ballet de meubles, etc. Ici, la couverture tirée sur le lit accueille le chat qui s'y prélasse, la table de travail est naturellement encombrée, un verre contient les brosses à dents et un gant de toilette traîne sur le rebord du lavabo. Des vues de détail précisent le mouvement d'un volet intérieur pliant, le décaissement dans le plafond, dont la polychromie est mentionnée, les ventilations-moustiquaires, percements étroits tout en hauteur. Et sur presque toutes les photographies figure l'œuvre peinte, à l'exception du cliché qui ouvre le Cabanon sur l'extérieur, légendé : « l'une des deux fenêtres de 70 x 70 cm », et qui, en raison du contre-jour inévitable, présente, bien plus que les châssis et le sens des ouvrants, la végétation environnante et le panorama. La démultiplication des vues ne tente pas l'impossible : amplifier ce volume excessivement contraint ; elle ne fait que rendre compte de la vie de cet intérieur. Le Corbusier s'applique à lui-même la norme qu'il a définie et, s'il se félicite du résultat, c'est bien qu'il en a vérifié les potentialités et les limites, qu'il a pu, au quotidien, vivre l'espace qui en a résulté.

Pour une fois, les photographies choisies par l'architecte – adoptant une conduite inverse aux us de la profession – intègrent le vécu et les goûts du client. Aussi se distinguent-elles, dans un renversement paradoxal, des photographies de la livraison du bâtiment. Là, l'intérieur du cabanon est désespérément vide : pas de peinture murale, pas de plafond mis en couleur, des meubles dépouillés au point que le photographe a dû introduire des accessoires pour animer ses photographies, donner du relief à cet assemblage de planches de bois, indiquer les usages : de rares livres épars occupent des tablettes d'étagère, quand ce ne sont pas des boîtes d'ampoules ; une chemise blanche est suspendue en évidence ; un dessus de lit d'occasion masque la raideur d'un sommier sans matelas ; des bouquets de fleurs des champs sont disposés ici et là, jusque sur l'appui de l'ouverture de la ventilation. Autre grande différence : la lumière – et pour cause : les fenêtres ne donnent pas sur la baie, mais sur les parois et le toit de la halle industrielle où le Cabanon a été produit, dans les ateliers de l'entreprise Barberis.

« Préfabriqué à Ajaccio (Corse) et monté à sec, l'extérieur et la toiture sont indépendants du problème posé ici », avait précisé Le Corbusier. Chez Barberis, le Cabanon est assemblé dans sa totalité. Les photographies montrent les façades de face ou en angle, avec ce bardage en bois si caractéristique des dosses de pin, l'inclusion dans cette surface irrégulière d'une fenêtre, et le liseré de la couverture ondulée en toiture. Ici ou là, dans le champ du photographe, un compagnon – quand ce n'est pas toute l'équipe – pose devant la façade principale. Même de taille extrêmement réduite, le Cabanon n'est pas transporté entier sur le continent ; il fait l'objet d'un démontage, puis d'un remontage sur le site, à l'instar des Maisons tropicales de Jean Prouvé dans la cour de l'usine de Maxéville avant leur envol pour l'Afrique. Sans doute faut-il voir dans le propos de Le Corbusier sur les éléments extérieurs tout à la fois l'insatisfaction causée par le choix par défaut du matériau, mais surtout la priorité donnée à l'espace intérieur. Dans les échanges épistolaires, marqués par l'impatience de Le Corbusier, entre André Wogenscky, chef d'agence, Jacques Michel, jeune architecte en charge du projet, et Charles Barberis, ce sont les détails intérieurs qui l'emportent, l'encaustiquage incolore des panneaux en hêtre, le châssis ouvrant sur l'extérieur... Et si les surfaces extérieures sont accessoires, le mobilier, lui, s'avère de première importance. L'espace est confiné : les parois intérieures sont aménagées et les meubles pour l'essentiel intégrés, tous réalisés par les menuisiers de l'entreprise Barberis, donnant ainsi à l'ensemble une unité exceptionnelle.

1. Le Corbusier, dans Willy Boesiger (éd.), *Le Corbusier. Œuvre complète*, vol. 5 : *1946-1952*, Zurich, Les Éditions d'architecture/Éditions Girsberger, 1953, p. 62-63. Sur la reconnaissance du rôle de Le Corbusier comme auteur de l'*Œuvre complète*, voir Catherine de Smet, *Vers une architecture du livre. Le Corbusier : édition et mise en pages 1912-1965*, Baden, Lars Müller Publishers, 2007, p. 40. / **2.** Sur la page suivante figure ce complément : « Les deux ventilations-moustiquaires ont répondu aux prévisions. Le système est désormais appliqué aux Indes dans les édifices publics et privés. Le Cabanon a ses murs et sa toiture isolés par de la laine de verre. » / **3.** W. Boesiger (éd.), *Le Corbusier. Œuvre complète, 1946-1952, op. cit.*, p. 54. / **4.** *Ibidem.* / **5.** *Ibid.* / **6.** Pour l'historique des projets Roq et Rob, comme pour celui du Cabanon, on se reportera avec intérêt aux écrits de Bruno Chiambretto : « Cabanon : une très petite maison à Cap-Martin », dans Jacques Lucan (dir.), *Le Corbusier, une encyclopédie*, cat. expo., Paris, Éditions du Centre Pompidou, 1987, p. 81-83, et *Le Corbusier à Cap-Martin*, Marseille, Éditions Parenthèses, 1988. / **7.** Le Corbusier, dans W. Boesiger (éd.), *Le Corbusier. Œuvre complète, 1946-1952, op. cit.*, p. 64-65. / **8.** *Ibid.*, p. 65. / **9.** *Ibid.*, p. 178-185. / **10.** Le Corbusier, *Modulor 2*, Boulogne-sur-Seine, Éditions de L'Architecture d'aujourd'hui, 1955, p. 252. Le sous-titre, « La parole est aux usagers », s'applique plus à ses confrères, utilisateurs du Modulor, qu'aux habitants. / **11.** *Ibid.* / **12.** Selon Bruno Chiambretto, l'usage de l'aluminium avait été envisagé à l'origine. Voir B. Chiambretto, *Le Corbusier à Cap-Martin, op. cit.*, p. 55. / **13.** Guy Rottier, jeune architecte ayant débuté à l'Atelier des bâtisseurs (Atbat) sur le chantier de l'Unité d'habitation de Marseille, conçoit en 1958, associé à Charles Barberis, des « cabanons de camping », mobiles, qui ne dépasseront pas le stade du prototype. / **14.** Voir Le Corbusier, *Une petite maison*, Zurich, Éditions Girsberger, 1954, p. 31. Cette maison est aussi connue comme villa Le Lac, à Corseaux, au bord du lac Léman.

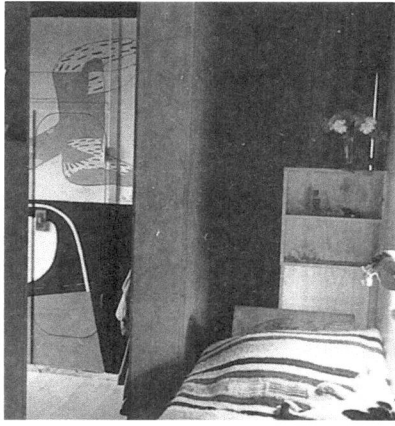

2 à 4. Le Corbusier, *Le Cabanon, intérieurs*.
Photographies de Lucien Hervé, dans *Œuvre complète*,
vol. 5 : *1946-1952*, Zurich, Les Éditions d'architecture
(Artemis), 1953, p.62
5 à 7. Le Corbusier, *Le Cabanon à Ajaccio*, Tirages
photographiques, 1952. Collection François Barberis,
Montpellier

Le Corbusier : « Ces plans (les miens) ont été faits en ³/₄ d'heure. Ils sont définitifs ; rien n'a été changé ; le cabanon a été réalisé sur une mise au propre de ces dessins. Grâce au Modulor, la sécurité de la démarche fut totale [11]. » Éternelle affirmation de la supériorité de l'instrument, ici appliqué à un exercice des plus périlleux, prisé par les architectes des vingt dernières années : la recherche de l'espace minimum – cabines démontables d'Eileen Gray (1937), Maison BLPS (Beaudouin-Lods-Prouvé-Forges de Strasbourg, 1937-1938), Refuge-Tonneau de Pierre Jeanneret et Charlotte Perriand (1938), pour ne citer que quelques exemples français empruntés au domaine des nouveaux loisirs. C'est dès lors un exercice d'ergonomie domestique auquel s'adonne l'architecte qui, dans ses premières esquisses, privilégie pour ce faire des coupes, habitées de personnes – une ou plusieurs, debout, assises ou allongées, à table, devant les fenêtres ou le lavabo. Mais l'expérience a ses limites. Certaines fonctions sont ou seront extériorisées : les repas se prennent à L'Étoile de mer, une douche est installée en plein air et rapidement une « cabane de chantier » sert d'atelier.

Habillé de métal, le cabanon aurait gagné en modernité [12]. Façonné en usine mais bloqué au stade du prototype, il reste en marge d'une industrialisation, ce rêve incessant des architectes d'avant-garde ; arrimé à L'Étoile de mer, il ne peut prétendre au nomadisme [13]. Qu'importe. La « dimension humaine » règne dans l'architecture, entourée de végétation, surplombant la mer, à perte de vue. « Voilà : le tour est joué ! », avait écrit l'architecte à propos de la petite maison au bord du lac, édifiée pour ses parents [14]. La formule aurait, on ne peut mieux, convenu pour le Cabanon. Le Corbusier s'est en effet construit une chambre de villégiature... à sa mesure.

1 / Le Corbusier et Pierre Jeanneret, *Cité de refuge de l'Armée du Salut*. Paris, perspective sur le portique d'entrée, 1929. Encre noire, crayon noir sur calque, 74,4 x 46,6 cm. Fondation Le Corbusier, Paris

2 / Le Corbusier et Pierre Jeanneret, *Cité de refuge de l'Armée du Salut*, Paris. Tirage photographique, s.d. Fondation Le Corbusier, Paris

3 / Le Corbusier et Pierre Jeanneret, *Cité de refuge de l'Armée du Salut*, Paris, axonométrie d'ensemble, 1929. Encre noire sur calque, 101,5 x 78,2 cm. Fondation Le Corbusier, Paris

1

2

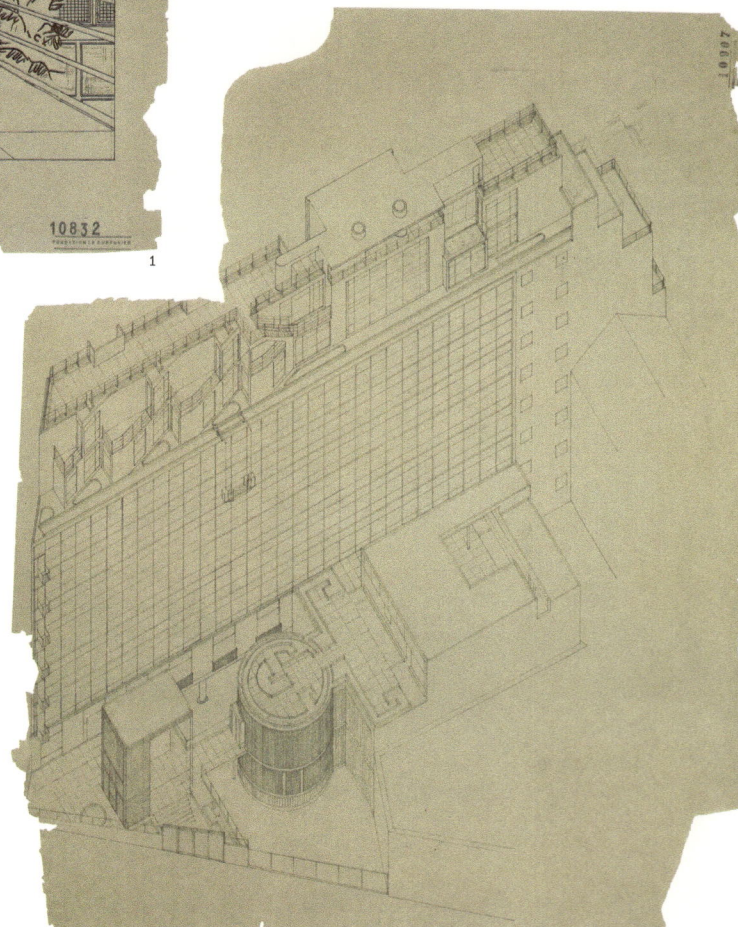

3

4 / Le Corbusier et Pierre Jeanneret, *Pavillon suisse, Cité internationale universitaire de Paris*, perspective extérieure, 1930. Encre noire sur calque, 62,3 x 109,9 cm. Fondation Le Corbusier, Paris

5 / Le Corbusier et Pierre Jeanneret, *Pavillon suisse, Cité internationale universitaire de Paris*. Tirage photographique, s.d. Fondation Le Corbusier, Paris

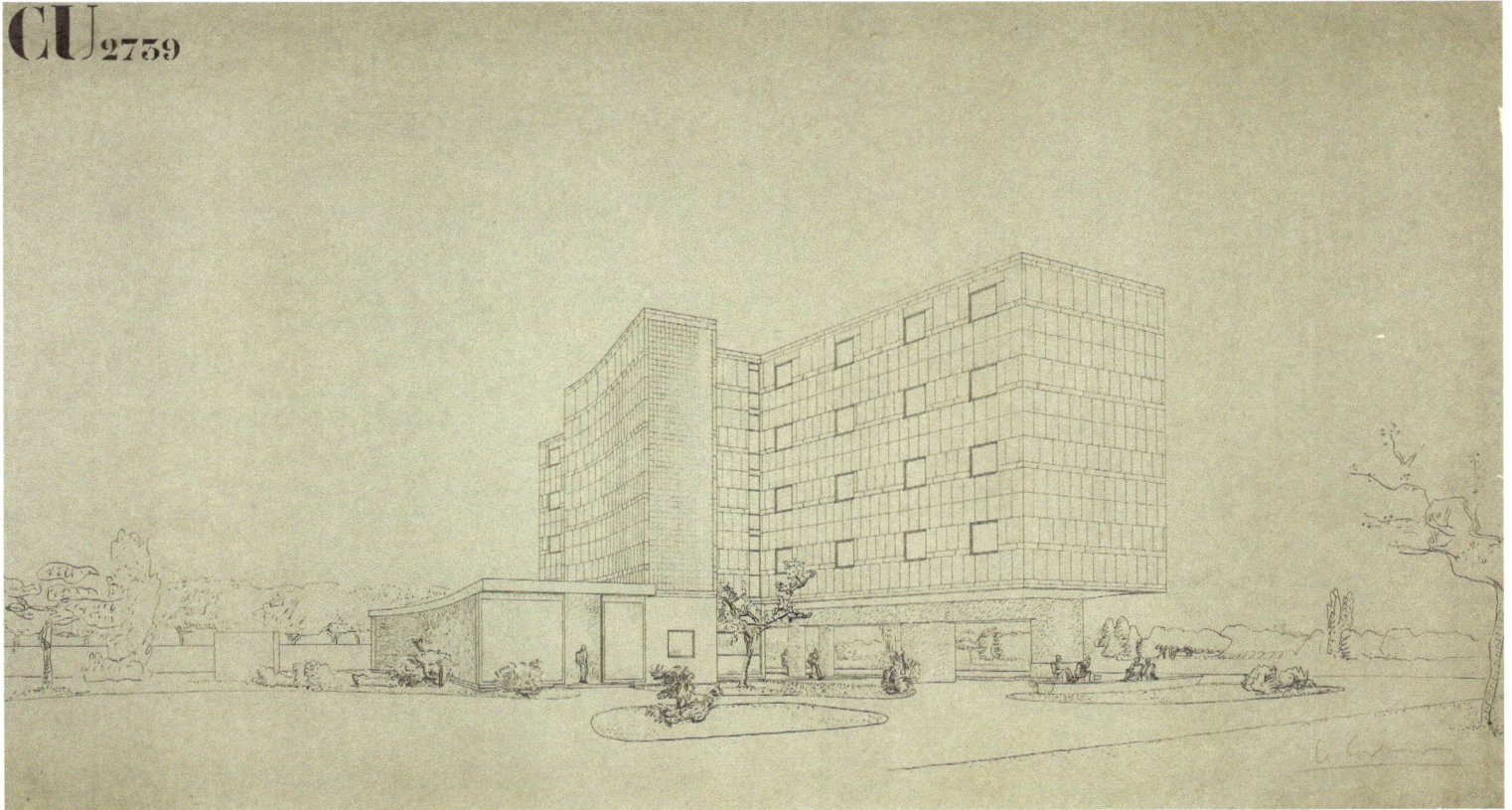

4

5

218

1 et 3 / Le Corbusier et Pierre Jeanneret, *Pavillon des Temps nouveaux*, Exposition internationale des arts et des techniques, Paris, 1937. Photographies d'Albin Salaün. Fondation Le Corbusier, Paris

2 / Le Corbusier, *Étude pour le panneau mural « Habiter »* destiné au pavillon des Temps nouveaux, 1937. Collage, papiers gouachés, calque, encre de Chine, graphite et pierre noire sur papier, 21 x 31 cm. Centre Pompidou, Mnam-CCI, Paris

1

2

3

4 à 7 / Le Corbusier et Pierre
Jeanneret, *Pavillon des Temps
nouveaux*, Exposition
internationale des arts et
des techniques, Paris, 1937.
Photographies d'Albin Salaün.
Fondation Le Corbusier, Paris

4

5

6

7

UNITÉS D'HABITATION

1 / Le Corbusier et Pierre Jeanneret, *Maisons montées à sec*, 1939. Encre noire et crayon bleu sur calque, 25,2 x 29,4 cm. Fondation Le Corbusier, Paris

2 / Le Corbusier, *Recherches pour une unité d'habitation*, façade partielle, 1944. Encre noire et pastel sur calque, 76,2 x 44,5 cm. Fondation Le Corbusier, Paris

3 / Le Corbusier, *Recherches pour une unité d'habitation*, élévation intérieure, 1944. Encre noire et pastel sur calque, 39,6 x 82,4 cm. Fondation Le Corbusier, Paris

4 / Le Corbusier, *Recherches pour une unité d'habitation*, coupes et plan d'étage 1944. Encre noire et pastel sur calque, 54,3 x 76,4 cm. Fondation Le Corbusier, Paris

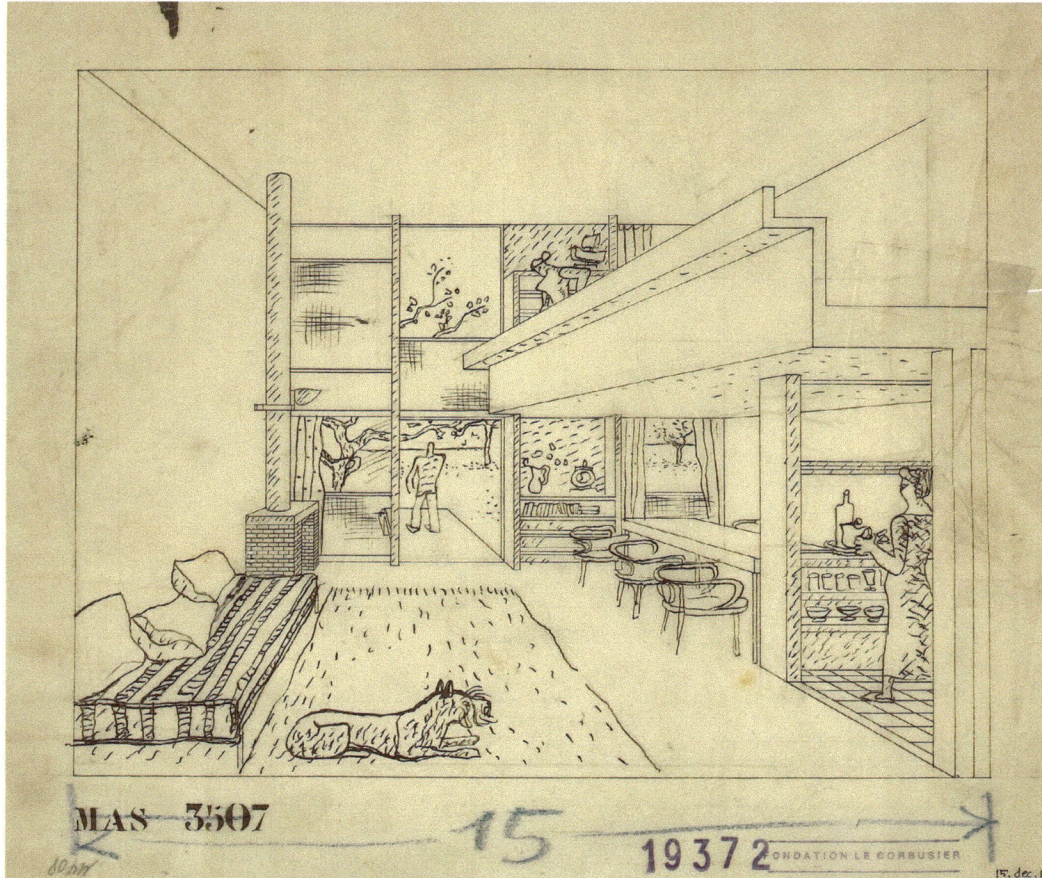

1

2

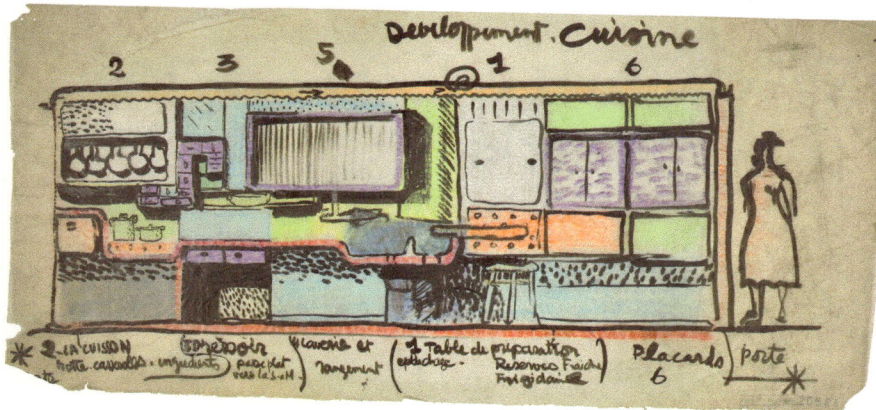

3

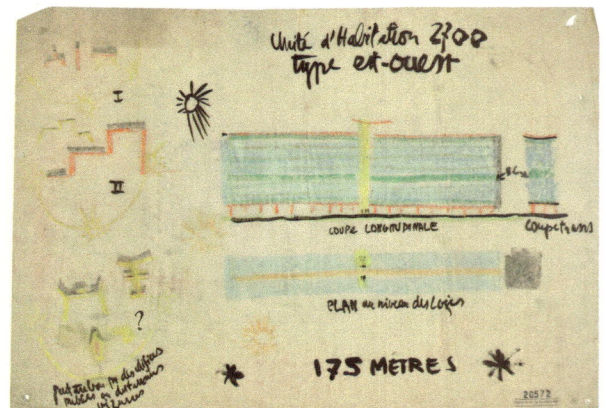

4

5 / Le Corbusier, *Unité d'habitation*, Marseille, perspective extérieure, 1945. Encre noire et crayon de couleur sur calque, 35,2 x 49,5 cm. Fondation Le Corbusier, Paris

6 / Le Corbusier, *Unité d'habitation*, Marseille, maquette de principe « le Bouteiller ». Bois, 45 x 100 x 30 cm. Fondation Le Corbusier, Paris

7 / Le Corbusier, *Unité d'habitation*, Marseille, étude de polychromie, 1945. Crayon noir et gouache sur papier, 54,1 x 87,3 cm. Fondation Le Corbusier, Paris

5

6

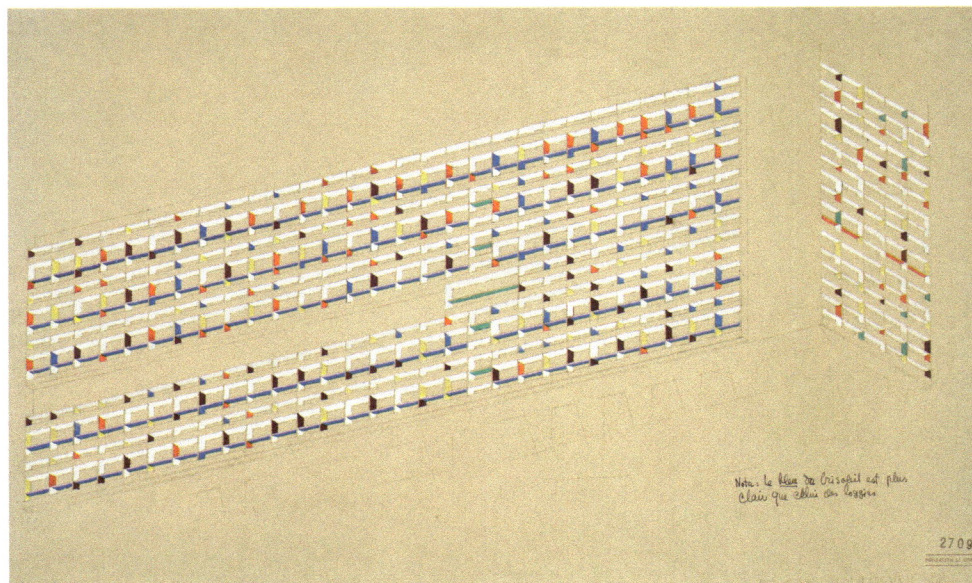

7

1 et 7 / Le Corbusier, *Unité d'habitation*, Marseille. Photographies de Lucien Hervé, s.d. Fondation Le Corbusier, Paris

2 et 6 / Le Corbusier, *Unité d'habitation*, Marseille. Photographies de Louis Sciarli, s.d. Fondation Le Corbusier, Paris

3 / Le Corbusier, *Unité d'habitation*, Marseille. Photographie de G.E. Kidder Smith, s.d. Fondation Le Corbusier, Paris

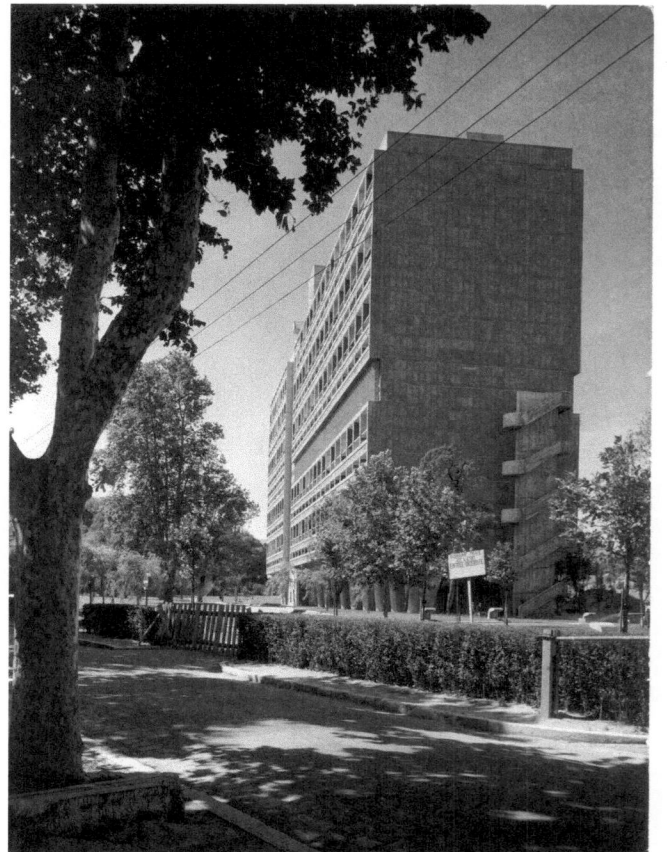

4 et 5 / Le Corbusier, *Unité
d'habitation*, Marseille.
Photographies de Marcel Roux, s.d.
Fondation Le Corbusier, Paris

4

5

6

7

1 / Le Corbusier, *Unité d'habitation*, Rezé-lès-Nantes, perspective d'ensemble, 1952. Crayon noir, encre noire sur calque, 88,5 x 170,6 cm. Fondation Le Corbusier, Paris

2 / Le Corbusier, *Unité d'habitation*, Rezé-lès-Nantes, perspective d'ensemble, 1952. Encre noire, crayon noir sur calque, 33,2 x 66,8 cm. Fondation Le Corbusier, Paris

3 / Le Corbusier, *Unité d'habitation*, Rezé-lès-Nantes, détail de façade, 1952. Crayon noir et vert sur calque, 88 x 145,8 cm. Fondation Le Corbusier, Paris

1

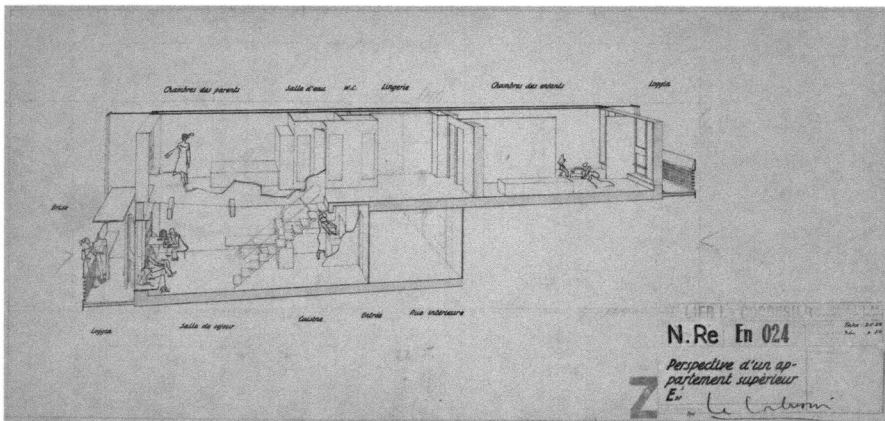

2

3

4 / Le Corbusier, *Unité d'habitation*, Rezé-lès-Nantes. Photographie de Lucien Hervé, s.d. Fondation Le Corbusier, Paris

5 / Le Corbusier, *Unité d'habitation*, Rezé-lès-Nantes. Photographie de Véra Cardot et Pierre Joly, s.d. Centre Pompidou, Bibliothèque Kandinsky, fonds Cardot-Joly, Paris

6 / Le Corbusier, *Unité d'habitation*, Rezé-lès-Nantes. Carte postale, s.d. Collection particulière

4

5

6

1 / Le Corbusier, *Unité
d'habitation*, Berlin-Tiergarten,
1957-1958. Maquette en bois,
55 x 122 x 90 cm. Centre
Pompidou, Mnam-CCI, Paris

2 / Le Corbusier, *Illustration
du principe d'emboîtement
d'une cellule d'habitation*,
photomontage, dans *Le Point*,
n° 38, 1950

3 / Le Corbusier, *Toit-Terrasse
de l'Unité d'habitation*, Berlin-
Tiergarten, 1957-1958. Maquette
en bois peint, 58 x 298,5 x 62 cm.
Fondation Le Corbusier, Paris

1

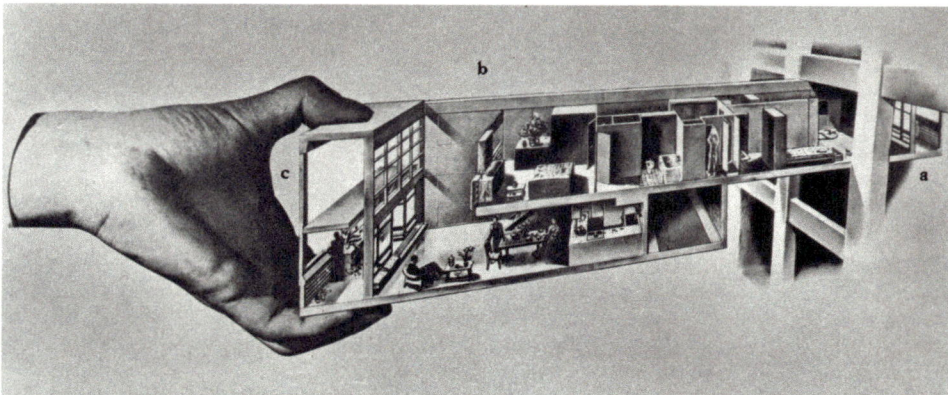

2

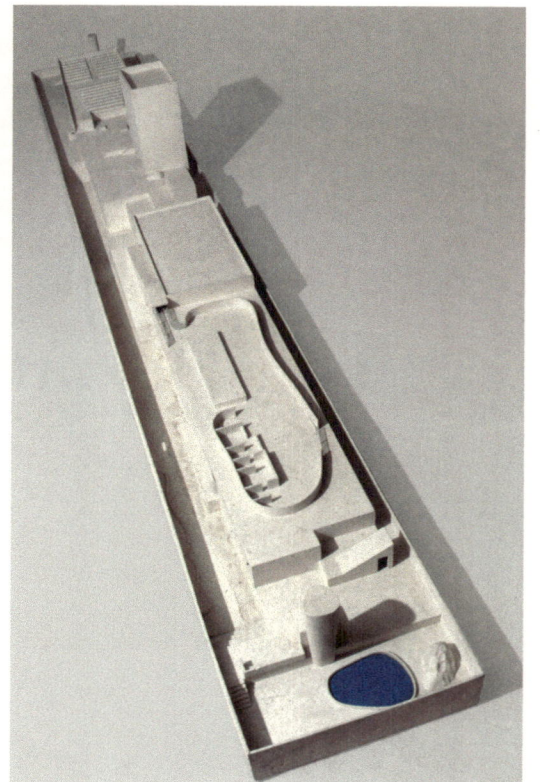

3

4 / Le Corbusier, *Pavillon du Brésil, Cité internationale universitaire de Paris*, vue perspective des deux façades, 1953. Crayon de couleur sur tirage gélatine, 38,2 x 32,8 cm. Fondation Le Corbusier, Paris

5 / Le Corbusier, *Pavillon du Brésil, Cité internationale universitaire de Paris*. Tirage photographique, s.d. Fondation Le Corbusier, Paris

6 / Le Corbusier, *Pavillon du Brésil, Cité internationale universitaire de Paris*, perspective intérieure, 1953. Encre noire sur calque, 52,9 x 75,9 cm. Fondation Le Corbusier, Paris

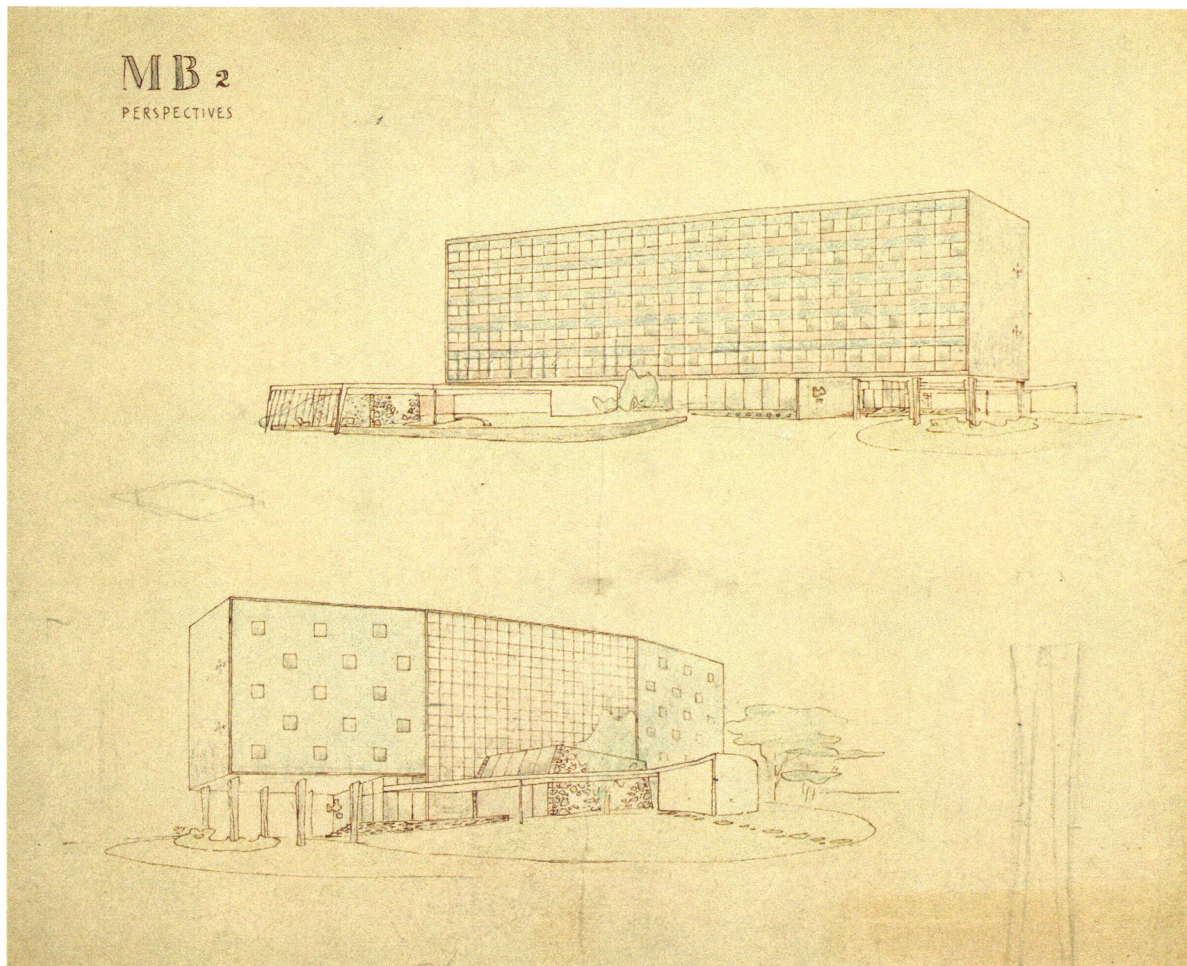

4

6

5

1 / Le Corbusier, *Stade*, Bagdad, 1956. Crayon de couleur, encre noire sur calque , 38,5 x 53,6 cm. Fondation Le Corbusier, Paris

2 / Le Corbusier, *Carpenter Center for the Visual Arts*, Cambridge (Mass.), 1960. Crayon de couleur, encre noire sur calque, 53,1 x 111,3 cm. Fondation Le Corbusier, Paris

3 / Le Corbusier, *Pavillon d'exposition, Palais Ahrenberg*, Stockholm, 1962. Crayon de couleur, encre bleue sur calque, 25,9 x 49,3 cm. Fondation Le Corbusier, Paris

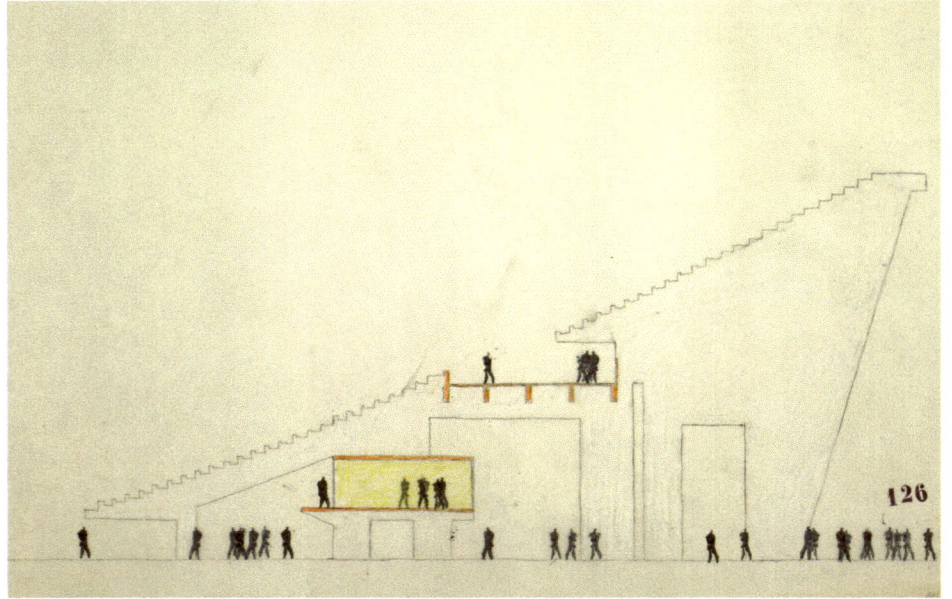

1

2

3

4 / Le Corbusier, *Ambassade de France*, Brasilia, étude de polychromie, 1964. Crayon de couleur sur calque, 50 x 64 cm. Fondation Le Corbusier, Paris

5 / Le Corbusier, *Centre de calculs électroniques Olivetti*, Milan, 1962. Crayon de couleur, encres noire et bleue sur calque, 87,5 x 81,6 cm. Fondation Le Corbusier, Paris

6 / Le Corbusier, *Palais des congrès*, Strasbourg, 1962. Crayon de couleur, encre bleue sur calque, 45,2 x 87,4 cm. Fondation Le Corbusier, Paris

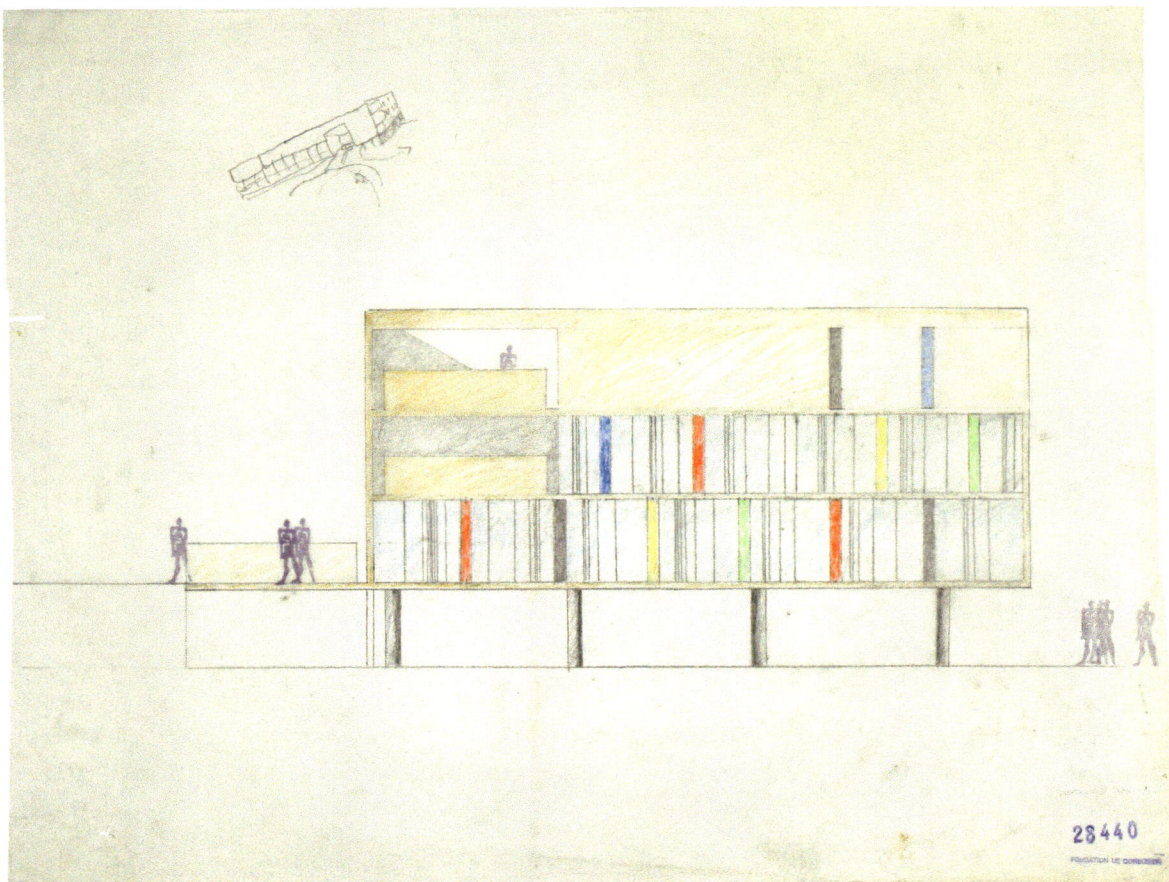

4

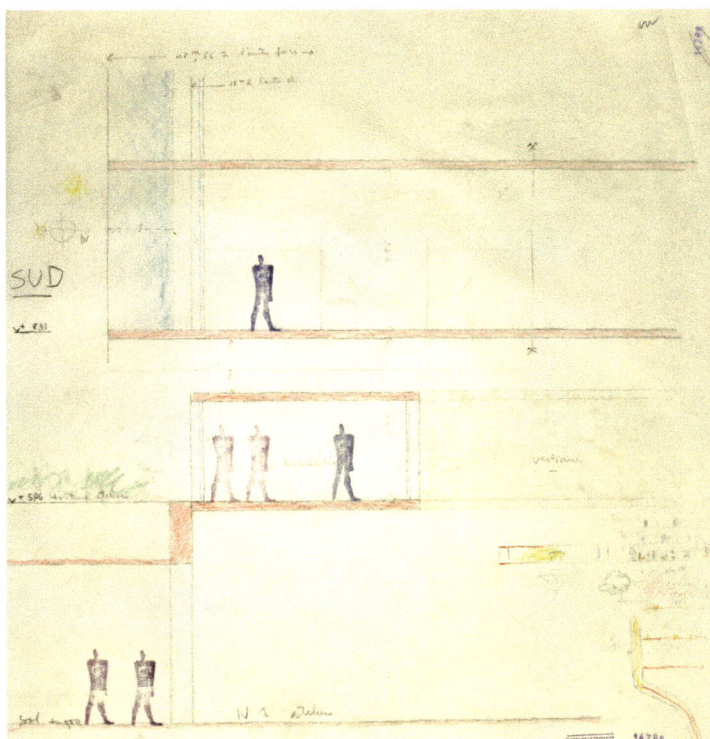

5

6

1 / Le Corbusier, *Grande salle du palais de l'Assemblée*, Chandigarh, 1951-1964. Maquette en bois et résille, 101 x 101 x 91 cm. Fondation Le Corbusier, Paris

2 / Le Corbusier, *Main ouverte, Assemblée, Haute cour de justice et Palais du gouverneur*, Chandigarh. Photographie de la maquette en trois panneaux, s.d. Fondation Le Corbusier, Paris

3 / Le Corbusier, *Palais de l'Assemblée*, Chandigarh, 1951-1964. Maquette générale en bois, 101,5 x 86 x.31 cm. Fondation Le Corbusier, Paris

1

2

3

4 / Le Corbusier, *Haute Cour*,
Chandigarh, perspective
extérieure, 1952. Encre noire
sur calque, 42,6 x 68,7 cm.
Fondation Le Corbusier, Paris

5 / Le Corbusier, *Haute Cour*,
Chandigarh, perspective
intérieure, 1952. Encre noire
sur papier, 42,6 x 52,6 cm.
Fondation Le Corbusier, Paris

6 / Le Corbusier, *Haute Cour*,
Chandigarh, 1952. Crayon noir,
encre noire sur calque,
143,9 x 68,2 cm. Fondation
Le Corbusier, Paris

4

5

6

1 / Le Corbusier, *Haute Cour*,
Chandigarh, élévation intérieure,
1952. Gouache couleur, encre
noire sur papier, 43,3 x 81,5 cm.
Fondation Le Corbusier, Paris

2 / Le Corbusier, *Haute Cour*,
Chandigarh, perspective, 1952.
Crayon noir et couleur sur papier,
32,5 x 44,2 cm. Fondation
Le Corbusier, Paris

1

2

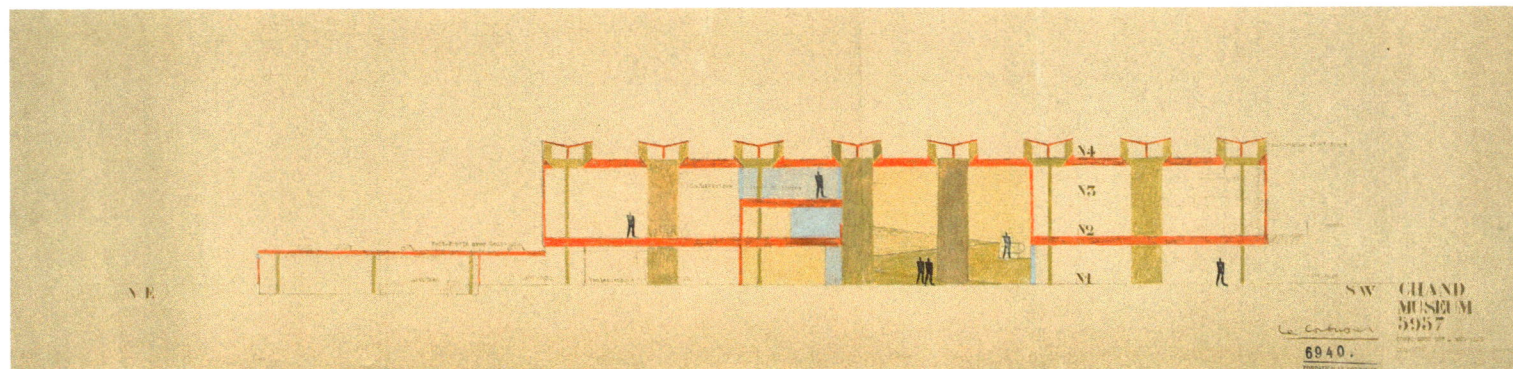

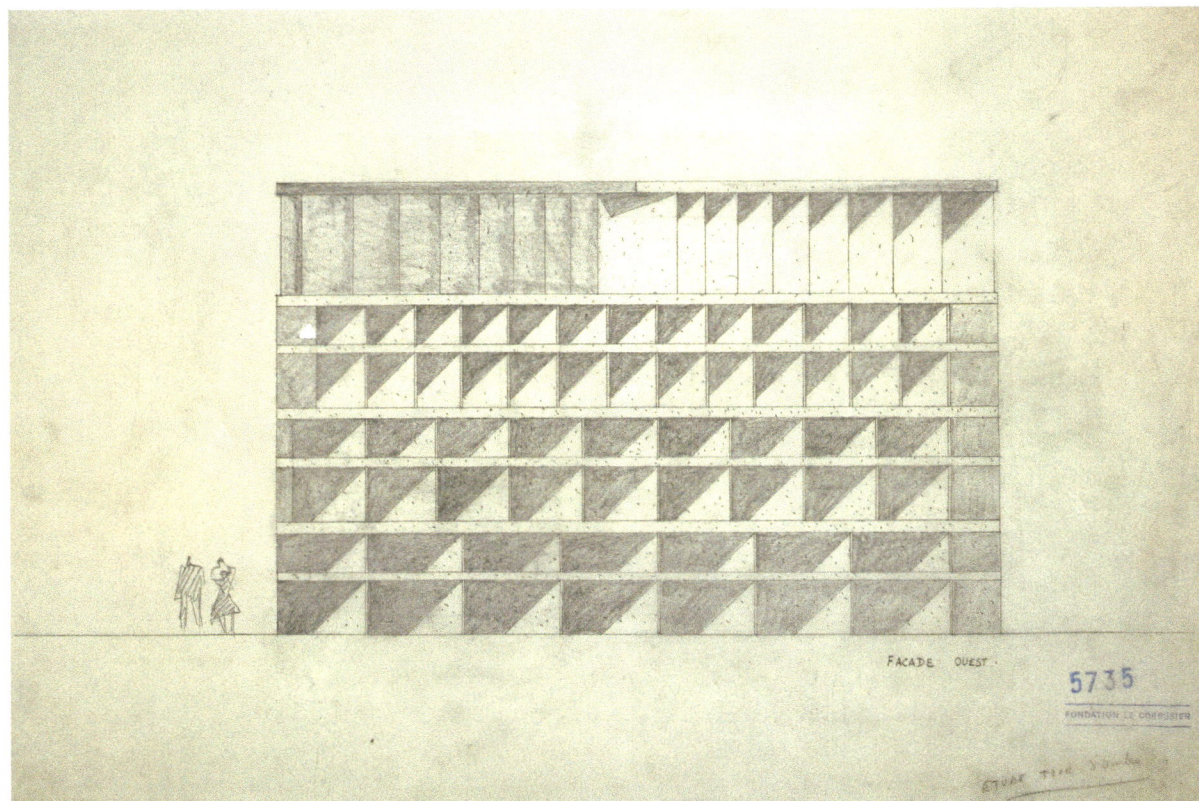

3 / Le Corbusier, *Claustra de la Haute Cour*, Chandigarh. 1952. Crayon de couleur sur calque, 24,1 x 43,1 cm. Fondation Le Corbusier, Paris

4 / Le Corbusier, *Musée de Chandigarh*, 1951. Pastel, encre noire sur tirage, 39,3 x 113,6 cm. Fondation Le Corbusier, Paris

5 / Le Corbusier, *Façade de la Tour d'ombres*, Chandigarh, 1951. Crayon noir sur calque, 41,1 x 53,5 cm. Fondation Le Corbusier, Paris

1 / *Rue de Chandigarh.* Photographie de Véra Cardot et Pierre Joly, s.d. Centre Pompidou, Bibliothèque Kandinsky, fonds Cardot-Joly, Paris

2 / Le Corbusier, *Intérieur du Palais de l'Assemblée*, Chandigarh. Photographie de Véra Cardot et Pierre Joly, s.d. Centre Pompidou, Bibliothèque Kandinsky, fonds Cardot-Joly, Paris

3 / Le Corbusier, *Ateliers du musée*, Chandigarh. Photographie de Véra Cardot et Pierre Joly, s.d. Centre Pompidou, Bibliothèque Kandinsky, fonds Cardot-Joly, Paris

4 / Le Corbusier, *Palais de l'Assemblée*, Chandigarh. Photographie de Véra Cardot et Pierre Joly, s.d. Centre Pompidou, Bibliothèque Kandinsky, fonds Cardot-Joly, Paris

5 / Le Corbusier, *Haute Cour*, Chandigarh. Photographie de Véra Cardot et Pierre Joly, s.d. Centre Pompidou, Bibliothèque Kandinsky, fonds Cardot-Joly, Paris

1

2

3

4

LA MAIN OUVERTE

1 / Le Corbusier, *La Main ouverte*, Chandigarh, croquis, 1951. Encre noire sur calque, 30 x 58,4 cm. Fondation Le Corbusier, Paris

2 / Le Corbusier, *La Main ouverte*, Chandigarh, étude de l'armature, 1954. Encre noire et de couleur, graphite sur calque, 29,7 x 42 cm. Fondation Le Corbusier, Paris

3 / Le Corbusier, *La Main ouverte*, Chandigarh, élévations de face, de profil et de dessus, 1964. Encre et crayon gras sur papier, 141,5 x 96 cm. Centre Pompidou, Mnam-CCI, Paris

4 / Le Corbusier, *La Main ouverte*, Chandigarh, élévation d'ensemble, 1951. Crayon de couleur sur calque, 54,1 x 40 cm. Fondation Le Corbusier, Paris

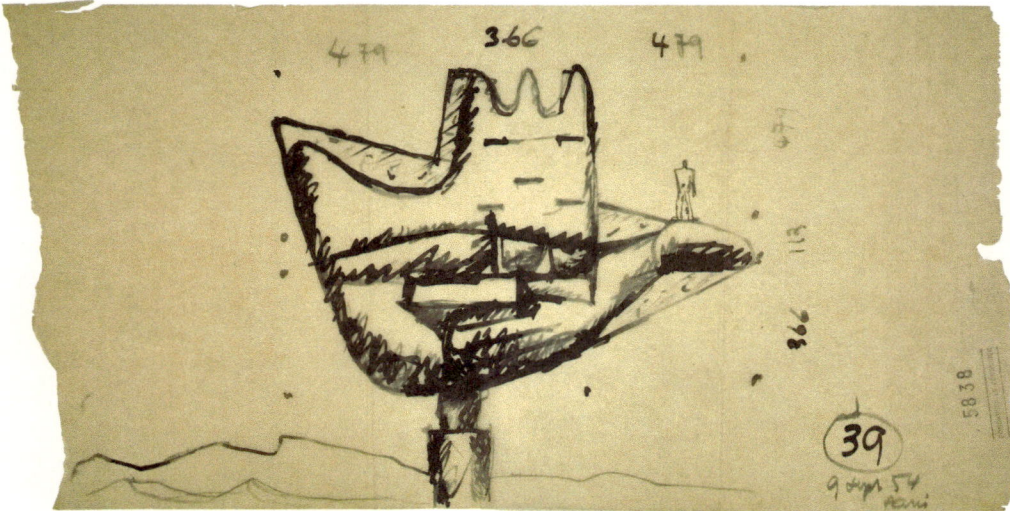

1

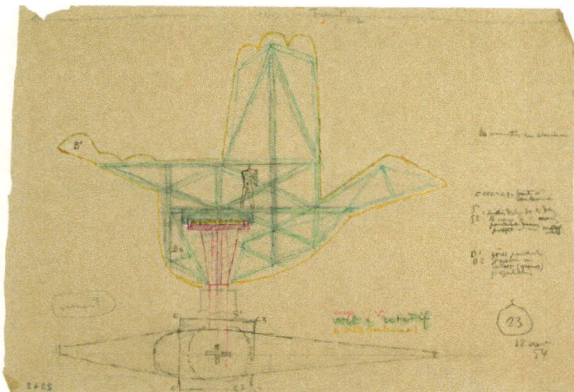

2

3

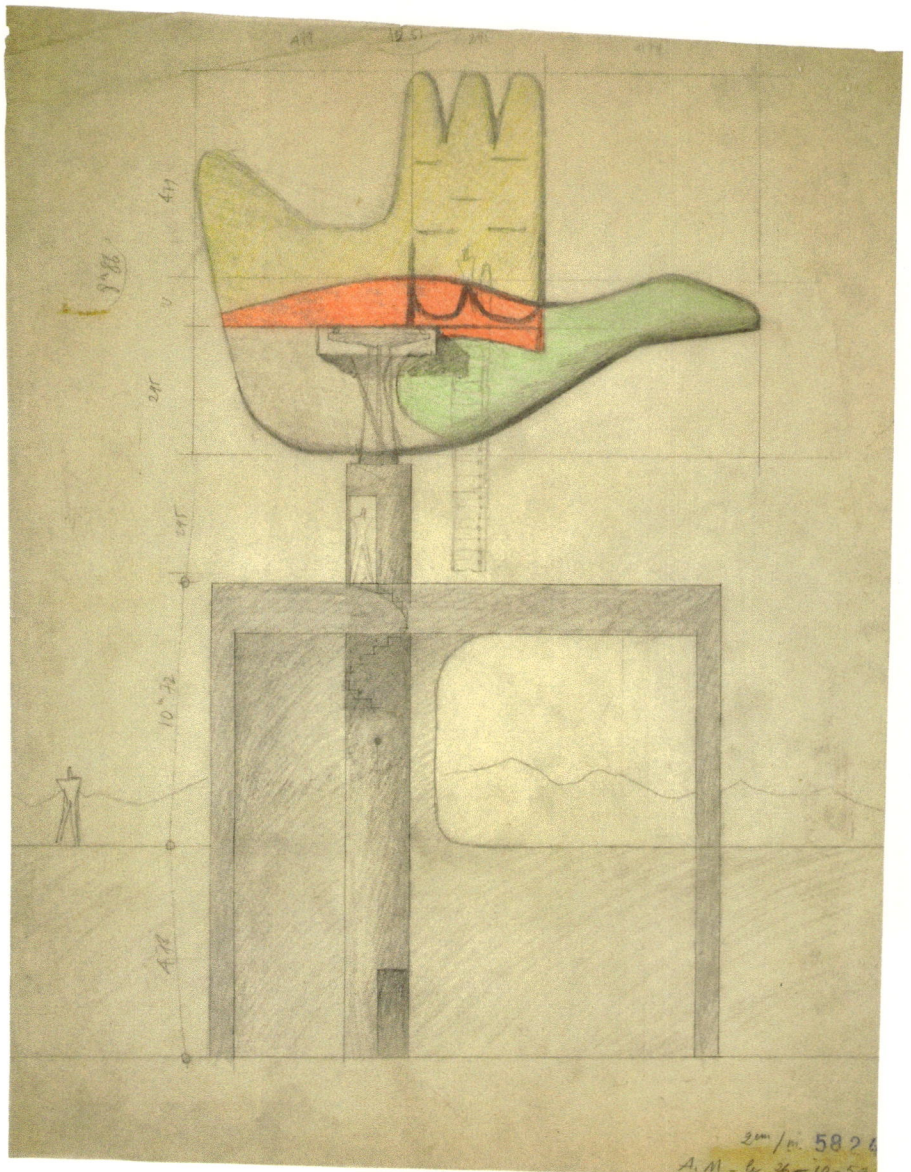

4

LE CABANON

5 / Le Corbusier, *Le Cabanon*, Roquebrune-Cap-Martin, élévation, coupe, plan, plan de situation, 1952. Crayon de couleur, encre de Chine sur calque, 47 x 69 cm. Fondation Le Corbusier, Paris

6 / Le Corbusier, *Le Cabanon*, Roquebrune-Cap-Martin, plan et coupe sur meubles, 1952. Crayon noir sur calque, 53,5 x 75,9 cm. Fondation Le Corbusier, Paris

7 / Le Corbusier, *Le Cabanon*, Roquebrune-Cap-Martin, élévation intérieure avec meubles, 1952. Crayon noir sur calque, 40,6 x 71,5 cm. Fondation Le Corbusier, Paris

8 / Le Corbusier, *Le Cabanon*, Roquebrune-Cap-Martin. Tirage photographique, s.d. Fondation Le Corbusier, Paris

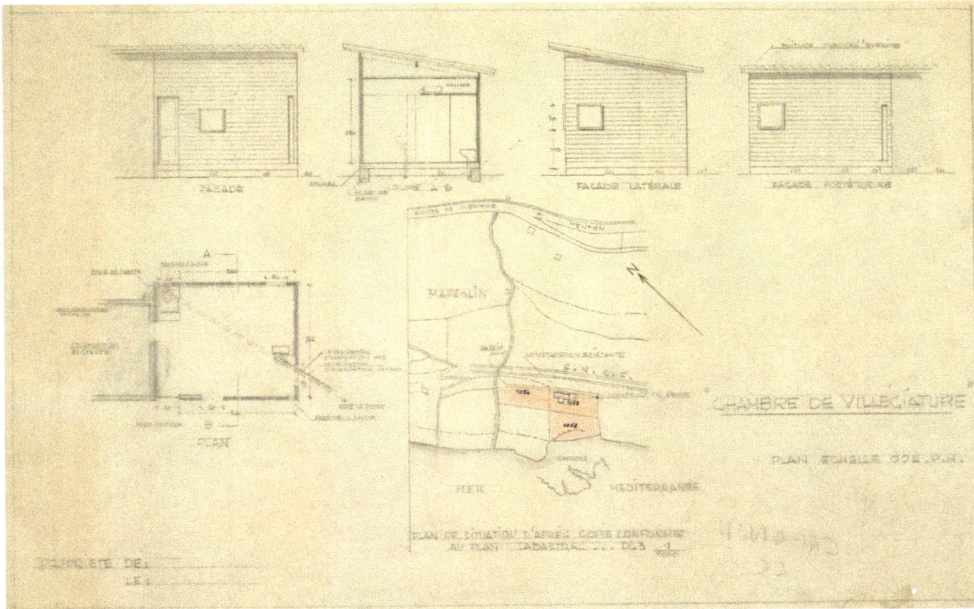

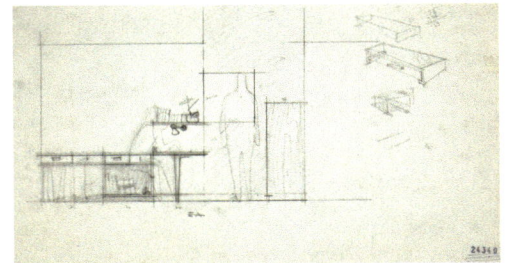

CONFESSIONS, TRIBULATIONS, ÉVOLUTIONS...

MARIE-JEANNE DUMONT

La scène se passe le 4 octobre 1917, deux jours avant son trentième anniversaire, alors que Charles-Édouard Jeanneret est en train de quitter la Suisse définitivement pour s'installer à Paris. Profitant d'une escale à Genève, il rencontre les responsables d'une revue d'art pour laquelle il a déjà écrit et dans laquelle il aurait aimé être publié. Au moment où s'achève la première période de sa carrière, il imagine cette publication à la fois comme un bilan de ses cinq premières années d'exercice du métier et comme un tremplin pour la suite : le texte que le critique d'art William Ritter aurait écrit pour l'occasion aurait fait comme une « attache autour du bouquet » de son œuvre suisse. Ritter lui-même, quelques mois auparavant, avait usé des termes les plus flatteurs pour proposer au directeur de la revue un article sur le jeune architecte romand. Le directeur, malgré cela, prend la proposition de haut, se dit prêt à publier un projet d'usine de Jeanneret mais pas à consacrer un dossier à « l'homme intégral ». Pour Jeanneret, au contraire, il ne pouvait être question de séparer un fragment de l'ensemble, ni l'œuvre de la pensée. « L'homme intégral », raconte-t-il à Ritter, était revenu souvent dans la conversation [1], mais la publication fut tout de même refusée. L'anecdote – un échec parmi tant d'autres dans la jeunesse de Le Corbusier – est révélatrice de cette détermination de l'architecte, dès les premières années, à saisir son œuvre comme un ensemble cohérent, insécable. Il est vrai qu'il avait été à bonne école. Car si l'habitude d'établir des « bilans » à date fixe lui venait de son éducation familiale, comme en témoignent les lettres qu'il écrit pendant ses voyages d'études à ses parents, pour le nouvel an ou pour son anniversaire, l'ambition artistique que traduisait l'idée de cohérence lui venait de ses maîtres et notamment du dernier,

ce Ritter, auquel il s'était confié pendant les années de guerre et qui l'avait affermi dans sa vocation et sa capacité à l'accomplir.

Cette façon d'envisager son œuvre comme un tout, alors même qu'elle était encore si mince, puis de la fixer, à mesure qu'elle s'étoffait, par des bilans réguliers, il l'a cultivée toute sa vie. Toute sa vie, régulièrement, méthodiquement, il s'est livré à l'exercice du bilan intellectuel, non dans le sens d'une comptabilité un peu prosaïque de projets et d'œuvres (à quoi se réduisent souvent les vies d'artistes et d'architectes), mais à chaque fois en partant du présent, de l'aboutissement d'une réflexion ou d'un processus de projet, pour remonter dans le temps à la racine du problème et à la genèse de ses réponses. Qu'on lui demande de justifier une position jugée radicale et désincarnée dans le domaine des arts décoratifs, qu'il ait à disserter sur les rapports de l'architecture et des mathématiques, qu'il veuille expliquer l'invention d'une nouvelle forme d'habitat pour la société moderne, c'est à chaque fois le même scénario : il fait appel à ses souvenirs d'enfance et de jeunesse pour y trouver le point de départ précis de réflexions jalonnées sur les décennies suivantes par des textes, des expositions et des projets. Cet homme ne cesse de se plonger dans son passé pour y chercher les signes, les traces, les prémices qui lui permettront de dessiner les pistes de sa pensée et de mieux en prolonger les trajectoires dans le futur. Il n'aime rien tant que ces va-et-vient entre passé, présent et futur

---

1. Le Corbusier dans le Cabanon. Photographie de Lucien Hervé. 1952. Fondation Le Corbusier, Paris

– il parle « d'avenir-passé conjugué [2] » –, auxquels il consacre ses heures de liberté et dans lesquels il situe le lieu de la pensée créative.

Ce genre d'investigation dans sa vie passée commence avec la fameuse « Confession » qui vient clore l'un de ses manifestes les plus provocants des années 1920, *L'Art décoratif d'aujourd'hui*. Pour satisfaire à la suggestion d'un ami estimant qu'une position aussi radicale que la sienne en matière d'arts décoratifs – il demandait tout simplement leur suppression, au profit de l'industrie, l'année même où on les célébrait par une exposition internationale – aurait gagné à être mieux ancrée dans son itinéraire de formation, il accepte de raconter son odyssée à travers les archipels de la connaissance : « Vous devez laisser entendre ce que furent vos doutes et vos élans pendant ces vingt-cinq années où précisément l'époque semble s'être formulée dans l'accélération d'une fin de profonde évolution. Vous devez expliquer la raison de votre idée en vous expliquant vous-même ; vous devez à vos lecteurs, à la fin de votre livre, les excusables divulgations d'une *confession* [3]. » La « Confession » qui s'ensuivait avait été, manifestement, un exercice très excitant et fécond pour le jeune architecte. Se replongeant dans l'aventure de sa jeunesse, il en avait tiré une vingtaine de pages particulièrement inspirées sur le mouvement d'arts décoratifs auquel il avait participé, étant adolescent, dans son pays natal et sur la triste mais inévitable fin de ce genre d'ateliers fondés sur l'idéal artisanal. Pour faire de ce récit le roman d'une génération plutôt que le sien propre, il avait gommé soigneusement tout repère géographique, n'avait donné ni date, ni nom de lieu, ni nom de personne, tout en restant fidèle aux événements et lucide sur leur sens. C'est ainsi qu'il avait commencé à adjoindre à l'exposé de ses idées le récit des circonstances biographiques qui les avaient fait naître et croître.

L'imbrication de la pensée et de la vie avait dû lui paraître si pertinente, si efficace qu'il récidivait dès le livre suivant, *Almanach d'architecture moderne*, dont le propos – une présentation des intentions contenues dans le pavillon de l'Esprit nouveau à l'Exposition internationale des arts décoratifs et industriels modernes de 1925 – aurait dû se conclure par la « Brève histoire de nos tribulations » de l'architecte cherchant à réaliser ledit pavillon. Il s'agissait, cette fois, de se faire pardonner, non la brutalité de la thèse, mais la précarité d'exécution d'un édifice qu'il aurait voulu bâtir en dur pour les besoins de la démonstration, d'expliquer les retards apportés à son achèvement, de faire apprécier la « tragique solitude » où se trouvaient les architectes, de faire sentir enfin quel « entêtement violent », quel mépris du danger étaient nécessaires à la réalisation de telles expériences architecturales. Il était obligé de le constater : « À certains tournants, la force de caractère prime la force du talent [4]. » Et

effectivement, les trente pages de récit concentraient une telle accumulation de déboires et d'obstacles, elles dégageaient tant d'amertume, qu'il s'était laissé convaincre par son associé de renoncer à publier cette nouvelle confession qui ne resta, en fin d'ouvrage, qu'à l'état d'intention autocensurée. Il ne devait la publier que vingt-deux ans plus tard, comme témoignage d'un état de crise toujours présent, que plusieurs mésaventures ultérieures (mentionnées par ordre chronologique, cela va sans dire) avaient confirmé et qui était devenu, de ce fait, le milieu hostile où se consumait une nouvelle catégorie d'artiste maudit : l'architecte théoricien [5]. Connu pour être l'auteur d'une série d'articles théoriques dont la parution en recueils avait fait grand bruit, Le Corbusier s'était vu disqualifié et rejeté au nom d'une supposée incompatibilité entre la théorie et la pratique : étant « théoricien », il était réputé être incompétent sur tous les aspects pratiques du métier et incapable de construire ! Or la théorie, poursuivait Le Corbusier, était d'autant plus nécessaire aux praticiens de son temps que les bouleversements de la société moderne rendaient caduques les anciennes formules. Au cœur de la pratique quotidienne des architectes modernes, la théorie était « comme une clarté qui jaillit soudain, comme un aiguillage qui dirige soudain [6] ». Mais cette clarté ne pouvait se produire au sein de commissions, quelles qu'elles soient ; elle ne jaillissait que dans le cœur d'un homme : « Les hommes sont les moteurs de leurs idées, ils parcourent les routes de leurs idées [7]. »

Cette logique de jaillissement théorique au cœur de la pratique architecturale s'ajuste parfaitement au grand projet éditorial qu'il entreprend à la fin des années 1920 et qui l'accompagnera dès lors tout au long de sa vie : *L'Œuvre complète*. Dans ces sept albums dont le premier paraît en 1929, alors qu'il n'a que 42 ans et que sa carrière est à peine lancée sur sa nouvelle trajectoire, si les projets sont égrenés de façon classique par dates, leur contenu théorique est mis en évidence dans des pages indépendantes qui ponctuent le déroulé chronologique, apportent des synthèses particulières et enchaînent projets et réalisations en blocs démonstratifs cohérents. Il y a les projets qui illustrent la révolution du béton, ceux qui ont permis de tester les cinq points de l'architecture nouvelle, ceux qui exemplifient les quatre manières de composer, ceux qui démontrent les possibilités des tracés régulateurs, etc. Leur égale valeur théorique permet de mettre sur le même plan projets avortés, concours perdus, réalisations concrètes et recherches libres, de lier urbanisme et architecture, écrit et construit, dans un continuum biographique et intellectuel harmonieux d'un genre tout à fait inédit.

Dans les années qui suivent, à côté du grand œuvre biographique, il multiplie les chronologies thématiques : celle de ses doctrines d'urbanisme dans le numéro que *L'Architecture d'aujourd'hui* lui consacre en 1932 [8]; celle de ses plans pour Paris en 1935; celle des études préparatoires à son ouvrage *Sur les quatre routes*, en 1941. En 1946, il donne les étapes de la genèse du brise-soleil, puis celle de ses idées sur l'urbanisme, en faisant remonter ses recherches à un cycle d'études systématiques fait en 1915 à la Bibliothèque nationale. En 1946 toujours, à l'appui de ses *Propos d'urbanisme*, il se permet un « coup d'œil sans préméditation jeté dans le passé » de ses recherches personnelles en la matière. En 1948, à l'occasion de son éviction du projet de siège pour l'Onu à New York, il retrace vingt ans de déboires avec les organisations internationales, depuis le scandale de la SDN. En 1953, alors que vient de s'ouvrir, au Musée national d'Art moderne, la première exposition qui consacre son œuvre de peintre, il revient, dans le catalogue, sur les « Trente années de silence » qu'il a cru devoir s'imposer, en tant qu'artiste, pour ne pas compromettre le crédit accordé à son travail d'architecte. En 1955, dans *Modulor* 2, il donne en 23 vignettes la chronologie de ses préoccupations en matière de « proportionnement », de l'objet domestique à la grande ville. En 1956, tandis qu'il désespère qu'un nouveau Colbert – à qui dédier ses travaux – prenne un jour en main les destinées de Paris, il republie sous son nom les différents plans élaborés pour la capitale en 35 ans de recherches : *Les Plans Le Corbusier de Paris, 1956-1922*. Et ainsi de suite : son œuvre écrite fourmille littéralement de ce type de chronologies rétrospectives, et jusqu'aux dernières années.

La manière dont il conçoit la défense et illustration de l'Unité d'habitation de Marseille, pendant la bataille menée contre tous les opposants à cet immeuble expérimental, est exemplaire de cette intrication de la vie et de l'œuvre de l'architecte. Confronté à l'opposition farouche de toutes les corporations : médecins condamnant l'insalubrité, psychiatres prédisant l'aliénation mentale des habitants, architectes protestant contre le régime dérogatoire du projet, défenseurs du patrimoine accusant l'édifice de porter atteinte au paysage de Marseille, entrepreneurs dénonçant le financement du chantier, élus, riverains, etc., Le Corbusier avait été contraint de faire preuve de plus de pédagogie encore qu'à l'accoutumée. Il avait commencé à préparer et publier des argumentaires dès le stade du projet, en 1947, et tout au long du chantier. Mais il n'avait pas d'abord fait appel aux arguments fonctionnels et techniques que l'on attendait de l'architecte révolutionnaire qu'il était réputé être : il avait parlé de l'homme primitif, de la tente du nomade, évoqué l'idée ancestrale de foyer,

enfin et surtout il avait parlé de lui ! De la visite d'une chartreuse dans les environs de Florence, à l'âge de 20 ans – au cours de laquelle il avait fortement ressenti « l'organisation harmonieuse de la vie individuelle et de la vie collective, résolue dans la sérénité, la joie et l'efficience [9] » –, il avait fait le point de départ d'une réflexion sur le logis qui l'avait absorbé toute sa vie, dont l'Unité d'habitation de Marseille était l'aboutissement, et dont tous ses projets antérieurs de logements collectifs pouvaient être considérés comme les ancêtres. Dans deux articles aux titres significatifs, l'un de 1947 intitulé « Évolution », l'autre de 1950 intitulé « D'une longue étape 1907-1950 [10] », il montrait comment les dispositifs architecturaux si particuliers de la chartreuse (une couronne de maisons indépendantes aménagées sur deux niveaux, dotées d'un jardin clos au niveau bas, d'une vue sur la campagne environnante grâce à la loggia du niveau haut, et desservies par une galerie de cloître à l'arrière pour les besoins de la vie quotidienne) avaient pu perdurer, sous des formes différentes mais reconnaissables dans leur version moderne, pour peu que l'on regarde l'Unité d'habitation non comme un simple projet mais comme le produit d'un processus d'évolution organique, au terme duquel la maison du moine était devenue cellule familiale, la galerie du monastère rue intérieure, le jardinet une loggia, le cloître une terrasse haute avec anneau de promenade, etc. Ce n'est d'ailleurs pas un hasard si Le Corbusier s'est obstiné à désigner ce bâtiment comme une « chartreuse des éleveurs d'enfants ».

À parcourir ainsi, toute sa vie, « les routes de ses idées » pour revenir à leur source, il avait fini par faire de l'exercice lui-même le processus créatif. Il n'était plus question de « confession » ni de « tribulations », à ce stade, mais bien d'une évolution dont il avait été le « moteur » ou le maître : homme intégral, s'il en fut.

1. Voir Charles-Édouard Jeanneret, lettre à William Ritter, 31 octobre 1917, *Correspondance croisée, 1910-1955*, Paris, Éditions du Linteau, 2014, p. 586. / **2.** Le Corbusier, cité par Marc Bédarida, « Une journée au 35 S », dans *Le Corbusier, moments biographiques*, Paris, Éditions de la Villette, 2008, p. 34. / **3.** *Idem*, « Confession », *L'Art décoratif d'aujourd'hui*, Paris, Les Éditions G. Crès et Cie, 1925, p. 197. / **4.** *Id.*, « Brève histoire de nos tribulations », *L'Architecture d'aujourd'hui*, hors série, avril 1948, p. 60. / **5.** Voir *id.*, « Brève histoire de nos tribulations », en version épurée dans *Almanach d'architecture moderne*, Paris, Les Éditions G. Crès et Cie, 1926, p. 198-199 ; en version complète dans *L'Architecture d'aujourd'hui*, hors série, avril 1948, p. 59-67 ; en tapuscrit : « Exposé bref de nos tribulations », FLC B2-16-22. / **6.** *Id.*, « Brève histoire de nos tribulations », *L'Architecture d'aujourd'hui*, art. cité, p. 60. / **7.** *Ibidem*, p. 61. / **8.** Voir Le Corbusier, « À la recherche d'une doctrine d'urbanisme pour l'équipement de la civilisation machiniste, 1922-1933 », *L'Architecture d'aujourd'hui*, 1932, n° 10, p. 31-37. / **9.** *Id.*, « L'Unité d'habitation de Marseille », *Le Point*, 1950, p. 30. / **10.** *Id.*, « Évolution », *L'Homme et l'Architecture*, 1947, n°s 11-12-13-14, p. 15-17 ; « D'une longue étape 1907-1950 », *Le Point*, n° 38, novembre 1950, p. 35-36.

BIBLIOGRAPHIE RAISONNÉE

préparée par Anne-Marie Zucchelli et Frédéric Migayrou

I – ÉCRITS DE LE CORBUSIER
(PAR ORDRE CHRONOLOGIQUE)

N.B : Dans cette première partie, le cadratin (—) remplace **Le Corbusier**.

Les textes publiés avant le premier numéro de la revue *L'Esprit nouveau* en 1920 sont signés Charles-Édouard Jeanneret.
Dans *L'Esprit nouveau*, les articles sur le purisme portent la signature Jeanneret, ou Ozenfant et Jeanneret.
Les textes sur l'architecture portent une double signature, Le Corbusier-Saugnier, pseudonymes de Charles-Édouard Jeanneret et d'Amédée Ozenfant.
L'un et l'autre utilisent pour leurs écrits individuels des pseudonymes tels que Vauvrecy, chroniqueur mondain, De Fayet et Paul Boulard, collaborateurs réguliers.
Après 1925 et le dernier numéro de la revue, les textes sont signés Le Corbusier.

Jeanneret Charles-Édouard, « En Orient. Quelques impressions », *La Feuille d'avis de La Chaux-de-Fonds*, 20 et 23 juillet, 3, 8, 18, 25 et 31 août, 4 et 13 septembre, 13, 19, 24, 25, 30 et 31 octobre, 14, 16, 18, 22 et 25 novembre 1911.

— *Étude sur le mouvement d'art décoratif en Allemagne*, La Chaux-de-Fonds, imp. Haefeli et Cie, 1912.

— *Un mouvement d'art à La Chaux-de-Fonds. À propos de la nouvelle section d'art*, La Chaux-de-Fonds, Georges Dubois, 1914.

Ozenfant Amédée, Jeanneret Charles-Édouard, *Après le cubisme*, Paris, Édition des Commentaires, 1918.

Jeanneret Ch.-É., *Rapport de la sous-commission de l'enseignement de la société L'Œuvre sur l'enseignement des arts en Suisse*, présenté à la Commission de l'enseignement du Comité central technique des arts appliqués, 1919.

L'Esprit nouveau, n° 1, octobre 1920 :
Ozenfant A., « Domaine de l'Esprit nouveau », s.p.
Ozenfant A., **Jeanneret** Ch.-É., « Sur la plastique », p. 48-58
Le Corbusier-Saugnier, « Trois rappels à MM. les architectes : le volume », p. 90-95

L'Esprit nouveau, n° 2, novembre 1920 :
Vauvrecy, « Vie de Paul Cézanne », p. 131-132
Le Corbusier-Saugnier, « Trois rappels à MM. les architectes. 2ᵉ article : la surface »
Le Corbusier-Saugnier, « Les maisons Voisin », p. 211-215
Vauvrecy, « Le Salon d'automne », p. 227-229

L'Esprit nouveau, n° 3, décembre 1920 :
Vauvrecy, « Vie de Domenico Theotocopuli El Greco », p. 269, 272 et 282
Vauvrecy, « Les expositions », p. 367

L'Esprit nouveau, n° 4, janvier 1921 :
Ozenfant A., **Jeanneret** Ch.-É., « Le purisme », p. 369-386
Le Corbusier-Saugnier, « Trois rappels à MM. les architectes. 3ᵉ article : le plan », p. 457-470
Vauvrecy, « L'exposition Cézanne », « L'exposition Renoir », p. 478-479

L'Esprit nouveau, n° 5, février 1921 :
Le Corbusier-Saugnier, « Les tracés régulateurs », p. 563-572
Vauvrecy, « Les expositions », p. 603-604

L'Esprit nouveau, n° 7, avril 1921 :
De Fayet, « Nicolas Poussin », p. 751-754

L'Esprit nouveau, n° 8, mai 1921 :
Le Corbusier-Saugnier, « Des yeux qui ne voient pas… I. Les paquebots », p. 845-855
[Non signé], « Vie de Corot », p. 869-871

L'Esprit nouveau, n° 9, juin 1921 :
Le Corbusier-Saugnier, « Des yeux qui ne voient pas… II. Les avions », p. 973-988
Vauvrecy, « Les livres d'art », « Ce mois passé », p. 1011-1015
Le Corbusier-Saugnier, « Curiosité, non, anomalie », p. 1016-1017

L'Esprit nouveau, n° 10, 1921 :
Vauvrecy, « Ce mois passé », p. 1083-1087
Vauvrecy, « Les Frères Le Nain », p. 1125-1130
Le Corbusier-Saugnier, « Des yeux qui ne voient pas… III. Les autos », p. 1139-1151

L'Esprit nouveau, nᵒˢ 11-12, novembre 1921 :
La direction, « Ce que nous avons fait, ce que nous ferons », p. 1211-1214
De Fayet, « Peinture ancienne et peinture moderne », p. 1316-1319
Le Corbusier-Saugnier, « Esthétique de l'ingénieur. Architecture », p. 1328-1335
De Fayet, « Toepffer, précurseur du cinéma », p. 1336-1337
Ozenfant et Jeanneret, « Les idées de l'Esprit nouveau dans les livres et la presse », p. 1344-1348

Ozenfant Amédée, Jeanneret Charles-Édouard, « Intégrer », *Création*, n° 2, novembre 1921, p. 9-10.

L'Esprit nouveau, n° 13, décembre 1921 :
Vauvrecy, « Picasso et la peinture d'aujourd'hui », p. 1489-1494
De Fayet, « Le Salon d'automne », p. 1504-1505
De Fayet, « Mosaïques romaines », p. 1507-1514
Le Corbusier-Saugnier, « Maisons en série », p. 1525-1542

L.C.-Saugnier, « Architecture et purisme », *Zivot*, 1922, p. 81-85.

L'Esprit nouveau, n° 14, janvier 1922 :
Ozenfant et Jeanneret, « Les idées d'Esprit nouveau », p. 1575-1576
Le Corbusier-Saugnier, « Architecture, la leçon de Rome », p. 1591-1605
De Fayet, « La Sixtine de Michel-Ange », 1609-1629
Vauvrecy, « Un poète : Germaine Bougard », p. 1627-1629

L'Esprit nouveau, n° 15, février 1922 :
Ozenfant et Jeanneret, « Les idées d'Esprit nouveau » (suite), p. 1703
Ozenfant A., Jeanneret Ch.-É., « Esthétique et purisme (promenoir) », p. 1704-1708
Ozenfant et Jeanneret, « De la peinture des cavernes à la peinture d'aujourd'hui », p. 1795-1802
Le Corbusier-Saugnier, « Architecture : l'illusion des plans », p. 1767-1780
De Fayet, « Les livres d'esthétique », p. 1749-1750

— « Sovremannaja architektura », *Vesc Objet Gegenstand*, nᵒˢ 1-2, mars-avril 1922, p. 20-21.

L'Esprit nouveau, n° 16, mai 1922 :
Vauvrecy, « Le fauvisme ou les Fauves 1900-1907 », p. 1871-1872
Le Corbusier-Saugnier, « Architecture : pure création de l'esprit », p. 1903-1920

De Fayet, « Les vases grecs », p. 1927-1936

Ozenfant Amédée, Jeanneret Charles-Édouard, « Sur le purisme », *Vesc Objet Gegenstand*, n° 3, mai 1922, p. 9-11.

L'Esprit nouveau, n° 17, juin 1922 :
Le conseil d'administration, « Pourquoi l'EN paraît sous une nouvelle forme »
De Fayet, « Réponse de M. de Fayet » (à une lettre de Gino Severini ; dans la même page, « Réponse de MM. Ozenfant et Jeanneret »)
Le Corbusier-Saugnier, « Le chemin des ânes, le chemin des hommes »
De Fayet, « Le talent à propos de Bauchant le Jeune »

Le Corbusier-Saugnier, *Vers une architecture*, Paris, Les Éditions G. Crès et Cie, 1923.

— « Le centre des grandes villes », dans *Société française des urbanistes. Où en est l'urbanisme en France et à l'étranger ?*, Congrès international d'urbanisme et d'hygiène municipale, Strasbourg, 1923, Paris, L. Eyrolles, 1923.

Ozenfant Amédée, Jeanneret Charles-Édouard, « Ästhetik und Purismus », dans Westheim Paul, *Künstlerbekenntnisse: Briefe. Tagebuchblätter, Betrachtungen heutiger Künstler*, Berlin, Propyläen Verlag, 1923, p. 347-353.

Ozenfant Amédée, Jeanneret Charles-Édouard, « Umschau », *Das Kunstblatt*, septembre 1923, p. 280-283.

L'Esprit nouveau, n° 18, novembre 1923 :
Le Corbusier, « Innovation »
Le Corbusier, « Lotissement pour villas ou ateliers d'artistes »
La direction, « L'Esprit nouveau… »
Le Corbusier-Saugnier, « Hangars d'Orly »
Ozenfant et Jeanneret, « L'angle droit »
Le Corbusier, « L'ordre »
[Non signé], « Les pieds dans le plat »
De Fayet, « Lettres & lettres étrangères »
[Le Corbusier], annonce de voiture Voisin

L'Esprit nouveau, n° 19, décembre 1923 :
L.C., « Innovation »
[Non signé], « Les usines Fiat de Lingotto à Turin »
[Non signé], « Pédagogie »
Le Corbusier, « Salon d'automne : l'architecture »
Le Corbusier, « Le sentiment déborde »
Ozenfant et Jeanneret, « Nature et création »
[Non signé], « 1925. Expo. Arts. Déco. Icônes, iconolâtres, iconoclastes »

L'Esprit nouveau, n° 20, janvier-février 1924 :
[Non signé], « Innovation »
Boulard Paul, « Architecture, un conseil d'administration »
De Fayet, « Les cent peintures »
L.C., « Industrialisation du bâtiment »
Le Corbusier, « Pérennité »
Ozenfant et Jeanneret, « Destinées de la peinture » [Non signé], « 1925. Expo. Arts. Déco. Autres icônes : les musées »

L'Esprit nouveau, n° 21, avril 1924 :
L.C., « Innovation »
Vauvrecy, « Les livres : le prix Goncourt »
De Fayet, « Vie de François Blondel »
Ozenfant et Jeanneret, « Formation de l'optique moderne »
Le Corbusier, « Classement et choix I (examen) » [Non signé], « 1925. Expo. Arts. Déco. Usurpation : le folklore »

L'Esprit nouveau, n° 22, avril 1924 :
L.C., « Innovation »
Vauvrecy, « Les livres nouveaux : art »
Le Corbusier, « Anéantissement d'un esprit, d'une culture. Avènement d'un autre esprit, d'une autre culture »

---

1. Le Corbusier, 1935. Tirage photographique.
Fondation Le Corbusier, Paris

Le Corbusier, « Classement et choix II : décisions opportunes »
Ozenfant et Jeanneret, « Recherches »
[Non signé], « 1925. Expo. Arts. Déco. Conséquences de crise »

L'Esprit nouveau, n° 23, mai 1924 :
L.C., « Innovation »
Le Corbusier, « L'Exposition de l'École spéciale d'architecture »
[Non signé], « 1925. Expo. Arts. Déco. Besoins types, meubles types »
Ozenfant et Jeanneret, « Le cubisme, 1ʳᵉ époque »
Le Corbusier, « La grande ville »

L'Esprit nouveau, n° 24, juin 1924 :
[Non signé], « Roneo »
L.C., « Innovation »
Le Corbusier, « Statistique »
Boulard Paul, « Le Salon de l'art décoratif au Grand Palais »
Ozenfant et Jeanneret, « Le cubisme, 2ᵉ époque : 1912-1918 »
[Non signé], « 1925. Expo. Arts. Déco. L'art décoratif d'aujourd'hui »

L'Esprit nouveau, n° 25, juillet 1924 :
[Non signé], « Roneo »
L.C., « Innovation »
Le Corbusier, « Coupures de journaux »
Boulard Paul, « Mustafa Kemal aura son monument »
Ozenfant et Jeanneret, « Vers le cristal »
[Non signé], « La leçon de la machine »

L'Esprit nouveau, n° 26, 1924 :
L.C., « Innovation »
[Non signé], « Roneo »

L'Esprit nouveau, n° 27, novembre 1924 :
[Non signé], « Innovation », « Roneo »
Ozenfant et Jeanneret, « Numéro 27 et suivants »
Vauvrecy, « Ephémérides »
Boulard Paul, « Allemagne »
[Non signé], « L'Esprit nouveau apporte son soutien au Bauhaus de Weimar »
Le Corbusier, « Nos moyens »
[Non signé], « Le respect des œuvres d'art »
Ozenfant et Jeanneret, « Idées personnelles »

Ozenfant Amédée, Jeanneret Charles-Édouard, *La Peinture moderne*, Paris, Les Éditions G. Crès et Cie, 1925.
— *L'Art décoratif d'aujourd'hui*, Paris, Les Éditions G. Crès et Cie, 1925.
— *Urbanisme*, Paris, Les Éditions G. Crès et Cie, 1925.

L'Esprit nouveau, n° 28, janvier 1925 :
[Non signé], « Innovation », « Roneo »
Vauvrecy, « Ephémérides », p. 2320-2327
Boulard Paul, « Divers souvenirs de vacances : jouissance d'ordre mathématique », p. 2328-2331
Le Corbusier, « Ce Salon d'automne », p. 2332-2335
[Non signé], « L'heure de l'architecture », p. 2386-2391
Le Corbusier, « Une ville contemporaine », p. 2392-2409

Ozenfant Amédée, Jeanneret Charles-Édouard, « Notre enquête. VI : Chez les cubistes », *Bulletin de la vie artistique*, n° 2, 15 janvier 1925, p. 35-37.

— « Le pavillon de l'Esprit nouveau à l'Exposition internationale des arts décoratifs », *Vient de paraître*, numéro spécial : *Les Arts décoratifs modernes*, 1925, p. 106-108.

— *Almanach d'architecture moderne*, Paris, Les Éditions G. Crès et Cie, 1926.

— *Science et industrie*, n° 154, 1926 :
« La ville moderne ne correspond plus aux besoins actuels »
« Ce qu'il faut faire »
« Les arbres meurent, à quand les hommes ? »
« Il faut ordonner la vie des hommes modernes »
« La cité de repos »
« Une réalisation de la cité-jardin »
« Peut-on reconstruire une partie de Paris ? »
« La cité future du travail »
« Paris sera-t-il la première grande ville moderne du monde ? »
« Le Plan Voisin de Paris et le passé »

— « Architecture d'époque machiniste », *Journal de psychologie normale et pathologique*, 15 janvier-15 mars 1926, p. 325-350.

— « Notes à la suite », *Cahiers d'art*, n° 1, mars 1926, p. 46-52.

— *L'Architecture vivante*, n° 17, automne-hiver 1927 :
« L'esprit de vérité », p. 5-6
« Où en est l'architecture ? », p. 7-11
« I. Théorie du toit-jardin – II. La maison sur pilotis – III. La fenêtre en longueur – IV. Le plan libre – V. La façade libre – VI La suppression de la corniche », p. 12-26
« Pessac », p. 29-31

— dans *L'Architecture vivante. Le Corbusier et Pierre Jeanneret*, vol. 1, Paris, A. Morancé, 1927 [reprend le contenu de *L'Architecture vivante*, automne-hiver 1927].

— « Urbanisme moderne », *Stavba*, n° XI, décembre 1927.

— « Fünf Punkte zu einer neuen Architektur », *Die Form*, vol. 2, 1927.

— *Une maison – Un palais. À la recherche d'une unité architecturale*, Paris, Les Éditions G. Crès et Cie, 1928.

—, **Jeanneret Pierre**, *Requête adressée à M. le Président et à MM. les membres du Conseil de la Société des Nations. Paris, le 28 février 1928*. Paris, Union, 1928.

— « Die Innenausstattung unserer Häuser auf dem Weissenhor », dans *Auftrage des Deutschen Werkbunds: "Die Wohnung", insbesondere aus den Bauten der städtischen Weissenhofsiedlung in Stuttgart*, Stuttgart, Akad. Verlag Wedekind, 1928.

— « La Salle Pleyel, une preuve de l'évolution architecturale », *Cahiers d'art*, n° 2, 1928, p. 89-90.

— « Un projet de centre mondial à Genève », *Cahiers d'art*, n° 7, 1928, p. 307-312.

— « Wie wohnt Man in meinen stuttgarter Häusern? », *Das Neue Frankfurt*, n° 2, janvier 1928, p. 12-15.

— « Architecture et urbanisme », *Les Cahiers de l'étoile*, n° 2, mars-avril 1928.

— *L'Architecture vivante*, printemps-été 1928 :
« La signification de la cité-jardin du Weissenhof à Stuttgart », p. 9-15
« L'aménagement intérieur de nos maisons au Weissenhof », p. 33-36

— « Arquitectura de epoca maquinista », *Revista de Occidente*, mai 1928, p. 157-193.

— « Au château de la Sarraz : le Congrès international préparatoire d'architecture moderne », *L'Intransigeant*, 9 juillet 1928.

— « Réflexions à propos de la loi Loucheur », *La Revue des vivants*, n° 8, août 1928.

— « L'architecture à Moscou », *L'Intransigeant*, 24 et 31 décembre 1928.

— *L'Architecture vivante*, printemps-été 1929 :
« Janvier 1929 », p. 9-11
« Tracés régulateurs », p. 12-23

— dans *L'Architecture vivante. Le Corbusier et Pierre Jeanneret*, vol. 2, Paris, A. Morancé, 1929 [reprend le contenu de *L'Architecture vivante*, printemps-été 1929].

— « Corbusiertology. The Great City », *The Architectural Review*, juin 1929, p. 67-70.

— « Architecture: The Expression of the Materials and Methods of Our Times », *Architectural Record*, n° 2, août 1929, p. 123-128.

— « L'architecture et Fernand Léger », *Sélection*, cahier n° 5, *Fernand Léger*, 1929.

— « Les cités-jardins de la banlieue », *Deutsch-Französische Rundschau*, 1929.

— « Interview, la Cité refuge de l'Armée du salut », *Glaces et verres*, n° 29, 1929.

—, **Jeanneret Pierre**, « Maison de l'Union des coopératives de l'URSS à Moscou », *Cahiers d'art*, n° 4, 1929, p. 162-168.

— *Précisions sur un état présent de l'architecture et de l'urbanisme*, Paris, Les Éditions G. Crès et Cie, 1930.

— dans Boesiger Willy, Storonov Oscar (éd.), *Le Corbusier und Pierre Jeanneret: Ihr gesamtes Werk von 1910 bis 1929*, vol. 1, Zurich, Girsberger, 1930 : « Introduction » [septembre 1929] ; « La rue » ; « 5 points d'une architecture nouvelle » ; commentaires sur les projets de ces années. Publié sous le titre *Œuvre complète, 1910-1929*, Zurich, Girsberger, 1937.

—, **Jeanneret P.**, « Analyse des éléments fondamentaux du problème de la Maison minimum », dans *Die Wohnung für das Existenzminimum: II. Internationaler Kongresses für Neues Bauenund Städtisches Hochbauamt*, Francfort-sur-le-Main, Englert & Schlosser, 1930, p. 24-33.

—, **Jeanneret P.**, « Le problème de la maison minimum », *L'Architecture vivante*, printemps-été 1930, p. 5-15.

— dans *L'Architecture vivante. Le Corbusier et Pierre Jeanneret*, vol. 3, Paris, A. Morancé, 1930 [reprend le contenu de *L'Architecture vivante*, printemps-été 1930].

— « Architecture et urbanisme en tout », *Cercle et carré*, n° 3, numéro spécial : *Poétique nouvelle*, 30 juin 1930.

— « The Minimal House: A Solution », *The Architectural Record*, n° 68, août 1930, p. 133-137.

—, **Jeanneret P.**, « La cité de refuge de l'Armée du salut », *L'Architecture d'aujourd'hui*, décembre 1930.

— *Claviers de couleurs Salubra 1*, Bâle, Éditions Salubra, 1931.

—, **Jeanneret P.**, « Rapport sur le parcellement du sol des villes », dans *Rationelle bebauungsweisen : Ergebnisse des 3. Internationalen Kongresses fur Neues Bauen*, Stuttgart, J. Hoffmann, 1931.

— « Pour la création à Paris d'un musée des artistes vivants », *Cahiers d'art*, n° 1, 1931, p. 5-9.

— « Obrana architektury, Odpoved'k. Teigovi » [réponse à Karel Teige], *Musaion*, n° 2, 1931, p. 27-52.

— *Plans*, n° 1, janvier 1931 : « Architecture et urbanisme. Invite à l'action », p. 49-64.

— *Plans*, n° 2, février 1931 : « Architecture et urbanisme. Menace sur Paris », p. 49-64.

— *Plans*, n° 3, mars 1931 :
« Vers la Ville radieuse. 3 : Vivre ! (Respirer) », p. 22-48
L.C., « Standards : loi et unité », p. 159-160

— *Plans*, n° 4, avril 1931 :
« Vers la Ville radieuse. 4 : Vivre ! (Habiter) », p. 49-64
« Ordre. Urbanisme. Il est juste temps », p. 157-160

— *Plans*, n° 5, mai 1931 :
« Mort de la rue », p. 49-64
« Culture et civilisation », p. 102-105

— *Plans*, n° 6, juin 1931 : « La guerre ? Mieux vaut construire », p. 65-67

— *Plans*, n° 7, juillet 1931 :
Le Corbusier et al., « Pour continuer avec la tradition de Paris », p. 48
« 6 : Vers la Ville radieuse. Descartes est-il américain ? », p. 49-64 et 106

— *Plans*, n° 8, octobre 1931 :
« Vers la Ville radieuse. 7 : Une nouvelle ville remplace une ancienne ville », p. 49-64
« Retour... ou l'enseignement du voyage. Coupe en travers : Espagne. Maroc. Algérie. Territoires du Sud », p. 92-108

— *Plans*, n° 9, novembre 1931 : « Vers la Ville radieuse. 8 : L'élément biologique : la cellule de 14 m² par habitant », p. 49-64.

— *Plans*, n° 10, décembre 1931 : « Vers la Ville radieuse. 9 : Décisions », p. 93-107.

—, Jeanneret Pierre, « Rapport sur le parcellement du sol des villes », *L'Architecture vivante*, printemps-été 1931, p. 17-22.

— dans *L'Architecture vivante. Le Corbusier et Pierre Jeanneret*, vol. 4, Paris, A. Morancé, 1931 [reprend le contenu de *L'Architecture vivante*, printemps-été 1931].

— « Louanges à l'Algérie », *Journal général des travaux publics et du bâtiment*, n° 592, 25-27 juin 1931, p. 1.

— « Pour continuer la tradition de Paris : manifeste de la nouvelle génération », *L'Architecture d'aujourd'hui*, juin-juillet 1931, p. 116-121.

— dans Pierrefeu (de) François, *Le Corbusier et P. Jeanneret*, Paris, Les Éditions G. Crès et Cie, 1932.

— « Le plan, le projet », dans *Exposition internationale de l'habitation 1932*, Paris, Impr. de l'Union, 1932.

— dans Sartoris Alberto, Bardi P.M., *Gli elementi dell'architettura funzionale : sintesi panoramica dell'architettura moderna*, Milan, Hoepli, 1932, p. 1-2.

— *Plans*, n° 11, janvier 1932 : « Simple note... En marge de Krupp et du Creusot », p. 60-62.

— *Plans*, n° 12, février 1932 :
« Voyage d'hiver. Hollande », p. 37-42
« Le voyage » (images d'avion), p. 109-112

— *Plans*, n° 13, mars 1932 : « I. Spectacle de la vie moderne », p. 37-48.

— *Plans, deuxième étape*, n° 1, 20 avril 1932 : « Illustration contemporaine de l'urbanisme des temps modernes », p. 9-10.

— *Plans*, n° 5, 1er juillet 1932 : « Thèse : questions et réponses », p. 8-10.

— « Perret », *L'Architecture d'aujourd'hui*, n° 7, numéro spécial : *Auguste Perret*, octobre 1932.

—, Jeanneret Pierre, *L'Architecture vivante*, automne-hiver 1932, p. 5-14 : « Plan d'aménagement de la ville d'Alger » ; « 1937. Proposition de programme pour l'Exposition d'art décoratif projetée pour 1937 ».

— dans *L'Architecture vivante. Le Corbusier et Pierre Jeanneret*, vol. 5, Paris, A. Morancé, 1932 [reprend le contenu de *L'Architecture vivante*, automne-hiver 1932].

— *Croisade ou le Crépuscule des académies*, Paris, Les Éditions G. Crès et Cie, 1933.

— « Le projet de la cité hospitalière de M. Nelson », dans *Paul Nelson, Cité hospitalière de Lille*, Paris, Cahiers d'art, 1933.

— « C'est à ce moment que Léger... », *Cahiers d'art*, nos 3-4, 1933, p. 127.

— *Prélude*, n° 1, 15 janvier 1933 : « Professeurs de prévisions ».

— *Prélude*, n° 2, 15 février 1933 : « Esprit grec-esprit latin, esprit gréco-latin ».

— *Prélude*, n° 3, 15 mars 1933 : « Un nouvel état de signification ».

— *Prélude*, n° 4, 15 avril 1933 :
« Bolche... ou la notion du grand »
« Rome »

— *Prélude*, n° 5, 15 mai 1933 : « La fortune se saisit aux cheveux... 1937, Exposition internationale de l'habitation, Paris ».

— *Prélude*, n° 6, juin-juillet 1933 :
« L'équipement du pays »
« École des beaux-arts, École polytechnique »
« Croisade ou le crépuscule des académies »

— *Prélude*, n° 7, août-septembre 1933 : « Le Quatrième Congrès international d'architecture moderne. Prélude des plus troublantes questions de l'époque. La mobilisation de la propriété privée ».

— *Prélude*, n° 8, 15 décembre 1933 : « Outillage élémentaire : Quatrième Congrès international d'architecture moderne à Athènes. Résolution ».

— « Pavillon Suisse. Cité Universitaire, Paris », *Architect's Journal*, 12 octobre 1933, p. 451-453.

—, Jeanneret Pierre, *L'Architecture d'aujourd'hui*, n° 10, octobre-novembre 1933 :
« Les 5 points d'une architecture nouvelle »
« Concevoir d'abord, construire ensuite »
« À la recherche d'une doctrine d'urbanisme pour l'équipement de la civilisation machiniste 1922-1933 »
« Défense de l'architecture »
« Quel rôle joue l'esprit poétique ? »
« Programme, dénouement de crise, enthousiasme »
« Lettre à un maire »
« Discours d'Athènes au 4e Ciam »
« Une maison sans escaliers. Le palais du Centrosoyus en construction à Moscou »
« Le lotissement de l'oued Ouchaïa à Alger »
« Urbanisation de la rive gauche de l'Escaut à Anvers »
« Le plan Macia de Barcelone 1932-1933 »
« La Cité refuge de l'Armée du salut »
« Des plans pour le siège central de la Société d'assurances générales pour la vie humaine »

— *L'Architecture vivante*, automne-hiver 1933 :
« Au revoir à *L'Architecture vivante* », p. 33
« Le Pavillon Suisse à la Cité Universitaire », p. 34-39
« Lettre à un maire », p. 40-47
« Le Lotissement de l'Oued Ouchaïa à Alger », p. 48-56

Le Corbusier, Jeanneret Pierre, « Urbanisation de la rive gauche de l'Escaut, à Anvers », p. 57-69

— dans *L'Architecture vivante, Le Corbusier et Pierre Jeanneret*, vol. 6, Paris, A. Morancé, 1933 [reprend le contenu de *L'Architecture vivante*, automne-hiver 1933].

— dans Boesiger Willy (dir.), *Le Corbusier et Pierre Jeanneret, Ihr gesamtes Werk von 1929-1934*, Zurich, Girsberger, 1934.

— *L'Homme réel*, n° 1, janvier 1934 : « Mesures d'ensemble », p. 43-49.

— *L'Homme réel*, n° 3, mars 1934 : « V.R. 1re partie », p. 169-176.

— *L'Homme réel*, n° 4, avril 1934 : « La Ferme radieuse. Le Village radieux ».

— *L'Homme réel*, n° 5, mai 1934 : « V.R. », p. 85-87.

— *Prélude*, n° 10, mars-avril 1934 : « Les graphiques expriment... ».

— *Prélude*, n° 11, mai 1934 : « Programme pour la grande industrie ».

— *Prélude*, n° 13, septembre-octobre 1934 : « Quand les cathédrales étaient blanches ».

— *Prélude*, n° 14, novembre-décembre 1934 : « Réorganisation agraire, 1933-1934. La ferme radieuse. Le village radieux ».

— *Quadrante*, n° 9, janvier 1934 : « La casa dello studente svizzero a Parigi ».

— *Quadrante*, n° 11, mars 1934 : « Un piano di organizzazione europeo », p. 29-35.

— *Quadrante*, n° 13, mai 1934 :
« Urbanesimo e architettura », p. 6-7
« Misura l'insieme », p. 18-25

— « Un nouvel ordre de grandeur des éléments urbains, une nouvelle unité d'habitation », *L'Ossature métallique*, n° 5, mai 1934, p. 223-242.

— « Devise "2879". Le concours des musées d'art moderne », *L'Architecture d'aujourd'hui*, n° 10, décembre 1934-janvier 1935, p. 22-24.

— *La Ville radieuse. Éléments d'une doctrine d'urbanisme pour l'équipement de la civilisation machiniste*, Boulogne-sur-Seine, Éditions de L'Architecture d'aujourd'hui, 1935.

— *Aircraft*, Londres, New York, The Studio Publications, 1935.

— « L'art et la réalité, l'art et l'État », dans *Actes du symposium international « L'Art et la Réalité »*, 4e entretien, Venise, 25-28 juillet 1934, Paris, Stock, 1935.

— *Prélude*, n° 15, juin 1935 : « Il faut : "Pour faire des plans, légiférer..." »

— *Prélude*, n° 16, juillet-août 1935 : « Quand les cathédrales étaient blanches ».

— dans *L'Architecture d'aujourd'hui*, n° 10, numéro spécial : *Le Corbusier et P. Jeanneret*, octobre 1935.

— « Alger, ville moderne vue par Le Corbusier », *Le Journal général, Travaux publics & Bâtiments*, n° 1043, 29 octobre 1935.

— « La Ville Radieuse becomes the Wider Horizon of the Proponent of "the House a Machine for Living" », *American Architect*, n° 147, novembre 1935, p. 16-18.

— « Les tendances de l'architecture rationaliste en rapport avec la collaboration de la peinture et de la sculpture », dans *L'Architecture vivante*. *Le Corbusier et Pierre Jeanneret*, vol. 7, Paris, A. Morancé, 1936.

— « Destin de la peinture », dans *La Querelle du réalisme : deux débats organisés par l'Association des peintres et sculpteurs de la Maison de la Culture, Paris, 1936*, Paris, Éditions sociales internationales, 1936.

— « What Is American's Problem? », *American Architect and Architecture*, n° 2648, mars 1936, p. 17-22.

— *Quand les cathédrales étaient blanches. Voyage au pays des timides*, Paris, Plon, 1937.

— « Les tendances de l'architecture rationaliste en rapport avec la collaboration de la peinture et de la sculpture (VIᵉ Congrès Volta, Rome, 25-31 octobre 1936) », Rome, Accademia d'Italia, 1937, p. 102-129.

— dans Boesiger Willy, Stonorov O. (dir.), *Le Corbusier et Pierre Jeanneret. Œuvre complète, 1910-1929*, vol. 2, Zurich, Girsberger, 1937.

— « New York, ville debout », *La Revue hebdomadaire*, 9 janvier 1937, p. 164-183.

— « The Module: A Statement. Module for Recreation », *Architectural Record*, n° 81-6, juin 1937, p. 120-127.

— « Solutions de principe, avril 1937. Rapport de Le Corbusier au Vᵉ Congrès des Ciam, Paris, 28 juin-2 juillet 1937 », *Travaux nord-africains*, 13, 16, 18 et 20 juin 1937.

— *Des canons, des munitions ? Merci ! Des logis... svp : monographie du « pavillon des Temps nouveaux » à l'Exposition internationale « Arts et techniques » de 1937*, Boulogne-sur-Seine, Éditions de L'Architecture d'aujourd'hui, 1938.

—, **Jeanneret Pierre**, *L'Ilot insalubre n° 6*, Paris, Impr. Tournon, 1938.

— dans Bill Max (dir.), *Le Corbusier et Pierre Jeanneret : Œuvre complète, 1934-1938*, vol. 3, Zurich, Girsberger, 1938.

— dans Badovici Jean (préf.), *Le Corbusier. Œuvre plastique, peintures et dessins, architecture*, Paris, A. Morancé, 1938.

— dans *Le Corbusier. Œuvre plastique, 1919-1937. Tableaux et architecture*, cat. expo., Zürich, Kunsthaus, 1938.

— « La catastrophe féérique », *L'Architecture d'aujourd'hui*, n° 1, janvier 1938, p 12-15.

— « Espoir de la civilisation machiniste », *Europe*, février 1938.

— « Flats at Highgate: Vertical Garden City », « The Mars Group exhibition of the Elements of Modern Architecture », *Architectural Review*, vol. 83, mars 1938, p. 109-116.

— « If I Had to Teach You Architecture », *Focus*, n° 1, été 1938, p. 3-12.

— « Solutions de principe : logis et loisirs », dans *Ciam 8*, Boulogne-sur-Seine, Éditions de L'Architecture d'aujourd'hui, 1939.

— « Le lyrisme des temps nouveaux et l'urbanisme », *Le Point*, numéro spécial, avril 1939.

— *Sur les 4 routes : air, terre, fer, eau*, Paris, Gallimard, 1941.

— *Destin de Paris*, Paris, Clermont-Ferrand, F. Sorlot, 1941.

— « Le folklore est l'expression fleurie des traditions », *Voici la France de ce mois*, n° 16, juin 1941.

—, **Pierrefeu (de) François**, *La Maison des hommes*, Paris, Plon, 1942.

— *Les Constructions « Murondins ». Manuel technique publié sous le patronage du Secrétariat général de la Jeunesse*, Paris, Clermont-Ferrand, Étienne Chiron, 1942.

— « Il faut reconsidérer l'hexagone français », dans *Architecture et urbanisme*, Paris, Les Publications techniques/Galerie Charpentier, 1942, p. 5-28, 39-43.

— dans *Urbanisme des Ciam. La Charte d'Athènes. Travaux du 4ᵉ Ciam*, Paris, Plon, 1943.

— *Entretien avec les étudiants des écoles d'architecture*, Paris, Denoël, 1943.

— « La Maison des hommes », *Formes et couleurs*, n° 4, 1944, p. 48-60.

— *Les Trois Établissements humains. Urbanisme des Ciam*, Boulogne-sur-Seine, Éditions de L'Architecture d'aujourd'hui/Paris, Denoël, 1945.

— « Y a-t-il une crise de l'art français ? », dans Bettelheim Charles, *La Crise française*, Paris, Éditions du Pavois, 1945.

— « L'Architecture de demain », dans *Soirées de Paris*, Paris, Horizons de France, 1945.

— « Vers l'unité. La synthèse des arts majeurs. L'Architecture peinture sculpture », *Continuité*, n° 2, 1945, p. 20-21.

— « Manière de penser l'urbanisme », *Renaissances*, n° 11, juin 1945, p. 30-38.

— « Urbanisme. Le plan directeur », *L'Homme et l'Architecture*, nᵒˢ 1-2, juillet 1945, p. 37-42.

— « L'usine verte », *Hommes et techniques*, nᵒˢ 7-8, juillet-août 1945, p. 19-23.

— « Un plan pour Saint-Dié », *L'Homme et l'Architecture*, nᵒˢ 5-6, novembre-décembre 1945, p. 39-44.

— dans Boesiger Willy (dir.), *Le Corbusier. Œuvre complète*, vol. 4 : *1938-1946*, Zurich, Éditions Girsberger, 1946.

— *Propos d'urbanisme*, Paris, Éditions Bourrelier, 1946.

— *Manière de penser l'urbanisme*, Boulogne-sur-Seine, Éditions de L'Architecture d'aujourd'hui, 1946.

— « Un immeuble de bureaux, Alger », *L'Homme et l'Architecture*, nᵒˢ 3-4, mars-avril 1946, p. 33-42.

— *L'Architecture d'aujourd'hui*, numéro hors série : *Arts*, avril 1946 :
« L'espace indicible »
« Immeuble d'habitation collectif Isaï à Marseille »
« Urbanisme 1946 : les travaux ont déjà commencé »

—, **Jeanneret Pierre**, « Design for League of Nations Building », *Pencil Points*, n° 27, avril 1946, p. 10, 98-99.

— « Problèmes de l'ensoleillement : le brise-soleil », *Techniques et architecture*, juillet 1946, p. 26-28.

— « Urbanisme : La Rochelle », *L'Homme et l'Architecture*, nᵒˢ 9-10, septembre-octobre 1946, p. 49-56.

— *UN [United Nations] Headquarters. Practical Application of a Philosophy of the Domain of Building*, New York, Reinhold Publishing Corporation, 1947.

— « The Future of the Architectural Profession », *Plan*, n° 2, 1947, p. 4-6.

— « Urbanisme et architecture aéronautique », *Techniques et architecture*, nᵒˢ 9-12, 1947, p. 463-467.

— « Proposición de un plan director para Buenos Aires », *La arquitectura de hoy*, n° 4, avril 1947, p. 1-53.

— « Petit historique du brise-soleil », « La cidade dos motores », *L'Architecture d'aujourd'hui*, nᵒˢ 13-14, numéro spécial : *Nouvelle Architecture brésilienne*, septembre 1947.

— « Une unité d'habitation de grandeur conforme », *L'Homme et l'Architecture*, nᵒˢ 11-14, 1947, p. 5-7.

— *Grille Ciam d'urbanisme : mise en application de la Charte d'Athènes*, Boulogne-sur-Seine, Éditions de L'Architecture d'aujourd'hui, 1948.

— *New World of Space*, New York, Reynal & Hitchcock/Boston, The Institute of contemporary Art, 1948.

— dans *L'Architecture d'aujourd'hui*, numéro spécial : *Le Corbusier*, 1948.

— « L'architecture et l'esprit des mathématiques », *Cahiers du Sud*, 1948.

— « M. Le Corbusier », *Architects' Journal*, n° 2761, 8 janvier 1948, p. 35-36, extrait de la conférence donnée à The Golden Section, Architectural Association, Londres, 18 décembre 1947.

— « Yesterday, Today and Tomorrow », *Marg*, n° 4, octobre 1948, p. 12-19.

— « Marseille, Pavillon suisse, ONU », « Habitation Le Corbusier à Marseille », *L'Architecture d'aujourd'hui*, numéro hors série : *Arts plastiques*, 1949, p. 65-74.

— « Synthèse des arts majeurs », *Werk*, n° 2, février 1949, p. 50-51.

— « Recherches pour conduire à une sculpture destinée à l'architecture », *L'Art d'aujourd'hui*, n° 2, juillet-août 1949, p. 10-11.

— *Poésie sur Alger*, Paris, Falaize, 1950.

— *Le Modulor. Essai sur une mesure harmonique à l'échelle humaine applicable universellement à l'architecture et à la mécanique*, Boulogne-sur-Seine, Éditions de L'Architecture d'aujourd'hui, 1950.

— « Problème de la normalisation : rapport présenté au Conseil économique », dans *Conseil économique, Charte de l'habitat*, vol. 1, Paris, Puf, 1950, p. 207-228.

— « Le Théâtre spontané », dans Barsacq André et al., *Architecture et dramaturgie*, Paris, Flammarion, 1950, p. 147-168.

— « Purisme », *L'Art d'aujourd'hui*, nᵒˢ 7-8, mars 1950, p. 36-37.

— « L'urbanisme et le respect du patrimoine artistique », *Techniques et architecture*, nᵒˢ 11-12, novembre-décembre 1950, p. 86-89.

— *Astra-Arengarium*, coll. de monographies d'art, vol. 16, Florence, Electa Editrice, 1951.

— « Gardez-nous du pléonasme », *Formes et vie*, n° 1, 1951, p. 3-13.

— dans *Ciam 8. The Heart of the City*, Londres, Lund Humphries, 1952.

— dans Boesiger Willy (éd.), *Le Corbusier. Œuvre complète, 1946-1952*, vol. 5, Zurich, Girsberger, 1953 : « Introduction » ; « La grille Ciam d'urbanisme » ; « L'urbanisme et la règle des 7 V » ; « Le Modulor » ; « Plastique et poétique ».

— « J'étais né pour regarder », dans *Le Corbusier. Œuvres plastiques*, cat. expo., Paris, Musée national d'art moderne, 1953.

— « Pour une synthèse des arts majeurs », Conférence internationale des artistes, Venise, 1953, *Revue de la pensée française*, juin 1953.

— « Urbanism », *Marg*, vol. 6, n° 4, octobre 1953, p. 10-18.

— *Une petite maison, 1923*, Zurich, Girsberger, 1954.

— « Mon premier tableau », dans *Eight European Artists: Braque, Chagall, Léger, Le Corbusier, Matisse, Moore, Picasso*, Sutherland, Londres, Heinemann, 1954.

— « To Speak of Water Gropius... », dans Giedion Siegfried, *Walter Gropius: Work and Teamwork*, New York, Reinhold, 1954, p. 18-19.

— « L'habitat moderne », *Les Cahiers de Sèvres*, actes du colloque *Éducation devant la vie quotidienne* tenu au lycée de Sèvres, juin-juillet 1954, n° 21-22, 1954.

— « Chandigarh, 500 000 habitants », *Hommes et mondes*, novembre 1954.

— « L'urbanisme est une clef », dans *Les Zones sous-développées*, actes du colloque, Milan, 10-15 octobre 1954, Milan, A. Giuffrè, 1954-1956, p. 33-63.

— *Modulor 2 : la parole est aux usagers. Suite de « Le Modulor 1948 »*, Boulogne-sur-Seine, Éditions de L'Architecture d'aujourd'hui, 1955.

— *Architecture du bonheur. L'urbanisme est une clef*, Paris, Les Presses d'Ile-de-France, 1955.

— *Le Poème de l'angle droit*, Paris, Verve/Tériade, 1955.

— *Dessins*, Paris, Éditions Mondes/La Diffusion française, 1955.

— *Les Plans de Paris, 1956-1922*, Paris, Les Éditions de Minuit, 1956.

— dans Petit Jean, *Ronchamp*, Paris, Éditions Forces vives, 1956.

— « Synthèse des arts », préf. dans Damaz Paul, *Art in European Architecture*, New York, Londres, Reinhold, Chapman and Hall, 1956, p. VII-XII.

— « Cette peinture est sœur de l'architecture », dans *Fernand Léger, 1885-1955*, cat. expo., Paris, Musée des Arts décoratifs, 1956.

— « Le Corbusier Chandigarh », *Aujourd'hui, art et architecture*, mars 1956, p. 399-411.

— « The Master Plan », *Marg*, vol. 5, n° 1, décembre 1956.

— *Von der Poesie des Bauens*, Zurich, Die Arche, 1957.

— « Lettre-préface », dans *Chapelle Notre-Dame-du-Haut à Ronchamp*, Paris, Desclée de Brouwer, 1957.

— *Ronchamp*, Zurich, Éditions Girsberger, 1957.

— dans Boesiger Willy, *Le Corbusier. Œuvre complète, 1952-1957*, vol. 6, Zurich, Éditions Girsberger, 1953 : « Introduction » (septembre 1956) ; « Grille climatique de l'atelier Le Corbusier » ; « Les unités d'habitation de grandeur conforme ».

— « Le Corbusier über sich selbst » ; « Die Strasse », dans *Le Corbusier Architektur Malerei Plastik Wendteppiche*, cat. expo., Zurich, Kunsthaus, 1957.

— « Lettre ouverte à M. le Préfet », *Villes radieuses. Bulletin d'information et de liaison du mouvement Villes radieuses*, n° 4, février 1957.

— *Le Poème électronique. Le Corbusier à l'Exposition internationale de Bruxelles*, Paris, Les Éditions de Minuit, 1958.

—, **Wogenscky André**, *Die Wohneinheit am Heilsberger Dreieck, Berlin/L'unité d'habitation de grandeur conforme, type Berlin*, Berlin-Grünewald, Verlag für Fächliteratur, 1958.

— « Architecture et urbanisme », dans *Entretiens et conférences donnés à l'auditorium du pavillon de France*, Bruxelles, Commissariat général de la section française, 1958.

— préf., dans Fiorini Guido, *Saggi sui tracciati armonici*, Rome, Tipografia della Pace, 1958.

— « On la dénomme la prudence et la justice », *Zodiac*, n° 2, mai 1958, p. 26-57.

— « Pavillon Philips : le Poème électronique, Le Corbusier », *L'Architecture d'aujourd'hui*, n° 78, juin 1958.

— dans Petit Jean (éd.), *L'Urbanisme des trois établissements humains*, Paris, Les Éditions de Minuit, 1959.

— *Claviers de couleurs. Salubra 2*, Zurich, Éditions Salubra, 1959.

— dans Charbonnier Georges, *Le Monologue du peintre*, Paris, Julliard, 1959, p. 99-107.

— « Parler à la première personne du singulier », dans Kosice Gyula, *Geocultura de la Europa de hoy/Géoculture de l'Europe d'aujourd'hui*, Buenos Aires, Losange, 1959, p. 59-64.

— « Le Corbusier by Himself », dans *Le Corbusier. The North American Tour, 1959 1960*, cat. expo. itinérante, Winnipeg, Montréal, Toronto, Calgary, Vancouver et San Francisco, 1959-1960.

— « Deux méthodes de travail » [réponse à E.N. Rogers], *Casabella*, n° 226, avril 1959, p. IV et 8.

— *L'Atelier de la recherche patiente*, Paris, Vincent, Fréal et Cie, 1960.

— *Un couvent dominicain : Sainte-Marie de la Tourette*, Paris, Cerf, 1960.

— dans Boesiger Willy (éd.), *Le Corbusier, 1910-1960*, Zurich, Éditions Girsberger, 1960.

— « Parlons de Paris » ; « Tapisseries Muralnomad », *Zodiac*, n° 7, décembre 1960, p. 30-37, 50-65.

— « Architecture and the Arts », *Daedalus*, n° 89, hiver 1960, p. 46-51.

— dans Petit Jean (éd.), *Le Livre de Ronchamp*, Paris, Les Éditions de Minuit, 1961.

— dans Petit Jean, *Un couvent de Le Corbusier (La Tourette)*, Paris, Les Éditions de Minuit, 1961.

— *Orsay-Paris 1961*, Paris, Les Éditions de Minuit, 1961.

— « The Master Plan », *Marg*, n° 1, décembre 1961, p. 5-9.

— « La piste verte », dans *Le Corbusier*, cat. expo., Paris, Musée national d'art moderne, 1962.

— dans Petit Jean (éd.), *Textes et dessins pour Ronchamp*, Paris, Éditions Forces vives, 1965.

—, **Pierrefeu (de) Fr.**, *La Maison des hommes*, Paris, Genève, La Palatine, 1965.

— dans Boesiger Willy (éd.), *Le Corbusier. Œuvre complète, 1957-1965*, Zurich, Éditions d'architecture, 1965 : « Fin d'un monde » ; « Les unités d'habitation ».

— *Le Voyage d'Orient*, Paris, Éditions Forces vives, 1966.

— *Mise au point*, Paris, Éditions Forces vives, 1966.

— *Gaudí*, Barcelona, Polígrafa, 1967.

— *Les maternelles vous parlent*, Paris, Éditions Denoël/Gonthier, 1968.

II - ÉCRITS SUR L'ŒUVRE DE LE CORBUSIER (PAR ORDRE ALPHABÉTIQUE)

1. OUVRAGES GÉNÉRAUX

Burriel Bielza Luis (éd.), *Le Corbusier. La passion des cartes*, Bruxelles, Civa/Mardaga, 2013.

Cohen Jean-Louis, Solow Sheldon H., *Le Corbusier. An Atlas of Modern Landscape*, cat. expo., New York, Museum of Modern Art, 2013.

Gargiani Roberto, Rosellini Anna, *Le Corbusier. Béton Brut and Ineffable Space, 1940-1965. Surface Materials and Psychophysiology of Vision*, Lausanne, EPFL Press/Oxford, New York, Routledge, 2011.

Herschdorfer Nathalie, Umstätter Lada, *Construire l'image. Le Corbusier et la photographie*, cat. expo., La Chaux-de-Fonds, Musée des Beaux-Arts, 2012.

Jornod Naima, Jornod Jean-Pierre, *Le Corbusier (Charles-Édouard Jeanneret). Catalogue raisonné de l'œuvre peint*, vol. 1 et 2, Milan, Skira, 2005.

Lucan Jacques (éd.), *Le Corbusier, une encyclopédie*, ouvrage publié à l'occasion de l'exposition « L'Aventure Le Corbusier », Paris, Éditions du Centre Pompidou, 1987.

Moos (von) Stanislaus (éd.), *L'Esprit nouveau. Le Corbusier et l'industrie, 1920-1925*, cat. expo., Strasbourg, Les Musées de la Ville de Strasbourg/Berlin, Ernst & Sohn, 1987.

Moos (von) Stanislaus, Rüegg Arthur (éds.), *Le Corbusier before Le Corbusier: Applied Arts, Architecture, Painting and Photography, 1907-1922*, New Haven (Conn.), Yale University Press, 2002.

Ragot Gilles, Dion Mathilde, *Le Corbusier en France. Projets et réalisations*, Paris, Le Moniteur, 1997.

Saddy Pierre, Malécot Claude, *Le Corbusier. Le passé à réaction poétique*, cat. expo., Paris, Hôtel de Sully, 1988.

Sbriglio Jacques (éd.), *Le Corbusier et la question du brutalisme*, Marseille, Parenthèses, 2013.

2. FORMATION / ALLEMAGNE

Anderson Standford, « The Legacy of German Neo-Classicism and Biedermeier: Behrens, Loos, Mies and Tessenow », *Assemblage*, n° 15, août 1991, p. 62-87.

— *Peter Behrens and a New Architecture for the Twentieth Century*, Cambridge (Mass.), The MIT Press, 2002.

Asche Kurt, *Peter Behrens und die Oldenburger Ausstellung 1905*, Berlin, Mann Verlag, 1992.

Baker Geoffrey H., *Le Corbusier. The Creative Search: The Formative Years of Charles-Édouard Jeanneret*, New York, Van Nostrand Rheinhold, 1996.

Bilancioni Guglielmo, « The Titanic of Art: Johannes Ludovicus Mattheus Lauweriks, Architect and Theosophy », *Controspazio*, n° 1, janvier-mars 1981, p. 68-74.

Boulard Paul [Le Corbusier], « Allemagne », *L'Esprit nouveau*, n° 27, 1924, n.p.

Brierley Edwin S., « The Reaction of J.L.M. Lauweriks to Historicism », *Architect*, n° 2, février 1987, p. 28-31.

Brooks H. Allen, *Le Corbusier's Formative Years: Charles-Édouard Jeanneret in La Chaux-de-Fonds*, Chicago, University of Chicago Press, 1997.

Cohen Jean-Louis, « Le Corbusier Nietzschean Metaphors », dans Kotska Alexandre, Wohlfahrt Irving (éds.), *Nietzsche and "An Architecture of our Minds"*, Los Angeles, Getty Research Institute, 1999, p. 311-332.

— *France ou Allemagne ? Un livre inédit de Le Corbusier*, Paris, Éditions de la Maison des Sciences de l'homme, 2009.

Collignon Maxime, *Le Parthénon. L'histoire, l'architecture et la sculpture*, Paris, Hachette, 1914.

D'Amato Gabriella, *L'architettura del protorazionalismo*, Rome/Bari, Laterza, 1987.

De Groot Bram, « Fractalen in de ontwerp-systemen van Lauweriks », *Jong Holland*, n° 2, 2004, p. 20-25, 44-45.

De Jong Klaas, « Johannes L.M. Lauweriks. Organismi costruttivi. Lauweriks allestitore », *Casabella*, n° 647, juillet-août 1997, p. 52-61.

De Simone Rosario, *Ch.-É. Jeanneret-Le Corbusier : viaggio in Germania, 1910-1911*, Rome, Officina, 1989.

Döhne Volker, Storck Gehrardt, *Masssystem und Raumkunst. Das Werk des Architekten Pädagogen und Raumgestalters J.L.M. Lauweriks*, cat. expo., Krefeld, Krefelder Kunstmuseen, 1987.

Frank Suzanne, « J.L.M. Lauweriks and the Dutch School of Proportion », *AA Files*, n° 7, septembre 1984, p. 61-67.

Gardner Robert W., *The Parthenon: Its Science of Forms*, New York, New York University Press, 1925.

Hoeber Fritz, *Peter Behrens*, Munich, Georg Müller & E. Rentsch, 1913.

Holste Christine, « Exakte Phantasie: Über den jungen Le Corbusier », dans Rautmann Peter et Schalz Nicolas, *Die Phantasie an die Macht de*, Würsburg, Königshausen & Neumann, 2009.

Moos (von) Stanislaus, Rüegg Arthur (éds.), *Le Corbusier before Le Corbusier: Applied Arts, Architecture, Painting and Photography, 1907-1922*, New Haven (Conn.), Yale University Press, 2002.

Nerdinger Winfried, « Standard et type: Le Corbusier et l'Allemagne », dans Moos (von) Stanislaus (éd.), *L'Esprit nouveau. Le Corbusier et l'industrie, 1920-1927*, cat. expo., Strasbourg, Les Musées de la Ville de Strasbourg/Berlin, Ernst & Sohn, 1987, p. 45.

Oeschlin Werner, « Allemagne, influences, confluences et reniements », dans Lucan Jacques (dir.), *Le Corbusier, une encyclopédie*, ouvrage publié à l'occasion de l'exposition « L'Aventure Le Corbusier », Paris, Éditions du Centre Pompidou, 1987, p. 33-39.

Tummers Nic. H.M., *J.L. Mathieu Lauweriks: zijn werk en zijn invloed op. architectuur en vormgeving rond 1910: "De Hagener Impuls": een studie*, Hilversum, G. Van Saane, Lectura Architectonica, 1968.

— « J.L. Mathieu Lauweriks (1864-1932) and His Work », *Bouwkundig Weekblad*, n° 23, p. 393-412 ; n° 24, p. 413-432 ; n° 25, p. 433-464, 1967.

Venable Turner Paul, *The Education of Le Corbusier*, New York, Garland, 1977.

Very Françoise, « J.M.L. Lauweriks : architecte et théosophe », *Architecture Mouvement Continuité*, n° 40, septembre 1976, p. 55-58.

Windsor Alan, « Hohenhagen; Architects: Henry van de Velde, Peter Behrens and J.L.M. Lauweriks », *Architectural Review*, n° 1015, septembre 1981, p. 169-175.

Witte Heinrich, « The Hague: Experimental Building around 1910 », *Architekt*, n° 5, mai 1982, p. 230-234.

3. PROPORTIONS / NOMBRE D'OR

Allendy René, *Le Symbolisme des nombres. Essai d'arithmosophie*, Paris, Librairie générale des sciences occultes/Bibliothèque Chacornac, 1921.

Barbillon Claire, *Les Canons du corps humain au xixe siècle. L'art et la règle*, Paris, Odile Jacob, 2004.

Beutelspacher (von) Albrecht, Petri Bernhard, *Der Goldene Schnitt*, Heidelberg, Spektrum, 1997.

Borisavlievitch Miloutine, *La Science de l'harmonie architecturale*, Paris, Librairie Fischbacher, 1925.

— *Le Nombre d'or et l'Esthétique scientifique de l'architecture*, autoédition, 1952.

Borsi Franco, Cardini Domenico, *Per una storia della teoria delle proporzioni*, Florence, Centro Stampa della Cooperativa libraria universitatis studii florentini, 1967.

Bouleau Charles, *Charpentes. La géométrie secrète des peintres*, Paris, Éditions du Seuil, 1963.

Brown C., *The Formal Aesthetics of Adolph Zeising*, Ph.D. dissertation, Bryn Mawr, 1960.

Bühler Walter, *Das Pentagramm und der goldene Schnitt als Schöpfungsprinzip*, Stuttgart, Freies Geistesleben, 2001.

Bruchhaus Gundolf, *Proportionen und Harmonie: Maß und Zahl in der Architektur, Architektur-Zusammenhänge: Festschrift für Gottfried Böhm*, Munich, Scaneg, 1990.

Cohen Matthew A., « Two Kinds of Proportion », *Architectural Histories*, juillet 2014.

Cresleri Giuliano, « Il silenzio delle pierre, le parole dei numeri, la solitudine, il deflagrante ricordo », dans Gravagnuolo Benedetto, *Le Corbusier e l'Antico : viaggi nel Mediterraneo*, Naples, Electa Napoli, 1997, p. 71-83.

Dóczi György, *The Power of Limits: Proportional Harmonies in Nature, Art and Architecture*, Boston, Londres, Shambhala Publications, 1985.

Evans Robin, *The Projective Cast: Architecture and its Three Geometries*, Cambridge (Mass.), The MIT Press, 1995.

Fechner Gustav Theodor, « Über die Frage des goldenen Schnittes », *Naumann-Weigel'sches Archiv für die zeichnenden Künste*, XI, 1865, p. 100-112.

— *Vorschule der Ästhetik*, Leipzig, Breitkopf & Härtel, 1876.

Fredel Jürgen, *Maßästhetik: Studien zu Proportionsfragen und zum Goldenen Schnitt*, Hambourg, Lit Verlag, 1998.

Funari Stefania, Stradella Andrea, *La sezione aurea in matematica e arte*, Milan, Franco Angeli, 2012.

Gelatti Gabriele, *Il quadrato di nove e la sezione aurea. Introduzione ad una scoperta*, Gênes, Sagep, 2011.

Goeringer Adalbert, *Der goldene Schnitt (göttliche Proportion) und seine Beziehungen zum menschlichen Körper, zur Gestalt der Tiere, der Pflanzen und Krystalle, zur Kunst und Architektur, zum Kunstgewerbe, zur Harmonie der Töne und Farben, zum Versmass und zur Sprachbildung*, Munich, Lindauer, 1893.

Graf Hermann, *Bibliographie zum Problem der Proportionen: Literatur über Proportionen, Mass und Zahl in Architektur, Bildender Kunst und Natur*, Speyer, Pfälzische Landesbibliothek, 1958.

Gravagnuolo Benedetto, Cislaghi P., *I Tracciati dell'armonia, tra storia, mito e progetto*, Naples, Edisu, 1992.

Gravagnuolo Benedetto, *Le Corbusier e l'Antico : viaggi nel Mediterraneo*, Naples, Electa Napoli, 1997.

Green C., « Purism: The Laws of Painting and Nature », dans Golding J. (éd.), *Léger and Purist Paris*, cat. expo., Londres, Tate Gallery, 1970, p. 49-51.

Hagenmaier Otto, *Der Goldene Schnitt: Ein Harmoniegesetz und seine Anwendung*, Ulm/Donau, Tapper, 1949.

Häring Hugo, « Proportionen », *Deutsche Bauzeitung*, vol. 29, 18 juillet 1934 ; traduction anglaise par Peter Blundell Jones, *arq*, vol. 2, hiver 1996.

Hay David Ramsay, *Proportion, or the Geometric Principle of Beauty*, Londres, Édimbourg, W. Blackwood and Sons, 1843.

Herz-Fischler Roger, « The Early Relationship of Le Corbusier to the "Golden Number" », *Environment and Planning*, n° 6, 1979, p. 95-103.

— « An Examination of Claims Concerning Seurat and "The Golden Number" », *Gazette des beaux-arts*, n° 125, 1983, p. 109-112.

— « Le Corbusier's Regulating Lines for the Villa at Garches (1927) and Other Early Works », *Journal of the Society of Architectural Historians*, n° 43, mars 1984, p. 53-59.

— « Le nombre d'or en France de 1896 à 1927 », *Revue de l'art*, n° 118, 1997, p. 9-16.

— *Adolph Zeising (1810-1876): The Life and Work of a German Intellectual*, Ottawa, Mzinhigan Publishing, 2004.

Hildner Jeffrey, « Remembering the Mathematics of the Ideal Villa », *Journal of Architectural Education*, n° 3, février 1999, p. 143-162.

Hilpert Thilo, *Geometrie der Architekturzeichnung: Einführung in Axonometrie und Perspektive: nach Leonardo da Vinci, Gerrit Rietveld, Friedrich Weinbrenner, Albrecht Dürer, Le Corbusier, El Lissitzky*, Braunschweig, Wiesbaden, Vieweg & Sohn, 1988.

Hoeber Fritz, *Orientierende Vorstudien zur Systematik der Architekturproportionen auf historischer Grundlage*, Francfort-sur-le-Main, Kunz und Gabel, 1906.

Jouven Georges, *Rythme et architecture. Les tracés harmoniques*, Paris, Vincent, Fréal et Cie, 1951.

Kalkofen Hermann, « Die Proportion der Proportion, Fechner zum goldenen Schnitt », *Geschichte der Psychologie*, n° 11, 1987, p. 34.

Kepes György (éd.), *Module Proportion Symmetry Rhythm*, New York, George Braziller Inc., 1966.

Kittler Richard, Darula Stanislav, « Vyznam geometrie pravouhleho trojuholnika pre teoriu proporcie v architekture: zlaty rez a jeho uplatnenia », *Architektura & urbanizmus*, n°s 1-2, 2013, p. 122-133.

Lanzi Claudio, *Ritmi e riti. Elementi di geometria e metafisica pitagorica*, Rome, Simmetria, 2008.

Le Corbusier, « Les tracés régulateurs », *L'Esprit nouveau*, vol. 5, 1921, p. 563-572.

Livio Mario, *La sezione aurea. Storia di un numero e di un mistero che dura da tremila anni*, Milan, Rizzoli, 2007.

Loach Judi, « Le Corbusier and the Creative Use of Mathematics », *British Journal for the History of Science*, n° 31, 1998, p. 185-215.

Mattei F., « Geometria e struttura : Rudolf Wittkower, i principi architettonici dell'età dell'umanesimo, il dibattito sulle proporzioni in Europa e negli Stati Uniti (1949-1975) », *Schifanoia : notizie dell'Istituto di studi rinascimentali di Ferrara*, n°s 42-43, 2013, p. 257-269.

Moos (von) Stanislaus, Rüegg Arthur (éds.), *Le Corbusier before Le Corbusier: Applied Arts, Architecture, Painting and Photography, 1907-1922*, New Haven (Conn.), Yale University Press, 2002.

Moriconi Mauro, « Le misure di Le Corbusier », *Spazio e societa*, n° 76, 1996 p. 28-37.

Neumann Eva-Marie, « Architectural Proportion in Britain, 1945-1957 », *Architectural History*, n° 39, 1996, p. 197-221.

Olivera (de) Tania Maria, *The Modulor in the Mirror. Thesis*, Montréal, McGill University, 1999.

Ostwald Michael, « Under Siege: The Golden Mean in Architecture », *Nexus Network Journal: Architecture and Mathematics*, n° 2, 2000, p. 75-81.

Padovan Richard, *Proportion: Science, Philosophy, Architecture*, Londres, Taylor & Francis, 1999.

— *Towards Universality: Le Corbusier, Mies and De Stijl*, Londres, New York, Routledge, 2002.

Passanti Francesco, « Architecture, Proportion, and Other Issues », dans Moos (von) Stanislaus, Rüegg Arthur (éds.), *Le Corbusier before Le Corbusier: Applied Arts, Architecture, Painting and Photography, 1907-1922*, New Haven (Conn.), Yale University Press, 2002

Paul Jacques, *Einige deutsche Vorfahren zu Le Corbusiers Proportionstheorie*, Nuremberg, Museen der Stadt, 1971.

Pfeiffer Franz Xaver, *Der goldene Schnitt und dessen Erscheinungsformen in Mathematik, Natur und Kunst*, Augsbourg, Hattler, 1885.

Payne Alina, *Rudolf Wittkower*, Turin, Bollati Boringhieri, 2011.

— « Rudolf Wittkower and Architectural Principles in the Age of Modernism », *Journal of the Society of Architectural Historians*, n° 53, 1994, p. 322-342.

Pennethorne John, Robinson John, *The Geometry and Optics of Ancient Architecture: Illustrated by Examples from Thebes, Athens and Rome*, Londres, Édimbourg, Williams and Norgate, 1878.

Rowe Colin, « The Mathematics of the Ideal Villa », *Architectural Review*, n° 101, 1947, p. 101-104.

— *The Mathematics of the Ideal Villa and Other Essays*, Cambridge (Mass.), The MIT Press, 1976.

Schmidt Carl, *Proportionsschlüssel. Neues System der Verhältnisse des menschlichen Körpers*, Stuttgart, Ebner & Seubert, 1849.

Schoffield Paul H., *The Theory of Proportion in Architecture*, Cambridge (Mass.), Cambridge University Press, 1958.

Sekler Eduard, Buchwald Hans H., Gregory Albert B., *Proportion: A Measure of Order*, cat. expo., Cambridge (Mass.), Carpenter Center for the Visual Arts, Harvard University, 1965.

Scimone Aldo, *La sezione aurea. Storia culturale di un leitmotiv della matematica*, Palerme, Pietro Vittorietti Edizioni, 1997.

Tavernor Robert, *Smoot's Ear: The Measure of Humanity*, New Haven (Conn.), Yale University Press, 2008.

Thiersch August, « Die Proportionen in der Architektur », dans Durm J. (éd.), *Handbuch der Architektur*, Darmstadt, Bergsträsser, 1883, p. 38-77.

Ulbrich Bernd G., « Adolf Zeising und das Bernburger "ästhetische Kränzchen" 1835 bis 1838 », *Mitteilungen des Vereins für Anhaltische Landeskunde*, n° 17, 2008, p. 207-217.

Wittkover Rudolf, *Architectural Principles in the Age of Humanism*, Londres, The Warburg Institute, 1949.

— « International Congress on Proportion in the Arts », *Burlington Magazine*, n° 587, 1952, p. 52-55.

— « Systems of Proportions », *Architects-Yearbook*, n° 5, 1953, p. 9-18.

— « The Changing Concept of Proportion », *Daedalus*, n° 1, 1960, p. 199-215.

Wölfflin Heinrich, « Zur Lehre von den Proportionen », *Deutsche Bauzeitung*, n° 46, 8 juin 1889, p. 264-272.

Zeising Adolf, *Neue Lehre von den Proportionen des menschlichen Körpers*, Leipzig, Rudolf Weigel, 1854.

— « Die Proportionen von 4 antiken Statuen », *Eggers Kunstblatt*, 1856, p. 182.

— « Der menschliche Kopf im Profil », *Abendblatt zur neuen Münchener Zeitung*, n° 19, 22 janvier 1856.

— « Die Proportionen des Parthenon nach den Penrose'schen Messungen », *Deutsches Kunstblatt*, 8e année, 1857, p. 48-51.

— « Die regulären Polyeder », *Deutschen Vierteljahrsschrift*, décembre 1869, p. 262.

— *Schriften zur Proportionslehre*, Leipzig, 1875.

— *Der goldene Schnitt*, Leipzig, Engelmann, 1884.

Zöllner Frank, « L'uomo vitruviano dui Leonardo da Vinci, Rudolf Wittkower e l'Angelus Novus di Walter Benjamin », *Raccolta Vinciana*, n° 26, 1995, p. 329-348.

— « Anthropomorphismus: Das Maß des Menschen in der Architektur von Vitruv bis Le Corbusier », dans Neumaier Otto (éd.), *Ist der Mensch das Maß aller Dinge? Beiträge zur Aktualität des Protagoras*, Möhnesee, Bibliopolis, 2004, p. 307-344.

4. RYTHME / EURYTHMIE

Ansermet Ernest, « Qu'est-ce que la rythmique ? », dans Appia Adolphe, *Œuvres complètes, t. III*, Lausanne, L'Âge d'homme, 1983-1992, p. 17.

Baxmann Inge, *Mythos: Gemeinschaft. Körper- und Tanzkulturen in der Moderne*, Munich, Fink, 2000.

Beacham Richard C., De Michelis Marco, Dreier Martin et al., *Adolphe Appia ou le Renouveau de l'esthétique théâtrale : dessins et esquisses*, Paris, Payot, 1992.

Berchtold Alfred, *Émile Jaques-Dalcroze et son temps*, Lausanne, L'Âge d'homme, 2000.

Bloess Georges (dir.), *Destruction, création, rythme. L'expressionnisme, une esthétique du conflit*, Paris, L'Harmattan, 2009.

Boissière Anne, « Appia et les espaces rythmiques. Une conception plastique du paysage », *Les carnets du paysage*, numéro spécial : *Comme une danse*, Versailles, École nationale supérieure du paysage/Arles, Actes Sud, n°s 13-14 : janvier 2007, p. 65-70.

Borissavlievitch Miloutine, *Prolégomènes à une esthétique scientifique de l'architecture*, Paris, Fischbacher, 1922.

Bücher Karl, *Arbeit und Rhythmus*, Leipzig, S. Hirzel, 1897.

Dal Co Francesco, *Figures of Architecture & Thought: German Architecture Culture: 1880-1920*, New York, Rizzoli, 1990.

De Michelis Marco, « Nella prima città giardino tedesca. Tessenow a Hellerau/In the First German Garden City. Tessenow in Hellerau », *Lotus International*, n° 69, 1991.

Deutscher Werkbund (éd.), *Die Durchgeistigung der deutschen Arbeit. Ein Bericht vom deutschen Werkbund*, Iéna, Eugen Diederichs, 1912.

Dohrn Wolf, *Die Gartenstadt Hellerau und weitere Schriften*, Dresde, Hellerau Verlag, 1992.

— *Der Rhythmus. Ein Jahrbuch. I. Band. Herausgegeben von der Bildungsanstalt Jaques-Dalcroze Dresden-Hellerau. Bildungsanstalt Jaques-Dalcroze*, Iéna, Eugen Diederichs, 1911.

— *Der Rhythmus. Ein Jahrbuch 1913. II. Band des Jahrbuchs der ersten deutschen Gartenstadt Hellerau bei Dresden und der Jaques-Dalcrozeschule Dresden-Hellerau, 2. Hälfte*, Dresde, Hellerauer Verlag, 1913.

Dresdener Geschichtverein (éd.), *Gartenschadt Hellerau: Der Alltag einer Utopie*, Dresde, Dresdener Geschichtverein, 1997.

D'Udine Jean [Albert Cozanet], *L'Art et le Geste*, Paris, Félix Alcan, 1910.

— *Les Transmutations rythmiques*, Paris, Au Ménestrel, Heugel, 1922.

— *Traité complet de géométrie rythmique. Théorie et pratique permettant aux professeurs de gymnastique rythmique, de danse et de culture physique, aux chorégraphes, maîtres de ballet et metteurs en scène de théâtre et de music-hall d'appliquer, à toutes les formes de danse et de mouvement, les innombrables combinaisons décoratives dérivant des vérités géométriques*, Paris, Au Ménestrel, Heugel, 1926.

Dupéron Isabelle, *G.T. Fechner. Le parallélisme psychophysiologique*, Paris, Presses universitaires de France, 2000.

Durth Werner (éd.), *Entwurf zur Modern, Hellerau: Stand, Ort, Bestimmung*, Stuttgart, Deutsche Verlag Andstadt, 1996.

Ghyka Matila C., *Essai sur le rythme*, Paris, Gallimard, 1938.

Guido Laurent, *L'Âge du rythme. Cinéma, musicalité et culture du corps dans les théories françaises des années 1910-1930*, Lausanne, Payot, 2007.

Hanse Olivier, *À l'école du rythme. Utopies communautaires allemandes autour de 1900*, Saint-Étienne, Publications de l'université de Saint-Étienne, 2010.

— « Entre "réforme de la vie", culture physique et néovitalisme : rythme et civilisation autour de 1900 », *Rhuthmos*, 19 juillet 2010, http://rhuthmos.eu.

— « Utopies rythmiques au début du xxᵉ siècle allemand : le rythme comme ciment social et comme remède au morcellement des sciences », *Rhuthmos*, 17 janvier 2013, http://rhuthmos.eu.

Hessisches Landesmuseum Darmstadt, *Ein Dokument deutscher Kunst: Darmstadt, 1901-1976*, 5 vol., cat. expo., Darmstadt, Eduard Roether, 1977.

Jaques-Dalcroze Émile, *Rhythmus, Musik und Erziehung*, Bâle, Schwabe, 1922.

— *Méthode de Jaques-Dalcroze. La rythmique, enseignement pour le développement de l'instinct rythmique et métrique, du sens de l'harmonie plastique et de l'équilibre des mouvements, et pour la régularisation des habitudes motrices*, 2 vol., Lausanne, Jobin, 1916-1917.

— *Le Rythme, la Musique et l'Éducation*, Lausanne, Jobin, 1920.

— « Ferdinand Hodler et le rythme », *L'Art en Suisse*, mai 1928.

Jeanneret Albert, « La rythmique », *L'Esprit nouveau*, n° 2, novembre 1920, p. 183-189 ; n° 3, décembre 1920, p. 331-336.

Klages Ludwig, *La Nature du rythme. Pour comprendre la philosophie vitaliste allemande*, Paris, L'Harmattan, 2004.

Maciuika John V., *Before the Bauhaus: Architecture, Politics, and the German State, 1890-1920*, vol. 2, Cambridge, Cambridge University Press, 2005.

Mathieu Louise, « Un regard actuel sur la rythmique Jaques-Dalcroze », *Recherche en éducation musicale*, Université Laval (Québec), n° 28, décembre 2010, p. 17-28.

Nitschke Thomas, *Die Geschichte der Gartenstadt Hellerau*, Dresde, Hellerau-Verlag, 2009.

Souriau Paul, *L'Esthétique du mouvement*, Paris, Félix Alcan, 1889.

— *La Beauté rationnelle. Légitimité de l'esthétique rationnelle*. Paris, Félix Alcan, 1904.

Vicovanu Roxana, « De la grammaire du geste au geste de l'art. La contribution d'Adolphe Appia et d'Émile-Jaques Dalcroze à une définition du rythme et du mouvement vivants », dans Lichtenstein Jacqueline, Maigné Carole, Pierre Arnauld (dir.), *Vers la science de l'art. L'esthétique scientifique en France, 1857-1937*, Paris, Presses de l'université Paris-Sorbonne, 2013, p. 211-228.

— « In situ. Corps et espace chez Appia et Le Corbusier », *Faces, journal d'architecture*, n° 69, été 2011, p. 18-23.

Wilms Gunther, *Rhythmische Erziehung. Émile Jaques-Dalcroze und die Hellerauer Schule*, thèse, Munich, Grin Verlag, 2005.

5. ESTHÉTIQUE / PSYCHOPHYSIQUE / EMPATHIE

Alliez Éric, *L'Œil-Cerveau. Nouvelles histoires de la peinture moderne*, Paris, Vrin, 2007.

Allesh Christian G., *Geschichte der Psychologische Aesthetik*, Göttingen, Hogrefe, 1987.

Basch Victor, *Essai critique sur l'esthétique de Kant. Thèse présentée à la faculté des lettres de Paris*, Paris, Félix Alcan, 1896.

— « Les grands courants de l'esthétique allemande contemporaine », *Revue philosophique de la France et de l'étranger*, n° 73, 1912, p. 22-43.

— « Le maître problème de l'esthétique », *Revue philosophique de la France et de l'étranger*, nᵒˢ 7-8, juillet-août 1921, p. 1-26.

Becq Annie, *Genèse de l'esthétique française moderne, 1610-1814*, Paris, Albin Michel, 1994.

Caliandro Stephania, « Empathie et esthésie : un retour aux origines esthétiques », *Revue française de psychanalyse*, n° 3, 2004, p. 791-800.

Collani Tania, Cuny Noëlle, *Poétiques scientifiques dans les revues de la modernité (1900-1940)*, Paris, Classiques Garnier, 2013.

Décultot Élisabeth, « *Esthétique*». Histoire d'un transfert franco-allemand, Paris, Presses universitaires de France, 2002.

Drüe Hermann, « Die Psychologische Ästhetik im Deutschen Kaisereich », dans Mai E., Waetzoldt S., Wolandt G. (éds.), *Ideengeschichte und Kunstwissenschaft im Kaiserreich*, Berlin, Mann Verlag, 1983, p. 71-98.

Foucault Marcel, *La Psychophysique*, Paris, Félix Alcan, 1901.

Frank Mitchell Benjamin, Adler Daniel Allan, *German Art History and Scientific Thought: Beyond Formalism*, Farnham, Burlington (VT), Ashgate Publishing, 2012.

Galland-Szymkowiak Mildred, « Le "symbolisme sympathique" dans l'esthétique de Victor Basch », *Revue de métaphysique et de morale*, n° 34, 2002, p. 61-75.

Hanse Olivier, « De Wilhelm Wundt à Ludwig Klages : la critique de l'atomisme psychologique au début du xxᵉ siècle en Allemagne », *Krisis*, n° 29, 2008, p. 167-175.

Heidelberger Michael, *Nature from Within: Gustav Theodor Fechner and His Psychophysical Worldview*, Pittsburgh (Pa.), University of Pittsburgh, 2004.

Henry Charles, *Harmonies de formes et de couleurs. Démonstrations pratiques avec le rapporteur esthétique et le cercle chromatique*, Paris, Librairie scientifique Hermann, 1891.

— « Le contraste, le rythme et la mesure », *Revue philosophique*, n° 28, 1889, p. 356-381.

— « La lumière, la couleur et la forme », *L'Esprit nouveau*, n° 6, 1921, p. 605-623 ; n° 7, 1921, p. 728-736 ; n° 8, 1921, p. 948-958 ; n° 9, 1921, p. 1068-1075.

Héricourt J., « Une théorie mathématique de l'expression : le contraste, le rythme et la mesure d'après les travaux de M. Charles Henry », *Revue scientifique*, n° 44, 1889, p. 586-593.

Heynickx Rajesh, « Bridging the Abyss, "Victor Basch's political and aesthetic mindset" », *Modern Intellectual History*, n° 1, 2013, p. 87-107.

Jorland Gérard, Thirioux Bérangère, « Notes sur l'origine de l'empathie », *Revue de métaphysique et de morale*, n° 2, avril-juin 2008, p. 269-280.

Kuehni Rolf G., « The Scientific Aesthetics of Charles Henry », *Color Research & Application*, n° 3, automne 1986, p. 209-214.

Lalo Charles, « Les sens esthétiques », *Revue philosophique de la France et de l'étranger*, janvier-juin 1908, p. 449-470 et p. 577-598.

— *L'Esthétique expérimentale de Fechner. Thèse pour le doctorat ès lettres, université de Paris*, Paris, Félix Alcan, 1908.

— *L'Esthétique expérimentale contemporaine*, Paris, Félix Alcan, 1908.

— « L'esthétique scientifique », *Revue philosophique de la France et de l'étranger*, n° 68, 1909, p. 255.

— « Le premier congrès d'esthétique », *Revue philosophique de la France et de l'étranger*, n° 77, janvier-juin 1914, p. 73.

Lee Vernon, « Travaux récents de l'esthétique allemande », *Revue philosophique de la France et de l'étranger*, n° 54, 1902, p. 75-92.

Lichtenstein Jacqueline, « Victor Basch et l'esthétique expérimentale : une histoire oubliée de l'esthétique française », dans Lichtenstein Jacqueline, Maigné Carole, Pierre Arnauld (dir.), *Vers la science de l'art : l'esthétique scientifique en France, 1857-1937*, Paris, Presses de l'université Paris-Sorbonne, 2013.

Liebert Arthur, « Bericht über den ersten Kongress für Aesthetik und allgemeine Kunstwissenschaft », *Kant-Studien*, nᵒˢ 1-3, 1914, p. 506-520.

Lipps Theodor, « Raumästhetik und geometrischoptische Täuschungen », *Gesellschaft für psychologische Forschung*, nᵒˢ 9-10, 1897, VIII.

Maigné Carole, « La science de l'art (Kunstwissenschaft) et l'esthétique scientifique dans la Revue philosophique », dans Jacqueline Lichtenstein, Lichtenstein Jacqueline, Maigné Carole, Pierre Arnauld (dir.), *Vers la science de l'art. L'esthétique scientifique en France, 1857-1937*, Paris, Presses de l'université Paris-Sorbonne, 2013, p. 63-79.

Mallgrave Harry Francis, Ikonomu Eleftherios, introd. et trad., *Empathy, Form, and Space: Problems in German Aesthetics, 1873-1893*, Santa Monica (Calif.), Getty Center for the History of Art and the Humanities, 1994.

Mallgrave Harry Francis, *Architecture and Embodiment: The Implications of the New Sciences and Humanities for Design*, Oxon, New York, Routledge, 2013.

Müller-Strahl Gerhard, « Von der Mathematisierung organischer Gestalten bei E.H. Weber und G.Th. Fechner », dans Meischner-Metge Anneros (éd.), *Gustav Theodor Fechner. Werk und Wirkung*, Leipzig, Leipziger Universitätsvlg, 2010.

Oeschlin Werner, « Émouvoir. Boullée and Le Corbusier », *Daidalos*, n° 30, décembre 1988, p. 42-55.

Pierre Arnauld, « La danse des yeux. Empathie kinesthésique et esthétique de l'"arabesque moderne" », *Les Cahiers du Musée national d'Art moderne*, n° 102, hiver 2007-2008, p. 4-19.

Provensal Henri, *L'Art de demain. Vers l'harmonie intégrale*, Paris, Librairie Perrin, 1904.

Ribot Théodule, « La conscience tactile-motrice pure », *Revue philosophique de la France et de l'étranger*, n° 82, 1916, p. 26-42.

— « Les théories allemandes sur l'espace tactile », *Revue philosophique de la France et de l'étranger*, n° 6, 1878, p. 130-145.

— « Travaux récents sur la psychophysique », *Revue philosophique de la France et de l'étranger*, n° 13, 1882, p. 530-538.

Schmarsow August, « L'essence de la création architecturale », dans Châtelet Anne-Marie (dir.), *L'Espace du jeu architectural. Mélanges offerts à Jean Castex*, Versailles, École nationale supérieure d'architecture de Versailles/Paris, Éditions Recherches, 2007, p. 127-143.

Schnoor Christoph, *Raum und Form. Die Suche nach Prinzipien des Sehens und Entwerfens*, New York, DAAD Guest Lecture, 2008.

Schützeichel Rainer, « Architecture as Bodily and Spatial Art: The Idea of "Einfühlung" in Early Theoretical Contributions by Heinrich Wölfflin and August Schmarsow », *Architectural Theory Review*, n° 3, 2013, p. 293-309.

Schwarzer Mitchell, « The Emergence of Architectural Space: August Schmarsow's Theory of Raumgestaltung », *Assemblage*, n° 15, août 1991, p. 48-61.

Thibault Estelle, *La Géométrie des émotions. Les esthétiques scientifiques de l'architecture en France, 1860-1950*, Bruxelles, Mardaga, 2010.

Trautmann-Waller Céline, « Victor Basch : l'esthétique entre la France et l'Allemagne », *Revue de métaphysique et de morale*, n° 34, 2002, p. 77-90.

Vasold Georg, « Optique ou haptique : le rythme dans les études sur l'art au début du xxe siècle », *Intermédialités*, n° 16, automne 2010, p. 35-55.

Warrain Francis, « La pensée de Charles Henry », *Cahiers de l'étoile*, n° 13, janvier-février 1930, p. 131-143.

— *L'Œuvre psychobiophysique de Charles Henry*, Paris, Gallimard, 1931.

6. PURISME / ESPRIT NOUVEAU / MODERNISME

Ábalos Iñaki, « Le Corbusier pintoresco : el pintoresquismo en la modernidad », *Arquitectura*, n° 337, 2004, p. 50-59.

Allison Peter, « Le Corbusier, Architect or Revolutionary: A Reappraisal of Le Corbusier First Book on Architecture », *Architectural Association Quarterly*, n° 2, 1971, p. 10-20.

Ball Susan L., *Ozenfant and Purism: The Evolution of a Style, 1915-1930*, Ann Arbor (Mich.), UMI Research Press, 1981.

Braham William W., *Modern Color, Modern Architecture: Amedée Ozenfant and the Genealogy of Color in Modern Architecture*, Farnham, Burlington (VT), Ashgate, 2002.

Cohen Jean-Louis, introd., *Le Corbusier. Toward an Architecture*, Los Angeles, Getty Publications, 2007.

Coll Jaime, « Structure and Play in Le Corbusier Artworks », *AA Files*, n° 31, été 1996, p. 3-14.

Ducros Françoise, Eliel Carol S., Lemoine Serge, *L'Esprit nouveau. Le purisme à Paris, 1918-1925*, cat. expo., Grenoble, Musée/Paris, Réunion des musées nationaux, 2001.

Ducros Françoise, *Amédée Ozenfant*, Paris, Cercle d'art, 2002.

Eslami Manouchehr, « The Question of "Architectural Object" in Modern Architecture: Le Corbusier's Cartesian Theory and Practice of His Purist Period », *Via, Journal of the Graduate School of Fine Arts, University of Pennsylvania*, n° 9, numéro special : *Re-presentation*, 1988, p. 138-151.

Frampton Kenneth, « Le Corbusier and *L'Esprit nouveau* », *Oppositions*, nos 15-16 : *Le Corbusier, 1905-1933*, hiver-printemps 1979.

Garino Claude, *Le Corbusier. De la villa turque à l'Esprit nouveau*, La Chaux-de-Fonds, Idéa/L'Os du crocodile/ Glasnost-Ebel, 1995.

Goldberg Stephanie, « The Origins of Form: Explanatory Analysis of the Villa Savoye by Le Corbusier and the Moller House by Adolf Loos », *Crit*, n° 21, 1988, p. 14-21.

Green Christopher, *Cubism and Its Enemies: Modern Movements and Reaction in French Art, 1916-1928*, New Haven (Conn.), Londres, Yale University Press, 1987.

Hartoonian Gevork, « The Limelight of the House-Machine », *Journal of Architecture*, n° 1, printemps 2001, p. 53-79.

Marcus George H., *Le Corbusier. Inside the Machine for Living: Furniture and Interiors*, New York, Monacelli Press, 2000.

Miller Mervyn, « The First Machines for Living In. Architects: Le Corbusier », *World Architecture*, n° 19, septembre 1992, p. 48-53.

Moneo Rafael, « Una visita a Poissy », *Arquitectura*, n° 74, 1965, p. 34-40.

Moos (von) Stanislaus (éd.), *L'Esprit nouveau. Le Corbusier et l'industrie, 1920-1925*, cat. expo., Strasbourg, Les Musées de la Ville de Strasbourg/Berlin, Ernst & Sohn, 1987.

— « Le Corbusier und der Kubismus: Stilleben, Architektur und Ornament », dans Schmidt Katharina, Fischer Hartwig, *Ein Haus für den Kubismus: die Sammlung Raoul La Roche: Picasso, Braque, Léger, Gris-Le Corbusier und Ozenfant*, cat. expo., Ostfildern, Hatje Cantz Verlag, 1998, p. 191-206.

Nasgaard Susan, *Jeanneret Development as a Painter, 1912-1918*, Toronto, PHD Diss. University of Toronto, 1976.

Olmo Carlo, Gabetti Roberto, *Le Corbusier e l'Esprit nouveau*, Turin, Einaudi, 1975.

Ozenfant Amédée, « Beautiful Form, or Do You Like Mushrooms? Eggs? Snails? », *Plus. Orientations of contemporary architecture*, n° 3, mai 1939.

— *Art*, Paris, Jean Budry, 1928.

Passanti Francesco, « The Vernacular, Modernism and Le Corbusier », *Society of Architectural Historians Journal*, n° 4, décembre 1997, p. 438-451.

Pearson Christopher, « Commanding Spaces: Theory and Practice in the Siting of Works of Sculpture in Le Corbusier's Purist Villas », *Architectura*, n° 1, 1997, p. 61-82.

Poole C.A., « Theoretical and Poetical Ideas in Le Corbusier's Une Maison – Un Palais », *Journal of Architecture*, n° 1, 1998, p. 1-30.

Quetglas Josep, *Les Heures claires. Proyecto y arquitectura en la Villa Savoye de Le Corbusier y Pierre Jeanneret*, Sant Cugat del Vallès, Associació d'idees, Centre d'investigacions estètiques, 2008.

Riehl Martin, *Vers une architecture: das moderne Bauprogramm des Le Corbusier*, Munich, Scaneg, 1992.

Rogers Ernesto Nathan, « Il sogno ad occhi aperti di Le Corbusier », *Casabella-Continuità*, n° 274, numéro spécial : *L'Esprit nouveau*, avril 1963.

Rüegg Arthur, « Le pavillon de l'Esprit nouveau comme musée imaginaire », dans Moos (von) Stanislaus (éd.), *L'Esprit nouveau. Le Corbusier et l'industrie, 1920-1927*, cat. expo., Strasbourg, Les Musées de la Ville de Strasbourg/Berlin, Ernst & Sohn, 1987, p. 134-151.

Schmidt Katharina, Fischer Hartwig, *Ein Haus für den Kubismus: die Sammlung Raoul La Roche: Picasso, Braque, Léger, Gris-Le Corbusier und Ozenfant*, cat. expo., Ostfildern, Hatje Cantz Verlag, 1998.

Simmins Geoffrey R., *New Lamps for Old: Tradition and Innovation in Le Corbusier "Vers une architecture"*, Toronto, PHD Diss. University of Toronto, 1987.

Vicovanu Roxana, *L'Esprit nouveau (1920-1925) and the Shaping of Modernism in the France of the 1920s*, thèse, Baltimore (Md.), Johns Hopkins University, 2009.

— « Le purisme ou les malaises de la modernité : Amédée Ozenfant et Le Corbusier vs. Jean Epstein », dans Collani Tania, Cuny Noëlle, *Poétiques scientifiques dans les revues de la modernité (1900-1940)*, Paris, Classiques Garnier, 2013, p. 407-424.

Vigato Jean-Claude, « L'Immeuble-Villas », *Cahiers de la recherche architecturale*, n° 22, numéro spécial : *L'Immeuble*, 1er trimestre 1988, p. 66-75.

Vivio Marco, « L'antinomia dialettica in Villa Savoye », *Parametro*, vol. 20, n° 180, 1990, p. 70-73.

7. LE MODULOR

Ackermann James, « Ricordi della nona triennale de divina proportione », dans Cimoli Anna Chiara, Irace Fulvio (éds.), *La divina proportione : Triennale 1951*, Milan, Electa, 2007, p. 19-35.

Arnheim Rudolf, « A Review of Proportion », *The Journal of Aesthetics & Art Criticism*, n° 1, septembre 1955, p. 44-57.

Bataille Michel, « Le Modulor et la construction moderne », *Revue d'esthétique*, t. XIV, fascicules III et IV, juillet-décembre 1961.

Chirollet Jean-Claude, « Le Corbusier et le Modulor. Une utopie à l'échelle humaine », *Les Cahiers philosophiques de Strasbourg*, n° 34, 2013, p. 109-121.

Cimoli Anna Chiara, Irace Fulvio (éds.), *La divina proporzione : Triennale 1951*, Milan, Electa, 2007.

— « Triennial 1951: Post-War Reconstruction and "Divine Proportion" », *Nexus Network Journal*, numéro spécial : *Architecture and Mathematics*, n° 1, avril 2013, p. 3-14.

Collins Peter, « Modulor », *Architectural Review*, n° 691, juillet 1954, p. 5-8.

Coroze Paul, « Le nombre d'or », *Plaisir de France*, n° 186, décembre 1953, p. 26-33.

Entwistle Clive, « How to Use the Modulor », *Plan: Architectural Students Association Journal*, n° 9, 1951, p. 2-11.

— « Le Corbusier's Le Modulor », *Architectural Design*, mars 1953, p. 72-75.

Frings Markus, « The Golden Section in Architectural Theory », *Nexus Network Journal*, n° 1, hiver 2002.

Ghyka Matila C., *Esthétique des proportions dans la nature et dans les arts*, Paris, Gallimard, 1927.

— *Le Nombre d'or. Rites et rythmes pythagoriciens dans le développement de la civilisation occidentale*, vol. 1 : *Les Rythmes* ; vol. 2 : *Les Rites*, Paris, Gallimard, 1931.

— « Le Corbusier's Modulor and the Concept of the Golden Mean », *The Architectural Review*, février 1948, p. 39-42.

Gould Stephen Jay, *The Mismeasure of Man*, New York, Norton and Company, 1981.

Herget Gert, « Es lebe der Modulor », *Baumeister*, n° 2, 1988, p. 10.

Hilpert Theo, « Menschenzeichen. Ernst Neufert und Le Corbusier », dans Walter Prigge (éd.), *Ernst Neufert, normierte Baukultur*, Franfort-sur-le-Main/New York, Campus-Verlag, 1999, p. 131-143.

Hoesli Bernahardt, « Le Corbusier's Modulor: An Analysis », *Werk*, n° 41, janvier 1954, p. 15-19.

Kanach Sharon, *Music and Architecture by Iannis Xenakis: Architectural Projects, Texts, and Realizations*, Hillsdale (NY), Pendragon Press, 2008.

Labbé Mickäel, « Le Corbusier et la question des normes », *Les Cahiers philosophiques de Strasbourg*, n° 34, numéro spécial : *Le Corbusier : penser en architecture*, 2013, p. 55.

Le Corbusier, « L'échelle humaine », conférence donnée le 10 juillet 1951 à Hoddesdon, présentée par Ciucci G. et commentée par Morel-Journel Guillemette, *Amphion*, n° 2, janvier 1987.

— *Le Modulor*, Paris, Éditions de L'Architecture d'aujourd'hui, 1950.

— *Modulor 2*, Paris, Éditions de L'Architecture d'aujourd'hui, 1955.

Maillard Élisa, *Les Cahiers du nombre d'or*, IV, *Botticelli*, Paris, Tournon et Cie, 1965.

— *Du Nombre d'or : diagrammes de chefs-d'œuvre*, Paris, André Tournon, 1943.

— « La proportion du nombre d'or dans les œuvres à deux dimensions », *Revue d'esthétique*, t. XIV, fascicules III et IV, juillet-décembre 1961.

Marchand Bruno, « Le sens des proportions, ou le retour éphémère aux valeurs humanistes dans les années 1950 », *Matières*, n° 5, 2002, p. 6-16.

Matteoni Dario, « Research on an Ideal of Proportion: The Modulor », *Parametro*, vol. 11, n° 85, avril 1980, p. 12-37.

Neveux Marguerite, Huntley Herbert E., *Le Nombre d'or : radiographie d'un mythe*, suivi de *La Divine Proportion*, Paris, Éditions du Seuil, 1995.

Olitsky Ruth, Voelker John, « Form and Mathematics », *Architectural Design*, n° 24, octobre 1954, p. 306-307.

Pevsner Niklaus, « Report on a Debate of the Motion that "Systems of Proportion Make Good Design Easier and Bad Design More Difficult", held at the RIBA on 18 June », *RIBA Journal*, n° 11, septembre 1957, p. 456-463.

Pottage Alain, « Architectural Authorship: The Normative Ambitions of Le Corbusier's Modulor », *AA Files*, n° 31, été 1996, p. 64-70.

Sentürk Levent, « Molar Kafes': Le Corbusier ve Modulor », *METU, Journal of the Faculty of Architecture*, n° 2, décembre 2008, p. 119-132.

Serralta Justino, « Le Corbusier: primer arquitecto de comunidades », *CEDA, Centro de Estudiantes de Arquitectura*, n° 29, décembre 1965.

Sert Josep Lluís, « Human Scale in City Planning », dans Paul Zucker (éd.), *New Architecture and City Planning*, New York, Philosophical Library, 1944.

Süveydan Serif, *The Modulor: The Emergence of New Possibilities in Architectural Theory*, thèse, Ankara, METU Faculty of Architecture, 2000.

Thevercard Jose, *Metaphor of the Modulor or PI = Modulor: Openhand*, theory seminar at McGill history and theory of architecture program, 1996.

Trowbridge Antony V., « O Modular, Instrument of Proportion », *South African Architectural Record*, octobre 1959, p. 24-32.

Walker David, « Plasticity at Ronchamp: The Interrelationship of Form and Light and Its Plastic Manifestation », *arq. Architectural Research Quarterly*, n° 4, décembre 2012, p. 349-361.

Wittkover Rudolph, « Le Corbusier Modulor », dans Serenyi Peter (éd.) *Le Corbusier in Perspective*, Upper Saddle River (NJ), Prentice Hall Inc., 1975, p. 84-89.

Zug Radoslav, « Three Musical Interpretations of Le Corbusier's Modulor », *Nexus Network Journal, Architecture and Mathematics*, n° 1, avril 2013, p. 155-170.

8. ACOUSTIQUE / SPIRITUEL / INDICIBLE

Ábalos Iñaki, « Le Corbusier pintoresco: el pintoresquismo en la modernidad », *Arquitectura*, n° 337, 2004, p. 50-59.

Antonini Deborah, *Le Symbolique, le Sacré, la Spiritualité dans l'œuvre de Le Corbusier. Rencontres de la Fondation Le Corbusier*, Paris, Fondation Le Corbusier/Éditions de la Villette, 2004.

Boeckl Matthias, « Sacred Space: Geist & Raum », *Architektur Aktuell*, n° 381, décembre 2011, p. 42-89.

Bonaiti Maria (éd.), *Le Corbusier et la nature. IIIᵉ rencontre de la Fondation Le Corbusier*, Paris, Fondation Le Corbusier/Éditions de la Villette, 2004.

Capanna Alessandra, *Le Corbusier, padiglione Philips*, Turin, Testo & Immagine, 2000.

Casali Valerio, « Le Corbusier, 1958. Il padiglione Philips e il *Poème électronique* », *Quaderni della Civica scuola di musica*, n° 25, 1995.

— *Le Corbusier, la musica, l'architettura. Proceeding Musica Scienza '96*, Rome, CRM, 1996.

Caussé Françoise, *La revue L'Art sacré. Le débat en France sur l'art et la religion (1945-1954)*, Paris, Éditions du Cerf, 2010.

Charlton Alan, Dupin George, *La Tourette. Modulations*, Paris, Bernard Chauveau, 2011.

Clarke Joseph, « Iannis Xenakis and the Philips Pavilion », *Journal of Architecture*, n° 2, 2012, p. 213-229.

Coll Jaime, « Structure and Play in Le Corbusiets Art Works », *AA Files*, n° 31, été 1996, p. 3-14.

— « Le Corbusier. *Taureaux*: An Analysis of the Thinking Process in the Last Series of Le Corbusier Plastic Work », *Ad History*, n° 4, 1995, p. 537-567.

Coombs Robert, *Mystical Themes in Le Corbusier's Architecture in the Chapel Notre-Dame-du-Haut at Ronchamp: The Ronchamp Riddle*, Lewistown (NY), Edwin Mellen Press, 2000.

Damisch Hubert, « Against the Slope. Architect (1950s): Le Corbusier », *Log*, n° 4, hiver 2005, p. 29-48.

De Heer Jan, *The Architectonic Colour. Polychromy in the Purist Architecture of Le Corbusier*, Rotterdam, 010 Publishers, 2009.

Ducros Francoise (éd.), *Le Corbusier : l'œuvre plastique*, Paris, Fondation Le Corbusier/Editions de la Villette, 2005.

Gargiani Roberto, Rosellini Anna, *Le Corbusier. Béton Brut and Ineffable Space, 1940-1965. Surface Materials and Psychophysiology of Vision*, Lausanne, EPFL Press/Oxford, New York, Routledge, 2011.

Green Christopher, « The Architect as Artist », dans Raeburn Michael, Walker Muriel (éds.), *Le Corbusier. Architect of the Century*, cat. expo., Londres, Arts Council of Great Britain, 1987.

Gresleri Giuliano, « Before Ronchamp, Sainte-Baume: Earth and Sky, Shadow and Light on the Work of Le Corbusier and Édouard Trouin at Ste-Baume », *Parametro*, n° 207 (2), mars-avril 1995, p. 34-43.

Guedes Amancio, « The Paintings and Sculptures of Le Corbusier », dans Quetglas Josep (éd.), *Massilia 2002, Annuario de Estudios Lecorbusieranos*, Barcelone, Fundación Caja de Arquitectos 2002, p. 250-252.

Holm Lorens Eyan, « Psychosis and the Ineffable Space of Modernism », *Journal of Architecture*, n° 3, 2013, p. 402-424.

Jornod Naima, Jornod Jean-Pierre, *Le Corbusier (Charles-Édouard Jeanneret). Catalogue raisonné de l'œuvre peint*, Milan, Skira, 2005.

Krustrup Mogens, « Det undesigelige Rum/Ineffable Space », *B Arkitekturtidsskrift*, n° 50, 1993, p. 52-77.

Lanzalone Silvana, *Forze, pesi, masse. Oggetti sonori e forma musicale nel Poème électronique di E. Varèse*, thèse, Rome, 1997.

Maak Niklas, *Der Architekt am strand. Le Corbusier und das Geheimnis der Seeschnecke*, Munich, Akzente Hanser, 2011.

Mameli Maddalena, *Le Corbusier e Costantino Nivola. New York, 1946-1953*, Milan, Franco Angeli, 2012.

Mead Andrew, « Different Dimension. Le Corbusier: The Sculptural Collaboration with Savina at Leeds City Art Gallery », *Architects' Journal*, n° 8, mars 2001, p. 68.

Meissner Anke, « Farbe im architektonischen Werk Le Corbusiers », *Deutsche Bauzeitschrift*, n° 7, 1997, p. 75-79.

Mondloch Katie, « A Symphony of Sensations in the Spectator: Le Corbusier's *Poème électronique* and the Historicization of New Media Arts », *Leonardo*, n° 1, 2004, p. 57-61.

Moore Richard A., *Le Corbusier and the Mécanique Spirituelle: An Investigation into Le Corbusier's Architectural Symbolism and Its Background in the Beaux-Arts Dessin*, thèse, College Park (Md.), University of Maryland, 1979.

Pearson Christopher, « Le Corbusier and the Acoustical Trope: An Investigation of Its Origin », *Journal of the Society of Architectural Historians*, n° 2, juin 1997, p. 168-183.

Plummer Henry, *Cosmos of Light: The Sacred Architecture of Le Corbusier*, Bloomington (Ind.), Indiana University Press, 2013.

Prieto Eduardo, « Composición y construcción : Iannis Xenakis, la tradición pitagorica », *Arquitectura viva*, n° 133, 2010, p. 72-73.

Purdy Martin, « Le Corbusier and the Theological Program », dans Walden Russell (éd.). *The Open Hand. Essays on Le Corbusier*, Cambridge (Mass.), The MIT Press, 1977.

Purini Franco, « Tre centri: considerazioni sull'opera liturgica di Le Corbusier », *Parametro*, n° 237, 2002, p. 74-79.

Quesada Fernando, « Casa Magicas, Le Corbusier y el pabellón Philips », dans Quetglas Josep (éd.), *Massilia 2002, Annuario de Estudios Lecorbusieranos*, Barcelone, Fundación Caja de Arquitectos, 2002, p. 168-193.

Quetglas Josep, « Algo sobre el color en la arquitectura de Le Corbusier », *Arquitectura*, n° 358, 2009, p. 92-97.

Ran Ami, « Le Corbusier's Strange Case of Iannis Xenakis », Architecture of Israel, n° 89, mai 2012, p. 12-17.

Rüegg Arthur, *Polychromie architecturale. Les claviers de couleurs de Le Corbusier, de 1931 à 1959*, Bâle, Boston, Berlin, Birkhäuser, 1997.

Samuel Flora, « A Profane Annunciation: The Representation of Sexuality at Ronchamp », *Journal of Architectural Education*, n° 53-2, 1999, p. 74-90.

Simmonet Cyrille (éd.), *Journal d'histoire de l'architecture*, n° 1, numéro spécial : *Le Corbusier, le peintre derrière l'architecte*, janvier 1988, p. 5-102.

Serenyi Peter, « Le Corbusier's Changing Attitude towards Form », *Journal of the Society of Architectural Historians*, n° 1, mars 1965, p. 15-23.

Speiser Andreas, *Die Theorie der Gruppen von endlicher Ordnung – mit Anwendungen auf algebraische Zahlen und Gleichungen sowie auf die Kristallographie*, Berlin, J. Springer, 1923.

— *Die mathematische Denkweise*, Zurich, Rascher, 1932.

Sterken Sven, *Travailler chez Le Corbusier. Le cas de Iannis Xenakis*, dans Quetglas Josep (éd.), *Massilia 2003, Annuario de Estudios Lecorbusieranos*, Barcelone, Fundación Caja de Arquitectos, 2003, p. 202-215.

Treib Marc, *Space Calculated in Seconds: The Philips Pavilion, Le Corbusier, Edgard Varèse*, Princeton (NJ), Princeton University Press, 1996.

Vowinckel Andreas, Kesseler Thomas (dir.), *Le Corbusier, Synthèse des Arts: Aspekte des Spätwerks, 1945-1965*, cat. expo., Karlsruhe, Badischer Kunstverein, 1986.

9. HUMANISME / URBANISME

Alison Filippo (dir.), *Le Corbusier: l'interno del Cabanon. Le Corbusier, 1952 – Cassina, 2006*, Milan, Triennale Electa, 2006.

Antoniou Jim, « Chandigarh: Once the Future City », *The Architectural Review*, n° 1273, mars 2003, p. 70-75.

Bharne Vinayak, « Le Corbusier's Ruin: The Changing Face of Chandigarh's Capitol », *Journal of Architectural Education*, n° 2, mars 2011, p. 99-112.

Brooks H. Allen, « Jeanneret e Sitte : le prime idee di Le Corbusier sulla costruzione della città », *Casabella*, n° 514, juin 1985, p. 40-51.

— **(éd.)**, *La Ville et l'Urbanisme après Le Corbusier*, La Chaux-de-Fonds, Bibliothèque de la ville, 1993.

Curtis William J.R., « Authenticity Abstraction and the Ancient Sense. Le Corbusier and Louis Kahn's Ideas of Parliament », *Perspecta*, vol. 20, 1983, p. 181-194.

De Smet Catherine, « La Ville radieuse ressemble-t-elle à la Ville radieuse ? La forme du livre comme métaphore urbaine : l'exemple des plans Le Corbusier de Paris, 1956-1922 », *Cahiers de la recherche architecturale & urbaine*, n°s 13-14, juillet 2003, p. 117-131.

Doshi Balkrishna, « Legacies of Le Corbusier and Louis I. Kahn in Ahmedabad », *A+U*, n° 5 (368), mai 2001, p. 10-55.

Eriksson Mats, *Indian Grammar: A Modernist Experiment in Postcolonial India*, cat. expo., Stockholm, Mia Sundberg Galleri, 2005.

Evenson Norma, *Chandigarh*, Berkeley (Calif.), University of California Press, 1966.

Gahinet Olivier, « Firminy : le projet critique du projet », *Le Visiteur*, n° 11, 2008, p. 40-55.

Gast Klaus-Peter, *Le Corbusier: Paris-Chandigarh*, Bâle, Boston, Birkhäuser, 2000.

Grunwald Anja, *Unité d'habitation, Marseille*, Stuttgart, Menges, 2007.

Hilpert Thilo, « The Wright/Le Corbusier Controversy of 1935 in the USA », *Architekt*, numéro spécial : *Architekt und Menschenbild*, n° 1, 1993, p. 38-42.

Hogner Barbel, *Chandigarh: Living with Le Corbusier*, Berlin, Jovis, 2010.

Hurtt Steven W., « Le Corbusier: Symbolic Themes at Chandigarh », *Marg*, n° 3, 1999, p. 94-106.

Janvier Marcel, *Le Village en hauteur 2*, Paris, Publibook, 2009.

Khan Hasan-Uddin, Beinart Julian, Correa Charles, *Le Corbusier, Chandigarh and the Modern City: Insights into the Iconic City Sixty Years Later*, Ahmedabad, Mapin, 2009.

Lipstadt Hélène, Mendelsohn Harvey, « Philosophy, History, and Autobiography: Manfredo Tafuri and the "Unsurpassed Lesson" of Le Corbusier », *Assemblage*, n° 22, 1993, p. 58-103.

Menin Sarah, « The Meandering Wave from Sunila to Marseille: Nature and Space, Aalto and Le Corbusier », *Ptah*, n° 1, 2003, p. 42-51.

Monnier Gérard, *Le Corbusier : les unités d'habitation en France*, Paris, Belin-Herscher, 2002.

Moos (von) Stanislaus (éd.), *Chandigarh, 1956 : Le Corbusier, Pierre Jeanneret, Jane B. Drew, E. Maxwell Fry*, Zurich, Scheidegger & Spiess, 2010.

— « Un museo imaginario. Le Corbusier, el monumento y la metropolis », *Arquitectura viva*, n° 35, mars-avril 1994, p. 24-30.

Moulis Antony, « Forms and Techniques: Le Corbusier, the Spiral Plan and Diagram Architecture », *arq. Architectural Research Quarterly*, n° 4, 2010, p. 317-326.

Mumford Eric, *The CIAM Discourse on Urbanism, 1928-1960*, Cambridge (Mass.), The MIT Press, 2000.

Nivet Soline, *Le Corbusier et l'Immeuble-Villas. Stratégies, dispositifs, figures*, Wavre, Mardaga, 2011.

Papillault Rémi, *Chandigarh et Le Corbusier. Création d'une ville en Inde, 1950-1965*, Toulouse, Éditions Poïésis, 2011.

Ragot Gilles, *Le Corbusier à Firminy-Vert. Manifeste pour un urbanisme moderne*, Paris, Éditions du Patrimoine, Centre des monuments nationaux, 2011.

Rébéna Frédéric, Thévenet Jean-Marc, Baudouï Rémi, *Le Corbusier, architecte parmi les hommes*, Marcinelle, Éditions Dupuis, 2010.

Samuel Flora, « Le Corbusier, Teilhard de Chardin and the Planetisation of Mankind », *Journal of Architecture*, n° 2, 1999, p. 149-165.

— « La cité orphique de la Sainte-Baume », dans *Le Corbusier. Le Symbolique, le Sacré, la Spiritualité. Rencontres de la Fondation Le Corbusier*, Paris, Fondation Le Corbusier/Éditions de la Villette, 2004, p. 121-138.

Sbriglio Jacques, *Le Corbusier. Habiter : de la villa Savoye à l'Unité d'habitation de Marseille*, Paris, Cité de l'architecture et du patrimoine/Arles, Actes Sud, 2009.

— *Le Corbusier : l'Unité d'habitation de Marseille et les autres unités d'habitation à Rezé-lès-Nantes, Berlin, Briey-en-Forêt et Firminy*, Paris, Fondation Le Corbusier/Bâle, Boston, Birkhäuser, 2004.

Schnoor Christoph, « Stadtebau zwischen beaute und utilite: la construction des villes von Charles-Édouard Jeanneret », dans Magnago Lampugnani Vittorio, Noell Mathias (éds.), *Stadtformen: Die Architektur der Stadt zwischen Imagination und Konstruktion*, Zurich, gta Verlag, 2005, p. 232-245.

Schwarzer Mitchell, « The Extremes of Spatial Experience », *AA Files*, n° 57, 2008, p. 67-73.

Sénadji Magdi, *Le Cabanon Le Corbusier*, Paris, Marval, 1994.

Sharma Sangeet, *Corb's Capitol: A Journey through Chandigarh Architecture*, Chandigarh, Abhishek Publications, 2009.

Sheldrake Philip, « Placing the Sacred: Transcendence and the City », *Literature & theology*, n° 3, 2007, p. 243-258.

Tafuri Manfredo, « Machine et Mémoire: The City in the Work of Le Corbusier », dans Brooks H. Allen (éd.), *Le Corbusier: Essays*, Princeton (NJ), Princeton University Press, 1987, p. 209.

Treib Marc, *Space Calculated in Seconds: The Philips Pavilion, Le Corbusier, Edgard Varèse*, Princeton (NJ), Princeton University Press, 1996.

Weiss Klaus-Dieter, « Die Wohnmaschine: Unités d'habitation von Le Corbusier », *Werk, Bauen + Wohnen*, vol. 79/46, septembre 1992, p. 22-31.

EXPOSITION

Commissariat de l'exposition
Olivier Cinqualbre
Frédéric Migayrou

Adjointe des commissaires
Maïlis Favre

Chargés de recherche
Concetta Collura, Thibault Bechini

Documentaliste
Anne-Marie Zucchelli

Chargée de production
Armelle de Girval,
assistée de **Natacha Didry**

Architecte-scénographe
Pascal Rodriguez

Régisseur des œuvres
Flavie Jauffret

Régisseur des espaces
Anne-Marie Spiroux

Éclairagiste
Dominique Fasquel

Conception graphique
Margaret Gray

Constats et restauration des œuvres
Clémentine Bollard, Christelle Desclouds,
Laurence Lamaze, Caroline Legois,
Sophie Lennuyeux-Commène, Gaëlle
Plisson-Mertian, Marie-Odile Hubert

ATELIERS ET
MOYENS TECHNIQUES

Installation des œuvres
Michel Naït, responsable d'atelier
Patrick Gapenne
Laurent Melloul
Jean-Marc Mertz
David Rouge

Électromécaniciens
Jonathan Faustin Girault
Rémi Navarro

Éclairage
Arnaud Jung
Thierry Kouache
Jacques Rodriguès

Peinture
Lamri Bouaoune, Mokhlos Farhat,
Dominique Gentilhomme, Emmanuel
Gentilhomme, Sofiane Saal

Menuiserie
Philippe Delapierre, responsable d'atelier
Raphaëlle Jeandrot
Patrice Richard

Atelier de montage, soclage,
installation des documents sous vitrine
James Caritey, assisté de **Magali Sanheira**
et **Françoise Perronno**

Atelier d'encadrement
Lydia Serio et **Tony Riga**

SERVICE AUDIOVISUEL

Responsable artistique
et technique audiovisuel
Gérard Chiron

Chargée de production audiovisuelle
Kim Lévy

Photographes
Philippe Migeat
Georges Meguerditchian

Numérisation et encodage
Cyril Chiron

Infographiste
Bernard Lévèque

Laboratoire photographique
Valérie Leconte
Bruno Descout

Exploitation audiovisuelle
Vahid Hamidi, responsable
Christophe Bechter
Éric Hagopian
Emmanuel Rodoreda

Archives audiovisuelles
Gilles Bion

Magasin audiovisuel
Nazareth Hékimian, responsable

MUSÉE NATIONAL
D'ART MODERNE
-CENTRE DE CRÉATION
INDUSTRIELLE

Directeur
Bernard Blistène

Directeurs adjoints
Brigitte Leal (collections)
Catherine David (recherche et mondialisation)
Frédéric Migayrou (création industrielle)
Didier Ottinger (programmation culturelle)

Administrateur
Xavier Bredin

Bibliothèque Kandinsky
Didier Schulmann, conservateur
et chef de service

SERVICE ARCHITECTURE

Chef de service
Olivier Cinqualbre

Régisseur des œuvres
Jean-Claude Boulet

Responsable réserve et atelier
Maria Pasvantis

Iconographie
Fatima Oussi

Service de la restauration
Véronique Sorano-Stedman, chef de service

Restauratrices
Clotilde Cooper
Isabelle Prieur

DÉPARTEMENT DU DÉVELOPPEMENT CULTUREL

Directrice
Kathryn Weir

Chef du Service de la parole
Jean-Pierre Criqui

DIRECTION DE LA PRODUCTION

Directeur
Stéphane Guerreiro

Directrice adjointe, Chef du service administratif et financier
Anne Poperen

Chef du service des manifestations
Yvon Figueras

Chef du service de la régie des œuvres
Hélène Vassal

Chef du service des ateliers et moyens techniques
Gilles Carle

Chef du service Architecture et réalisations muséographiques
Katia Lafitte

Chef du service Audiovisuel
Sylvain Wolff

Préventeur
David Martin

DIRECTION DES PUBLICS

Directrice
Catherine Guillou

Directeur adjoint
Patrice Chazottes

Chef du service de l'accueil des publics
Benoît Sallustro

Chef du service de l'information des publics et de la médiation
Josée Chapelle

Chef du service du développement des publics
Cécile Venot

DIRECTION DE LA COMMUNICATION ET DES PARTENARIATS

Directeur
Benoît Parayre

Directeurs adjoints
Marc-Antoine Chaumien
Stéphanie Hussonnois-Bouhayati

Délégué aux relations internationales
Michael Schischke

Pôle image
Christian Beneyton

Chef du service des relations publiques
Lydia Poitevin

Chargée des relations publiques
Novella d'Amico

Chargés de mécénat
Raphaëlle Haccart
Alix de la Marandais
Arnaud Morand

Attachée de presse
Dorothée Mireux

CATALOGUE

Direction d'ouvrage
Olivier Cinqualbre et **Frédéric Migayrou**
avec la collaboration de **Maïlis Favre**

Documentation et bibliographie
Anne-Marie Zucchelli
Camille Lenglois

Chargés d'édition
Xavier Isle de Beauchaine
Irène Tsuji

Traduction
Jean-François Cornu (anglais)
Daniel Cunin (néerlandais)
Anne Guglielmetti (italien)

Fabrication
Stéphanie Reis-Pilar

Conception et réalisation graphique
Romain Hisquin

DIRECTION DES ÉDITIONS

Directeur
Nicolas Roche

Responsable du pôle éditorial
Françoise Marquet

Service commercial
Chef du service
Marie-Sandrine Cadudal

Attachée commerciale
Francesca Baldi

Responsable du pôle ventes et stocks
Josiane Peperty

Responsable des procédures juridiques et du contrôle budgétaire
Thomas Reby

Responsable du pôle recettes et contrats
Matthias Battestini

Assistants de gestion
Isabelle Charles-Planchet
Philippe Léonard
William Santoni

Service iconographie et gestion des droits
Responsable
Claudine Guillon

Assistant
Xavier Delamare

Service multimédia
Gilles Duffau, chef de service
Gonzague Gauthier, chargé de projets numériques

Cet ouvrage a été composé en
Conduit (Mark Van Bronkhorst, 1997),
Letter Gothic (Roger Robertson, 1956) et
Fakt Slab Stencil (Thomas Thiemich, 2010)

Achevé d'imprimer en avril 2015
sur les presses d'Ingoprint à Barcelone.
Imprimé en Espagne
Photogravure : IGS-CP, L'Isle d'Espagnac (16)